韓国語能力試験
TOPIK II 完全ガイド

TOPIK

IBCパブリッシング

編　　　集　　이숙희, 김숙희, 백다현
カバーデザイン　　윤지영
本文デザイン　　윤지영, 박은비
イ ラ ス ト　　AFEAL
声　　　優　　신소윤, 김래환

ISBN978-4-7946-0744-7

●音声一括ダウンロード●

本書の朗読音声(MP3形式)を下記URLとQRコードから無料でPCなどに一括ダウンロードすることができます。

https://ibcpub.co.jp/audio_dl/0744/

※ ダウンロードしたファイルはZIP形式で圧縮されていますので、解凍ソフトが必要です。
※ MP3ファイルを再生するには、iTunesやWindows Media Playerなどのアプリケーションが
　必要です。
※ PCや端末、ソフトウェアの操作・再生方法については、編集部ではお答えできません。付属
　のマニュアルやインターネットの検索を利用するか、開発元にお問い合わせください。

まえがき

近年、K-POP、K-Movie、K-Drama、K-Beauty など、K のつく表現が世界中に広まるにつれ、韓国を理解し、韓国語を学ぶことへの情熱が高まっています。また、韓国語の実力を確認するために TOPIK を受験する外国人も年々急増しています。

それに伴い、TOPIK の出題形式や内容も変化し続けており、受験者にとっては試験への適応や対策が難しくなっています。長く韓国語教育に携わってきた我々著者たちは、2009 年に最初の『Complete Guide to the TOPIK』を出版し、2014 年に『Complete Guide to the TOPIK (New Edition)』を出版し、新しい出題形式に沿った改訂版としました。そして今回、学習者の皆さんがより完璧に試験に備えられるように、最新の TOPIK の問題形式に対応した『Complete Guide to the TOPIK (3rd Edition)』を刊行しました。

『Complete Guide to the TOPIK (3rd Edition)』は新しい出題形式を分類し、その形式ごとに解答方法を解説しているので、学習者の皆さんが正解を簡単に探すことができるようになっています。さらに、新しい語彙が強化されているので、正確で豊富な語彙を身につけることができます。掲載されている練習問題や模擬試験を解くことで、より高得点を狙えるようになります。

本書を通して一歩一歩 TOPIK の試験対策をしていくうちに、試験の点数だけでなく、いつの間にか韓国語の聞き取りや使い方が目に見えて上達していることに気がつくと思います。本書が学習者の皆さんにとって信頼できる TOPIK 準備のガイドとなることを願っています。皆さんの韓国語学習への情熱に感謝し、よい結果が出ることを祈っています。また、この本を一緒に作ってくれたイ・ジウンさん、そして Darakwon 韓国語図書出版部の編集者たちに感謝します。

キム・ジンエ
ソウル韓国語アカデミー

本書の使い方

　本書は、TOPIKを受験する学習者のために書かれたものです。PART1、PART2、PART3、解答・解説から構成されており、過去に出題されたTOPIKの出題パターンを分析し、各問題の特徴を把握した上で、練習問題や模擬試験を解いて本番の試験に備えることができます。また、リスニング問題のQRコードから音声を聞くことができるので、TOPIKの試験問題に対する理解を深め、実践的な経験を積むことができます。

PART1では、過去によく出題された主な問題形式を厳選して紹介し、そのパターンを分析した上で、カギとなる攻略法と解説を掲載しています。また、問題に出てくる単語だけでなく、関連する単語も補定して紹介しているので、語彙や表現の知識を深めることができます。

PART2では、PART1で紹介した出題パターンをより実践的に把握できるよう、形式ごとの練習問題と解説を掲載しています。また、PART1と同じく、問題やそれに関連する語彙と表現も紹介しています。

PART3では、2回分の模擬試験を通して、本番の試験を想定したシミュレーションを行います。この模擬試験によって、事前に自分の実力を測定するとともに、時間配分などの受験戦略を立てることができます。

　解答・解説のセクションでは、PART2の練習問題とPART3の模擬試験の解答や解説を確認できます。なお、リスニングとライティング、リーディングの台本には日本語訳を掲載し、試験内容をより理解しやすくしています。また、ライティングガイドでは学習者がよく間違える語彙や文法を、文例とともに詳しく解説しています。

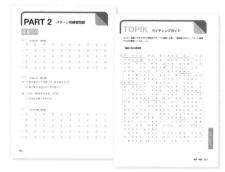

もくじ

PART 1 | 過去問パターン分析

PART 2 | パターン別練習問題

PART 3 | 模擬試験

解答解説 |

TOPIK ライティングガイド

TOPIK(韓国語能力試験)について

1. TOPIKの目的
- TOPIK（Test of Proficiency in Korean の略）は、韓国語を母国語としない在外韓国人や外国人に韓国語学習の正しい道筋を示し、韓国語の普及を図ることを目的としています。
- TOPIKの成績は、現地の大学受験や就職に活用することができます。

2. TOPIKの受験者
韓国語を母国語としない在外韓国人および外国人
- 韓国語を学習している者および現地の大学への入学を希望する者
- 国内外の韓国企業や公的機関に入社・就職を希望する者
- 海外の学校に留学または卒業した韓国人

3. 成績の有効期間
試験結果の発表日から2年間有効

4. 主催者
大韓民国教育省（日本の文部科学省にあたる）・国立国際教育院

5. TOPIK受験のメリット
- 韓国内の大学への入学・卒業基準としての役割
- 韓国内外の企業や公共機関への応募
- 永住権や就職などのビザ取得のための条件を満たすことができる
- 大韓民国政府招請奨学生プログラムの履修
- 海外の大学で韓国語を専攻する際の単位代替や卒業要件として利用することができる

6. 試験の時間割

区分	時限	種類	日本時間			試験時間（分）
			入室完了時間	開始	終了	
TOPIK I	1	듣기 읽기	09:30	10:00	11:40	100
TOPIK II	1	듣기 쓰기	12:30	13:00	14:50	110
	2	읽기	15:10	15:20	16:30	70

注： TOPIK I は1時限のみです。

7. 試験日程

日本国内では4月・7月・10月の年3回（2022年現在）

8. 試験の等級および評価

- 受験級：TOPIK I、TOPIK II
- 評価等級：6等級（TOPIK I は1級〜2級、TOPIK II は3級〜6級）
- 評価は獲得した点数の合計で行い、等級ごとの合格点は以下の通りです。

区分	TOPIK I		TOPIK II			
	1級	2級	3級	4級	5級	6級
合格点	80 〜 139	140 〜 200	120 〜 149	150 〜 189	190 〜 229	230 〜 300

注：第35回以前の試験の等級では、TOPIK I は初級（1級〜2級）、TOPIK II は中級（3級〜4級）・高級（5級〜6級）の水準です。

9. 問題の構成

(1) 難易度別構成

区分	時限	種類(時間)	形式	問題数	配点	合計点
TOPIK I	1	듣기 (40分)	四択	30	100	200
		읽기 (60分)	四択	40	100	
TOPIK II	1	듣기 (60分)	四択	50	100	300
		쓰기 (50分)	記述	4	100	
	2	읽기 (70分)	四択	50	100	

(2) 問題の種類

- 多肢選択問題（与えられた4つの選択肢の中から1つの答えを選ぶ）
- 主観的な問題（ライティング）
  ・文章完成問題（短答式）2問
  ・エッセイ2問（200〜300 字程度で説明する中級レベル1問、600〜700字程度で論述する上級レベル1問）

10. ライティング問題の評価基準

設問	評価区分	評価内容
51-52	内容および課題遂行	- 提示された課題に合わせて適切な内容で書いているか。
	言語の使用	- 語彙と文法などの使用が正確か。
53-54	内容および課題遂行	- 与えられた課題を忠実に遂行しているか。 - 主題に関連する内容で構成しているか。 - 与えられた内容を豊富かつ多様に表現しているか。
	文章の展開構造	- 文章の構成が明確で論理的か。 - 文章の内容によって段落をきちんと構成しているか。 - 論理展開に役立つ談話標識を適切に使用して、組織的に連結しているか。
	言語の使用	- 文法と語彙を多様かつ豊富に使用し、適切な文法と語彙を選択して使用しているか。 - 文法、語彙、正書法などの使用が正確か。 - 文章の目的と機能によって格式に合わせた文章を書いているか。

11. 等級別評価基準

区分	等級	評価基準
TOPIK I	1級	- 「自己紹介をする」「物を買う」「食べ物を注文する」など生活に必要な基礎的な言語能力を駆使して、「自分自身」「家族」「趣味」「天気」など、非常にプライベートで身近な話題に関連した内容を理解して表現することができる。 - 約800語程度の基礎的な語彙と基本文法に対する理解を土台に簡単な文章を作成することができる。 - 簡単な生活文と実用文を理解し、構成できる。
	2級	- 「電話する」「お願いする」などの日常生活に必要な言語能力と「郵便局」「銀行」などの公共施設の利用に必要な言語能力を駆使することができる。 - 約1,500〜2,000語程度の語彙を用いて、私的で身近な話題に関して、段落単位で理解し使用することができる。 - 公式的な状況と非公式的な状況での言語を区別して使用することができる。

TOPIK Ⅱ	3級	- 日常生活を営むのにあまり困難を感じず、様々な公共施設の利用や社会的関係の維持に必要な基礎的な言語能力を駆使することができる。 - 身近で具体的なテーマはもちろん、自分になじみのある社会的なテーマを段落単位で表現したり理解したりすることができる。 - 文語と口語の基本的な特性を区別して理解し、使用することができる。
	4級	- 公共施設の利用や社会的関係の維持に必要な言語能力を駆使することができ、一般的な業務の遂行に必要な能力をある程度使用することができる。 -「ニュース」「新聞記事」の中で平易な内容が理解できる。一般的な社会的・抽象的テーマを比較的正確で流暢に理解し、使用することができる。 - よく使われる慣用的な表現や代表的な韓国文化に対する理解を土台に社会・文化的な内容を理解して使用することができる。
	5級	- 専門分野での研究や業務の遂行に必要な言語能力をある程度使用することができる。 -「政治」「経済」「社会」「文化」全般にわたって、なじみのないテーマに関しても理解して使用することができる。 - 公式的、非公式的な脈絡と口語的、文語的な脈絡によって言語を適切に区別して使用することができる。
	6級	- 専門分野での研究や業務の遂行に必要な言語能力を比較的正確かつ流暢に使用することができる。 -「政治」「経済」「社会」「文化」全般にわたって、なじみのないテーマに関しても不便なく使用することができる。 - ネイティブスピーカーの水準には達していないが、業務の遂行や自己表現に困難がないレベルで話すことができる。

12. TOPIKを受験するなら

　日本でTOPIKを受験する場合は、主管する公益財団法人韓国教育財団の韓国語能力試験日本公式サイトから申し込みをすることができます。評価基準や試験日程・会場、申し込み方法、試験当日の注意事項について案内されているので、詳しくは下記サイトをご確認ください。

　　　　　韓国語能力試験日本公式サイト
　　　　　https://www.kref.or.jp/examination

PART 1
過去問パターン分析

듣기 リスニング

쓰기 ライティング

읽기 リーディング

듣기 リスニング

問題パターン

01 | 会話を聞いて、適切な絵や図表を選ぶ

◀ Track 01

このタイプの問題は、会話の内容を聞く前に、絵の中の状況を理解しておくとよいでしょう。図表がある場合は、あらかじめ図表のタイトルを読んでおくと、会話の内容が聞き取りやすく、理解しやすくなります。会話で中心となっている主な単語を覚えておくとよいでしょう。

01~03 다음을 듣고 알맞은 그림을 고르십시오. (각 2점)

3

[第41回]

> 남자: 여러분, 혹시 비행기를 이용하면서 짐이 없어지거나 늦게 도착한 적이 있으십니까? 한 보고서에 따르면 2006년부터 2014년까지 비행기 수하물 사고 수는 2010년에 최고였다가 감소하고 있습니다. 사고 종류로는 짐이 늦게 도착하는 지연 사고가 가장 많았고 가방 안의 물건이 깨지는 파손 그리고 분실이 각각 그 뒤를 이었습니다.

語彙と表現

수하물 手荷物
파손 破損

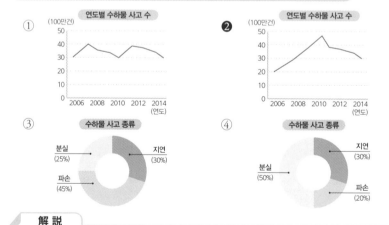

解説

2010年の事故件数が最も多く、その後減少していること、事故の種類は「遅延」が最も多く、次いで「破損」、「紛失」の順であることを示すグラフを探しましょう。遅延 - 破損 - 紛失の順で減少することを示すグラフはないので、この内容に合致する図表は②しかありません。

🔊 Track 02

問題パターン

02 ｜ 会話に続く文を選ぶ

このタイプの問題は、リスニングの4番から8番まで、全部で5問あります。通常、A-B-Aの会話形式で、Aが最後に言う言葉として最も適切なものを選択肢から選びます。会話を始めるときのAの言葉とBの受け答えをよく聞きましょう。日常生活や学校、職場などで使われる最も自然な会話になるような答えを見つけます。

04~08 다음 대화를 잘 듣고 이어질 수 있는 말을 고르십시오. (각 2점)

4 [第37回]

> 남자: 소설가 박인수 씨가 오늘 강연하러 학교에 온대.
>
> 여자: 그래? 몇 시 시작인데? 난 3시까지 수업이 있어서.
>
> 남자: ＿＿＿＿＿＿＿＿＿＿＿＿＿＿

語彙 と 表現

소설가 小説家
강연하다 講演する
제시간 定刻

① 제시간에 도착해서 다행이야.　❷ 수업 끝나고 가도 늦지 않아.

③ 강연은 누구든지 들을 수 있어.　④ 시간이 얼마나 걸릴지 모르겠어.

解説

女性は男性から聞いた情報に興味があるが、その時間に講演会に行けるかどうか心配しています。そのため、講演会が何時に行われるかを男性に尋ねています。したがって、講演の時間に関する②が適切です。④も時間の表現ですが、女性は自分の授業が終わる前に講演が始まることを心配しているので、講義全体の時間についての表現は適しません。

・「다행이다 (幸いです)」は、悪いことが起きたが、思いがけず良い結果になったときに使われます。通常、「- 아 / 어 / 여서 다행이다」や「다행이다 ＋ (述語)」の形で使われます。

　🅔 가방을 잃어버렸지만 다시 찾아서 다행이다.
　　（カバンを失くしたが、また見つかってよかった）
　　불이 났는데 , 사람들은 다치지 않아서 정말 다행이다.
　　（火災が発生したが、人々がけがをしなくて本当によかった）

問題を読みながら、その後に行動する人が男性なのか女性なのかに注目するとよいでしょう。また、これからの行動は未来に行われるものなので、男性や女性の計画や意思に関する内容が出てきたら、注意して聞くようにしましょう。次に、相手が何をしようとしているのか、会話の最後の部分を中心に聞くとよいでしょう。

09~12　다음 대화를 잘 듣고 여자가 이어서 할 행동으로 알맞은 것을 고르십시오. (각 2점)

9　　　　　　　　　　　　　　　　　　　　　　　　[第52回]

> 여자: 민수 씨, 지난번에 산 내 검은색 코트 못 봤어요?
>
> 남자: 그거 월요일에 세탁소에 맡겼잖아요. 내가 찾아다 줄까요?
>
> 여자: 괜찮아요. 그냥 내가 가서 찾아올게요.
>
> 남자: 그럼 들어올 때 우편물도 좀 갖다줘요.

① 옷을 맡긴다.　　　　　　② 코트를 산다.

❸ 세탁소에 간다.　　　　　④ 우편물을 가져온다.

解 説

男性は黒いコートはクリーニングに出したので取りに行くと言いましたが、女性は自分で取りに行くと言っているので、女性の次の行動は「クリーニング屋に行く」ことです。

10

> 여자: 여보세요? 민수 씨, 옆 사무실에서 안내 책자 받으러 왔는
> 데요.
> 남자: 아, 네. 제가 밖에서 거래처 직원을 만나고 있어서요.
> 미안하지만 수미 씨가 상자에서 좀 꺼내서 주시겠어요?
> 여자: 네, 그럴게요. 그런데 상자는 어디에 있어요?
> 남자: 제 책상 밑에 뒀어요.

語彙と表現

책자 冊子
거래처
得意先、取引先

❶ 안내 책자를 꺼낸다. ② 안내 책자를 받는다.

③ 거래처 직원을 만난다. ④ 상자를 책상 밑에 둔다.

解説

男性は女性に冊子を箱から取り出すように頼みましたが、女性は箱がどこにあるか知らないので、「どこにありますか？」と尋ねました。男性が箱の場所を教えてくれたので、女性の次の行動は男性のために「冊子を取り出す」ことになります。

この問題では、2人の会話あるいはひとりの人が講義や説明をする形式の文章が出ます。同じタイプの問題が、後からも出てきますが、会話の内容は徐々に難しくなります。全体の内容と一致する答えを1つだけ見つけなければならないため、内容全般をしっかりと理解することが大切です。1つ1つの文章をしっかり聞き取りましょう。会話を聞く前に、あらかじめ選択肢 ①〜④ を読んでおくと、知らない単語をあらかじめ見ているので、聞き取りもしやすくなります。

13~16 **다음을 듣고 내용과 일치하는 것을 고르십시오. (각 2점)**

14 [第52回]

> 여자: 고객님들께 쇼핑 안내드립니다. 행사장에서는 청바지를 만 원에 세일하고 있습니다. 이 행사는 오늘 하루만 진행되니 고객 여러분들의 많은 관심 부탁드립니다. 또한 오늘 저희 쇼핑몰에서 5만 원 이상 구매하신 분들께는 양말을 드립니다. 영수증을 가지고 고객 센터로 오십시오. 그럼 즐거운 쇼핑하시기 바랍니다. 감사합니다.

語彙と表現

행사장 催事場
고객 센터
お客様センター

① 이 세일 행사는 어제부터 시작했다.

② 모든 고객에게 양말을 선물로 준다.

③ 선물을 받으려면 행사장으로 가야 한다.

❹ 행사장에 가면 청바지를 만 원에 살 수 있다.

解説

この問題では、選択肢 ①〜④ の内容と聞き取った内容を比較して、一致する答えを選びます。イベント会場ではジーンズを1万ウォンで販売するセールを行っているので、答えは④になります。

① このセールは昨日から始まった。

  → このセールは今日1日だけ行われます。

② お客様全員に靴下をプレゼントする。

  → ショッピングモールで5万ウォン以上お買い上げのお客様に靴下をプレゼントします。

③ プレゼントを受け取るにはイベント会場に行かなければならない。

  → お客様センターでプレゼントをお受け取りください。

05 | 話し手(男性／女性)の主旨を選ぶ

 Track 05

このタイプの問題では、まず話し手(男性／女性)の主旨を問うていることを忘れてはいけません。選択肢 ①～④ の内容は、会話の内容に合致するものも多く混同しやすいので、話し手が本当に伝えたい一番重要な内容(主題)を見極めましょう。話し手の意見や主張が正解になることがあります。このタイプの問題は後にも出てきて、話し手の主旨を選ぶ問題と、聞いた会話や講義の内容に一致するものを選ぶ問題をつないでいます。

17~20 다음을 듣고 <u>남자</u>의 중심 생각을 고르십시오. (각 2점)

20　　　　　　　　　　　　　　　　　　　　　　　　　　　[第35回]

> 여자: 김영재 선생님은 전통 그대로의 한복만 만드시는 걸로 유명한데요. 특별한 이유가 있나요?
>
> 남자: 전 한복의 대중화보다는 전통 한복의 아름다움을 지키는 게 중요하다고 봅니다. 현대 한복은 화려한 색과 실용적인 디자인으로 한복을 대중화하는 데 기여했지요. 하지만 한복의 가장 중요한 요소는 과하지 않은 색과 선입니다. 이런 고유의 특징이 빠진다면 진짜 한복이 아닌 거죠.

語彙と表現

대중화하다
大衆化する
기여하다 寄与する
과하다 過度である

① 화려한 디자인의 한복은 대중화가 어렵다.

❷ 전통 한복의 특징을 지키는 것이 중요하다.

③ 전통 한복의 색과 선은 표현하기가 까다롭다.

④ 한복의 대중화를 위해 색과 디자인을 바꿔야 한다.

解説

質問者の女性は「男性は伝統に従って韓服を作っているだけ」と言い、男性は「韓服の大衆化より伝統韓服の美しさを守ることの方が重要」だと言っているので、答えは②です。

この問題では、話し手の感情、態度、考え、意見などについて質問します。会話を聞きながら、話し手が相手にどのように話しているか、自分の主張に対してどのような感情を抱いているのかを聞き分ける必要があります。会話の内容を全体的に理解できれば、話し手の具体的な意図や目的が何かがわかります。

31~32 **다음을 듣고 물음에 답하십시오. (각 2점)**

> 남자: 요즘 몇몇 영화관에서는 '좌석별 가격 차등제'가 시행되고 있습니다. 앞자리처럼 영화를 보기 불편한 자리는 싸게, 편안한 자리는 더 비싸게 파는 제도라고 하는데요. 전 이 제도가 문제가 있다고 생각합니다.
>
> 여자: 제 생각에 이건 매우 합리적인 제도인 것 같습니다. 불편한 앞자리인데도 편안한 자리와 똑같은 돈을 내고 영화를 보는 건 불합리한 것 아닌가요? 관객에게 선택의 기회도 줄 수 있고요.
>
> 남자: 그런데 저라면 아무리 싸도 앞자리에는 앉지 않을 것 같습니다. 저 같은 사람들은 돈을 더 내더라도 편안한 자리에 앉을 것 같은데 이건 결국 극장이 돈을 더 벌기 위해 만든 제도 아닌가요?

語彙と表現

좌석별 座席別
차등제 差等制
합리적이다
合理的だ

32 남자의 태도로 맞는 것을 고르십시오. [第47回]

① 새로운 제도의 확대를 염려하고 있다.

② 새로운 제도의 시행을 촉구하고 있다.

❸ 새로운 제도의 문제점을 비판하고 있다.

④ 새로운 제도의 필요성에 공감하고 있다.

解説

「座席別に料金を変更する」とは、不便な座席を安価に、快適な座席を高価に販売することですが、人によっては高いお金を払っても快適な座席に座るので、男性はこの制度は結局、映画館がより儲かるように設定したものだと批判しています。よって、答えは③です。

会話の前に何を言っていたかを推測するためには、会話の冒頭を注意深く聞く必要があります。会話を始める人は、その前に言ったことに再度言及するので、その内容を注意深く聞けば、答えが分かるはずです。会話の後の内容は、会話の最後をよく聞かないと、推測することができません。通常は、会話の終わりに対する答えや気持ちの変化が続きます。

39~40 **다음은 대담입니다. 잘 듣고 물음에 답하십시오. (각 2점)**

> 여자: 다리를 어깨 너비로 벌리고 가슴을 활짝 편 자세가 척추 건강에 많은 도움이 되고 있는 것 같은데요. 박사님, 이 밖에 어떤 효과가 있습니까?
>
> 남자: 네, 웅크린 자세와 달리 가슴을 편 자세는 스트레스 호르몬의 분비량을 줄이고 남성 호르몬의 분비량을 늘립니다. 이러한 남성 호르몬의 변화로 우리 신체는 위험을 감수하려는 특성을 보이는데요. 이 때문에 적극적이고 자신감이 넘치는 사람으로 보이게 된다는 겁니다. 당당하고 힘을 느낄 수 있는 사람이 되는 거죠. 실제로 이런 자세가 업무의 성과를 높이거나 면접시험의 합격률에도 영향을 미치는 것으로 나타났습니다. 자세는 많은 투자를 하지 않고도 쉽게 자신을 변화시킬 수 있는 비법인 거죠.

語彙と表現

척추 脊椎
웅크리다 しゃがむ
분비량 分泌量
감수하다 甘受する
당당하다 堂々としている
비법 秘法

39 이 대화 앞의 내용으로 알맞은 것을 고르십시오. [第41回]

① 가슴을 편 자세는 업무 실적을 올린다.

❷ 가슴을 편 자세는 신체 건강에 도움이 된다.

③ 가슴을 편 자세는 능동적인 행동을 유발한다.

④ 가슴을 편 자세는 호르몬의 분비량을 변화시킨다.

解説

会話を始めた女性が「胸を張った姿勢は背骨の健康に大いに役立つようです」と言っているので、この内容について事前に話していたのだろうとわかります。この意味を持つ文は②です。

ここまで紹介してきた様々なタイプの問題は、後から再び出題されます。ただし、専門的な内容が多く含まれるようになり、文章のジャンルも講義、対話、ドキュメンタリーの抜粋など多岐にわたります。内容を全体的に理解できれば、主旨、内容一致に対する答え、話し手の態度や考えなどを聞き分けることができるので、単語をよく聞き、最初から最後まで文脈を意識するようにしましょう。

43~44 **다음은 다큐멘터리입니다. 잘 듣고 물음에 답하십시오. (각 2점)**

[第36回]

여자: 여기 보시는 해마는 수컷이 새끼를 낳습니다. 아주 특이하죠? 수컷의 배를 보면 캥거루와 비슷한 주머니가 있는데요. 주머니 내부에는 알들을 양육하는 데 필요한 혈관들이 가득합니다. 수컷 해마는 알을 가진 암컷을 만나 이 주머니에 알을 받아야 합니다. 암컷의 선택을 받기 위해 헛배를 부풀려 크기를 과시하기도 하지요. 일단 알을 받는 데 성공하면 아빠가 될 해마는 불룩해진 배를 가지고 헤엄쳐가 버립니다. 1~2개월 후 해마는 수십에서 수백 마리의 어린 해마들을 낳는데요. 꼬리부터 톡톡 튀어나오는 모습이 정말 신기합니다. 주머니를 비틀어 짜는 듯한 행동으로 출산을 다 하고 나면 아빠 해마는 지쳐 버립니다.

語彙と表現

해마
タツノオトシゴ
수컷 オス
양육하다
はぐくむ、(子ども
を)育てる
암컷 メス

43 수컷 해마가 배를 부풀리는 이유로 맞는 것을 고르십시오.

① 알을 더 많이 품으려고
② 새끼들을 쉽게 낳으려고
❸ 암컷 해마의 눈에 잘 띄려고
④ 새끼들에게 많은 양분을 주려고

解説

43は「수컷 해마가 배를 부풀리는 이유 (オスのタツノオトシゴがお腹を膨らませる理由)」を聞いているので、その答えに注目しながら聞いてください。女性は「암컷의 선택을 받기 위해 헛배를 부풀려 크기를 과시하기도 하지요. (メスに選ばれるために、膨らんだお腹の大きさをアピールしたりもしますね)」と言っているので、「암컷의 선택을 받기 위한 것 (メスに選ばれるためのもの)」がその理由となり、同じ意味の答えは③となります。

44 이 이야기의 중심 내용으로 맞는 것을 고르십시오.

❶ 해마의 번식 방법은 독특하다.

② 해마는 모성애가 유난히 강하다.

③ 바다 생물은 대체로 번식력이 뛰어나다.

④ 해마는 새끼를 기르는 방식이 특이하다.

解説

44は、会話の主旨を問うものです。会話の冒頭で、女性が「해마는 수컷이 새끼를 낳습니다. 아주 특이하죠? (タツノオトシゴはオスが赤ちゃんを産みます。とてもユニークでしょう？)」と言っています。次に、その過程を説明しているので、主旨は①です。

쓰기 ライティング

問題パターン
01 文章の文脈に合った文を書く

このタイプの問題は、主に通知文や実用的な文章から出題されます。最初にタイトルを読み、
どのような目的で書かれた文章なのかを把握します。本文の文脈を理解し、カッコの前後
の文を見て、空欄に入るべき内容を推測する必要があります。

51~52 **다음을 읽고 ㉠과 ㉡에 들어갈 말을 각각 한 문장으로 쓰십시오.**
(각 10점)

51 [第37回]

> ## 모 집
>
> 태권도 동아리 '태극'입니다.
>
> 이번에 (㉠   ).
>
> 신입 회원은 태권도에 관심이 있는 학생이면
> 누구나 환영합니다.
>
> (㉡   )?
>
> 그래도 걱정하지 마십시오. 처음부터 천천히 가르쳐 드립니다.
>
> 다음 주 금요일까지 학생회관 201호에서 신청하십시오.

語彙と表現

동아리 サークル
학생회관
学生会館

解説

㉠の次にくる文では「신입 회원 (新入会員)」が出てきて、本文のタイトルは「모집 (募集)」なので、「새로 신입 회원을 모집한다 (新入会員を募集する)」が空欄に入るはずです。 **正解** ㉠ 새로 신입 회원을 모집하려고 / 뽑으려고 합니다 (新入会員を募集しようと／引き抜こうとします)
㉡には、文章を読んでいる人に問いかけるようなフレーズが入るはずですが、次に「그래도 걱정하지 마십시오. (それでも心配しないでください)」という文が出てくるので、文章を読んでいる人が心配する内容の質問が入るはずです。「처음부터 가르쳐 준다 (最初から教える)」という文から、「태권도를 모르거나 못하는 (テコンドーを知らないか、できない)」という内容が入ります。 **正解** ㉡ 태권도를 처음 배우십니까 / 태권도가 처음이십니까 / 태권도를 잘 모르십니까 (テコンドーを初めて習うので / テコンドーが初めてなので / テコンドーをよく知らないので)

02 | 空欄に当てはまる文を書く

このタイプの問題では、前後の文のつながりを把握することが重要です。原因と結果、並列、逆接、対比・対照などを理解し、論理的に空欄を埋めるフレーズを見つけなければなりません。

52 [第41回]

> 　사람의 손에는 눈에 보이지 않는 세균이 많다. 그래서 병을 예방하기 위해서는 자주 (　　　㉠　　　). 그런데 전문가들은 손을 씻을 때 꼭 (　　　㉡　　　). 비누 없이 물로만 씻으면 손에 있는 세균을 제대로 없애기 어렵기 때문이다.

解説

㉠の直後に、「전문가들은 손을 씻을 때 (専門家たちは手を洗うとき)」という文が出てくるので、「손을 씻다 (手を洗う)」が㉠に入るはずです。ただし、「細菌が多くて起こる病気を予防する」という文は「- 해야 한다 (〜しなければならない)」の表現で終わらせなければなりません。したがって、答えは「손을 씻어야 한다 (手を洗わなければならない)」となりますが、「손을 씻는 것이 좋다 (手を洗うのが良い)」などの柔らかい表現でも構いません。

正解 ㉠ 손을 씻어야 한다 / 손을 씻는 것이 좋다 (手を洗わなければならない / 手を洗うのが良い)

㉡に続く文では、「石鹸を使わずに手を洗うと菌を取り除くことが難しい」と書いてあるので、答えは「비누를 사용해서 손을 씻어야 한다 (石鹸を使って手を洗う必要がある)」という内容でなければなりません。「비누로 손을 씻어야 한다 (石鹸で手を洗わなければならない)」、「비누로 손을 씻는 것이 좋다 (石鹸で手を洗うのが良い)」、「비누를 사용해서 손을 씻어야 한다 (石鹸を使って手を洗わなければならない)」などの表現も可能です。

正解 ㉡ 비누로 손을 씻어야 한다고 한다 / 비누로 손을 씻는 것이 좋다고 한다 / 비누를 사용해서 손을 씻어야 한다고 한다 (石鹸で手を洗わなければならない / 石鹸で手を洗うのが良い / 石鹸を使って手を洗わなければならない)

03 図表を見て分析し、文章を書く

問題文に図表が何を表すかが書いてあるので、その内容を活用して答えを書き始めるとよいでしょう。次に図で提示している文や数字がどんな意味を持つのか説明しましょう。与えられた情報が因果関係なのか、並列／逆接なのか、相互関係なのかを正確に把握し、それに応じた解答文を書く必要があります。

53 다음을 참고하여 '아이를 꼭 낳아야 하는가?'에 대한 글을 200~300자로 쓰시오. 단, 글의 제목을 쓰지 마시오. (30점)　　　　　[第52回]

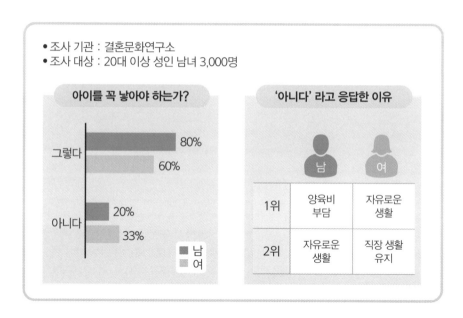

解説

20代以上の成人男女3,000人に「子どもを持つべきか？」というアンケートを行い、「いいえ」と答えた人にその理由を尋ねました。2つの質問の結果が2つの図で示されているので、図を見ながら共通点や違いを見つけて、比較しながら説明するとよいでしょう。

アンケート結果を見ると、「子どもを持つべき」と答えた人は「いいえ」と答えた人よりも多く、また「子どもを持つべき」と考えている人は女性よりも男性の方が多いことがわかります。しかし、「子どもを持つ必要はない」と考える理由は、男女で異なっていました。男性は「養育費の負担」が最大の理由ですが、女性は「自由な生活」が最大の理由となっています。女性は2番目に「仕事」が挙げられています。なぜそのような答えを選んだのかを分析し、最後に自分の意見を書くことで、論理的にエッセイを完成させることができます。

正解 結婚文化研究所で20代以上の成人男女3,000人を対象に「子どもを持つべきか？」について調査した。その結果「はい」と答えた男性は80%、女性は67%で、「いいえ」と答えた男性は20%、女性は33%だった。

「いいえ」と答えた理由は、男性は「養育費が負担になる」、女性は「自由な生活をしたい」という答えが一番多かった。続いて男性は「自由な生活をしたい」、女性は「キャリアを維持したいから」と答えた。

正解

	결	혼	문	화	연	구	소	에	서		20	대		이	상		성	인	
남	녀		3,	00	0	명	을		대	상	으	로		'	아	이	를		꼭
낳	아	야		하	는	가	? '	에		대	해		조	사	하	였	다	.	그
결	과		'	그	렇	다	'	라	고		응	답	한		남	자	는		80
%	.		여	자	는		67	%	였	고		'	아	니	다	'	라	고		응
답	한		남	자	는		20	%	,		여	자	는		33	%	였	다	.
	이	들	이		'	아	니	다	'	라	고		응	답	한		이	유	에
대	해		남	자	는		'	양	육	비	가		부	담	스	러	워	서	'
여	자	는		'	자	유	로	운		생	활	을		원	해	서	'	라	고
응	답	한		경	우	가		가	장		많	았	다	.	이	어	서		남
자	는		'	자	유	로	운		생	활	을		원	해	서	'	,		여	자
는		'	직	장		생	활	을		유	지	하	고		싶	어	서	'	라
고		응	답	하	였	다	.												

04 | 与えられた主題について文章を書く

このタイプでは、問題文に課題や問題を提示する文章が含まれているので、文章を書くときにこれを導入部として書き始めることができます。一つのテーマに対して、「賛成と反対」や「長所と短所」のような対照的な内容を提示する問題は、二つのことを比較しながら書くとよいでしょう。比較の方法としては、まず長所やメリットをいくつか書き、次に短所やデメリットをいくつか書くという方法があります。または、賛成 - 反対 - 賛成 - 反対と一つずつ比較するという方法で書くこともできます。一つのテーマについて書く場合は、序論 - 本論 - 結論の順に整理し、本論はエッセイの内容に応じたいくつかの段落で構成します。必要に応じて例を挙げて説明することで、内容が豊かになり、論理的な裏付けが得られます。

54 다음을 주제로 하여 600~700자로 글을 쓰십시오. (50점)

[第41回]

세계 어느 나라에서나 역사를 가르칩니다. 이는 지나간 일을 기록한 역사가 오늘날의 우리에게 주는 가치가 분명히 있기 때문일 것입니다. 여러분은 우리가 왜 역사를 알아야 하고, 그 역사를 통해서 무엇을 배울 수 있다고 생각하십니까? 이에 대해 쓰십시오.

解説

(1) 世界のどの国でも歴史を教えます。これは過去を記録した歴史が今日の私たちに与える価値があるからです。(2) 皆さんは私たちがなぜ歴史を知る必要があり、(3) その歴史を通して何を学ぶことができると考えますか？

提示された (1) にすでに歴史の価値や意味が書かれているので、この内容を応用して序論を始めたり、自分の言葉に置き換えて導入とするとよいでしょう。(2) と (3) は本論に相当し、内容が 2 つに分かれているので、2 段落に分けて書きます。最後に以上の内容を要約して結論を書きましょう。

正解 過去に対する反省または偉大な業績などが後代に伝えられることを願う気持ちが記録につながり、それがまさに私たちが今「歴史」と呼ぶものだ。私たちが歴史を記録する理由は、今起きている事実を次の世代に伝えることにその目的がある。

このような歴史は私たちに今の「私」を理解する機会を提供してくれる。現在は過去から始まったことなので、過去を調べることは現在起きていることを理解するのに役立つ。そして歴史は過去にあった胸の痛む事件が二度と繰り返されないように私たちに教訓を与えたりもする。

さらに、歴史の記録を通じて、我々は今後起こることを予測し、準備することもできる。先日の新聞記事によると、ある研究者が昔の文書に記録された歴史的な事実を分析し、今日の私たちが体験している深刻な日照りを事前に知らせながら備えを警告したことがある。これは歴史の価値を示す一例といえるだろう。

このように歴史は過去の事実を知ることから出発し、現在の「私」を理解し、より良い未来に向けた方向を提示できるという点で重要だ。結局、過去の歴史は現在に、現在は再び未来の歴史につながる連続的な関係の中に存在するためだ。

　지난날에 대한 반성 또는 위대한 업적 등이 후대에게 전해지기를 바라는 마음이 기록으로 이어지고 그것이 바로 우리가 지금 '역사'라고 부르는 것이다. 우리가 역사를 기록하는 이유는 지금 일어나는 사실을 다음 세대에게 전달하는 데 그 목적이 있다.

　이러한 역사는 우리에게 지금의 '나'를 이해할 수 있는 기회를 제공해 준다. 현재는 과거에서 비롯된 것이므로 과거를 살펴보는 것은 현재 일어나고 있는 일에 대해 이해하도록 돕는다. 그리고 역사는 과거에 있었던 가슴 아픈 사건이 다시 반복되지 않도록 우리에게 교훈을 주기도 한다.

　더불어 역사의 기록을 통해 우리는 앞으로 일어날 일을 예측하고 준비할 수도 있다. 얼마 전 신문 기사에 따르면 한 연구자가 옛 문서에 기록된 역사적인 사실을 분석하여 오늘날의 우리가 겪고 있는 심한 가뭄을 미리 알리면서 대비를 경고한 바 있다. 이는 역사의 가치를 보여 주는 한 예라 할 수 있을 것이다.

　이렇듯 역사는 과거의 사실을 아는 데에서 출발하여 현재의 '나'를 이해하고 더 나은 미래를 향한 방향을 제시해 줄 수 있다는 점에서 중요하다. 결국 과거의 역사는 현재로, 현재는 다시 미래의 역사로 이어지는 연속적인 관계 속에 존재하기 때문이다.

읽기 リーディング

01 空欄に適切な語彙・文法を選ぶ

文章全体をよく読んで、その意味に最も合う単語や文法的に正しい表現を選ぶ必要があります。単語の意味を正確に把握し、同じような使われ方・意味を持つ文法を整理しておけば、問題を解くのに役立つはずです。

01~02 ( )에 들어갈 가장 알맞은 것을 고르십시오. (각 2점)

2 　민수 씨는 대학교를 (　　) 회사에 취직했다. 　[第36回]

　　① 졸업해도 　　　　　　② 졸업한다면

　　③ 졸업하더라도 　　　**❹ 졸업하자마자**

語彙と表現

먹구름 暗い雲

03~04 다음 밑줄 친 부분과 의미가 비슷한 것을 고르십시오.
　　　　(각 2점)

3 　먹구름이 몰려오는 걸 보니 <u>비가 올 모양이다</u>. 　[第36回]

　　① 오기도 한다 　　　❷ 올 것만 같다

　　③ 올 리가 없다 　　　④ 온 적이 없다

解説

2 「大学を卒業する」と「就職する」は行動の順番として正しいです。文末は「会社に 취직했다
（会社に就職した）」なので、その前には「大学を卒業する」がくるはずです。そのつながり
から考えると、④「大学を卒業するとすぐ」が適しています。
①卒業しても
②卒業したら
③したとしても

3 「비가 올 모양이다（雨が降るようだ）」は推測を示す表現です。同じ意味を持つ接続語尾は
②です。
① 降ることもある
③ 降るはずがない
④ 降ったことがない

02 | 広告や案内の意味を理解する

このタイプの問題では、告知や案内、広告、商品説明、キャンペーンなどの文が出ます。
したがって、文中の核となる単語を見つけ、その意味を知っていることが重要です。

05~08 다음은 무엇에 대한 글인지 고르십시오. (각 2점)

6 [第41回]

안정된 내일을 위하여!
고객님의 지갑을 소중히 생각하겠습니다.

① 병원　　　❷ 은행　　　③ 가게　　　④ 학원

<table>
<tr><th colspan="2">語彙と表現</th></tr>
</table>

안정되다 安定する
고객 顧客
소중하다 貴重だ

解説

「안정된 내일 (安定した明日)」のためにするのが「저축 (貯金)」であり、「고객님의 지갑 (お客様の財布)」に入っている「돈 (お金)」を大切にしていると思われます。したがって、「貯金」と「お金」に関係がある答えは、②の「은행 (銀行)」となります。

03 | ポスターやグラフの内容に合った文を選ぶ

このタイプの問題は、案内文や図（絵やグラフ）を見て、その内容を正しく説明している文を選びます。まず、絵や図のタイトルを正確に読み、選択肢にある文と図を一つずつ見比べて、正しいものが見つかれば、簡単に問題を解くことができます。

09~12 다음 글 또는 도표의 내용과 같은 것을 고르십시오. (각 2점)

10 [第36回]

語彙と表現

고민 悩み
상담 相談

❶ 남녀 모두 부모님보다 친구에게 고민 상담을 많이 한다.

② 남녀 모두 형제와 자매에게 고민 상담을 가장 많이 한다.

③ 혼자서 고민을 해결하는 청소년은 여자보다 남자가 더 적다.

④ 부모님에게 고민을 말하는 청소년은 남자보다 여자가 더 적다.

解説

グラフを見ると、青少年が悩みを相談する相手としては、「友人（友人）」と答えたのが男子で43%、女子が46%と、「부모님（両親）」よりもはるかに高いことがわかります。したがって、答えは①となります。
② 悩みを相談する相手は、兄弟・姉妹が最も多い。
　→ 悩みを相談する相手は、「友人」が最も多いです。
③ 一人で悩みを解決した青少年は、女子より男子の方が少なかった。
　→ 男子 25.1%、女子 18.7%で、男子の方が多いです。
④ 親に悩みを打ち明けた青少年は、男子より女子の方が少なかった。
　→ 男子 22.7%、女子 25.3%であり、女子の方が多いです。

問題パターン

04 記事の内容に合った文を選ぶ

説明文を読み、同じ内容を表す文を選ぶ問題です。選択肢にある文を一つずつ説明文と照らし合わせて、正しい答えを見つけます。

09~12 다음 글 또는 도표의 내용과 같은 것을 고르십시오. (각 2점)

11 [第37回]

> 아침신문사에서는 오는 12월 20일에 한국어 말하기 대회를 개최한다. 이 대회는 한국에 사는 외국인 대학생을 대상으로 하며 주제는 '나와 한국'이다. 참가를 원하는 사람은 발표할 내용을 원고지 10장 정도의 글로 써서 12월 5일까지 이메일로 보내면 된다. 예선은 원고 심사로 대신하며 본선 참가자는 홈페이지를 통해 공지할 예정이다.

語彙と表現

예선 予選
원고 심사
原稿の審査
본선 本選

① 대회에서 발표할 원고의 양은 제한이 없다.

② 외국에서 살고 있는 사람도 참가할 수 있다.

❸ 본선 참가자는 홈페이지에서 확인할 수 있다.

④ 신청자는 신문사에 가서 원고를 제출하면 된다.

解説

本文の最後に「本選参加者はホームページで発表する予定だ」とあるので、答えは③です。

①大会で発表する原稿には、ページ数の制限はない。

　→ 原稿用紙10ページ程度に限ります。

② 外国に住んでいる人も参加できる。

　→ 対象は「韓国在住の外国人大学生」です。

④ 応募者は新聞社に行き、原稿を提出することができる。

　→ メールで送ってもいいです。

05 | 文を順番に並べ替える

このタイプの問題を解く場合、最初の文を見つけることが重要です。接続詞「그리고 (そして)、하지만 (しかし)、왜냐하면 (なぜなら)」などで始まる文、指示語「이런 (こんな)、그이유는 (その理由は)、이와 같은 (このような)」などで始まる文、後ろに理由を示す文「- 기 때문이다 (〜だからだ)」や前の言葉を説明する文「- 는 것이다 (〜ということだ)」などは、最初の文になり得ません。こうした文を除外して、残った文の中から話題を始めるのに適した内容の文を第 1 文として選びましょう。

13~15 다음을 순서대로 맞게 배열한 것을 고르십시오. (각 2점)

13 [第37回]

> (가) 그런 과정이 반복되면서 자연스럽게 광고가 된다.
>
> (나) 온라인에서 새로운 광고 기법이 주목을 받고 있다.
>
> (다) 이것은 제품을 직접 소개하지 않고 재미있는 동영상을 이용하는 방법이다.
>
> (라) 동영상을 보고 재미있으면 사람들은 친한 사람들에게 그 동영상을 전달한다.

語彙と表現

과정 プロセス
기법 テクニック
주목을 받다
注目を浴びる
동영상 動画

① (나) - (가) - (라) - (다)　　❷ (나) - (다) - (라) - (가)

③ (라) - (가) - (나) - (다)　　④ (라) - (나) - (다) - (가)

解説

(나)は「新しい広告手法」を紹介しており、(다)はその広告手法を「이것 (これ)」と言い換え、具体的に説明しています。

「- 는 방법이다 (〜という方法だ)」なので、(나)の後に(다)が続くのが適切です。(다)には「동영상 (動画)」が出てきて、(라)ではその「動画」がどのように広がるかを説明しているので、(라)が(다)の後に来て、(가)が話をまとめています。したがって、答えは②です。

問題パターン
06 文章の空欄に当てはまる内容を選ぶ（1）

このタイプの問題は、文の前後の関係に注目すると、答えが見つかります。文全体の内容を理解した上で、空欄の前後にある単語から答えを探します。空欄には、単語、慣用句、節などが入りますが、文全体の内容を把握する必要があります。とくに、原因と結果が書かれた文章が多いので、原因に応じた結果か、その結果を作った原因のどちらかが答えになります。また、異なる2つの事実を比較している文章では、対照している文章を比較することで、空欄に入れるべきフレーズを見つけることができます。

16~18 다음을 읽고 (　　　)에 들어갈 내용으로 가장 알맞은 것을
고르십시오. (각 2점)

16　　　　　　　　　　　　　　　　　　　　　　　　　　　[第52回]

> 　사람들은 일반적으로 쓴맛을 꺼린다. 이것은 (　　　) 본능
> 과 관계가 있다. 식물 중에는 독성이 있어 몸에 해로운 것들이
> 있다. 그런데 이런 독이 있는 식물은 보통 쓴맛이 난다. 따라서
> 사람들은 무의식적으로 쓴맛이 나는 것을 위험하다고 여기고
> 이를 거부하게 되는 것이다.

語彙と表現

꺼리다 避ける
본능 本能
독성 毒性

① 지나친 과식을 피하려는　　❷ 자신의 몸을 보호하려는
③ 맛없는 음식을 멀리하려는　　④ 입맛이 변하는 것을 막으려는

解説

有毒な植物は大抵、苦味があり、人体に害があります。そのため、人は危険を避けるために苦味に対して消極的になります。こうした行動は、「自分の体を守ろうとする」本能と関係があると考えれば、答えは②となります。

21~22 다음을 읽고 물음에 답하십시오. (각 2점)

> 운동선수가 실수에 대한 부담감을 가지게 되면 경기에서 좋은 성적을 거두기가 어렵다. 그렇기 때문에 감독은 선수를 지도할 때 실수를 떠올리게 하는 직접적인 말을 (   ) 않아야 한다. 예를 들어 스케이트 선수들은 넘어지면 안 된다는 부담감이 크다. 그러므로 감독은 선수에게 넘어지지 말라는 말 대신에 중심을 잡고 스케이트를 타라고 주의를 주는 것이 좋다.

語彙と表現

부담감 負担
성적을 거두다
成績を収める
N을/를 떠올리다
Nを思い出す
주의를 주다
警告する

21 (   )에 들어갈 알맞은 것을 고르십시오.　　　　[第37回]

❶ 입 밖에 내지　　　　　② 눈 감아 주지

③ 한 술 더 뜨지　　　　　④ 귓등으로 듣지

解説

文の内容を見ると、空欄を含む文の内容は「話すべきではない」という意味につながります。「話す」という意味を示すのは「입 밖에 내다 (口の外に出す)」という慣用表現なので、答えは①になります。
② 見て見ぬふりをする (間違いに気づかないように振る舞うこと、許す)
③ もう一杯飲む (間違いを超えてさらに一歩踏み込んでとんでもないことをする)
④ 耳の外側で聞く (真面目に話を聞かず、聞いたふりをする)

07 | 下線部で表現されている感情を選ぶ

主にエッセイや小説などの文章で、主人公の感情を表現する内容が出てくるので、まずは文章全体の流れや内容を把握する必要があります。そのうえで、下線部がどういう感情を表現しているのか読み解きます。感情を表す形容詞をよく理解しておくと、的確に答えを導き出すことができます。

23~24 다음을 읽고 물음에 답하십시오. (각 2점)

語象と表現

급기야
結局のところ
붕대 包帯

　　할머니를 시골에 두고 혼자 서울로 올라오는 발걸음은 가볍지 않았다. 하지만 무거웠던 마음은 며칠 가지 않았다. 할머니는 날마다 전화를 하더니 급기야 서울로 올라오시고 말았다. 할머니의 손자 사랑은 어쩔 수 없나 보다. 할머니는 청소며 빨래며 나에게는 안 보이던 온갖 집안일들을 찾아서 하기 시작했다. 그냥 쉬다가 내려가시라고 <u>아무리 말해도 들은 척도 하지 않았다.</u> 서른이 넘은 나는 할머니가 보기엔 여전히 아이에 불과했다. 서울살이 몇 주 만에 낯선 동네에서 친구까지 사귄 할머니는 친구를 따라 시장에 갔다가 넘어지시고 말았다. 병원에서 온 연락을 받고 걱정이 되어 정신없이 달려갔더니 할머니는 같은 병실 사람들을 모아 놓고 환하게 웃으며 이야기하고 있었다. 다리에 붕대를 감고서 말이다. 그 광경을 보고 난 할 말을 잃었다.

23 밑줄 부분에 나타난 나의 심정으로 알맞은 것을 고르십시오. [第41回]

　❶ 답답하다　　　　　　② 후련하다

　③ 민망하다　　　　　　④ 번거롭다

解説

「들은 척도 하지 않았다 (聞いたふりもしなかった)」は、「全く聞いていない」という意味です。人がいくら話しても聞かない人を見たときの感情は、①の「답답하다 (悔しい)」です。

08 | 記事の見出しから内容を把握して選ぶ

新聞記事の見出しは、短い文の中に言外の意味が込められた単語が使われるので、その単語の正確な意味を知らなければ、答えを見つけることはできません。時事問題に関する文章が多いので、日頃からよくニュースを見て、関連する表現に慣れておくとよいでしょう。見出しは文にならずに、名詞形で終わるので、省略された述語の意味も知っておく必要があります。

25~27 다음은 신문 기사의 제목입니다. 가장 잘 설명한 것을 고르십시오. (각 2점)

26

> 불황에도 포도주 소비 '껑충', 불붙은 판매 경쟁

語彙と表現

불황 不況
불붙다 火がつく

① 불황에도 업체 간 경쟁 때문에 포도주의 소비가 늘었다.

② 불황에도 포도주 판매 감소 때문에 포도주의 소비가 줄었다.

③ 불황에도 과도한 판매 경쟁 때문에 포도주의 공급이 증가했다.

❹ 불황에도 포도주 소비 증가 때문에 포도주의 판매 경쟁이 심해졌다.

解説

「껑충 (飛び越える)」は多くの段階や順序を一度に飛び越えるという意味で、「불붙다 (燃える、火がつく)」は何らかの状況が激しくなるという意味なので、その意味を説明する答えは④です。

問題パターン

09 文章の空欄に当てはまる内容を選ぶ（2）

先述の問題パターン 06 と同じですが、文章の内容がより専門的で、説明などの文章がよく出てきます。問題を解くためには内容を全体的に理解する必要があり、論理的につなげることができる内容を空欄に入れる必要があります。

28~31 다음을 읽고 (   )에 들어갈 내용으로 가장 알맞은 것을 고르십시오. (각 2점)

31   [第41回]

語彙と表現

기한 期限
실시간
リアルタイム

> 기한이 정해져 있는 티켓의 경우 기간이 지나면 사용하지 못하게 된다. 그런데 기한이 얼마 남지 않은 티켓이라도 모바일 시장을 이용하면 판매할 수 있다. 이 시장에서는 판매자와 소비자가 실시간으로 필요한 정보를 교환한다. 이 시장을 통해 판매자는 기간이 지나면 (   ) 상품을 판매할 수 있고, 소비자는 필요한 시점에 싼 가격으로 상품을 구매할 수 있는 것이다.

❶ 가치가 사라지는

② 가격이 올라가는

③ 수요가 많아지는

④ 생산이 줄어드는

解説

期限が迫っているチケットは、期限が過ぎると使えなくなり、「価値がなくなる」ものです。したがって、答えは①です。

10 | 本文の内容に合った文を選ぶ

このタイプの問題は出題頻度が高く、8問ほど出されます。内容全体の理解も大切ですが、選択肢 ①〜④ を1つずつ本文と照らし合わせると、より正解を見つけやすくなります。

32~34 다음을 읽고 내용이 같은 것을 고르십시오. (각 2점)

34 [第36回]

> 위조를 방지하기 위해 색깔과 디자인을 바꾼 수표가 곧 발행된다. 이 수표는 각도에 따라 문자의 색상이 뚜렷하게 바뀌며, 발행 번호의 색상도 기존 수표보다 더 선명하게 인쇄된다. 또한 고액권 수표는 이미지를 전산에 미리 등록하여 돈을 인출할 때 같은 수표인지를 확인하도록 했다. 이와 같은 수표의 발행으로 더욱 안전한 금융 거래를 할 수 있을 것으로 보인다.

語彙と表現
위조 偽造
각도 角度
기존 既存
고액권 高額紙幣
전산 (電子)データ処理
인출하다 引き出す
금융 金融

① 이 수표는 각도에 따라 발행 번호가 바뀐다.

② 이 수표는 이미지를 인쇄하여 위조를 막는다.

❸ 이 수표는 문자의 색상 변화를 통해 위조를 방지한다.

④ 이 수표는 수표의 디자인을 개선하기 위해 만들어졌다.

解説

本文中に「각도에 따라 문자의 색상이 뚜렷하게 바뀌며 (角度によって、文字の色がはっきりと変化して)」とあるので、答えは③です。

① この小切手は、角度によって発行番号が変わる。

　→ 角度によって、文字の色が変わります。

② この小切手は、偽造防止のために画像が印刷されている。

　→ あらかじめ電子的に画像を登録し、偽造を防止しています。

④ 小切手のデザイン性を高めるために作成した。

　→ 偽造防止のため、デザインを変更しました。

11 | 文章の主題を選ぶ

まず文章全体を理解し、その文章中から、書き手が主張している内容を探し出す必要があります。選択肢 ①〜④ がすべて本文に一致していると混同しやすいかもしれませんが、「そのテーマに最も適した内容の答えである」という点に注意してください。書き手の意見はたいてい「- 해야 한다 (〜しなければならない)」で終わる文であり、その文が主題になっていることが多いです。

35~38 다음 글의 주제로 가장 알맞은 것을 고르십시오. (각 2점)

35 [第41回]

> 　단순히 신맛을 내는 조미료 정도로만 여겨졌던 식초가 피로 회복이나 혈압 조절, 피부 미용 등에 효능이 있다는 것이 입증되면서 판매량이 늘고 있다. 이에 힘입어 식초 업계에서는 맛과 향을 다양화해 선택의 폭을 넓히고 식초 음료를 개발하는 등 식초의 대중화를 위해 노력하고 있다. 그 결과 식초의 시장 점유율은 꾸준히 상승하고 있다. 건강이나 미용 외에 청소나 세척 등 일상생활에서의 활용도가 높아진 것도 판매량 증가에 일조했다.

語彙と表現
효능 効果
입증되다 立証される
선택의 폭 選択の幅
시장 점유율 市場シェア
세척 洗浄
일조하다 一助となる

① 식초의 맛과 향의 종류가 많아졌다.

❷ 식초 시장의 규모가 성장하고 있다.

③ 식초의 다양한 효능이 입증되고 있다.

④ 식초가 건강식품으로 주목 받고 있다.

解説

選択肢 ①〜④ のすべてが本文と一致していますが、最初の文に「판매량이 늘고 있다 (販売量が増えている)」とあり、最後の文にも「판매량 증가에 일조했다 (販売量の増加に一役買った)」とあるので、全体としてこの記事は「酢の市場規模が拡大している」と言っています。したがって、答えは②です。

12 | 文を挿入する最適な箇所を選ぶ

基本的には文章全体の内容を理解することが重要ですが、挿入文の文頭に出てくる指示代名詞や接続副詞をよく見ておく必要があります。そして、その文が入る箇所を選んだら、前後の文とのつながりが自然かどうかを確認しましょう。

39~41 **다음 글에서 〈보기〉의 문장이 들어가기에 가장 알맞은 곳을 고르십시오.(각 2점)**

40 [第35回]

부자들을 대상으로 사업체 상속 계획에 대해 조사한 결과 부의 축적 유형에 따라 차이를 보였다. (㉠) 상속형 부자의 경우 절반 정도가 사업체를 자녀에게 물려주겠다고 응답했다. (㉡) 반면 자수성가형 부자는 자녀 상속 의향이 20% 정도에 지나지 않았다. (㉢) 상속형 부자는 자녀에게 기회를 주기 위해 물려준다고 응답한 반면 자수성가형 부자는 기술 및 비법 등을 전수하기 위해서 물려준다고 답했다. (㉣)

語彙と表現

상속 相続
축적 蓄積
자수성가
自分の財産を作る
의향 意向
비법 秘法
전수하다 伝授する

보기

자녀에게 사업체를 물려주려는 이유에서도 두 집단이 차이를 보였다.

---

① ㉠   ② ㉡   ❸ ㉢   ④ ㉣

解説

この文章は、大きく2つの内容が書かれています。それは、「財産の蓄積のタイプによる相続対策の違い」と「事業譲渡の理由の違い」です。譲渡理由の違いは最後の文に書かれていますが、その内容につながる文はないので、挿入文はその前に入るはずです。したがって、答えは③となります。

13 | 様々なジャンルの文章を理解する

42番以降の問題からは、それまで出題されていた問題形式が混在し、文学作品や論説文、説明文など様々なジャンルの文章を理解し、1つの文章につき2つ出題される問題を解かなければなりません。文章が長いので時間配分をしっかり行い、書き手の姿勢や気持ち、意見、考えなど、文章の文脈を理解して解答する必要があります。

48~50 다음을 읽고 물음에 답하십시오. (각 2점)

현대 사회는 다양한 이익 집단의 관계가 복잡하게 얽혀 있기 때문에 많은 사회적 갈등이 존재한다. 사회 문화적 요소가 포함된 갈등에서부터 경제적 요인이 포함된 갈등, 일상생활과 관련된 갈등까지 사회적 갈등들은 여러 요인에 의해 끊임없이 발생한다. <u>그런데 이러한 사회적 갈등이 타협을 통해 합리적으로 조정된다면 사회를 통합하는 동력으로 작용할 수 있을 것이다.</u> 따라서 사회적 갈등을 합리적으로 해결하기 위해 사회 구성원 모두가 합의할 수 있는 해결 원칙을 세울 필요가 있다. 먼저 (　　　) 해결하는 것이 중요하다. 즉 당사자 간의 자유로운 대화와 협상을 통해 쟁점을 해결하려는 노력이 우선되어야 한다. 다음으로 갈등의 당사자 모두에게 이익이 되는 방향으로 해결해야 한다. 갈등 해결에 따른 이익이 한쪽에만 돌아가면 쟁점을 둘러싼 갈등이 계속 이어지기 때문이다. 또한 국민 전체의 이익과 부합되는 방향으로 해결되어야 그 해결 방안이 국민의 지지를 받을 수 있다는 점도 잊지 말아야 한다.

語彙と表現

동력 力
당사자 当事者
쟁점 争点
부합되다 符合する
지지
サポート、支持

50 밑줄 친 부분에 나타난 필자의 태도로 알맞은 것을 고르십시오. [第41回]

① 사회적 갈등 발생에 대해 경계하고 있다.

② 타협을 통한 갈등 해결에 대해 회의적이다.

③ 사회 통합의 어려움에 대해 공감하고 있다.

❹ 사회적 갈등의 긍정적인 측면을 인정하고 있다.

解 説

社会的な対立は、基本的には否定的なものですが、本文では「合理的に調整すれば社会をまとめる力として機能する」という肯定的な役割を果たすこともあると書かれているので、答えは④となります。

PART 2

パターン別練習問題

듣기 リスニング

쓰기 ライティング

읽기 リーディング

01~03 다음을 듣고 가장 알맞은 그림 또는 그래프를 고르십시오. (각 2점)

1

①

②

語彙と表現

상영하다
上映する

③

④

解説

1 この問題では、2人の対話中に出てくる状況と単語を正確に把握することが必要です。「예매하려고 한다 (予約しようとする)」というフレーズが出てきて、上映時間の確認や座席の選択などの内容があるので、映画のチケットを予約している状況であることが推測できます。

2

①

②

③

④

解説

2 女性はスカートを洗濯できるかどうか尋ね、週末に取りに来ると言っているので、これは女性がクリーニングの依頼をしている状況だと推察できます。

3

① 창업을 생각해 본 적 있나?

없다
65.4%

있다
34.6%

② 창업 지원 정책을 알고 있나?

관심이 없다 2.7%
알지만 자세히는 모른다
9.7%

모른다 24.2%

안다
63.4%

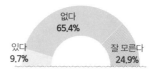

語彙と表現

묻다 尋ねる
빼다 抜く
창업 起業
고려하다 考慮する
지원하다 支援する

③ 창업 지원 정책을 알고 있나?

관심이 없다 2.7%
안다 9.7%

모른다 24.2%

알지만 자세히는 모른다
63.4%

④ 창업을 생각해 본 적 있나?

없다
65.4%

있다
9.7%

잘 모른다
24.9%

解説

3 図表が出てくる問題では、話の内容を正確に推察し、主題に関連する数字を注意して聞き取りましょう。普通、図表が2種類出てきたら、2つのことについて話していることになるので、あらかじめ選択肢の数字を確認しておきます。ここでは「起業を考えたことがありますか」、「起業支援策を知っていますか」と聞いた結果がグラフで表示されています。

04~08 다음을 듣고 이어질 수 있는 말로 가장 알맞은 것을 고르십시오.
(각 2점)

4 ① 관리비를 내야 해요?

② 연체료가 얼마나 나올까요?

③ 연체료가 매달 나와서 힘들어요.

④ 관리비를 잊어버리지 말고 내세요.

5 ① 어느 방향이든지 괜찮아요.

② 지하철에서 핸드폰을 보면 안 돼요.

③ 지하철은 앞 칸에 타는 것이 좋아요.

④ 수서행을 탔는데 칸은 기억이 안 나요.

> **語彙と表現**
>
> 청구되다
> 請求される
> **연체료** 延滞金

解説

4 この問題では、会話を聞いた後にどのフレーズが続くかを推測する必要があります。女性が先月支払われなかった管理費の延滞金が発生すると言っているので、男性が延滞金について話すのが自然と考えられます。

・**- 치**: 接尾辞で、価格や価値の意味を付け加える。

・**例** 세 달치 월급 (3 か月分の月給)、1년치 수업료 (1 年分の授業料)

5 携帯電話を探す女性を助けるために、男性は彼女が乗った地下鉄の行き先と車両を尋ねているので、女性はそれに答えなければなりません。

・**칸**: 建物や電車の中、本棚など、一定の基準で囲まれた空間

・**例** 옆 칸에 앉은 사람 (隣の車両に座っている人)、방이 두 칸 있는 집 (部屋が 2 つある家)

6 ① 양식 식당으로 갑시다.

　② 내일 11시에 가겠습니다.

　③ 저녁 대신 점심으로 예약해 주세요.

　④ 그럼, 내일 저녁 시간으로 예약해 주세요.

7 ① 방송을 다시 보고 결정해 주십시오.

　② 홈쇼핑은 전화로 주문할 수 없습니다.

　③ 이전에 방송된 물건은 주문이 안 됩니다.

　④ 그럼, 주문하시는 가방의 색상을 선택해 주십시오.

8 ① 개들도 재촉하는군요.

　② 사람이 먼저 가야겠군요.

　③ 개가 배려심이 더 많군요.

　④ 사람보다 성격이 나쁘군요.

語彙と表現

語彙と表現

마감되다
締め切りになる
주문하다 注文する
재촉하다 催促する

解説

6 ランチの予約はできないが、ディナーの予約は可能であると言っているので、この情報を含んだ答えが次に来るはずです。

7 男性は「現在放送中の旅行カバンを注文したい」と言っているので、女性の回答はこのリクエストに関連したものになるはずです。

8 急がず先に行って待つことは思いやりのある行動です。

09~12 다음을 듣고 여자가 이어서 할 행동으로 가장 알맞은 것을 고르십시오. (각 2점)

9 ① 음식을 준비한다.   ② 쓰레기봉투를 만든다.

   ③ 슈퍼나 편의점에 간다.   ④ 일반 쓰레기를 버리러 간다.

10 ① 운동을 한다.   ② 약국에 간다.

   ③ 등산을 한다.   ④ 건강 검진을 한다.

11 ① 물을 마신다.   ② 야외로 나간다.

   ③ 창문을 닫는다.   ④ 일기 예보를 듣는다.

12 ① 사용 한도를 늘린다.   ② 다른 카드로 계산한다.

   ③ 신용 카드 회사에 전화한다.   ④ 카드 패드에 다시 사인한다.

語彙と表現

꼬박꼬박 きちんと
증상 症状
처방하다 処方する
자제하다 自制する
한도 초과
限度を超える

解説

9 男性が生ゴミの袋の買い方を説明しているので、女性はゴミ袋を買うのでしょう。

10 男性は 2 週間分の薬を処方すると言っているので、処方せんをもらった後、女性がどうするのかを考えてみましょう。

11 女性は窓が全部開いていることに驚いているので、その反応につながる動作を見つけるとよいでしょう。

12 男性は女性に、別のカードを使うか現金で支払ってほしいと頼んでいるので、女性はそのどちらかの行動を取ることになります。

13~16 다음을 듣고 들은 내용과 같은 것을 고르십시오. (각 2점)

13 ① 빵을 칼로 잘라서 먹는 것이 예의다.

② 오른손으로 빵을 잡고 왼손으로 뜯어 먹는다.

③ 서양에서의 빵은 기독교와 관련된 의미가 있다.

④ 접시를 기준으로 오른쪽에 있는 빵을 먹어야 한다.

14 ① 청소년은 어른들보다 담배를 4배 많이 피운다.

② 이 결과는 모든 흡연자들을 대상으로 조사했다.

③ 길거리에서 사람들을 대상으로 이 조사를 했다.

④ 주위에 흡연자가 있으면 담배 피울 가능성이 17배 높다.

> **語彙 と 表現**
>
> **기준** 標準、基準
> **기독교** キリスト教
> **예수님** イエス様
> **뜯다** むしる
> **질병** 病気
> **흡연율** 喫煙率

解説

13 食べるとき水とパンがどちら側にあるかに注意して、会話に出てくる宗教とつながる意味を考えて答えを探しましょう。

14 会話全般の意味、会話に出てくる数字、単語を注意して聞き取りましょう。「青少年」「オンライン調査」という言葉やそれぞれの数字を分析しながら注意深く聞くことが必要です。

15 ① 강수 확률을 높이는 이유는 틀리지 않기 위해서다.

　② 강수 확률을 높게 발표해서 더 욕을 많이 먹게 된다.

　③ 산업 현장은 비를 대비했다가 비가 안 오면 손해가 커진다.

　④ 우산이 없는데 비가 오면 일기 예보가 틀렸다고 생각하는 사람이
　　많다.

16 ① 해외 직구는 배송이 느린 단점이 있다.

　② 해외 직구가 일반적인 유통 과정보다 더 비싸다.

　③ 해외 물품을 구입하는 것은 합리적인 소비가 아니다.

　④ 직구는 해외 소비자가 국내 물건을 구입하는 것이다.

강수 확률
降水確率
당혹스럽다
困惑する
배송 配送
유통 流通

PART 2 | 듣기

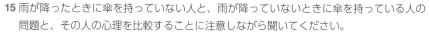

解説

15 雨が降ったときに傘を持っていない人と、雨が降っていないときに傘を持っている人の
問題と、その人の心理を比較することに注意しながら聞いてください。

16「海外からの直購入」の意味を完全に把握し、メリットとデメリットを比較しながら聞く
必要があります。

17~20 다음을 듣고 남자의 중심 생각으로 가장 알맞은 것을 고르십시오. (각 2점)

17 ① 술, 담배를 산 청소년도 벌을 받아야 한다.
　② 어른들은 미성년자를 보호해야 할 책임이 없다.
　③ 미성년자에게 술을 파는 어른들만 책임을 져야 한다.
　④ 성인과 비슷한 외모 때문에 청소년들이 술, 담배를 사기 쉽다.

語象と表現

업주 事業主
책임을 묻다
責任を問う
절반 半分
잡티 くすみ
대면 対面

18 ① 가수는 노래 실력을 더 키워야 한다.
　② 가수는 대중의 인기가 가장 중요하다.
　③ 아이들은 아이들답게 노래하게 해야 한다.
　④ 짧은 치마와 선정적인 춤이 인기에 큰 영향을 준다.

19 ① 피부 화장은 가볍게 하는 게 좋다.
　② 마스크 착용으로 눈 화장품이 많이 팔린다.
　③ 입술에 바르는 화장품은 매출 변화가 없다.
　④ 코로나로 인해 모든 화장품의 매출이 줄었다.

20 ① 일자리 창출을 위해 비대면 서비스를 중단해야 한다.
　② 비대면 마케팅 때문에 사회가 점점 개인화 되고 있다.
　③ 신세대와 고령층의 갈등을 푸는 방법을 연구해야 한다.
　④ 비대면 마케팅 서비스에 따르는 부작용도 같이 해결해야 한다.

解説

17 男性は酒やタバコを買う未成年者の過ちを指摘し、未成年者の責任も問うべきだと主張しています。
18 男性はアイドル歌手の思わせぶりなダンスや衣装を批判し、子どもらしく歌うべきだと主張しています。
19 人の顔の半分がマスクで覆われているため、目元を美しく見せる化粧品の売り上げが伸びたと男性は言っています。
20 男性は、非対面でのサービスは便利だが、それに伴う問題点も解決しなければならないと主張しています。

21~22 다음을 듣고 물음에 답하십시오. (각 2점)

21 남자의 중심 생각으로 가장 알맞은 것을 고르십시오.

① 인쇄하지 않은 종이컵은 재활용할 수 없다.

② 커피 전문점에 갈 때 자기 컵을 가지고 가야 한다.

③ 환경을 지키기 위해 종이컵 사용을 줄여야 한다.

④ 종이컵 사용은 숲이 사라지는 데 영향을 주지 않는다.

22 들은 내용과 같은 것을 고르십시오.

① 남자는 말로만 환경 운동을 하고 있다.

② 여자는 인쇄된 컵으로 커피 전문점을 광고해야 한다고 생각한다.

③ 남자는 어쩔 수 없이 종이컵을 사용하는 경우를 인정하지 않는다.

④ 남자는 지구의 숲이 사라지는 데 종이컵 사용이 책임이 있다고 생각한다.

語彙と表現

한몫을 하다
一役買う

解 説

21 可能な限りコップを持ち歩き、やむを得ず紙コップを使う場合は、ゴミをきちんと分別しなければならない、と言う男性の言葉の中から主旨を見出しましょう。

22 聞き取ったことと選択肢を比べながら、それに一致する内容を見つけなければなりません。男性は、紙コップが地球の森が消えていく一因になっているという例を挙げましたが、ここで言う「한몫을 하다 (一役買う)」は、ある事に一定の役割や責任があることを意味します。

다음을 듣고 물음에 답하십시오. (각 2점)

23 남자가 무엇을 하고 있는지 맞는 것을 고르십시오.

① 외국인과 식사를 하고 있다.

② 한국 음식 문화를 소개하고 있다.

③ 서울 광장에서 외국인을 기다리고 있다.

④ 외국인 김장 체험 프로그램을 소개하고 있다.

24 들은 내용과 같은 것을 고르십시오.

① 식사를 한 후에 김치를 담글 예정이다.

② 이 행사는 외국인 관광객들을 위한 것이다.

③ 400명이 동시에 김치를 담그는 프로그램이다.

④ 외국인은 자신이 담근 김치를 가져갈 수 있다.

解説

23 男性は、女性から聞かれた外国人向けのキムチ漬け体験についての質問に答えています。

24 このイベントは、韓国に住む外国人のためのキムチ漬け体験で、3日間に50人ずつ8回に分けて行われます。キムチ漬けの後、キムチとプルコギビビンバを食べて、自分で漬けたキムチを持ち帰ることもできます。

25~26 다음을 듣고 물음에 답하십시오. (각 2점)

25 남자의 중심 생각으로 가장 알맞은 것을 고르십시오.

① 직원은 모두 우리 가족이다.

② 카페의 분위기를 밝게 해야 한다.

③ 젊은 직원들을 인격적으로 대해야 한다.

④ 직원들이 손님을 존중하는 것이 중요하다.

26 들은 내용과 같은 것을 고르십시오.

① 어려 보이는 직원은 어른이 아니다.

② 주문 받는 곳에 적어 둔 글은 효과가 없다.

③ 존댓말을 사용하는 손님은 존중을 받을 수 없다.

④ 처음 보는 사람에게 반말을 하는 것은 예의가 아니다.

解説

25 男性は、お客さんに若い従業員と話すときに敬語を使ってもらう運動をしていると言いながら、その効果について話しています。

26 男性は、従業員も大人なのに、初めて会う人にタメ口を使うのは失礼だと思い、この運動をするようになったと言っています。

27~28 다음을 듣고 물음에 답하십시오. (각 2점)

語彙と表現

연봉 年俸

27 남자가 말하는 의도로 알맞은 것을 고르십시오.

① 예전 직장의 나쁜 점을 고발하려고

② 회사를 그만둔 이유를 알려 주려고

③ 새로 찾고 싶은 직장의 조건을 설명하려고

④ 회사 내에서 남녀 직장인의 차별을 지적하려고

28 들은 내용과 같은 것을 고르십시오.

① 남자는 예전 직장에서 3년 동안 일했다.

② 대부분의 회사는 근무 시간 후에 일하지 않는다.

③ 남자는 직장 선택에서 연봉과 전망이 가장 중요하다.

④ 상사의 눈치를 보면서 휴가를 사용하는 회사가 없다.

解説

27 男性は、年俸が高く将来性のある会社を辞めた理由を説明し、「幸せな職場生活を送れる新しい職場を探している」と話しています。

28 男性は、前の職場では3年間ほとんど休暇も取れなかったと言っています。

다음을 듣고 물음에 답하십시오. (각 2점)

29 남자가 누구인지 고르십시오.

① 택배를 하는 사람

② 무인 택배를 이용하는 사람

③ 무인 택배 제도를 잘 아는 사람

④ 무인 택배로 물건을 주문한 사람

語彙と表現

무인 無人
택배함 宅配箱
사칭하다 詐称する

30 들은 내용과 같은 것을 고르십시오.

① 무인 택배를 이용하면 비용이 든다.

② 인주시의 여성들을 위해 이런 제도를 만들었다.

③ 물건 주문 후 48시간 안에 물건을 넣어 두어야 한다.

④ 물건을 주문할 때 배송지를 자신의 집으로 써야 한다.

解説

29 男性は、「女性の幸せ無人宅配箱」を作った理由と使い方を詳しく説明しています。

30 男性は、無人宅配箱は、女性の安全を守るために設置したと話しています。

31~32 **다음을 듣고 물음에 답하십시오. (각 2점)**

31 남자의 중심 생각으로 가장 알맞은 것을 고르십시오.

① 미래를 알면 후회하지 않는 삶을 살 수 있다.

② 미래를 알면 모든 일을 미리 준비할 수 있는 장점이 있다.

③ 사람들은 미래의 일을 알면 후회할까 봐 미래를 알고 싶어 하지 않는다.

④ 사람들은 좋은 일은 미리 알고 싶지만 부정적인 일은 알고 싶어 하지 않는다.

32 남자의 태도로 가장 알맞은 것을 고르십시오.

① 여자의 의견에 대해 비판하고 있다.

② 대다수 사람들의 반응에 대해 염려하고 있다.

③ 여자의 의견과 남자의 생각을 비교 분석하고 있다.

④ 자신의 의견을 구체적인 예를 들며 설명하고 있다.

語彙と表現

가정하다 仮定する
바람직하다
望ましい

解説

31 男性は、大多数の人が未来について知りたがらないと言っています。

32 男性は、未来の様々な状況について仮説を立て、人々はそれを事前に知りたいと思うかを尋ね、その結果を説明しています。

다음을 듣고 물음에 답하십시오. (각 2점)

33 무엇에 대한 내용인지 알맞은 것을 고르십시오.

① 고층 건물의 회전문을 만드는 방법

② 고층 건물에 회전문을 사용하는 이유

③ 고층 건물의 회전문과 일반 문의 차이점

④ 고층 건물의 회전문이 갖고 있는 문제점

語彙と表現

굴뚝 효과 煙突効果
진공 真空
펄럭이다 はためく

34 들은 내용과 같은 것을 고르십시오.

① 회전문이 굴뚝 효과로 인한 불편한 현상을 방지한다.

② 굴뚝 효과 때문에 난방을 하면 상층부가 진공 상태가 된다.

③ 고층 건물의 1층 입구는 거의 대부분 여닫이문으로 되어 있다.

④ 회전문은 항상 열려 있어서 굴뚝 효과로 인한 현상을 해결할 수 있다.

解 説

33 女性は、高層ビルの1階入口に回転ドアがあるのは、単に楽しませるためではなく、科学的な理由によるものだと言っています。

34 高層ビルの1階にどのようなドアがあるかを知り、その種のドアができた理由とその役割を正確に把握しなければなりません。

35 남자가 무엇을 하고 있는지 고르십시오.

① 새로 시행될 제도에 대해 설명하고 있다.

② 시민들이 원하는 것이 무엇인지 조사하고 있다.

③ 불편한 교통 문제를 해결하라고 요구하고 있다.

④ 시의 발전을 위해 자신을 지지해 달라고 부탁하고 있다.

語彙と表現

개찰구 改札口
감지하다 感知する
인식하다 認識する
시범 範を示すこと

36 들은 내용과 같은 것을 고르십시오.

① 이 제도는 인주시가 혼자서 준비해 왔다.

② 이 제도는 올해 5월에 모든 역에서 시행될 예정이다.

③ 이 제도는 교통비를 안 내는 사람을 찾아내는 제도다.

④ 이 제도가 시행되면 개찰구 앞을 빨리 통과할 수 있다.

解説

35 男性は「オープン・ドア・システム」の研究の過程と利点について話し、今年の 5 月から実施されると言っています。

36 男性が説明するシステムが実施されれば、混雑する通勤時間帯に改札の前にできる長い行列はなくなるはずです。

37~38 **다음을 듣고 물음에 답하십시오. (각 2점)**

37 여자의 중심 생각으로 가장 알맞은 것을 고르십시오.

① 우주에서도 농사를 지어야 한다.

② 도시와 농촌의 유대 관계가 중요하다.

③ 도시의 학생들도 농업을 공부해야 한다.

④ 슈퍼에서 파는 고기를 먹기 전에 생산 과정을 확인해야 한다.

38 들은 내용과 같은 것을 고르십시오.

① 농촌에 직접 가야 먹거리에 대해 알게 된다.

② 농업보다는 과학의 발전이 인류에게 중요하다.

③ 농업을 배우면 먹거리에 대해 제대로 이해할 수 있다.

④ 기본적인 생존을 위해서는 스마트폰 기술이 더 발전해야 한다.

語彙と表現

지탱하다
支える
유대 관계
絆、紐帯関係

PART 2 | 듣기

解説

37 女性は、学生にも農業を教えるべきだと主張する理由を尋ねる男性の質問に答えています。

38 女性は、農業について学べば、自分が食べるものをきちんと理解できるようになると話しています。

39~40 다음을 듣고 물음에 답하십시오. (각 2점)

39 이 대화 전의 내용으로 가장 알맞은 것을 고르십시오.

① 인공조명의 발달로 빛 공해가 시작되었다.

② 인공조명 탓에 도시에서 별을 보기가 힘들어졌다.

③ 빛 공해로 인해 사람의 건강과 동물에 큰 피해가 있다.

④ 해가 진 후에도 활동이 가능해진 것은 인공조명 덕분이다.

語彙と表現

국한되다
制限される
여물다 熟す
웃자라다
大きくなりすぎる
은하수 天の川

40 들은 내용과 같은 것을 고르십시오.

① 빛 공해가 있으면 벼는 키가 자라지 않는다.

② 빛은 인간의 삶에 긍정적인 영향과 부정적인 영향을 준다.

③ 길가의 나무들은 밤에도 빛을 받아서 긍정적인 효과가 있다.

④ 밤에 인공조명과 별빛을 같이 보면 더 밝아서 환경에 도움이
된다.

解説

39 女性は、人工照明による害は人や動物に限られるのかと尋ねているので、「光害により、人の健康と動物に大きな被害がある」が、その前に来るのが適切です。

40 男性は、光は人間の生活に欠かせないものだが、過剰な光はエネルギーの浪費となるだけでなく、人間や動物、植物の生命を脅かすとも言っています。

41~42 다음을 듣고 물음에 답하십시오. (각 2점)

41 이 강연의 중심 내용으로 가장 알맞은 것을 고르십시오.

① 그림책만이 거짓말하는 아이를 치료할 수 있다.

② 아이나 어른이나 거짓말을 하는 건 지극히 정상이다.

③ 아이들의 거짓말을 심각하게 받아들이지 말아야 한다.

④ 아이들의 거짓말에 어른들이 현명하게 대처해야 한다.

42 들은 내용과 같은 것을 고르십시오.

① 의도적이고 반복적인 거짓말은 심각한 문제다.

② 6살이 넘으면 옳고 그른 것을 구별해서 거짓말을 안 한다.

③ 어른들은 아이에게 거짓말 하지 말라고 야단을 쳐야 한다.

④ 4~5살 아이들은 현실과 공상을 구별하지 못해 거짓말을 한다.

語彙と表現

의도적 意図的
반복적 反復的
공상 空想、夢想
불리하다 不利だ
옳고 그르다
正しいか正しくない
か
파악하다 把握する
메우다 埋める
어조 口調
엿보다 のぞく

解説

41 主旨を見つける問題は、聞き取った内容と一致するものを見つけるのではなく、話し手がどのような目的で話しているのかを見つけなければなりません。女性は、子どもが嘘をついたら、大人は「嘘をつく必要はない」、「正しく問題に対処する方がいい」という事実を子どもが分かるように助けようと言っています。

42 女性は、意図的でなく、繰り返し嘘をつかないのであれば、子どもの嘘をあまり深刻に受け止める必要はないと言っているので、意図的で繰り返される嘘はその逆になります。

43　무엇에 대한 내용인지 알맞은 것을 고르십시오.

① 뇌는 여러 가지 경험이나 자극, 환경에 따라 달라질 수 있다.

② 인간의 학습 능력이 선천적인지, 환경적 영향인지 아직도 모른다.

③ 아이들이 집중해서 공부할 수 있는 환경을 만들어 주는 게 중요하다.

④ 학습 능력이 떨어지는 자녀에게 공부를 못한다고 야단치지 말아야 한다.

44　학업 능력을 발전시키는 방법으로 맞는 것을 고르십시오.

① 유전자의 상관관계를 분석해야 한다.

② 치매나 조현병 등 정신 질환을 미리 막아야 한다.

③ 누구를 닮았는지 잘 판단하는 것이 여러 가지 경험보다 중요하다.

④ 부모가 먼저 TV와 스마트폰을 끄고, 아이들과 같이 책을 읽어야 한다.

語彙と表現
선천적 先天的
유전자 遺伝子
치매 認知症
조현병 統合失調症
변수 変数

解説

43 講演者は、学習能力には遺伝子よりも家庭の経済状況や学習環境がより大きな要素になるので、子どもが集中して勉強できる環境づくりが重要であると話しています。

44 子どもたちが集中して勉強できる環境を作ることが大切だと語り、最後にその具体的な方法の例を提案しています。

45~46 다음을 듣고 물음에 답하십시오. (각 2점)

45 들은 내용과 같은 것을 고르십시오.

① 태풍의 이름에 한국 이름이 더 많은 것은 아니다.

② 태풍의 이름은 처음부터 2000년까지 계속 여성의 이름이었다.

③ 지금 태풍의 이름을 붙이는 것은 싫어하는 정치가를 놀리려는 것이다.

④ 다시 피해가 안 생기기를 원해서 큰 피해가 있었던 태풍의 이름을 바꾸기도 한다.

46 여자가 말하는 방식으로 알맞은 것을 고르십시오.

① 태풍이 발생하는 원인을 분석하고 있다.

② 태풍의 이름이 만들어지는 방식을 설명하고 있다.

③ 태풍을 막기 위한 14개 국가의 협력을 호소하고 있다.

④ 태풍이 지나가는 14개국에서 발생한 피해를 비교하고 있다.

語彙と表現

적도 赤道
예보관 気象予報士
번갈아 順番を変える

解説

45 聞き取った会話と照らし合わせて、一致する内容を見つけましょう。女性は、大きな被害をもたらした台風の名前を別のものに変えることができるのは、そのような被害が二度と起こらないようにという願いが込められているからだと話しています。

46 講演者が、どのような内容を話しているのかを探す必要があります。この講演の主な内容は台風の名前に関するもので、これまでの命名方法を紹介し、現在の方法を説明しています。

다음을 듣고 물음에 답하십시오. (각 2점)

47 들은 내용과 같은 것을 고르십시오.

① 동물들이 자연 그대로 살도록 보호해야 한다.

② 야생 동물들이 먼저 인간을 공격하기 시작했다.

③ 도시를 더 확장해야 동물들의 공격을 막을 수 있다.

④ 동물들이 먹을 것이 많아지면 도시로 더 나오게 된다.

48 남자가 말하는 방식으로 알맞은 것을 고르십시오.

① 야생 동물의 종류를 분류하고 있다.

② 야생 동물과의 공존 방향을 제시하고 있다.

③ 도시에 나타나는 야생 동물들을 비판하고 있다.

④ 야생 동물로 인한 사고를 못 막은 정부에 분노하고 있다.

語彙と表現

야생 野生
공존하다 共存する
침범하다 侵す
불법적 不法的

解説

47 男性は、動物が自然のままに生きていけるよう保護するべきだと主張しています。
48 男性は、人間と自然が共存できる方法を探さなければならないと主張し、具体的な方法を説明しています。

49 들은 내용과 같은 것을 고르십시오.

① 알비노 동물은 태어날 때부터 몸이 흰색이다.

② 알비노 동물은 항상 좋은 징조로 생각해서 환영받는다.

③ 알비노 동물은 출현 확률이 높아서 별로 희귀하지 않다.

④ 흰색 동물은 약육강식에서 유리하기 때문에 생존율이 높다.

50 남자가 말하는 방식으로 알맞은 것을 고르십시오.

① 알비노 증상을 예방하는 방법을 제시하고 있다.

② 알비노 증상이 있는 사람과 동물의 차이를 비교하고 있다.

③ 동물의 종류와 알비노의 특성에 대해 연관 관계를 분석하고 있다.

④ 알비노의 정의와 생존의 불리함에 관한 인과 관계를 설명하고
있다.

解 説

49 保護色を持たずに生まれたアルビノ動物は、生存能力が低いという因果関係を男性は説明しています。

50 アルビノ現象の原因と生存に不利な理由について、男性が例を挙げて説明しています。

쓰기 ライティング

問題パターン
01 | 文章の文脈に合った文を書く

51~52　다음 글의 ㉠과 ㉡에 알맞은 말을 각각 쓰시오. (각 10점)

51

안　내

주민 여러분께 알려 드립니다.

아파트 단지 내 나무들의 해충 방제를 위해 소독을 실시하니,

다소 불편하시더라도 (　　　㉠　　　).

소독 시 어린이나 노약자 등은 이동을 자제해 주십시오.

5층 이하 저층 세대는 소독 시 창문을 닫아 주시기 바랍니다.

소독 당일 비가 오면 작업 일정이 (　　　㉡　　　).

● ●

◆ 작업 일시: 9월 2일 (수) 오후 3시~5시까지

꽃마을 아파트 관리소장

語彙と表現

해충 방제 害虫駆除
소독 消毒
노약자
老弱者《お年寄り
や子ども、体の不
自由な方などを指
す》

解説

51　㉠は、不便でも消毒は必要という内容なので、住民に協力を要請する内容が入らなければなりません。㉡は、消毒の日に雨が降ったら作業日程がどうなるか予測できるので、その内容を空欄に書かなければなりません。

52

선물은 받는 사람에 대해 생각하는 마음이 들어 있어서 좋다. 하지만 당장 쓸모없는 물건보다는 (㉠) 선물이 더 반갑다. 따라서 선물을 고를 때는 받을 사람이 필요한 것이 무엇인지 추측해야 한다. 그리고 주는 사람의 마음을 더 잘 드러내는 포장도 중요하다. 받는 사람은 내용물보다 (㉡) 주는 사람의 마음을 먼저 읽게 되기 때문이다.

語彙と表現

쓸모없다
役に立たない

PART 2 | 쓰기

解説

52 ㉠は、役に立たない物と対照的な表現を書く必要があります。㉡については、前後の文章で包装が重要であること、実際の贈り物よりも贈り物をする人の気持ちがまずここから汲み取れることが書かれているので、どのように書けばよいか考えましょう。

53 다음은 50세 이상 성인 500명을 대상으로 '추석에 자식
들과 얼마나 오랜 시간을 함께 보내고 싶은가?'라는 질문
에 대한 설문 조사 자료이다. 이 내용을 200~300자의
글로 쓰시오. 단, 글의 제목은 쓰지 마시오. (30점)

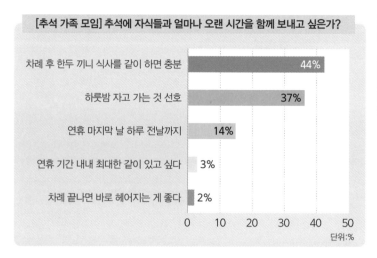

[추석 가족 모임] 추석에 자식들과 얼마나 오랜 시간을 함께 보내고 싶은가?

차례 후 한두 끼니 식사를 같이 하면 충분 **44%**
하룻밤 자고 가는 것 선호 **37%**
연휴 마지막 날 하루 전날까지 **14%**
연휴 기간 내내 최대한 같이 있고 싶다 3%
차례 끝나면 바로 헤어지는 게 좋다 2%

단위:%

語彙と表現

차례
祖先を祀る韓国の
伝統儀式、法事
끼니 食事
선호 好み

원고지 쓰기의 예

	사	람	의		손	에	는		눈	에		보	이	지		않	는		세
균	이		많	다	.		그	래	서		병	을		예	방	하	기		위	해

53 (1) 文章の主題を明らかにしなければならないので、出題された内容をそのまま書き写しても構いません。

→ 50 歳以上の成人 500 人を対象に、「秋夕（チュソク）に子どもたちとどれだけ長い時間を一緒に過ごしたいですか？」という質問に対するアンケート調査を行った。

(2) グラフでは、秋夕の日だけを一緒に過ごす場合と、一晩以上一緒に過ごす場合の 2 つの状況に着目しています。

(2-1) 質問では、秋夕の日だけを一緒に過ごす場合は、「法事の後に 1 ～ 2 食一緒に食べれば十分」「法事が終わったらすぐに別れるのがよい」です。

→ 親世代の半分近い 46% が、お互いに楽な日帰りを好むことが分かりました。最も多い 44% が「法事の後に 1 ～ 2 食一緒に食べれば十分」と答え、「法事が終わったらすぐに別れるのがよい」の 2% とあわせると 46% の回答者が、1 泊未満、日帰りがお互いに楽だと答えました。

(2-2) 一晩以上、一緒に過ごす場合は、「一晩泊まっていくことが望ましい」「連休期間中できるだけ一緒にいたい」「連休最終日の前日まで」なので、それらをつなげて書けばよいでしょう。

→ 37% は「一晩泊まっていくことが望ましい」と答え、「連休期間中できるだけ一緒にいたい」は 3%、帰りのことを考慮して「連休最終日の前日まで」が 14% となっている。

54 다음을 참고하여 600~700자로 글을 쓰시오. 단, 문제를
   그대로 옮겨 쓰지 마시오. (50점)

語 彙 と 表 現

> 　사이버 공간에 있는 자신의 정보를 지울 수 있는 '잊힐
> 권리'에 대한 논쟁이 한창입니다. 사생활 보호 차원에서 적
> 극적으로 도입해야 한다는 찬성 논리와 정치인, 범죄자의
> 신분 세탁에 악용될 수 있다는 반대 논리가 팽팽히 맞서고
> 있습니다. 이에 대한 여러분의 의견을 정리해서 쓰십시오.
>
> • 잊힐 권리를 찬성하는 쪽: 사생활 보호를 위해서 필요하다.
> • 잊힐 권리를 반대하는 쪽: 정치인, 범죄자의 신분 세탁에 악
> 용될 수 있다.

사생활
プライバシー、私
生活
신분 세탁
身分洗濯（身元ロ
ンダリング）《犯
罪者などが自身の
正体がばれないよ
うに身分を変える
こと》
팽팽히 張りつめて

解 説

54 与えられた文章を見て、2つの主張を一つずつ順番に紹介したり、意見を整理して最後
に自分の見解を明らかにしたりするのがよいでしょう。または、一方を支持する自分の
意見を整理した後、反対側の問題点を指摘しながら自分の主張を書いていくのもよいで
しょう。文章の冒頭は、一般的な話から始めてもいいですし、文章で紹介されている内
容を自然に自分の言葉に変えてもいいでしょう。文章を充実させたいのであれば、例を
挙げるのもよいでしょう。

읽기 リーディング

問題パターン

01 | 空欄に適切な語彙・文法を選ぶ

01~02　(　　　　)에 들어갈 말로 가장 알맞은 것을 고르십시오.
(각 2점)

1 　생선은 비린내 때문에 맛없다고 하는데, 그것도 다 (　　　　)

① 요리하곤 한다.　　　　② 요리할 법하다.

③ 요리하기 일쑤다.　　　④ 요리하기 나름이다.

語彙と表現

비린내
生臭いにおい
투신자살 投身自殺

2 　경찰의 오랜 (　　　　), 투신자살하려던 사람이 다리에서 내려

왔다.

① 설득 끝에　　　　　　② 설득하더라도

③ 설득한 반면에　　　　④ 설득에도 불구하고

解説

1 魚料理は生臭いにおいがすることもあるが、調理法によっては臭わないこともあるという意味の文法表現を探す必要があります。
① -곤 하다 (〜したりする)：頻繁に繰り返されたり、習慣のようによく行う行為を表す。
② -(으)ㄹ 법하다 (〜しそうだ)：ある状況が起こる可能性が高い、またはその理由がたくさんあるように見える。
③ -기 일쑤다 (〜しがちだ)：何かがよく起こる、自然にそうなる。
④ -기 나름이다 (〜次第だ)：ある行動や作業をどのように行うかによって結果が変わることがある。

2 自殺をあきらめたのは、警察が長い間説得した結果なので、そのような意味を持つ文法表現を探しましょう。
① -끝에 (〜の末に)：長い時間や困難な過程を経て得られた結果を表す。
② -더라도 (〜したとしても)：前の事実を仮定しても、次の事実には影響がないことを示す。
③ -(으)ㄴ/는 반면에 (〜の反面)：始まりと終わりが反対であることを表す。
④ -에도 불구하고 (〜にもかかわらず)：先行する行為の結果が予想と異なる、または反対であることを示す。

밑줄 친 부분과 의미가 가장 비슷한 것을 고르십시오.
(각 2점)

3   어젯밤에 중요한 <u>손님을 만나서</u> 가족 모임에 참석하지 못했다.

①   손님을 만나거든   ②   손님을 만난 채로

③   손님을 만나느라고   ④   손님을 만날 수 없어서

語彙と表現

고통 苦痛

4   환자들이 고통을 <u>참을 수 없어서</u> 결국 소리를 지르기도 한다.

①   참는 한   ②   참다 못해

③   참을까 봐   ④   참을 정도로

解説

3 話し手が家族の集まりに参加できなかった理由を示す連結語尾を見つけなければなりません。

①   - 거든（～たら）：「何かが現実になれば」という意味を持つ。

②   -(으)ㄴ / 는 채로（～したまま）：前節の動作が完了した状態、または完了した状態で後節の動作が行われることを示す。

③   - 느라고（～ので）：前の節が後に続く節の理由や原因を示す。

4 ある動作や状態がひどいので、これ以上は続けられないという意味の連結語尾を探さなければなりません。

①   - 는 한（～する限り）：後に続く節の前提や条件を示す。

②   - 다 못해（～しきれず）：ある状態や程度がひどくて、これ以上維持できないことを表す。

③   -(으)ㄹ까봐（～するかと思って）：前の句が意味する状況が起こることを心配したり恐れたりすることを表す。

④   -(으)ㄹ 정도로（～するほど）：文末の動作や出来事が前節の状態と同程度に起こることを表す。

02 広告や案内の意味を理解する

05~08 다음은 무엇에 대한 글인지 고르십시오. (각 2점)

5

> 책 속에는 지식의 나이테가 있습니다.

① 독서　　　② 출산 장려　　　③ 수강 안내　　　④ 시험 정보

語彙と表現

나이테 年輪
절호의 기회
絶好の機会
배낭 バックパック
흡입하다 吸い込む
닿다 届く、触れる

6

> 2박 요금으로 3박을 즐길 수 있는 절호의 기회!

① 식당　　　② 비만　　　③ 호텔　　　④ 콘서트

7

> 안아 주세요, 당신의 배낭… 버스, 지하철이 편해집니다.

① 가방 판매　　　　　　② 자리 양보
③ 아이들 돌보기　　　　④ 가방 앞으로 매기

8

> 크고 작은 어떤 먼지도 쉽고 빠르게 남김없이 흡입합니다.
> 손이 닿기 힘든 가구 위, 아래까지도 깨끗하게 해 줍니다.

① 세탁기　　　② 건조기　　　③ 공기청정기　　　④ 진공청소기

解説

5「本」と「知識」という単語から答えを見つけましょう。
6 2泊、3泊はどこかで寝る日数を指すので、連想される答えを探しましょう。
7 バスや地下鉄が快適になるように、リュックサックを抱えて持つようにということです。
8 ほこりを吸い込んで、「家具の上と下」もキレイにする道具を探してみてください。

09~12 다음 글 또는 그래프의 내용과 같은 것을 고르십시오. (각 2점)

9

語彙と表現

정기 구독 定期購読
기증 寄贈

정기 구독 신청 안내

정기 구독을 신청하시면 세 가지 혜택과 두 가지 기쁨이 있습니다.

혜택 하나, 정기 구독 선물을 드립니다.

혜택 둘, 구독료를 5천 원 할인해 드립니다.

혜택 셋, 구독 기간 중에 책값이 인상되더라도 추가 금액을 내지 않습니다.

기쁨 하나, 내 마음에 좋은 생각이 쌓여 갑니다.

기쁨 둘, 소중한 분들에게 기증을 하시면 365일 즐거움을 선물할 수 있습니다.

정기 구독은 책 뒷장에 있는 정기 구독 신청 엽서를 작성해 우체통에 넣거나, 전화, 팩스, 인터넷 홈페이지를 통해 신청하시면 됩니다.

● **우편 접수처:** 서울 ○○○우체국 사서함 203호
● **전화 접수:** 02-2587-9431
● **팩스 접수:** 02-2587-9437

① 정기 구독해도 책값은 변함이 없다.

② 정기 구독하는 방법은 우체국을 이용하는 방법뿐이다.

③ 구독 기간 중에 책값이 올라가면 그 금액을 따로 내야 한다.

④ 다른 사람들에게 이 책을 기증하면 받은 사람들이 즐거워할 것이다.

解説

9 本文の内容と選択肢の内容を照らし合わせて、一致する答えを選ぶ必要があります。上の文章を見ると、大切な人に定期購読を贈れば、365日楽しめるプレゼントができると書いてあります。

10

제 15회 에너지의 날

불을 끄고

별을 보자

밤하늘의 별 잔치
2022년 8월 24일(수)
오후 2시 광화문 광장

모두 참여해 주세요.
- 전국 동시 소등 21:00~21:05 (5분 동안)
- 에어컨 설정 온도 2도 올리기
  14:00~15:00 (1시간)

① 밤에 전깃불을 끄면 별을 볼 수 있다.

② 에너지의 날은 올해 처음 시작한 날이다.

③ 8월 24일 지역에 따라 불을 끄는 시간이 다르다.

④ 더 시원해지려고 에어컨 설정 온도를 2°C 올린다.

解説

10 ポスターを見て、内容を理解する問題です。このポスターは、「電気を消して星を見よう」
というスローガンのもと、節電運動のために作られたものです。

11

語彙と表現

잔주름 小じわ

　당신은 진짜 미소와 가짜 미소를 구별할 수 있는가? 영국의 한 교수는 상대의 눈을 보라고 한다. 미소를 지을 때 잔주름이 많으면 진짜 미소라고 한다. 또 다른 교수는 입과 눈 주변의 근육이 함께 움직이면 진짜라고 한다. 서양 사람들은 여성이 가짜 미소를 더 잘 알아낸다고 하는데, 실험을 해 보니 가짜와 진짜 미소를 구별하는 능력이 남자는 71%, 여자는 72%로 비슷했다. 상대방의 미소가 진짜인지 가짜인지 알면 사회생활이 훨씬 편할 것이다. 꾸준히 노력하면 진짜 미소와 가짜 미소를 구별하는 능력이 향상된다고 하니 계속 노력해 보자.

① 웃을 때 잔주름이 많아지면 진짜 미소가 아니다.

② 계속 노력해도 진짜와 가짜 미소를 구별할 수 없다.

③ 진짜 미소와 가짜 미소의 구분은 사회생활에 전혀 영향이 없다.

④ 여성과 남성이 가짜 미소와 진짜 미소를 구별하는 능력은 별 차이가 없다.

解説

11 本文の内容と選択肢の内容を照らし合わせて、一致する答えを選んでください。ある実験によると、偽物の笑顔と本物の笑顔を区別する能力は、男性で 71％、女性で 72％と同じような結果が出たそうです。

12

語彙と表現

재능 才能

만약 나무에 올라가는 능력으로 물고기의 재능을 평가
한다면 물고기는 어떻게 될까? 아마 물속에서 헤엄치는 것
을 포기하고, 자신이 재능이 없다고 여기며 남은 인생을 살
게 될 것이다. 모든 사람은 사실 천재가 될 수 있다. 다만 자
신이 잘하는 것이 무엇인지 아직 찾지 못한 것뿐이다. 그것
이 많은 사람들이 천재인데도 불구하고 바보로 살아가는 이
유이다. 당신이 나무에 올라갈 때 행복한지 물속에서 헤엄칠
때 행복한지 알게 된다면 당신도 천재가 될 수 있다.

① 물속에서 행복한 사람은 천재다.

② 천재와 바보는 완전히 다른 사람들이다.

③ 자신이 어디에서 행복한지 알면 천재가 될 수 있다.

④ 물고기는 헤엄치는 것보다 나무에 오르는 걸 잘한다.

解説

12 書き手は、木に登っているときと、水中で泳いでいるときのどちらがより幸せかを自覚
すれば、あなたも天才になれると言っているのです。

05 | 文を順番に並べ替える

13~15 다음을 순서에 맞게 배열한 것을 고르십시오. (각 2점)

13

> (가) 그래서 개가 안정된 느낌을 받을 수 있는 훈련을 지속적으로 진행한다.
>
> (나) 점차 규칙적인 식사를 하게 되면서 개는 더 이상 식탐을 부리지 않게 되는 것이다.
>
> (다) 식탐이 많은 개를 훈련시킬 때 가장 중요한 방법은 불안감을 줄여 주는 것이다.
>
> (라) 정해진 시간에 개에게 충분한 음식을 공급해서 언제든지 먹을 수 있다는 걸 알려 준다.

① (다) - (나) - (가) - (라)　　② (다) - (가) - (라) - (나)

③ (라) - (다) - (가) - (나)　　④ (라) - (가) - (다) - (나)

解説

13 (가) は「그래서 (そのため)」で始まっているので、第 1 文ではありません。(나) は「- 는 것이다 (〜ということだ)」という表現で、前の句を再び説明する言葉なので、第 1 文ではありません。(라) は犬に対する行動について述べているので、いきなり第 1 文にはなり得ません。したがって、最初の文は (다) で、その後に犬の不安感を減らすために安定した気持ちを持つ訓練をするという内容の (가) が続きます。次に (라) ですが、これは決まった時間に食べ物を与えるという内容で、安定した気持ちでしつけるということです。最後の文は、犬が大食いにならなくなったという結果で、(나) となります。

14

(가) 그러므로 좋은 성적을 받으려면 어휘 실력은 필수적으로 갖춰야 한다.

(나) 이것이 모여 문장이 되고 문장이 모여 글이 되기 때문이다.

(다) 공부에서 가장 기본적인 도구이자 밑천은 어휘이다.

(라) 모든 과목에서 어휘력이 부족하면 내용 이해에 어려움이 생긴다.

① (라) – (다) – (가) – (나)　　② (다) – (라) – (나) – (가)

③ (라) – (나) – (다) – (가)　　④ (다) – (나) – (라) – (가)

語彙と表現

밑천 元
과목 科目
반려자 伴侶
확산되다 拡散する
정서적 情緒的

15

(가) 과거에는 사람에게 귀여움을 받고 즐거움을 준다는 의미에서 애완동물로 불렸다.

(나) 애완동물은 인간이 주로 즐거움을 누리기 위한 대상으로 사육하는 동물이다.

(다) 요즘은 사람과 더불어 살아가는 반려자라는 인식이 확산되면서 반려동물이라고 부른다.

(라) 사람이 정서적으로 의지하기 위해 집에서 기르는 동물이라는 뜻이다.

① (나) – (라) – (가) – (다)　　② (나) – (가) – (다) – (라)

③ (가) – (라) – (나) – (다)　　④ (가) – (다) – (나) – (라)

解 説

14 (가) は「그러므로 (したがって)」で始まるので、最初の文ではありません。(나) は「- 기 때문이다 (～だからだ)」という表現で、前に言ったことの理由を説明しているので、最初の文ではありません。(라) は「語彙が足りないと難しい」と言っていますが、その前に語彙がどのような役割を果たすかを示す文が出てくるはずなので、(다) が第 1 文となります。語彙の役割は (다) で出てきて、語彙が集まって文章になる過程を説明する (나) が 2 文目です。続いて (라) で、このような文章が理解できないと、すべての科目で困難が生じるとし、最後に (가) で締めくくっています。

15 「ペットとは何か」を説明しているものが最初の文になります。次に、昔呼ばれていた名前と最近呼ばれている名前が変わったことを比べた後、新しい名前の意味を説明している順番を探しましょう。

16~18 (　　　)에 들어갈 말로 가장 알맞은 것을 고르십시오.
(각 2점)

16

> 　한국에는 '책거리' 또는 '책씻이'라고 하는 책례가 있다. 아이가 서당에서 책 한 권을 다 배운 후 그동안 가르쳐 준 스승님께 감사드리고 같이 공부한 친구들과 자축하는 일종의 의례이다. 이 책례 때는 깨나 콩, 팥 등으로 소를 채운 송편을 준비하는데, 속이 가득 찬 떡처럼 아이도 학문으로 자신을 가득 채우라는 의미가 들어 있다. 오늘날의 (　　　) 책례의 자취를 찾아볼 수 있는데, 아이가 학문적으로 발전한 것을 부모가 축하하고 스승의 수고에 감사의 마음을 전할 때 전통적인 책례의 의미가 현대에서도 이어질 것이다.

語彙と表現

의례 儀礼、儀式
소 餡、詰め物
자취 跡、名残

① 탈춤과 사물놀이에서
② 졸업식과 입학식에서
③ 결혼식과 장례식에서
④ 설날과 추석 명절에서

解説

16 「親が子どもの学問的な成長を祝い、先生に感謝する」という行事が何かを見つけなければなりません。

17

　'흰곰 효과'라는 게 있다. 미국의 심리학자가 실험 참가자를 두 패로 나누어서 한 쪽은 "흰곰을 생각하지 말고 계속 말하라."라고 요구했다. 다른 쪽에는 반대로 "이야기하되 흰곰을 떠올려도 된다."라고 했다. 결과는 (　　　) 더 자주 흰곰을 생각한 것으로 나타났다. 하면 안 된다는 강박 관념이 낳은 모순이다.

語彙と表現

패 グループ
강박 관념 強迫観念
훼손하다
ダメージを与え
る、傷つける
대여하다 借りる

① 흰곰들이　　　　　　② 심리학자가
③ 금지당한 쪽이　　　　④ 흰곰을 떠올려도 되는 쪽이

18

　밖으로 책 대출이 절대 불가능한 도서관이 있습니다. 심지어 책을 훼손하면 큰 책임까지 져야 합니다. 게다가 이곳의 책은 예약을 하지 않거나, 지정된 날이 아니면 읽을 수 없습니다. 대출 시간은 겨우 50분에 불과합니다. 도서관이 참 까다롭다고 불평하며 기다리다 보면 아주 신기한 일이 벌어집니다. 갑자기 한 사람이 나타나서 이렇게 이야기합니다. "반갑습니다. 대출하신 책의 저자 곽영진입니다." 기다리고 있던 건 종이로 만든 책이 아닌 사람입니다. 이 도서관에 있는 책은 '글자 책'이 아니라 대여한 책(사람)과 (　　　) 저자의 인생과 경험을 듣고 교감하는 '사람 책'입니다.

① 종잇장을 넘기면서　　② SNS로 연락하면서
③ 같이 책을 고르면서　　④ 마주 앉아 대화를 나누면서

解説

17 最後に「してはいけないという強迫観念が生み出す矛盾」とあるので、よく考えたグループは、もともとやってはいけないと言われていたグループということになります。

18 貸し出しを依頼した人の前に現れるのは、借りたい本ではなく、その本を書いた人なので、著者と読者が一緒にできるアクションを探さなければなりません。

회사에서 잘려도 자본금 한 푼 없이 시작할 수 있는 사업이 하나 있다. (　　) 전업 작가다. 일본의 한 교수는 나이 마흔이 된 1996년에 처음 소설을 썼다. 평소에 장난감 로봇 수집이 취미인데, 교수 월급으로는 취미 생활을 하는 데 한계가 있었다. 용돈이나 좀 벌어 보려고 늦깎이 작가가 되었다. 이후 19년간 278권의 책을 쓰고, 인세로만 약 155억 원을 벌었다. 소설가가 되려면 이렇게 하라, 저렇게 하라는 기존의 방법에 미혹돼서는 안 된다. 여하튼 자기 작품을 쓰면 된다. '어떻게 쓸까'가 아니라 '어쨌든 쓴다'는 것이 중요하다. 어떤 분야든 일을 잘하는 정해진 방법은 없다. 자신의 색깔대로 해 나가는 게 중요하다. 인생의 행복은 꾸준한 시도 끝에 찾아오는 우연한 성공에서 나오는 것 같다.

語彙と表現

늦깎이 遅咲き
인세 印税
미혹되다
惑わされる

19 (　　)에 들어갈 말로 가장 알맞은 것을 고르십시오.

① 겨우　　　　② 부디　　　　③ 바로　　　　④ 드디어

20 윗글의 주제로 가장 알맞은 것을 고르십시오.

① 모든 분야에는 일을 잘하는 방법이 있다.

② 자본금 없이 시작하는 사업을 찾아야 한다.

③ 꾸준히 노력하면 어떻게든 성공할 수 있다.

④ 소설가가 되기 위해서는 쓰는 방법이 중요하다.

解説

19 一つある仕事が他でもなく「専業の作家」の仕事であることを強調する表現を探しましょう。

① 겨우 (やっと)：苦労して努力すること
- 🖎 며칠 밤을 새워 오늘에야 겨우 작품을 완성했다. (数日間徹夜して、今日やっと作品を完成させた)

② 부디 (ぜひ)：依頼やお願いをするときに、切実な気持ちや希望的観測を表す言葉
- 🖎 이번 모임에 부디 참석하여 주시기 바랍니다. (今度の集まりにぜひご参加ください)

③ 바로 (まさに)

④ 드디어 (ついに)：やっと、ようやく
- 🖎 오랫동안 꿈꾸었던 내 집을 드디어 장만했다. (長い間夢見ていたマイホームをやっと購入した)

20 日本のある教授の成功事例を紹介し、最後に人生の幸せの見つけ方を述べています。どんな方法であれ、努力し続ければ成功するのだということが書かれています。

다음을 읽고 물음에 답하십시오. (각 2점)

語彙と表現

선호하다 選り好む
자의적이다
恣意的だ
역지사지
他人の立場になっ
て考えること
보편적 普遍的
인류애 人類愛

유럽이나 북미 같은 백인 중심의 국가들을 여행하다 보면, 한국인들은 종종 다른 민족 사람들이 보내는 인종 차별적인 시선을 받아 본 적이 있을 것이다. 자신이 그러한 입장이 되고 나면 (   )고 우리가 피부색이 다르거나 다른 나라에서 온 사람들을 차별했던 것이 얼마나 교만하고 부끄러운 행동인지 깨닫게 된다. 사람들은 자신이 속해 있는 가족, 친구, 단체, 민족 같은 1차 집단을 선호하고 이와 다른 집단에 대해서는 차별하거나 무시하는 경향이 있다. 그래서 사람들의 주관적 판단만을 기준으로 한 차별이나 무시가 얼마나 자의적인 것인지 자신이 경험하기 전에는 잘 모른다. 정작 내가 그런 일을 당한 후에야 비로소 다른 사람이 어떤 기분이었을지 역지사지로 깨닫게 되고 보편적 인류애를 느끼게 된다. 그러므로 우리와 다른 사람들과 문화를 접할 때는, 단순히 다르다는 이유로 배척하기보다는 그들을 이해하고 받아들이는 노력을 해야 할 것이다.

21 (   )에 들어갈 말로 가장 알맞은 것을 고르십시오.

① 지렁이도 밟으면 꿈틀한다　　② 과부 사정은 홀아비가 안다

③ 벼는 익을수록 고개를 숙인다　④ 열 번 찍어 안 넘어가는 나무 없다

22 윗글의 내용과 같은 것을 고르십시오.

① 내가 당한 차별을 다른 사람에게 똑같이 되갚아야 한다.

② 다른 문화와 집단을 이해하고 소통하려고 노력해야 한다.

③ 사람들은 차별이나 무시가 얼마나 자의적인지 늘 알고 있다.

④ 한국인들은 백인 중심 국가에서도 인종 차별하는 시선을 보낸다.

解説

21 「似たような経験をした人が、そのような経験をした人を理解することができる」という意味のことわざを見つけなければなりません。
① 지렁이도 밟으면 꿈틀한다 (ミミズも踏むとうごめく、一寸の虫にも五分の魂)：どんなに恥ずかしがり屋でおとなしい人でも、軽蔑しすぎるとじっとしていない。
③ 벼는 익을수록 고개를 숙인다 (稲穂は実るほど頭を垂れる)：洗練され、自制心のある人ほど謙虚である。
④ 열 번 찍어 안 넘어가는 나무 없다 (十回切って倒れない木はない)：何度も勧めたり誘ったり、なだめたりすれば、やがてその人は考えを改める。
22 自分とは異なる人々や文化に接したとき、異なるという理由だけで拒絶するのではなく、理解し受け入れる努力をしなければならないという内容です。

07 | 下線部で表現されている感情を選ぶ

23~24 다음 글을 읽고 물음에 답하십시오. (각 2점)

語彙と表現

지끈지끈 ずきずき
더부룩하다
張っている
민간요법 民間療法
체면 体面、面目

어제저녁에 회식으로 회사 동료들과 늦게까지 먹고 마시고 놀다 들어왔다. 아침에 일어나니 머리도 지끈지끈 아프고 속이 더부룩하며 배가 아팠다. 소화제를 먹으면 나을 것 같아서 하숙집 아주머니께 소화제가 있냐고 여쭤 보았다. 아주머니는 소화제보다 더 좋은 치료 방법이 있다며 방에서 실과 바늘을 들고 나오셨다. 체했을 때 한국에서 하는 민간요법이라며 엄지손가락 끝을 실로 감더니 바늘로 찌르려고 하셨다. 살짝 찔러서 피가 나오면 체한 것이 내려갈 거라고 하시는데, 내 눈에는 그 바늘이 젓가락만큼 커 보였다. 배가 아파도 좋으니 그 자리를 피하고 싶었지만, 체면 때문에 꾹 참았다. 따끔한 느낌과 함께 피가 나오더니 차가웠던 손이 조금씩 따뜻해지기 시작했다. 이런 민간요법이 정말 효과가 있기는 있나 보다.

23 밑줄 친 부분에 나타난 '나'의 심정으로 가장 알맞은 것을 고르십시오.

① 두렵다   ② 슬프다   ③ 억울하다   ④ 답답하다

24 윗글의 내용과 같은 것을 고르십시오.

① 이 사람은 여자라서 두려움이 많다.

② 한국의 민간요법으로 아픈 것이 치료되었다.

③ 스트레스 때문에 머리가 아프고 속이 더부룩했다.

④ 아주머니는 옷을 고쳐 주려고 실과 바늘을 가져 오셨다.

解説

23 本人は針で刺されたら痛いと思っているので、針が箸のように大きく見えるのです。そのような状況での感情を見つけなければなりません。

24 本文の内容と選択肢の内容を照らし合わせて、一致する答えを選ぶ必要があります。この人は胃もたれした後、民間療法で手が温かくなるのを体験して、その療法が本当に効果的だと思うようになったのです。

25~27 다음 신문 기사의 제목을 가장 잘 설명한 것을 고르십시오. (각 2점)

25

> 치솟은 물가… 장바구니에 담을 게 없다.

① 물가가 너무 올라서 살 물건이 없다.
② 물건을 장바구니에 담으면 값이 더 올라간다.
③ 물가가 올라서 장바구니를 사용할 필요가 없다.
④ 인터넷에 물건값이 있기 때문에 장바구니에 담지 않아도 된다.

26

> 외식업 희비… '커피 전문점' 뜨고 '술집' 지고

① 커피 전문점과 술집은 같이 운영해야 한다.
② 음식 사업을 하면 기쁠 때도 있고 슬플 때도 있다.
③ 외식업의 대표적인 가게는 커피 전문점과 술집이다.
④ 커피 전문점은 장사가 잘되고 술집은 장사가 잘 안 된다.

27

> 기쁨은 나누면 배가 되고 슬픔은 나누면 반이 된다.

① 기쁜 일과 슬픈 일은 50%만 느끼면 된다.
② 인생은 기쁜 일이 많고 슬픈 일은 기쁜 일의 반밖에 안 된다.
③ 기쁜 일은 다른 사람에게 나눠 주고 슬픈 일은 혼자서 견뎌야 한다.
④ 기쁨은 다른 사람과 함께 하면 두 배가 되고 슬픔은 반으로 줄어든다.

語彙と表現

치솟다 突き上がる
장바구니
買い物かご
희비
喜びと悲しみ、悲喜
뜨다 昇る
지다 沈む

PART 2 읽기

解説

25 「치솟다」は「突き上がる」という意味です。買い物かごに入れるものがないということは、購入するものが何もないことを意味します。
26 「희비」は「喜びと悲しみ、悲喜」の意味です。「뜨다」は「人気を得る」という意味でも使われ、「지다」は反対に「(人気が)下がる」という意味です。
27 「나눈다」は「他の人と一緒に何かを分かち合う」という意味で、「배가 된다」は 2 倍、つまり 200%になるという意味です。

28~31 (   )에 들어갈 말로 가장 알맞은 것을 고르십시오.
(각 2점)

28

語彙と表現

후생 유전학
後成遺伝学
발현 発現
대물림되다
継承される

인간의 능력은 유전적인 것인가 아니면 환경의 영향인가에 대한 오랜 논쟁이 계속되었는데, 최근에는 이러한 관점 자체를 바꿔 놓은 이론이 있다. 유전자와 환경 중 어떤 것을 선택하는 문제가 아니라 두 가지가 어떤 방식으로 상호작용하는지 고민해야 한다는 '후생 유전학'이 그것이다. 후생 유전학은 어떤 환경에서 살고 무엇을 먹으며 어떤 생활 습관을 지니느냐에 따라 유전자의 발현 상태가 완전히 달라진다고 말한다. (   ) 일란성 쌍둥이라도 어떻게 살아가는지에 따라 활성화되는 유전자가 달라지며 이렇게 변한 유전 정보는 후대까지 대물림된다는 것이다.

① 같은 생활 습관을 가진   ② 서로 다른 환경에서 자란
③ 서로 다른 유전자를 가진   ④ 동일한 유전자를 갖고 태어난

解説

28 空欄には「一卵性双生児」を表現できる言葉を入れる必要があるため、一卵性双生児の属性に関する表現を探さなければなりません。

29

큰돈을 들이지 않고 적은 돈으로 자신만의 즐거움과 만족을 얻고자 '작은 사치'를 추구하는 사람들이 점점 늘어나고 있다. 이런 변화에 따라 호텔 디저트의 인기가 많아지자 호텔 업계도 경쟁적으로 자신들만의 특별한 케이크를 판매하고 있다. (　　　) 물건을 통해 자기만족을 느끼는 이런 흐름에 발 빠르게 대응하는 호텔 업계는 1년 중에 가장 케이크를 많이 구매하는 12월 크리스마스 시즌을 맞아 한정판 케이크를 대거 출시했다. 이 기간 케이크 판매량은 평소보다 5~7배 더 높다는 것이 업계의 설명이다. 호텔 업계 관계자는 "12월은 1년 중 케이크가 가장 많이 팔리는 달이다."라며 "날짜로 보면 크리스마스 전날인 12월 24일에 가장 많이 팔린다."라고 전했다.

① 겉모습이 화려한　　　② 시장에 새로 나온

③ 가격보다 양이 많은　　　④ 과하게 비싸지 않은

30

한 선생님이 제자들을 모아 놓고 하얀 종이의 한 가운데에 선을 그었다. 그리고 이 선에 손을 대지 말고 선을 더 가늘고 짧게 만들라고 말했다. 제자들은 아무리 생각해도 문제를 풀 수 없었는데 한 아이가 선생님이 그은 선 밑에 더 굵고 더 긴 선을 그었다. 그랬더니 선생님이 그은 선이 (　　　) 가늘고 짧아 보였다. 선생님은 잘했다고 칭찬하면서 "인생의 어려움을 만날 때는 그 문제에만 매달리지 말고 잘 될 거라는 희망의 선을 바로 옆에 굵게 그어라."라고 말씀하셨다.

① 절대적으로　　② 소극적으로　　③ 상대적으로　　④ 부정적으로

解説

29 空欄に入る言葉は、楽しめないほど贅沢な品ではなく、楽しめる程度に贅沢な品なので、「お金がかからない」という意味になるはずです。

30 先生が生徒の前に引いた線は変わらないのに、生徒が別の線を引くと、先生が引いた線が細く短く見えるのは、「お互いを比較する関係」に置かれたからです。

초등학교 때 선생님이 어느 날 숙제를 내 주셨다. 여자만 할 수 있는 직업과 남자만 할 수 있는 직업이 뭔지 집에서 생각해서 5개씩 써오라는 것이었다. 다음 날 수업 시간에 아이들이 적어 온 남자만이 할 수 있는 직업에는 '소방관, 버스 기사, 수리공, 국회의원' 등이 있었고, 여자만이 할 수 있는 직업에는 '간호사, 미용사, 선생님' 등이 있었다. 그런데 선생님이 아이들이 숙제한 것을 다 발표하게 하신 후에 아이들이 말한 직업의 반대의 예를 이야기해 주셨다. 선생님 동네에는 여자 버스 기사도 있고, 큰 병원에는 남자 간호사도 있다고 말이다. 선생님은 그렇게 한 시간 내내 어린 우리들이 가지고 있던 직업에 대한 편견을 깨 주셨다. 선생님이 유일하게 인정해 주신 남자만이 할 수 있는 직업은 '남탕 때밀이'였다. 물론 '여탕 때밀이'도 (   ).

語彙と表現

편견 偏見
때밀이 垢すり

① 남녀가 같이 할 수 있다
② 편견이 있는 직업이었다
③ 여자만이 할 수 있는 직업이었다
④ 선생님이 인정하지 않는 직업이었다

解説

31 男性にしかできない仕事が「男湯の垢すり」なので、「女湯の垢すり」は女性にしかできない仕事です。

10 本文の内容に合った文を選ぶ

32~34 다음을 읽고 글의 내용과 같은 것을 고르십시오. (각 2점)

32

語彙と表現

게시물 揭示物
경력
経歴、キャリア
과반수 過半数

> 　18세 이상 SNS를 이용하는 사람들 중에 57%가 SNS에 게시물을 올린 것을 후회하는 것으로 조사됐다. 특히 여덟 명 중 한 명은 매일 후회를 하고, 여섯 명 중 한 명은 일주일에 한 번 이상 후회를 한다고 조사됐다. 사진이나 메시지를 잘못 올려서 직장 내에서 나쁜 평판을 듣거나 경력에 부정적인 영향을 미칠까 봐 두렵다는 대답이 응답자의 22%였고, 배우자 또는 가족에게 피해를 줄까 봐 염려한다는 대답도 15%를 차지했다. SNS상에서의 실수는 대체로 술을 마셨거나 피곤한 상태에서 밤늦게 게시물을 올릴 때 발생하는 것으로 나타났다.

① 게시물 때문에 직장에서 피해를 입는 것을 두려워하는 사람은 없다.

② SNS 이용자 중에서 게시물을 올린 것을 후회하는 사람이 과반수다.

③ 응답자의 15%는 게시물 때문에 가족이 직장에서 피해를 입을까 봐 두려워한다.

④ 게시물 올린 것을 매일 후회하는 사람이 일주일에 한 번 후회하는 사람보다 많다.

解説

32 本文の内容と選択肢の内容を照らし合わせて、一致する答えを選んでください。「과반수 (過半数)」は 50％以上という意味なので、SNS への投稿を後悔している人の 57％が多数派ということになります。本文によると、投稿をアップロードして毎日後悔している人は 8 人に 1 人、週に 1 回以上後悔している人は 6 人に 1 人なので、週に 1 回以上後悔している人の方が多いということです。

語彙と表現

정적 政敵
모의하다
陰謀を企てる
매수되다
買収される
국정을 수행하다
国政を遂行する
발군의 역량
抜群の力量

　세계에서 가장 많이 먹는 채소인 토마토는 몇 세기 전만 해도 사람들이 먹을까 말까 고민을 많이 했다. 한때는 독이 있다며 식용을 꺼렸는데, 이와 관련해서 미국 링컨 대통령의 유명한 일화가 있다. 링컨이 노예 해방을 주도할 당시 주위에는 언제나 그를 해치려는 정적들이 들끓었다. 링컨의 정적들은 "매일 토마토를 조금씩 먹여서 천천히 죽이자."라고 모의했다. 이들에게 매수된 백악관의 요리사가 매일 링컨의 식탁에 토마토를 올렸다. 그런데 독 때문에 곧 죽을 거라 예상한 링컨은 한결 밝아진 얼굴로 농담을 던지고 더욱 활기차게 국정을 수행했다. 토마토의 효능이 링컨의 몸과 마음을 한결 가볍게 해 준 것이다. 특히 노예 해방을 선언하면서 엄청난 스트레스에 시달리던 링컨에게 토마토의 풍부한 비타민이 발군의 역량을 보였다.

① 백악관의 요리사는 링컨을 지지하는 사람이었다.
② 토마토에 함유된 비타민이 링컨을 건강하게 만들었다.
③ 토마토는 처음부터 인간에게 유용한 채소로 환영받았다.
④ 링컨의 정적들은 링컨의 건강을 위해 식탁에 토마토를 올렸다.

解説

33 本文の最後をよく読むと、トマトに含まれる豊富なビタミンの効果が、ひどいストレスに苦しんでいたリンカーンによく効いたと書かれています。

장례식은 고인과 관계가 있는 사람들이 모여서 마지막 작별을 고하고, 고인을 저세상으로 보내는 행위를 통해 슬픔을 치유하는 역할을 한다. 하지만 남은 사람들에 의한 의식인 만큼 고인이 관여할 수는 없다. 이러한 과정을 살아있는 동안 스스로 하는 것이 '생전 장례식'이다. 한 기업가가 "건강할 때 감사의 마음을 전하고 싶다."라며 신문을 통해 자신의 생전 장례식을 알렸다. 그리고 1,000여 명의 지인들과 함께 공연도 보고 모든 테이블을 돌면서 참가자들과 악수를 하고 담소를 나눴다. 그는 한 사람 한 사람에게 "감사했습니다."라고 말했는데, 이날 모임은 시종일관 화기애애했다. 그는 "인생에서 만났던 사람들과 악수하고, 고맙다고 말할 수 있었던 것에 만족하고 있다. 남은 시간을 충실히 보내서 '인생이 즐거웠다'라고 생각하면서 관에 들어가고 싶다."라고 말한 뒤 장례식장을 떠났다.

語彙と表現

고인 故人
작별을 고하다
別れを告げる
담소 談笑
시종일관 終始一貫
화기애애하다
和気あいあいとして
いる
관 棺

PART 2 | 읽기

① 일반적인 장례식은 고인이 직접 관여한다.

② 생전 장례식의 분위기는 슬프고 침통했다.

③ 미리 하는 장례식을 통해 감사의 마음을 전했다.

④ 생전 장례식 이후에는 의미 없는 시간이 될 것이다.

解説

34 生きている間に自ら行う「生前葬」の例として、ある企業家は自分の生前葬で参列者と握手や談笑しながら、一人一人に「ありがとうございました」と声をかけたそうです。

35~38 다음을 읽고 글의 주제로 가장 알맞은 것을 고르십시오.
(각 2점)

35

語彙と表現

위축되다 萎縮する

일반적으로 사람들은 나이 먹는 것을 좋아하지 않는다. 나이가 들면 왠지 위축되고 사회적으로 할 수 있는 일들이 줄어들어 자신의 존재감이 적어진다고 여기기 때문이다. 하지만 존경받는 작가 K는 자신의 저서 '나이 드는 것의 좋은 점'에서 나이 든다는 것은 괜찮은 일이라며 "후회가 꿈을 앞설 때부터 우리는 늙기 시작한다."라고 말했다. 그는 또한 나이 든다는 것과 늙는다는 것을 구분하고 "나이 든 마흔보다 젊은 일흔이 낫다."라고도 했다. 육체적으로는 젊지만 늙은이처럼 살기도 하고, 나이는 들었지만 늘 젊게 살기도 하는 것이다.

① 후회보다 꿈이 많으면 늙는다.

② 건강한 일흔이 아픈 마흔보다 낫다.

③ 꿈이 있으면 나이와 상관없이 젊다.

④ 나이 든다는 것과 늙는다는 것은 똑같은 것이다.

解説

35 作家 K 氏は夢さえあれば、年を取っても若々しく生きられると述べています。

36

결혼과 함께 한국에 와서 사는 다문화 가정의 엄마, 아빠들은 자녀들에게 어떤 동화책을 읽어 줄까? 자신이 어렸을 때 듣고 자란 고향의 옛날이야기를 들려주고 싶어도 한국에서는 책이 없어서 제약이 많았다. 이런 부모들이 직접 쓴 출신국 전래 동화를 모아 그림 동화책으로 나온다. 외국인 주민을 대상으로 연 공모전에서 자기 나라의 옛이야기를 직접 한국어로 써서 당선된 작품들이다. 전문 동화 작가의 도움을 받아 작품을 다듬고 책에 들어갈 그림도 되도록 같은 나라 출신에게 맡겨서 고유한 문화를 살렸다. 이렇게 만든 엄마가 쓴 엄마 나라의 동화집 '엄마의 속삭임'이 다음 달에 발간된다. 이런 책을 통해 다문화가정 자녀들이 엄마, 아빠 나라를 배우고 자긍심을 가지게 되는 첫걸음이 될 것이다.

語彙と表現

전래 동화
伝来したおとぎ話
자긍심 誇り

PART 2 | 읽기

① '엄마의 속삭임' 책은 전문 작가들의 도움을 받았다.
② 외국인 대상 공모전에서 당선된 작품만 모은 책이다.
③ 다문화 가정의 외국인 부모가 자기 나라 언어로 동화책을 썼다.
④ 외국인 부모가 쓴 동화책이 자녀들에게 부모의 나라를 알리는 중요한 역할을 할 것이다.

解 説

36 多文化家庭の親たちが、自分の母国の昔話を自ら韓国語にし、絵も可能な限り同じ国の出身者が描いて、童話集を作りました。

PART 2 | パターン別練習問題 **95**

語彙と表現

온전하다
完全だ

　　부모한테서 독립하는 것과 어른이 되는 것은 같은 의미일까? 서양의 자녀들은 대부분 고등학교 졸업 후에 독립을 하면서 부모에게서 벗어났다는 해방감을 느낀다. 그러나 부모와 떨어진 생활 공간에서 혼자 산다고 해서 온전한 독립이라고 보기는 어렵다. 어른이 된다는 것은 자신에 대한 권리만큼 책임도 진다는 의미이기 때문이다. 내 인생의 문제를 스스로 결정하고 그 결과를 감당하면서 한층 더 성장해 나가야만 한다. 그런데 학비를 충당하거나 중요한 결정을 할 때 부모에게 의존하거나 부모님 탓을 한다면 자신의 인생에서 성장할 것도 배울 것도 없다. 부모가 내 인생의 주인공이 되기 때문이다. 그래서 제대로 된 독립이 필요하다. 완전히 독립하는 일은 생각보다 어렵다. 평생 독립의 길을 가야 한다. 실수와 실패에 대한 두려움이 있더라도 과감히 도전하고 그 결과를 인정하는 삶을 계속해 나가는 것이 온전한 독립이라 볼 수 있다. 그리고 그것이 진정한 어른이 되는 길이다.

① 독립적 생활 공간에서 살면 어른이 된다.

② 실패를 줄이려면 부모의 도움이 필요하다.

③ 부모에게 의존하면 부모가 내 인생의 주인공이 된다.

④ 부모한테서 온전한 독립을 하는 것이 어른이 되는 것이다.

解説

37 本文では、「親から独立すること」と「大人になること」を区別し、「大人になること」とは果敢に挑戦し、その結果を受け入れる生き方を継続することであるとしています。

語彙 と 表現

고차원 高次元
성 역할 性別の役割

인공 지능 비서의 목소리는 왜 전부 여성일까? 여성의 목소리가 남성보다 더 편안하고 기계에서 나오는 목소리를 더 친근하게 느끼게 하려는 의도라고 한다. 하지만 그런 이유만은 아닌 것으로 보인다. 퀴즈 쇼에서 인간과 대결하는 인공 지능과 변호사 인공 지능은 남자 이름이다. 즉, 비서 기능은 여성을 쓰고, 고차원적 능력을 가진 인공 지능은 남성인 것이다. 결국 남성 중심적인 IT 업계의 남성 우월주의가 대부분의 개발자가 남성이라는 환경을 통해 반영되어 자연스럽게 성 역할을 고정시키고 있는 것이다.

① IT 업계는 남성 우월주의가 팽배해 있다.
② 인공 지능에서조차 성 역할을 고정시키고 있다.
③ 여성의 목소리는 남성보다 편안한 장점이 있다.
④ 인공 지능이 여성의 목소리인 덕분에 친근하게 느껴진다.

解説

38 男性中心の IT 業界では、秘書機能の人工知能は女性の声にして、高度な能力のある人工知能は男性の声にするなど、性別の役割が固定化されつつあります。

12 | 文を挿入する最適な箇所を選ぶ

39~41 주어진 문장이 들어갈 곳으로 가장 알맞은 것을 고르십시오. (각 2점)

39

> 　18세기 조선 후기의 학자이며 소설가인 박지원은 12편의 소설을 썼다. (㉠) 당시의 지식인들과 마찬가지로 그도 소설을 모두 한자로 썼다. (㉡) 그러나 그의 소설에는 거지나 화장실 치우는 사람, 말을 파는 사람, 능력은 뛰어나지만 신분의 한계로 불우했던 시인 등 조선 사회의 중하층에 속하는 인물들이 등장한다. (㉢) 신분 구분이 엄격했던 시대에 양반을 비판하고 중인, 상민, 천민 계층 사람들의 긍정적인 측면들을 강조하는 글을 쓰는 데는 큰 용기가 필요했을 것이다. (㉣) 글을 통해 조선 사회를 바꾸고자 한 비판적 지식인 박지원은 그런 용기를 가진 남다른 사람이었다.

語彙と表現

불우하다 不遇だ
중인
中人《両班を補佐する身分で、専門的な技術を持ち行政の実務を担っていた》
천민
賤民《階級身分の最下層で奴隷として扱われた》

보기

> 박지원은 이런 인물들의 긍정적인 측면을 드러내고 자신이 속한 양반 계층의 부정적인 측면을 비판했다.

① ㉠　　② ㉡　　③ ㉢　　④ ㉣

解説

39 「보기 (例文)」で、「このような人物たち」という表現が出てくるので、その人物が登場する文の後ろに入るはずです。

語彙と表現

공유 共有

우리가 일상생활을 하면서 나만의 것으로 소유하게 되는 물건은 별로 많지 않다. (㉠) 여행용 큰 가방, 여러 사람이 동시에 둘러앉아 식사하는 큰 상, 스키를 타기 위한 용품 등은 일시적으로만 사용하는 것이라서 365일 항상 곁에 두지 않아도 된다. (㉡) 이러한 생각에서 출발한 것이 바로 공유 경제다. (㉢) 우리 아이가 사용하던 장난감이나 옷은 아이가 성장하면 이웃에게 나눠 주기도 하고 중고 제품으로 팔기도 한다. (㉣) 또 필요할 때만 잠깐 빌릴 수도 있고 전문 대여점에서 적은 비용으로 빌려서 단기간 사용하는 방법도 있다. 이렇게 하나의 물건을 여러 명의 공동 주인이 소유하고 필요할 때 나눠서 사용함으로써 물건의 효용 가치도 높이고 사용 비용도 절약하는 효율적인 경제 방식이 고유 경제의 장점이다.

보기

그렇다면 굳이 이러한 물건들을 내가 다 소유할 필요가 없다.

① ㉠ ② ㉡ ③ ㉢ ④ ㉣

解説

40 「보기 (例文)」で、「このような物」という表現が出てきますが、所有する必要がないと言っているので、所有しなくても使える方法を話す文の後ろに入れるべきでしょう。

語彙と表現

부지기수 無数
수치심 羞恥心
인권 人権

　　요즘 10대는 잘 모르는 크레파스가 있다. 바로 '살색 크레파스'이다. 크레파스 통을 열면, 나란히 누운 크레파스들 사이에서 살색 크레파스가 늘 제일 작았다. 그림 그릴 때마다 사람 얼굴은 무조건 살색으로 칠했던 탓이다. 나뿐만 아니라 친구들도 살색이 모자라서 크레파스 세트를 또 사는 아이들이 부지기수였다. (㉠) 그러던 어느 날 우연히 TV에서 공익광고를 봤다. '흰색', '살색', '검은색' 크레파스가 그려져 있었고, 그 위에 짤막한 문구가 쓰여 있었다. "모두 살색입니다." (㉡) 망치로 머리를 얻어맞은 기분이었다. 아무도 알려 주지 않았던 '살색 크레파스'의 문제를 그제야 깨달았다. 그 후로 살색은 살구색으로 이름이 바뀌었고 나의 생각도 바뀌었다. (㉢) 반마다 한 명씩 있던 유독 얼굴이 까만 친구들을 피부색이 다르다는 이유로 놀리지 않게 되었고, 또 다른 사람이 그들을 놀리면 내 스스로 수치심을 느꼈다. (㉣) 누군가를 차별하며 불렀던 지난날을 반성하는 동시에, 그렇게 반성하고 있는 나 자신이 뿌듯하기도 했다. 그리고 깨달았다. '인권'은 내 주변에 있는 작은 것에서부터 시작되어야 하고, 모든 사람들이 인간답게 살 수 있도록 사회 전체가 관심을 갖고 보호해야 할 필요가 있다는 것을.

보기

교과서에서 보던 인종 차별의 문제가 확 와 닿았다.

① ㉠　　　② ㉡　　　③ ㉢　　　④ ㉣

解説

41 「みんな肌色です」という広告は、人種差別問題を表現する言葉で、その後に「ハンマーで頭を殴られたような気分だった」というフレーズが出てくるので、広告を見た直後にすぐに実感がわくのが自然でしょう。

42~43 다음을 읽고 물음에 답하십시오. (각 2점)

語彙と表現

고학생 苦学生
물끄러미
ぼんやりと
허겁지겁
あたふたと
희귀 希少

가난한 고학생이 학비를 벌기 위해 방문 판매를 했습니다. 그날도 방문 판매에 나섰지만 하나도 팔지 못한 채 몸은 지쳐 있고 배는 고팠지만 음식을 사 먹을 돈이 없었습니다. 그는 힘을 내어 다음 방문할 집의 문을 두드렸고 한 소녀가 나왔습니다.

"죄송한데, 물 한 잔만 줄 수 있을까요?"

그는 너무 배가 고픈 나머지 소녀에게 물을 달라고 했고 그를 물끄러미 보던 소녀는 집으로 들어갔습니다. 잠시 후 소녀가 들고나온 것은 컵에 가득 든 우유 한 잔. 소녀는 물 한 잔의 의미를 눈치챘던 것입니다. 그는 우유를 허겁지겁 단숨에 마셨고 기운을 차린 후 말했습니다.

"고마워요. 그런데…… 얼마를 드려야 할까요?"

"엄마가 친절을 베풀 때는 절대 돈을 받아서는 안 된다고 하셨어요."

그는 소녀의 말에 큰 감동과 깨우침을 얻었고 그 고마움을 가슴 깊이 새겼습니다. 10여 년 후 그 가난한 고학생은 유명한 의사가 되었습니다. 어느 날, "박사님, 먼 도시에 희귀 질병을 앓고 있는 환자가 있는데, 그곳에서 치료를 포기했지만, 선생님께서 꼭 오셔서 한 번 봐 주셨으면 좋겠다고 합니다."

죽어 가는 환자를 위해 한걸음에 달려간 의사는 최선을 다해 치료했고 헌신적인 노력 덕분에 환자는 다 나았습니다. 얼마 후 고액의 치료비 청구서를 먼저 본 의사는 청구서 귀퉁이에 뭔가를 적어서 환자에게 보냈습니다. 병원비를 갚으려면 평생 동안 일해야 할 거라고 생각하며 걱정하던 환자는 청구서를 받아 들고 깜짝 놀랐습니다. 청구서에는 이렇게 적혀 있었습니다.

"그날 한 잔의 우유로 모두 지급되었습니다."

42 밑줄 친 부분에 나타난 '그'의 심정으로 가장 알맞은 것을 고르
십시오.

① 황당하다   ② 어색하다

③ 무안하다   ④ 걱정스럽다

43 윗글의 내용으로 알 수 있는 것을 고르십시오.

① 소녀는 물이 없어서 대신에 우유를 주었다.

② 의사는 10여 년 동안 계속 소녀와 연락을 했다.

③ 소녀는 학교에서 친절을 베푸는 방법을 배웠다.

④ 의사는 오래전 소녀의 친절을 기억하고 있었다.

解説

42 お金がない学生が牛乳を飲んだので、牛乳代を払う心配をしたのです。

43 当時少女だった患者は、自分がした親切な行為も貧しい学生のことも忘れてしまってい
ましたが、貧しい学生だった医師は、昔、親切に牛乳をくれた少女を覚えていました。

다음을 읽고 물음에 답하십시오. (각 2점)

語彙と表現

두터이 深い
설사 仮に
이치 道理

옛날 사람들은 지금처럼 돈이 절실하지 않았다. 마을과 가족 단위로 생활하기 때문에 일손이 필요할 때는 일품을 서로 주고받고, 쌀이 떨어지거나 물품이 부족할 때는 서로 빌려주고 되갚기를 거듭했다. 이러는 가운데 사람 사이의 정 (情)도 두터이 쌓여 갔다. 장사도 마찬가지다. 훌륭한 상인은 (   ) 믿기 때문에 눈앞의 이익보다 손님과 좋은 관계를 맺는 데 더 신경을 쓴다. 설사 손해를 봤다 해도, 상인에게서 좋은 인상을 받은 손님은 다시 찾아오게 되어 있다. 세월이 갈수록 서로에 대한 신뢰는 점점 두터워지고 그 가운데 이익은 절로 쌓여 간다. 이것이 관계를 통해 돈을 돌게 하는 세상의 이치다. 모든 것이 돈으로만 이루어지지 않는 관계를 만들면 돈을 제대로 벌고 쓸 수 있게 된다.

44 (   )에 들어갈 말로 가장 알맞은 것을 고르십시오.

① 가격을 깎아 주는 것이 중요하다고
② 다른 가게와 경쟁에서 질 수 없다고
③ 거래가 이번 한 번으로 끝나지 않으리라
④ 이익을 조금 남기고 많이 파는 것이 중요하다고

45 윗글의 주제로 가장 알맞은 것을 고르십시오.
① 상인과 손님은 세월이 갈수록 친해지게 된다.
② 돈을 벌고 싶으면 좋은 관계를 맺는 것이 더 중요하다.
③ 옛날에는 이웃끼리 물건을 서로 빌려주고 되갚는 관계였다.
④ 장사를 잘 하려면 손해를 봐도 손님에게 좋은 인상을 줘야 한다.

解説

44 空欄に続く、「お客さまが戻ってくる」と「時間が経つにつれて、互いの信頼が徐々に強くなる」という文章を参考にするとよいでしょう。

45「主題」とは、「書き手が表現しようとする基本的な考え」を意味します。したがって、書き手が強調している内容を理解することが重要になります。①③④は本文の内容と一致しますが、書き手は「関係」という言葉を3回使ってその重要性を強調しています。昔、仕事で助け合うことで人と人との間に愛情が蓄積されたように、お金を稼ぐためには人間関係を形成することが重要であることを書き手は示しているのです。

다음을 읽고 물음에 답하십시오. (각 2점)

語彙と表現

고수하다
固執する
쟁취하다 勝ち取る
승자 勝者

　제가 많은 성공한 정치인과 기업가를 만나면서 발견한 공통점은 그들은 이기는 경험에 익숙했다는 것입니다. 그들은 이기는 방법을 깨달았고 계속 그 방법을 고수해 승리를 쟁취했습니다. 사람이 무엇인가를 성취해 내면 몸에서 테스토스테론이라는 호르몬이 분비됩니다. 이 호르몬의 영향으로 이후에도 적극적인 행동을 하면서 더 많은 성공을 이루어 낸다는 과학적 증명도 있습니다. 결국, 이기는 사람이 계속 이기는 '승자 효과'가 나타나는 것입니다. 평범한 우리도 이기는 방법만 안다면 승자가 될 수 있습니다. 이기는 사람들은 원하는 일을 주어진 시간 안에 해냈습니다. 그러기 위해서 철저한 계획을 세우고 시간을 관리했습니다. 우리도 매일 계획을 세우고 주어진 시간 내에 반복해서 해냄으로써 월간 계획, 연간 계획을 달성한다면 결국 이기는 경험에 익숙해질 것입니다.

46 윗글에 나타난 필자의 태도로 가장 알맞은 것을 고르십시오.

① 승자 효과란 무엇인지 의미를 설명하고 있다.

② 성공을 이루어내는 방법을 과학적으로 증명하고 있다.

③ 평범한 사람들은 성공한 사람들을 이길 수 없다고 비관하고 있다.

④ 성공한 사람들의 특성을 통해 성공할 수 있는 방법을 설명하고 있다.

47 윗글의 내용과 같은 것을 고르십시오.

① 이기는 경험을 반복하면서 성공하게 된다.

② 시간을 관리하는 것은 이기는 것과 전혀 관계가 없다.

③ 한 번 이기면 그 후에는 이기는 데에 관심이 없어진다.

④ 어떤 일을 성취해도 신체적으로는 변화가 나타나지 않는다.

解説

46 冒頭で成功した人の共通点を紹介し、私たち一般人も勝ち方を覚えれば、勝者になれると説明しています。

47 本文の内容と選択肢の内容を照らし合わせて、一致する答えを選ぶ必要があります。本文1行目に「成功した人たちは勝つという経験に慣れている」とあります。

48~50 다음을 읽고 물음에 답하십시오. (각 2점)

語彙と表現

호칭 呼称

　　최근 여성 단체가 조사한 바에 따르면 결혼한 남성의 52%가 배우자를 '집사람'이라고 부른다고 한다. 그와 반대로 남편은 '바깥양반'으로 칭하여, 여성은 집안에서 집안일을 담당하는 존재이고 남성은 사회적인 활동을 하는 사람이라는 전통적 고정관념을 그대로 드러내고 있다. 이에 여성 단체는 봉건적인 성 역할이나 오래 굳어진 관습적 호칭에서 탈피하여 지금의 시대상이 잘 반영된 '배우자'라는 호칭으로 서로를 부르자는 의견을 내놓았다. '배우자'는 성별에 따른 차이가 없어 (　　　　) 의미가 있다는 것이다. 또한 '누구 엄마', '누구 아빠'에 비해 서로를 독립적인 인격체로 드러내고 동등한 동반자임을 알릴 수 있는 이점도 있다. 부부 사이에서 상대방을 어떻게 부르는지는 그들 관계를 정립하고 유지하는 데에 큰 영향을 준다. 한쪽에서 일방적으로 강요하는 것이 아니라 합의를 통하여 존중의 의미가 있는 호칭으로 부르면 어떨까. 관습보다 존중과 평등을 담은 호칭 문화를 뿌리내리는 노력이 필요할 때다.

48 윗글을 쓴 목적으로 가장 알맞은 것을 고르십시오.

① 결혼한 남녀 호칭의 차이를 비교하고 연구하기 위해

② 남녀의 사회적 역할을 고정하는 호칭을 분류하기 위해

③ 성 역할이 고정된 배우자 호칭을 바꿔야 할 필요성을 주장하기 위해

④ 가족 관계가 아닌 개인별 특성을 인정하는 사회 변화를 설명하기 위해

解説

48 書き手の目的とは、「書き手が実現しようとしていることやその方向性」のことです。したがって、書き手が何を実現しようとしているのかを見極める必要があります。書き手の主張を示す文は、「- 아 / 어 / 여야 한다 (〜しなければならない)」や「같이 - 하자 (一緒に〜しよう)」で終わる場合が多いです。この文章でも、「一方的に呼称を押し付けるのではなく、合意によって敬意をもって呼称を見つけて使おう」という文章で書き手の目的を表現しています。

49 ( )에 들어갈 말로 가장 알맞은 것을 고르십시오.

① 적극적인　　② 자유로운　　③ 긍정적인　　④ 중립적인

50 윗글의 내용과 같은 것을 고르십시오.

① 부부가 같이 합의해서 서로를 존중하는 의미의 호칭으로 불러야 한다.

② 지금의 시대상을 반영한 호칭보다 관습에 따른 호칭이 뿌리내려야 한다.

③ '누구 엄마', '누구 아빠'로 부르는 것은 서로를 독립적으로 인정하는 것이다.

④ 오래 굳어진 관습적 호칭을 그대로 유지하기 위해 '배우자'라는 호칭을 사용해야 한다.

解説

49 「性別による違いなく」という表現に当てはまる語彙を探さなければなりません。

50 本文では、「(自分の)妻、家内」「(自分の)夫、主人」「誰々のお母さん」「誰々のお父さん」などの慣習的な呼び方に比べ、「配偶者」という呼称は、双方が対等なパートナーであることを示すと書かれています。

PART 3

模擬試験

듣기 リスニング

쓰기 ライティング

읽기 リーディング

듣기 リスニング 模擬試験 1

※ [1~3] 다음을 듣고 가장 알맞은 그림 또는 그래프를 고르십시오. (각 2점)

1. ①  ②

③  ④

2. ①  ②

③  ④

3. ①

Track 18

※ [4~8] 다음을 듣고 이어질 수 있는 말로 가장 알맞은 것을
고르십시오. (각 2점)

4. ① 어느 병원에 입원했어요?
② 제가 밖에 나가서 약을 사 오겠습니다.
③ 지난번에 건강 검진을 안 받아서 그래요.
④ 그런 줄 알았으면 어제 병원에 가 보라고 할걸……

5. ① 상금도 나오니까 한턱내세요.
② 기대가 크면 실망도 크다고 하잖아요.
③ 우수 사원이 되고 싶은 사람이 많군요.
④ 다른 부서가 하는 것을 보고 열심히 배우세요.

6. ① 당신은 운동의 중요성을 모르는군요.
② 비만 치료하는 병원을 찾아줄 수 있어요?
③ 내가 바쁘니까 당신이 나 대신 회원권을 끊어요.
④ 그럼, 집 근처의 운동장에서 매일 운동하는 것부터 해 봐야겠어요.

7. ① 수리 센터 전화번호 좀 찾아보세요.
　　 ② 빨래 양을 늘려서 다시 해 봐야겠네요.
　　 ③ 고장 난 세탁기는 버리고 새 세탁기를 삽시다.
　　 ④ 세탁기를 판 회사가 수리해 주는 것은 당연해요.

8. ① 집의 벨이 고장 났으니 수리하세요.
　　 ② 한 시간 전에 오시는 게 더 좋습니다.
　　 ③ 볼일이 없는 사람에게 전해 드리겠습니다.
　　 ④ 그럼, 경비실에 맡겨 놓을 테니 찾아가세요.

Track **19**

※ [9~12] 다음을 듣고 여자가 이어서 할 행동으로 가장 알맞은 것을
　　　 고르십시오. (각 2점)

9. ① 리조트에 전화를 한다.　　　② 비행기 표를 예매한다.
　　 ③ 회의 자료를 준비한다.　　　④ 렌트카 회사에 연락한다.

10. ① 은행에 간다.　　　　　　　② 전을 부친다.
　　 ③ 시장에 간다.　　　　　　　④ 세뱃돈을 준다.

11. ① 체온을 잰다.　　　　　　　② 처방전을 받는다.
　　 ③ 차를 한 잔 마신다.　　　　④ 알레르기 검사를 받는다.

12. ① 신청서를 쓴다.　　　　　　② 집에 전화한다.
　　 ③ 지하에서 사진을 찍는다.　④ 한국 운전면허증을 준비한다.

Track **20**

※ [13~16] 다음을 듣고 들은 내용과 같은 것을 고르십시오. (각 2점)

13. ① 남자의 동생은 남자다.
　② 남자의 동생은 올해 안에 결혼할 것 같다.
　③ 결혼식 날짜를 결정하고 예식장을 예약하려고 한다.
　④ 이 두 사람은 조금 후에 국수를 같이 먹을 예정이다.

14. ① 콜센터에 물어보면 이 숫자를 알려 준다.
　② 이 숫자는 3호선에만 있는 특별한 암호이다.
　③ 이 숫자는 그 안에 탈 수 있는 사람 숫자이다.
　④ 이 숫자는 자신이 어느 지하철 몇 번째 칸에 탔는지 알려 준다.

15. ① 10월에는 3일 연휴가 두 번 있다.
　② 대체 휴일은 앞으로 줄어들 것이다.
　③ 한국과 일본의 대체 휴일 제도는 같다.
　④ 12월 25일 성탄절에도 대체 휴일이 된다.

16. ① 여자는 아파트가 마음에 안 들어서 아쉽다.
　② 애완동물 때문에 단독 주택으로 갈 것 같다.
　③ 아파트에서 애완동물을 기르는 것이 허용된다.
　④ 이웃집이 시끄러워서 단독 주택으로 가려고 한다.

Track **21**

※　[17~20] 다음을 듣고 남자의 중심 생각으로 가장 알맞은 것을
　　　고르십시오. (각 2점)

17. ① 사랑하는 남자를 믿어야 한다.
　② 결혼을 서두르는 것이 좋을 것 같다.
　③ 끝까지 부모님의 허락을 받도록 노력해야 한다.
　④ 딸이 사랑하는 남자를 어머니가 좋아하기 어렵다.

18. ① 차는 이동 수단에 불과하다.

② 부자라도 겸손한 생활이 필요하다.

③ 자신의 경제력에 따라 좋은 차를 타도 된다.

④ 환경을 위해 부자들이 자전거 사용을 해야 한다.

19. ① 자신이 번 돈이니까 자랑해도 상관없다.

② 성공한 가수가 돈 자랑하는 것은 좋지 않다.

③ 20~30대의 취업 문제를 유명인들이 해결해야 한다.

④ 돈을 자랑하는 것은 젊은이에게 자극을 주는 긍정적 효과가 있다.

20. ① 사찰 음식은 자극적인 양념을 안 넣어야 맛있다.

② 사찰 음식은 불교 원칙에 따른 스님들의 음식이다.

③ 사찰 음식 전문점은 거창한 사상을 가지고 시작했다.

④ 스님들은 단백질 보충을 위해 콩을 먹는 게 중요하다.

Track **22**

※ [21~22] 다음을 듣고 물음에 답하십시오. (각 2점)

21. 남자의 중심 생각으로 가장 알맞은 것을 고르십시오.

① 폐의약품은 분리수거해야 한다.

② 알약과 물약을 따로 버려야 한다.

③ 의약품은 약국에서 구입해야 한다.

④ 약을 함부로 버리면 생태계를 교란시킨다.

22. 들은 내용과 같은 것을 고르십시오.

① 여자는 의약품을 약국 수거함에 버려왔다.

② 남자는 오래된 약을 계속 보관하기를 원한다.

③ 남자는 폐의약품을 분리수거하는 것을 귀찮아한다.

④ 의약품을 잘못 버리면 인체에 해로운 영향을 미칠 수 있다.

※ [23~24] 다음을 듣고 물음에 답하십시오. (각 2점)

23. 남자가 무엇을 하고 있는지 고르십시오.

　　① 낙서 지우기 운동을 주장하고 있다.

　　② 책상화 그리기 대회에 대해 설명하고 있다.

　　③ 수업 시간에 낙서하는 것을 비판하고 있다.

　　④ 책상화 그리기 대회의 심사 방법을 소개하고 있다.

24. 들은 내용과 같은 것을 고르십시오.

　　① 남자는 학교 선생님이다.

　　② 책상화 심사를 남자 혼자서 했다.

　　③ 아이들이 낙서하는 것을 이해할 수 없다.

　　④ 아이들은 책상화 그리기 대회를 반대한다.

※ [25~26] 다음을 듣고 물음에 답하십시오. (각 2점)

25. 남자의 중심 생각으로 가장 알맞은 것을 고르십시오.

　　① 명문 대학에 못 가도 괜찮다.

　　② 빨리 결론을 내는 것은 좋지 않다.

　　③ 아이를 행동으로 사랑하는 방법이 어렵다.

　　④ 자녀에 대한 욕심을 버리고 대화해야 한다.

26. 들은 내용과 같은 것을 고르십시오.

　　① 욕심 있는 사람은 명문 대학에 못 간다.

　　② 아이를 사랑하는 방법은 행동이 더 쉽다.

　　③ 아이들은 무엇이든지 잘하려는 목표가 있다.

　　④ 사춘기 아이들의 이야기는 다 들어 줘야 한다.

※ [27~28] 다음을 듣고 물음에 답하십시오. (각 2점)

Track 25

27. 남자가 말하는 의도로 가장 알맞은 것을 고르십시오.

　① 여행지의 현지인을 만나는 방법을 권유하기 위해

　② 집 공유 사이트에서 홍보하는 펜션을 비판하기 위해

　③ 신혼부부의 집을 방문하는 즐거움을 알려 주기 위해

　④ 집 공유 사이트를 통해 숙박을 예약한 과정을 설명하기 위해

28. 들은 내용과 같은 것을 고르십시오.

　① 이 두 사람은 신혼부부다.

　② 집 공유 사이트 덕분에 현지인도 만나고 정보도 얻는다.

　③ 집 공유 사이트는 모텔을 광고하기 위해 만들어진 것이다.

　④ 이 사람들이 부산을 여행하는 동안 집주인들은 그 집에 안 산다.

Track 26

※ [29~30] 다음을 듣고 물음에 답하십시오. (각 2점)

29. 남자가 누구인지 고르십시오.

　① 언론인　　　　② 운동선수

　③ 젊은 대학생　　④ 장애인 졸업생

30. 들은 내용과 같은 것을 고르십시오.

　① 어려운 일도 가능하다고 믿으면 가능해진다.

　② 이 사람은 학교 입학식에서 이야기하고 있다.

　③ 이 사람의 세대들은 모든 것이 보장된 행복한 사람들이다.

　④ 이 사람은 신체가 특수하지만 다른 사람과 똑같은 눈으로 세상을 경험
　　했다.

※ [31~32] 다음을 듣고 물음에 답하십시오. (각 2점)

31. 남자의 중심 생각으로 맞는 것을 고르십시오.

① 외국인에게 통역해 줄 수 있는 인재를 양성해야 한다.

② 에누리는 사는 사람에게 정으로 하나를 더 주는 따뜻한 문화다.

③ 전통 시장에서 외국인이 한국의 문화를 경험하는 것이 중요하다.

④ 통역하는 사람의 비용 부담을 줄이기 위해 아르바이트로 일을 맡기면 된다.

32. 남자의 태도로 가장 알맞은 것을 고르십시오.

① 현재의 관광 정책에 만족하고 있다.

② 상대방의 의견에 부분적으로 동의하고 있다.

③ 전통 시장에 통역사가 필요함을 주장하고 있다.

④ 전통 시장에 통역하는 사람이 없는 것을 받아들이고 있다.

※ [33~34] 다음을 듣고 물음에 답하십시오. (각 2점)

Track 28

33. 무엇에 대한 내용인지 알맞은 것을 고르십시오.

① 피카소가 한 말의 의미 설명

② 광고 회사의 이익 추구를 위한 방법

③ 광고 회사가 경쟁에서 이길 수 있는 전략

④ 광고를 잘 만들 수 있는 자신의 장점 소개

34. 들은 내용과 같은 것을 고르십시오.

① 삐딱한 사고방식은 좋지 않다.

② 피카소는 파괴할 때 새로운 창조가 시작된다고 말했다.

③ 사물을 있는 그대로 받아들이는 것이 창의적인 광고다.

④ 주변을 다르게 보고 뒤집어 보는 것은 광고에서 필요 없다.

※ **[35~36] 다음을 듣고 물음에 답하십시오. (각 2점)**

35. 남자가 무엇을 하고 있는지 고르십시오.

① 취미가 많은 사람들이 발명가가 된다고 말하고 있다.

② 세계에는 다방면에 관심을 가진 박식한 사람이 많다고 분석하고 있다.

③ 위대한 발명은 여러 사람들의 노력과 직감으로 이루어졌다고 주장하고 있다.

④ 위대한 발명은 에디슨의 전구처럼 번쩍하는 아이디어로 발명된다고 반박하고 있다.

36. 들은 내용과 같은 것을 고르십시오.

① 최고의 발명가들은 성격이 느린 사람들이다.

② 천재 한 사람의 업적으로 발명이 이루어진다.

③ 발명은 순간적인 아이디어로 이루어진 것이다.

④ 서로 접근 방식이 다른 발명가들이 팀으로 발명을 이뤄냈다.

※ **[37~38] 다음을 듣고 물음에 답하십시오. (각 2점)**

37. 여자의 중심 생각으로 가장 알맞은 것을 고르십시오.

① 엄마가 하는 교육이 학교 교육보다 낫다.

② 아이들에게 다양한 사교육을 시키는 것이 좋다.

③ 반찬을 나눠서 먹으면 맛있는 것을 먹을 수 있다.

④ 주부들이 모여 일을 나누면 경제적으로 이익이 많다.

38. 들은 내용과 같은 것을 고르십시오.

① 주부들이 모이면 헛소문이 많아진다.

② 사교육 시장에 뛰어드는 엄마들이 늘고 있다.

③ 주부들이 반찬을 서로 만들어 주는 품앗이를 한다.

④ 이유식을 서로 나누어 가지면 다양한 이유식을 먹일 수 있다.

※　[39~40] 다음을 듣고 물음에 답하십시오. (각 2점)

39.　이 대화 전의 내용으로 알맞은 것을 고르십시오.

① 오전에 쬐는 햇볕이 오후의 햇볕보다 좋다.

② 유리창을 통과한 햇볕은 건강에 도움이 안 된다.

③ 피부 색깔이 진할수록 햇볕을 더 많이 쬐어야 한다.

④ 햇볕은 비타민 D를 만들고 우울증과 불면증에 좋다.

40.　들은 내용과 같은 것을 고르십시오.

① 악성 흑색종은 눈에 생기는 질병이다.

② 코코 샤넬 이후에 일광욕 문화가 생겨났다.

③ 기미, 잡티, 주근깨는 잘못된 화장품 사용으로 생긴다.

④ 피부 보호를 위해 자외선 차단 크림을 권하는 사람은 안과 의사이다.

※　[41~42] 다음을 듣고 물음에 답하십시오. (각 2점)

41.　이 강연의 중심 내용으로 가장 알맞은 것을 고르십시오.

① 경험이 없으면 맛이나 재미를 못 느끼게 된다.

② 사람들은 재미없는 TV나 신문을 좋아하지 않는다.

③ 재미를 위해서는 중독성 있는 프로그램을 만들어야 한다.

④ 의미 있고 지적인 것이 재미있어지는 나라가 되어야 한다.

42.　들은 내용과 같은 것을 고르십시오.

① 모든 프로그램은 무조건 재미있어야 한다.

② 처음엔 쓴맛이 나는 커피는 끝내 즐기기 어렵다.

③ 중독성 있는 것만 재미있다는 생각에서 탈피해야 한다.

④ 문화 강국이 되려는 한국에는 설탕물 같은 재미가 필요하다.

※ **[43~44] 다음을 듣고 물음에 답하십시오. (각 2점)**

43. 무엇에 대한 내용인지 알맞은 것을 고르십시오.

    ① 일반인도 위조지폐를 구별하는 방법이 있다.

    ② 모든 지폐는 일반 종이와 다른 종이를 사용한다.

    ③ 위조지폐를 구별하는 것은 전문가에게 맡겨야 한다.

    ④ 위조지폐 구별을 위해 일반인도 자외선 감식기가 필요하다.

44. 위조지폐 감식에 대한 설명으로 맞는 것을 고르십시오.

    ① 종이를 만졌을 때 미끈한 것은 위조지폐다.

    ② 동전은 문양의 경계가 확실한 것이 위조지폐다.

    ③ 자외선을 비출 때 문양이 안 떠오르면 진짜 돈이다.

    ④ 지폐에서 숫자나 글자가 오돌토돌한 것은 위조지폐다.

※ **[45~46] 다음을 듣고 물음에 답하십시오. (각 2점)**

45. 들은 내용과 같은 것을 고르십시오.

    ① 예리하고 좋은 칼은 항상 상처를 입힌다.

    ② 많은 돈과 기회만 있으면 누구든지 잘 사용할 수 있다.

    ③ 부자가 되면 돈을 다루는 능력은 자연적으로 따라온다.

    ④ 사람들은 돈 모으는 기술이나 방법 때문에 부자가 안 된다고 생각한다.

46. 여자가 말하는 방식으로 알맞은 것을 고르십시오.

    ① 돈을 잘 버는 기술을 설명하고 있다.

    ② 부자가 되지 못한 사람들을 비판하고 있다.

    ③ 돈을 다루는 능력이 중요함을 강조하고 있다.

    ④ 돈을 잘 버는 사람과 못 버는 사람을 비교하고 있다.

※ **[47~48] 다음을 듣고 물음에 답하십시오. (각 2점)**

47. 들은 내용과 같은 것을 고르십시오.

　① 회사는 인사를 잘하는 사람을 선호한다.

　② 연봉 등 조건만 따지는 사람은 회사에 대해 애정이 있다.

　③ 당당하게 소신을 드러내는 지원자는 고집이 세서 탈락시킨다.

　④ 회사에 대한 정보를 모르는 사람이 신선해서 합격할 가능성이 높다.

48. 남자가 말하는 방식으로 알맞은 것을 고르십시오.

　① 면접에서 실패하는 이유를 분석하고 있다.

　② 입사 지원자에 대한 면접 평가 기준을 설명하고 있다.

　③ 요즘 신입 사원들의 태도에 대해 불만을 말하고 있다.

　④ 면접에서 탈락한 사람에게 회사의 입장을 전하고 있다.

※ **[49~50] 다음을 듣고 물음에 답하십시오. (각 2점)**

49. 들은 내용과 같은 것을 고르십시오.

　① 비극적인 역사를 기억해야 반복하지 않게 된다.

　② 슬픈 장소들은 반드시 목적지로 정해서 가야 한다.

　③ 다크 투어리즘은 어두운 밤 시간에 여행하는 것을 말한다.

　④ 아픈 역사의 현장은 멋진 사진과 광고로 유혹할 필요가 있다.

50. 남자의 태도로 알맞은 것을 고르십시오.

　① 잘못된 역사를 비판하고 있다.

　② 여행지에 갔다 올 때 큰 선물을 사 오라고 요구하고 있다.

　③ 비극적인 역사 현장을 방문하는 여행의 의미를 설명하고 있다.

　④ 사진과 광고를 통해 여행객들을 끌어들여야 한다고 주장하고 있다.

쓰기 ライティング　模擬試験 1

※ [51~52] 다음 글의 ㉠과 ㉡에 알맞은 말을 각각 쓰시오. (각 10점)

51.

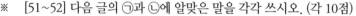

안내

★ 10월 ○○ 교우회 조찬 모임을 안내해 드립니다.

★ 시간: 2022년 10월 14일

★ 장소: 새나래 호텔 진달래 룸

• 좌석이 한정되어 있으므로 예약을 위해 (　㉠　)면 준비에 소홀함이 없도록 하겠습니다.

• 아울러 주차장이 협소하오니 가능하면 (　㉡　) 바랍니다.

52.

우울하다고 믿으면 우울해질 가능성이 많고 (　㉠　) 행복해질 가능성이 많다.
정신의 특징 중 하나는 그렇게 믿으면 (　㉡　)는 것이다.

53. 다음은 2020년 기준 외국인 주민의 증가 추세에 대한 통계 자료이다. 이 내용을 200~300자의 글로 쓰시오. 단, 글의 제목은 쓰지 마시오. (30점)

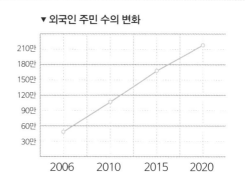

외국인 주민의 증가 추세

- 2006년: 53만 6,627명
- 2010년: 113만 9,283명
- 2015년: 174만 1,919명
- 2020년: 214만 6,748명

▼ 외국인 주민 수의 변화

* 외국인 주민 구성: 외국인 노동자 (26.9%), 유학생 (8.4%), 외국 국적 동포 (20.4%), 결혼 이민자 (10.2%), 기타 (34.1%)

54. 다음을 참고하여 600~700자로 글을 쓰시오. 단, 문제를 그대로 옮겨 쓰지 마시오. (50점)

음식점 입구에 '노키즈존 (No Kids Zone)' 즉, '어린이 출입 금지'라고 붙여 놓은 곳이 늘고 있습니다. 공공장소에서 시끄럽게 구는 아이들의 행동이 다른 손님들을 불편하게 하기 때문인데, 아이를 둔 부모 입장에선 차별당하는 것 같아 불쾌하다는 반응입니다. 아래의 내용을 중심으로 자신의 생각을 쓰십시오.

찬성 의견 다른 손님에 대한 배려이다.
아이의 안전사고 예방 효과가 있다.

반대 의견 아이를 둔 사람에 대한 차별이다.
음식점이 먼저 안전시설을 갖춰야 한다.

원고지 쓰기의 예

	사	람	의		손	에	는		눈	에		보	이	지		않	는		세
균	이		많	다	.		그	래	서		병	을		예	방	하	기		위	해

PART 3 쓰기

※ [1~2] (　　　　)에 들어갈 말로 가장 알맞은 것을 고르십시오. (각 2점)

1. 월요일 (　　　) 비까지 와서 길이 더 막힌다.

　① 출근 시간이라도　　　　　　② 출근 시간이라면

　③ 출근 시간인 데다　　　　　　④ 출근 시간이기 때문에

2. 골목에서 갑자기 차가 튀어나와서 자동차에 (　　　　)

　① 부딪치려 든다.　　　　　　② 부딪칠 뻔했다.

　③ 부딪치는 둥 마는 둥했다.　　④ 부딪치기가 이를 데 없다.

※ [3~4] 밑줄 친 부분과 의미가 가장 비슷한 것을 고르십시오. (각 2점)

3. 뒷사람이 갑자기 <u>밀어서</u> 들고 있던 책을 떨어뜨렸다.

　① 밀려다가　　　　　　　　　② 미는 김에

　③ 밀다 보니　　　　　　　　　④ 미는 바람에

4. 가방 옆 주머니에 핸드폰을 꽂아 놓으면 <u>잃어버릴 수 있다.</u>

　① 잃어버리는 셈이다.　　　　② 잃어버리는 탓이다.

　③ 잃어버리다시피 한다.　　　④ 잃어버리기 십상이다.

※ [5~8] 다음은 무엇에 대한 글인지 고르십시오. (각 2점)

5.

　자연을 담은 집, 한옥에서 당신은 자연으로 돌아가는 삶을 살 것입니다.

　① 여행　　　② 고향　　　③ 학교　　　④ 주택

6.

> 건전지를 분리수거하고 쓰레기를 되가져오는 당신에게 자연이 대답합니다.
> **"고맙습니다."**

① 식사 예절　　② 자연 보호　　③ 운전 질서　　④ 건강 보험

7.

> **흡연은 질병입니다. 치료는 금연입니다.**

① 운동　　　② 담배 끊기　　③ 자녀 교육　　④ 사고 예방

8.

> 땅속에 묻어도 썩지 않는 쓰레기들이 토양을 오염시키고 있습니다.
> 우리 아이들의 땅을 쓰레기만 자라는 땅으로 만드시겠습니까?

① 환경 문제　　② 주택 문제　　③ 교통 문제　　④ 인구 문제

※　[9~12] 다음 글 또는 그래프의 내용과 같은 것을 고르십시오. (각 2점)

9.

> ## 〈나의 어머니〉
>
> 곧 세상을 떠날 엄마와의 이별을 앞두고 가족도, 일도, 사랑도 마음처럼 쉽지 않은 영화감독과 그녀의 곁에 함께 하는 사람들이 겪는 우아한 유머와 담담한 슬픔을 담아낸 이야기
>
> 감독: 김승희　　　　　　출연: 정성우, 지혜련
> 제작 회사: 씨네 24　　　상영 시간: 106분
> 등급: 12세 이상 관람가

① 영화감독의 어머니에 대한 책을 소개하고 있다.
② 영화 내용은 슬프기도 하고 유머도 있는 이야기다.
③ 이 영화는 성인 대상 영화라서 미성년자는 볼 수 없다.
④ 영화감독이 곧 죽을 것이라서 그 어머니가 슬퍼하는 영화 이야기이다.

10.

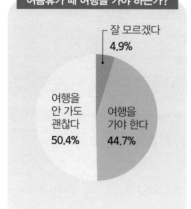

① 여행 가기 귀찮아서 안 가는 사람은 없다.

② 여행 후 피곤할 것 같아서 안 가는 사람이 제일 많다.

③ 여행을 안 가는 최대 이유는 사람이 많고 바가지요금이 싫어서이다.

④ 휴가 때 여행을 가야 한다는 사람이 안 가도 괜찮다는 사람보다 많다.

11.

　　어제보다 5분 일찍 일어나거나, 어제보다 책을 한 줄 더 읽거나, 어제보다 한 번 더 연습하는 것. 이렇게 0.1%씩 나은 삶을 살 수 있다면, 1주일 후 0.5%씩 성장할 수 있다. 한 달 후에는 2%씩 성장할 수 있고 1년 후 24%씩 성장할 수 있다. 이렇게 사소한 노력을 10년 동안 한다면 첫날보다 240% 성장한 나를 만날 수 있다. 별것 아닌 것처럼 보이지만, 매일 아침 어제보다 조금 더 열심히 살아 보는 것, 그것만으로 10년 후의 멋진 나를 만들 수 있다.

① 10년 후의 멋진 나를 만들기 위해 외모에 신경을 써야 한다.

② 어제보다 더 나은 삶을 사는 방법은 돈을 많이 버는 것이다.

③ 매일 0.1%씩 나은 삶을 사는 것은 별것 아닌 것처럼 보인다.

④ 매일 0.1%씩 더 나은 삶을 사는 일은 큰 노력을 필요로 한다.

12.

인류의 오랜 역사 동안 사람들은 집에서 죽음을 맞이했고 미국도 예외는 아니어서 19세기 중반까지는 대부분이 그랬다. 그런데 1980년대에는 83%의 사람들이 병원에서 죽음을 맞으면서 죽는 장소가 크게 바뀌었다. 장소의 변화에 따라 죽음의 정의도 바뀌어서 이제는 생명을 연장하는 치료 장치를 끄는 것이 죽음이라는 의미가 되고 있다. 미국만 그런 변화를 겪는 게 아니다. 통계청에 따르면 한국도 2020년 사망자 30만 4,948명 중에서 집에서 죽음을 맞은 사람은 15.6%에 불과했고 75.6%가 병원에서 임종을 맞았다. 1991년에 재택 임종이 74.8%였던 것과 비교하면 완전히 상반된 수치를 보이고 있다.

① 죽음에 대해서 한국과 미국이 서로 다르게 변화하고 있다.
② 1980년 이후로 미국에서는 집에서 죽는 사람이 더 많아졌다.
③ 오늘날 죽음의 의미는 연명 치료 장치를 끄는 것을 의미한다.
④ 요즘 집에서 임종을 맞는 사람이 병원에서 죽는 사람보다 많다.

※ **[13~15] 다음을 순서에 맞게 배열한 것을 고르십시오. (각 2점)**

13.

(가) 그러나 대한민국에서는 토요일 마감 시간에 '로또'를 가장 많이 구매한다.
(나) 복권에 당첨될 수 있다는 환상을 가지고 일주일을 보낼 수 있기 때문이다.
(다) '빨리빨리'와 속전속결로 살아온 생활 패턴이 그 원인이라고 할 수 있다.
(라) 외국에서는 추첨일 1주 전에 복권을 많이 산다.

① (가)-(다)-(라)-(나) ② (가)-(나)-(라)-(다)
③ (라)-(나)-(가)-(다) ④ (라)-(다)-(가)-(나)

14.

(가) 곤충의 강자는 의외로 개미가 꼽힌다.
(나) 약자가 도망치고 숨어서 살아남거나 뭉쳐서 강자가 되기도 한다.
(다) 집단으로 움직이며 싸울 때도 집단으로 덤비기 때문이다.
(라) 자연의 세계에서는 약육강식의 논리만 있는 게 아니다.

① (가)-(다)-(라)-(나) ② (라)-(나)-(가)-(다)
③ (가)-(라)-(다)-(나) ④ (라)-(가)-(다)-(나)

15.

> (가) 지금은 그들의 서식지가 인간의 거주지와 충돌하면서 좁은 공간으로 밀려
>   나고 있다.
> (나) 예전에는 호랑이, 사자, 치타, 표범, 퓨마 등의 맹수들이 인간을 위협했다.
> (다) 게다가 인간들의 취미와 즐거움 때문에 목숨을 잃고 있다.
> (라) 인간이라는 천적들에 의해 위협받고 멸종 위기를 맞는 존재가 된 것
>   이다.

① (가)-(나)-(다)-(라)   ② (나)-(가)-(다)-(라)
③ (나)-(다)-(라)-(가)   ④ (가)-(나)-(라)-(다)

※ [16~18] (   )에 들어갈 말로 가장 알맞은 것을 고르십시오. (각 2점)

16.

> 　모든 나무는 좋은 나무가 되고 싶겠지만 그 나무가 어떤 나무인지를
> 말해 주는 것은 나무가 맺는 열매다. 못된 열매 맺는 좋은 나무가 없고,
> (   ) 나무가 없다.

① 열매를 맺지 않는
② 좋은 열매 맺는 좋은
③ 못된 열매 맺는 못된
④ 좋은 열매 맺는 못된

17.

> 　한 회사가 홍보용 전단을 인쇄했다. 그런데 가장 중요한 메일 주소가
> 잘못 나왔다. 일일이 수정하거나 다시 찍자는 의견이 나왔다. 그때 신입
> 사원이 말했다. "그 주소로 메일 계정을 만들지요." 그들은 (   ) 무
> 사히 홍보를 마쳤다.

① 새 메일 주소로   ② 홍보용 전단으로
③ 원래 메일 주소로   ④ 다시 찍는 방법으로

18.

> 인류의 오랜 역사 동안 사람들은 집에서 태어나고 집에서 죽었다. 그런데 이제는 병원에서 태어나고 병원에서 죽는다. 인생의 시작부터 마지막까지 돈이 드는 삶인 것이다. 일상생활은 더 말할 나위가 없다. 사람을 사귀고, 사회생활을 하고, 뭔가를 배우고, 즐거운 취미 생활을 하는 데까지 돈이 필요하다. 이렇다 보니 사람들이 (   ).

① 친구를 안 사귀는 것이다
② 돈을 안 벌게 되는 것이다
③ 죽는 것도 망설이는 것이다
④ 돈에 매달리게 되는 것이다

※ [19~20] 다음을 읽고 물음에 답하십시오. (각 2점)

> 한 방송국에서 아이들의 놀이에 대한 실험을 했다. 아이들을 세 집단으로 나눠서 첫 번째 집단에게는 놀잇감을 정해 주고 그것으로 놀아야 한다고 정해 주었다. 두 번째 집단에게는 놀잇감을 주면서 "이걸로 놀아 보면 어떨까?" 라고 놀이를 유도했다. 세 번째 집단은 자신들이 스스로 놀잇감을 선택하게 했다. 그랬더니 첫 번째 집단 아이들은 금방 싫증을 냈고, 두 번째 집단도 빨리 놀이를 끝냈는데, 세 번째 아이들은 (   ) 계속 즐겁게 놀고 있었다. 이 실험은 놀이란 누군가의 권유나 개입 없이 스스로 노는 것임을 알려 준다. 어떤 목적성이나 계획 없이 지금의 현실에 충실하게 노는 것이 진정한 놀이다. 이처럼 제대로 된 놀이 환경을 만들어 주는 것이 어른들이 담당해야 할 역할이다.

19.   (   )에 들어갈 말로 가장 알맞은 것을 고르십시오.

① 시간을 거슬러서   ② 시간에 쫓겨서
③ 시간을 앞당겨서   ④ 시간 가는 줄 모르고

20. 윗글의 주제로 가장 알맞은 것을 고르십시오.

　　① 아이들은 놀잇감을 정해 주는 것을 좋아한다.

　　② 어른들의 권유나 개입이 있어야 교육적 효과가 있다.

　　③ 방송국의 실험은 장난감을 많이 판매하기 위한 것이다.

　　④ 어른들은 아이들이 스스로 놀 수 있도록 환경을 만들어 줘야 한다.

※ [21~22] 다음을 읽고 물음에 답하십시오. (각 2점)

> 내 친구 윤주야, 너 갑자기 수술한다고 해서 놀랐는데, 잘 끝났다고 하니 다행이다.
>
> 다 잘 될 거야. 걱정하지 마.
>
> (　　　)고 아픈 걸 잘 견뎌 내면 희망이 생기더라.
>
> 너는 사랑하는 가족이 있고, 사회의 일원으로 능력을 인정받는 멋진 인생을 살고 있잖아.
>
> 행복은 무엇보다 건강에 있으니까, 힘내!
>
> *영원한 네 친구 승희가*

21. (　　　)에 들어갈 말로 가장 알맞은 것을 고르십시오.

　　① 하늘에서 별 따기

　　② 같은 값이면 다홍치마

　　③ 비 온 뒤에 땅이 굳는다

　　④ 원숭이도 나무에서 떨어질 때가 있다

22. 윗글의 내용과 같은 것을 고르십시오.

　　① 윤주가 승희에게 보낸 편지다.

　　② 윤주는 사회 활동을 하지 않는다.

　　③ 윤주는 곧 수술을 받을 예정이다.

　　④ 건강하지 않으면 행복하기 어렵다.

친구가 유명한 식당에 가서 점심을 먹자고 나를 불렀다. 유명하다는 말에 잔뜩 기대감을 갖고 식당에 들어서서 돌솥비빔밥을 시켰다. 그런데 조금 후에 나온 음식은 돌솥비빔밥이 아니라 생선찌개였다. 게다가 젓가락은 하나는 길고 하나는 짧아서 짝이 맞지 않았다. 나는 속으로 '이래 가지고 어떻게 돈을 버나? 주문도 제대로 못 받으면서.'라고 생각했다. 더군다나 이런 식당이 유명 식당이라니 어이가 없었다. 그런데 놀라운 것은 엉뚱한 음식을 가져다줘도 화내는 손님이 없고 주는 대로 감사히 먹는 것이었다. 우리 바로 옆자리에 앉은 손님은 일하는 사람이 물을 쏟아서 바지가 젖었지만 웃으면서 닦고 있었다. 의아한 표정으로 앉아있는 나에게 친구가 말했다.

"여기서 일하는 사람들을 좀 봐."

식당 안을 둘러보니 할머니, 할아버지들이 주문을 받고 음식을 나르고 있었다.

친구는 빙그레 웃으며 내게 말했다.

"이 식당이 유명한 이유는 여기서 일하는 사람들 때문이야. 이곳 아르바이트생들은 치매에 걸린 노인들인데, 사회에서 아무것도 할 일이 없는 쓸모없는 노인이 아니라 실수를 해도 사람을 만나고 자신이 뭔가를 할 수 있다는 자신감을 회복하도록 일자리를 드린 거야. 손님들 역시 이 할머니, 할아버지가 자신들을 먹이고 가르치고 키워 주신 부모님이라는 감사의 마음으로 이곳을 찾는 거고."

친구는 나에게 식사 후에 나갈 때 식당 간판을 꼭 보라고 말했다. 나는 잘못 나온 생선찌개를 후다닥 먹고 간판을 보려고 밖으로 나갔다.

"이배사 식당"

이해와 배려와 사랑의 앞 글자를 딴 식당이었다.

23. 밑줄 친 부분에서 나타난 '나'의 심정으로 가장 알맞은 것을 고르십시오.

① 한심하다   ② 지루하다

③ 불안하다   ④ 서먹서먹하다

24. 윗글의 내용과 같은 것을 고르십시오.

① 손님들은 이 식당의 음식이 맛있어서 온다.

② 손님들은 아르바이트생들에게 불만을 표시한다.

③ 식당의 간판은 주인의 이름을 이용해서 만든 것이다.

④ 치매 노인들이 이곳에서 일하면서 자신감을 회복한다.

※ [25~27] 다음 신문 기사의 제목을 가장 잘 설명한 것을 고르십시오. (각 2점)

25.
> 국내 여행 가로막는 바가지요금 여전

① 국내 여행을 하려면 할인 요금이 필요하다.

② 국내 여행에서는 비싼 요금을 받지 않는다.

③ 국내 여행보다 해외여행이 더 인기가 있다.

④ 국내 여행지에서 비싼 요금을 받는 관행이 바뀌지 않았다.

26.
> 올 상반기 인문서에 밀린 소설, 휴가철 맞아 '1위 탈환'

① 휴가철이 되어 인문서의 인기가 높아졌다.

② 인문서가 휴가철을 맞아 예전의 인기를 되찾았다.

③ 1월에서 6월 사이에 소설의 인기가 인문서보다 높았다.

④ 상반기에 인문서가 많이 팔렸지만 휴가철에는 소설이 더 많이 팔렸다.

27.
> 기상청, 비 오는 날 예보 '헛발질'… 정확도 28%

① 기상청은 비 오는 날을 정확하게 예측한다.

② 사람들의 28%가 기상청의 예보를 신뢰한다.

③ 기상청이 오늘 비가 올 확률이 28%라고 했다.

④ 기상청의 비 온다는 예보가 맞을 확률은 28%다.

※ [28~31] (　　　)에 들어갈 말로 가장 알맞은 것을 고르십시오. (각 2점)

28.

일반적인 대화 상황에서는 상대방과 직접 마주 보고 이야기를 나누기 때문에 대부분의 사람들은 가급적 상대방의 기분을 상하게 하지 않도록 주의를 기울인다. 하지만 온라인 대화에서는 상대방의 얼굴을 직접 보지 못하기 때문에 상대방의 기분이나 감정을 알아채기가 어렵다. 그래서 무심코 상대방의 기분을 상하게 하는 말을 하기도 한다. 이런 잘못을 하지 않기 위해서는 현실 공간에서든 (　　　) 다른 사람과 대화를 나눌 때 항상 상대방의 기분을 배려하면서 이야기할 수 있어야 한다.

① 혼자 있을 때든
② 가상 공간에서든
③ 상대방과 얼굴을 볼 때든
④ 상대방의 이야기를 들을 때든

29.

새로운 사람들을 만나서 모임을 만들고 교제를 시작할 때마다 가장 먼저 하는 것은 그 구성원들의 신상 정보를 교환하는 것이다. 이런 사적인 정보를 일일이 알려 주는 것을 싫어하는 젊은이들을 중심으로 '교류하지 않는 동호회'가 생겨나고 있다. 여러 사람들이 좋아하는 취미 활동을 위해 모이되 (　　　)를 요구하지 않는다. 오직 모두가 즐거워하는 취미 활동을 같이 하는 것에 목적을 둔다. 그래서 활동이 끝난 뒤에도 술자리나 뒤풀이 같은 교류를 하지 않고 각자 헤어진다.

① 취미 활동을
② 동호회 규칙을
③ 사적인 정보를
④ 회원 수 늘리기를

30.

> 　작은 강아지의 소유권을 둘러싸고 한 남자와 여자가 재판정에 섰다. 남자는 자신이 1주일 전에 잃어버린 반려견이라고 주장했고, 여자는 자신이 며칠 전에 데려온 강아지라면서 돌려 달라고 했다. 두 사람의 주장을 들은 재판장은 강아지를 안고 있는 경찰에게 그 강아지를 내려놓으라고 말했다. 땅에 내려놓자마자 강아지는 남자를 향해 쏜살같이 달려갔다. 그리고 꼬리를 흔들면서 두 발로 서서 남자에게 안아 달라는 몸짓을 했다. 재판장은 강아지의 주인은 남자이니 남자에게 주라고 판결했다. (　　　) 내린 멋진 판결이었다.

① 다수의 의견에 따라서

② 각자의 입장을 존중해서

③ 서로 다른 의견을 조정해서

④ 동물과 사람의 유대 관계를 보고

31.

> 　제주도에 가면 정낭이 있다. 정낭은 집 입구의 양옆에 돌기둥을 세우고 돌기둥의 구멍에 1~3개의 나무 막대기를 걸쳐 놓아 그 집에 사람이 있는지를 알려 준다. 정낭이 하나도 걸쳐 있지 않으면 집에 사람이 있다는 의미고 하나만 걸쳐져 있으면 집 안에 사람은 없으나 곧 돌아온다는 의미다. 두 개가 걸쳐져 있으면 저녁때쯤 돌아온다는 의미고 세 개의 정낭이 모두 걸쳐져 있으면 집에서 먼 곳으로 외출하여 여러 날이 걸린다는 의미이다. 이렇게 표시함으로써 집에 찾아오는 손님을 (　　　) 담겨 있다.

① 배려하려는 의미가

② 거절하려는 의도가

③ 반갑게 맞이하려는 뜻이

④ 주인이 올 때까지 기다리게 하는 목적이

32.

'결정 장애 세대'란 1980년 이후 풍요 속에 태어난 세대로 어떤 일을 할 때 쉽게 결정하지 못해 무엇을 해야 할지 방향을 잃어버린 세대를 말한다. 앞으로의 진로 같은 엄중한 삶의 방향부터 무엇을 먹어야 좋을지 묻게 되는 시시콜콜한 의사 결정에 이르기까지 스스로 결정하지 못하고 누군가의 도움을 받기 원한다. 언제나 최고의 정답을 골라야만 했던 학습 습관과 수많은 강요 속에서 살아왔기 때문이다. 어떤 옷을 입을지 게시판에 물어보기도 하고, 여름휴가 장소 선택을 도와주는 애플리케이션에 의지하는 등 결정 장애 세대를 위한 '결정 대리인'들은 우리 주위에 다양하게 포진해 있다. 하지만 쏟아지는 무수한 정보의 홍수 속에 나의 결정은 없고 남들의 결정만 남게 된다면 '나'라는 존재마저도 사라질지 모른다.

① 보통 부모님들이 결정 대리인 역할을 한다.

② 정보가 많기 때문에 스스로 결정하는 데 많은 도움이 된다.

③ '나'라는 존재를 확실히 하기 위해 결정할 때 타인의 도움이 필요하다.

④ 최고의 정답만 고르는 학습 습관과 강요된 상황 때문에 결정 장애 세대가 됐다.

33.

우리나라에서는 배기량을 기준으로 자동차 세금을 정하고 있다. 그런데 자동차 산업이 발전하면서 기술적으로 배기량은 낮지만 성능은 좋은 고가 외제차가 많아졌고, 국내에서 그 인기도 늘고 있다. 반면에 국산 자동차는 수입 관세가 없기 때문에 배기량이 높아도 상대적으로 가격은 낮다. 그러다 보니 비싼 자동차를 소유한 사람이 싼 자동차를 소유한 사람보다 세금을 적게 내 형평성이 안 맞게 되었다. 이런 문제를 해결하기 위해 배기량 대신 자동차 가격을 기준으로 자동차세를 부과하자는 의견이 꾸준히 제기되고 있다. 그렇게 되면 중저가 차량은 현행보다 세금이 줄고 고가의 차량은 더 내게 돼서 합리적인 조세 정책이 될 것이다.

① 성능이 낮은 외제차는 국산 자동차보다 값이 싸다.

② 기술이 발전하면서 국산 자동차의 성능이 좋아졌다.

③ 배기량 기준의 자동차세는 합리적인 조세 정책이다.

④ 차량 가격을 기준으로 자동차세를 내면 외제차 소유자의 세금이 올라간다.

34.

미국에서 쥐를 이용하여 중독에 대한 실험을 한 사례가 있다. 먼저, 쥐 한 마리를 철창 안에 넣고 물병 두 개를 준다. 하나는 그냥 물이 들어 있고, 다른 하나에는 마약 성분의 약물을 넣은 물이 들어 있다. 여러 번의 실험 결과, 대부분의 쥐는 약물이 들어간 물에 집착하고 죽어가면서도 약물 병에 매달렸다. 다음에는 여러 장난감과 돌아다닐 수 있는 터널이 가득한 쥐 놀이공원을 만든 후 함께 놀 수 있는 여러 마리 쥐들을 넣어 자유롭게 다니게 했다. 그리고 똑같은 물병 두 개를 주었는데, 이곳에서는 쥐들이 거의 약물을 넣은 물을 먹지 않았다. 강박적으로 약물을 섭취하거나 약물에 매달리는 쥐가 거의 없었다. 결국 약물보다는 환경이 중독에 더 큰 영향을 미친 것이다.

① 두 실험 장소에 각각 다른 물을 넣어 실험했다.

② 중독 현상은 약물보다 환경의 영향을 더 크게 받는다.

③ 여럿이 어울리는 자유로운 환경에서 더 쉽게 중독된다.

④ 쥐가 한 마리든지 여러 마리든지 중독성 실험에 차이가 없다.

※ [35~38] 다음을 읽고 글의 주제로 가장 알맞은 것을 고르십시오. (각 2점)

35.

> 젊은 세대는 "혼자가 편하다."라고 입버릇처럼 말한다. 그래서 결혼을 늦게 하거나 아이 낳기를 꺼리는 젊은이들이 많아졌다. 젊은이들이 경제적인 이유로 연애와 결혼, 출산까지 포기하면서 '3포 세대' 또는 두 가지를 더 포기하여 '5포 세대'라고도 불린다. 하지만 '편하다'든지 '포기'라는 말속에는 새로운 관계를 만들고 그에 대해 책임지는 것이 부담스럽고 귀찮다는 속내가 들어있는 듯하다. 혼자 살면 자신의 문제만 해결하면 되지만, 두 사람 이상의 관계가 되면 상대방을 이해하고 소통하고 배려해야 하기 때문에 그런 상황을 만들고 싶지 않은 것일지 모른다. 1인 가구에 대한 최근의 설문 조사에 의하면 1인 가구의 68.5%가 외로움과 고독감을 느낀다고 한다. "혼자라서 좋다."라고 말하는 똑똑한 젊은 세대들도 결국 외롭고 고독하다는 의미다. 이제는 혼자서 누리는 기쁨과 만족이 좋더라도, 여럿이 있을 때 자연스럽게 어울릴 수 있어야 자신의 '싱글 라이프'를 더 풍성하게 만들 수 있지 않을까?

① 혼자 살아도 여럿이 어울리는 삶이 필요하다.

② 경제적 여건 때문에 혼자 사는 것은 잘못이다.

③ 젊은 세대가 혼자 사는 삶을 즐기는 것은 당연하다.

④ 외로움과 고독을 즐기는 것이 혼자 사는 삶의 장점이다.

36.

　　말을 조리 있게 잘하는 것도 중요하지만 듣는 태도도 중요하다. 상대방의 이야기를 성심껏 들어 주는 태도는 열 마디를 하는 것보다 훌륭하다. 남의 말을 경청하는 것은 좋은 의견을 공유하는 것이며 말하는 사람이 온 힘을 쏟아 일하게 만들어 준다. 그 사람의 가치를 인정해 주는 것이기 때문이다. 뿐만 아니라 그 사람의 이야기를 들어 주는 것 자체가 그 사람을 존중하고 격려하는 것이다. 또한 나 자신을 높이는 태도이기도 하다.

① 나 자신을 높이기 위해 많은 이야기를 해야 한다.
② 경청하는 것은 상대방과 나 자신을 같이 높이는 것이다.
③ 경청의 목적은 상대방이 열심히 일하게 만드는 데 있다.
④ 상대방을 설득하기 위해서는 말을 조리 있게 해야 한다.

37.

　　거짓말은 주변 사람을 자신의 생각대로 제어하려는 의미도 있지만 거짓 이야기로 자신이라는 존재의 미미함을 보완하려는 의미도 있다. 특히 어릴 때는 어른을 난처하게 하거나 시선을 끌 뿐 아니라 자신이 원하는 존재, 또는 상대의 마음에 드는 존재가 될 수 있다고 생각해서 거짓말을 한다. 하지만 우리는 심각한 거짓말이 사회 문제로까지 이어지는 걸 가끔 뉴스로 접한다. 어른들은 자녀가 어렸을 적에, 거짓말을 하고 있다는 걸 분명히 알 때가 있다. 혼나는 것을 피하고 싶거나, 무엇을 요구하고 싶을 때 하는 행동이어서 알고도 모른 척 넘어가기도 한다. 그러나 어릴 적 교육이 올바른 성인으로의 성장에 바탕이 된다는 것을 기억해야 한다.

① 심각한 거짓말 때문에 사회 문제가 생긴다.
② 어릴 적 거짓말을 바르게 고쳐 주어야 한다.
③ 아이들의 거짓말이 어른을 곤란하게 만든다.
④ 거짓말은 상대의 마음에 드는 존재로 바꿔 준다.

38.

　　나는 아내와 함께 교회 성가대 활동을 30년째 하고 있는데, 자신의 목소리를 줄이고, 전체와의 조화를 생각해야 하는 합창의 힘을 깨닫는다. 자신 있고 좋아하는 부분이라고 하더라도 독창처럼 내 목소리를 크게 내면 안 된다. 내 목소리가 빛날지는 몰라도 합창은 깨어진다. 오래전 회사에 입사할 때도 '합창 단원처럼 일하겠다.'라는 생각을 했다. 내가 맡은 일, 특히 여럿이 함께 하는 일 중에 나에게 맡겨진 일을 열심히 해서 아름다운 합창을 이루는 역할을 충실히 감당해야 한다고 생각했다. 내게는 회사도 합창단과 마찬가지로 서로 조화를 이뤄내는 것이 가장 중요하게 느껴졌다. 함께 일하면서 조화를 이루는 것은 무슨 일을 하든지 관계없이 중요한 덕목이라고 생각하기 때문이다. 요즘 젊은이들을 보면 어학 실력이 뛰어나고, 전공 분야 성적도 훌륭한 사람이 많아서 신입 사원을 뽑을 때 우열을 가리기 쉽지 않다. 그래서 나는 협력할 수 있는 사람에게 점수를 많이 주려고 한다. 독창을 할 수 있는 사람도 중요하지만, 합창을 할 수 있는 사람이 더 많아야 회사가 발전할 수 있다고 생각하기 때문이다.

① 모든 분야에서 협력과 조화가 가장 중요하다.
② 내 목소리를 빛나게 하려면 독창을 해야 한다.
③ 합창 단원을 뽑아서 회사를 발전시킬 계획이다.
④ 요즘 젊은이들은 어학과 전공 실력의 차이가 뚜렷하다.

※ [39~41] 주어진 문장이 들어갈 곳으로 가장 알맞은 것을 고르십시오.
(각 2점)

39.
세계 어느 곳에서나 통하는 인사인 악수를 제대로 하는 방법은 뭘까? 악수를 할 때는 허리를 곧게 펴고 바른 자세를 유지하며 상대방과 시선을 마주치는 것이 바람직하다. (㉠) 하지만 상대방이 상사나 연장자일 경우는 허리를 10~15도 정도 굽혀서 예를 표하는 것도 좋다. (㉡) 그리고 한 손으로만 악수하는 것이 좋은데, 오른손으로 해야 한다. (㉢) 악수에는 '무장 해제'라는 의미가 담겨 있는데 손을 맞잡는 것은 '내 손에 무기가 없다'는 것을 보여 주는 행동이었기 때문이다. (㉣) 손을 잡을 때도 적당히 힘을 주어 잡고 두세 번 흔드는 것이 가장 좋다.

보기
예전에는 무기를 주로 오른손으로 잡았으니까 왼손잡이라도 오른손으로 악수하는 것이 좋다.

① ㉠   ② ㉡   ③ ㉢   ④ ㉣

40.
나이 들면서 기억력이 예전만 같지 못하다고 느끼게 되는 것은 어쩔 수 없는 노화 현상 때문이다. 그렇기에 기억력을 잘 유지하고 향상시키는 노력을 게을리해선 안 된다. (㉠) 혼란을 주는 정보를 잘 지우고 기억하고 싶은 것을 잘 선별해서 그것만 기억하는 것이다. (㉡) 사람들을 만났을 때 모든 이름을 기억하려고 애쓰기보다는 앞으로 연락하고 지낼 만한 사람을 선택해 그들의 이름을 암기하는 식이다. (㉢) 매일 일상적으로 반복되는 틀에 박힌 생활 방식에서 벗어나는 것도 기억력을 개선하는 방법이다. (㉣) 뇌가 새로운 상황에 놓이게 되면 새로운 정보를 붙잡아 둬야 한다는 판단 때문에 이를 저장하려고 노력하게 된다. 새로움은 일종의 기억 훈련인 셈이다.

잘 기억하려면 역설적으로 잘 잊어버릴 줄 알아야 한다.

① ㉠   ② ㉡   ③ ㉢   ④ ㉣

41.

(㉠) 외로울 때 함께 하고 슬플 때 나를 위로해 주는 존재를 친구라고 할 수 있는데, TV가 이런 역할을 하기도 한다. 마음이 아플 때 희극을 보면서 웃고, 외로울 때 방송을 보면 혼자라는 사실을 금세 잊게 되니까 말이다. (㉡) 특히 마음을 나누는 친구가 사라져 가는 요즘의 청소년들에게 좋은 프로그램은 따뜻한 친구가 되어 줄 수 있다. 다양한 프로그램에서 소개되는 여러 직업인들을 보면서 자신도 그렇게 되겠다는 꿈을 키우기도 하며, 감동적인 드라마를 통해 정서적으로 성장하기도 한다. (㉢) 뉴스나 다큐멘터리 프로그램은 세상을 향한 더 넓은 지식과 정보를 얻게 한다. 게다가 TV 내용이 공통 화제가 되어 실제 친구들과 이야기를 나누는 계기를 만들어 준다. (㉣)

대화할 사람이 필요한 현대인에게 텔레비전은 좋은 친구가 될 수 있다.

① ㉠   ② ㉡   ③ ㉢   ④ ㉣

어느 부인이 가정생활이 너무 고통스러워서 상담을 하러 왔다.

"저는 너무 힘들고 불행해서 빨리 죽음으로써 이런 삶을 끝내고 싶어요."

상담사는 이야기를 다 들은 후,

"음……. 그것도 좋은 생각입니다. 그런데 당신이 죽으면 장례식을 하게 될 텐데 집에 찾아올 사람을 위해 집안 청소만 해 놓고 다시 오시겠어요?"

그 말을 듣고 그 부인은 집안 청소를 하고 꽃과 나무까지 정리한 후 상담사를 찾아갔다. 상담사는 아직도 그 생각에 변함이 없냐고 물었고 부인은 여전히 그렇다고 대답했다. 상담사는 "당신이 떠나면 아이들이 마음에 걸릴 텐데, 엄마가 자신들을 정말로 사랑했다는 것을 느낄 수 있도록 아이들에게 며칠만 사랑을 표현해 보면 어떻겠어요?"라고 말했다. 부인은 마지막이라는 생각에 며칠 동안 열심히 자녀들을 안아 주고 특별한 음식도 해 주었다. 마지막 인사를 하려고 찾아온 부인에게 상담사는

"당신의 남편은 생각만 해도 속에서 불이 나지요? 그런 남편이지만 당신 없이 혼자 되었을 때, 남편이 '그래도 참 좋은 아내였다.'라고 추억할 수 있도록 사흘만 남편에게 최선을 다해 보시는 건 어떨까요?" 라고 말했다.

<u>부인은 내키지 않았지만</u> 어차피 마지막이라는 생각으로 상담사의 말대로 실천했다. 사흘이 지난 아침, 밖에서 벨을 누르는 소리가 들렸다. 문을 열어 보니 자신의 상담사가 서 있었다.

"제가 들어가서 집 구경을 해도 되나요?"

"네, 괜찮습니다. 들어오세요."

집안은 깨끗이 정돈되어 있고, 아이들 얼굴에는 웃음이 가득했다. 남편은 한쪽 구석에서 미안한 표정으로 아내를 보고 있었다. 상담사는 부인에게 다시 물었다.

"아직도 불행해서 빨리 삶을 끝내고 싶습니까?"

부인은 대답했다.

"아니요."

42. 밑줄 친 부분에서 나타난 '부인'의 심정으로 알맞은 것을 고르십시오.

　　① 빨리 해 버리고 싶다.

　　② 속상해서 마음이 아프다.

　　③ 별로 하고 싶은 마음이 없다.

　　④ 두렵지 않고 자신감이 넘친다.

43. 윗글의 내용으로 알 수 있는 것을 고르십시오.

　　① 이 부인은 남편을 생각하면 사랑의 감정이 느껴진다.

　　② 이 부인은 처음부터 끝까지 자신의 결심을 유지했다.

　　③ 이 부인은 깨끗해진 집안을 보고 죽겠다는 생각을 바꿨다.

　　④ 이 부인은 아이들에게 엄마가 사랑했다는 기억을 남겨 주고 싶었다.

※ [44~45] 다음을 읽고 물음에 답하십시오. (각 2점)

　　오늘이 무슨 요일인지 헷갈린다면 아마도 그날은 수요일일 가능성이 제일 높을 것이다. 한 연구소가 1,200명의 사람들을 대상으로 각 요일이 사람의 심리에 미치는 영향을 분석했는데, 직장인들은 '두렵고 지겨운' 월요일로 한 주를 시작하고, 금요일부터 기분이 상승하면서 한 주를 마감한다. 그리고 '오늘이 무슨 요일인지'를 묻는 질문에 사람들이 대답하는 시간에 요일별로 차이가 나타났는데 이 중 수요일이 가장 길었다. 한마디로 사람들이 '오늘이 무슨 요일일까?' 생각하느라 시간이 걸린 것인데 월요일, 금요일과 비교하면 수요일이 무려 2배 정도 길었다. 이어 화요일과 목요일이 나란히 뒤를 이어 주중 요일인 '화, 수, 목'이 사람들에게는 (　　　)이 된 셈이다. 또한 월요일과 금요일에 대해 느끼는 사람들의 감정도 달라서 월요일에는 지루함, 정신없이 바쁨, 피곤함 등의 단어를 떠올렸고 반대로 금요일에는 쉼과 자유를 연상했다.

44. (   )에 들어갈 말로 가장 알맞은 것을 고르십시오.

    ① 가장 두려운 날

    ② 가장 관심이 없는 날

    ③ 가장 정신없이 바쁜 날

    ④ 가장 자유를 만끽하는 날

45. 윗글의 주제로 가장 알맞은 것을 고르십시오.

    ① 사람들은 금요일을 가장 좋아한다.

    ② 직장인들은 월요일을 싫어하고 두려워한다.

    ③ 수요일은 사람들에게 가장 관심 없는 날이다.

    ④ 각 요일이 사람들의 심리에 미치는 영향이 다르다.

요즘 세계 여러 나라에서 폭염과 홍수가 빈번하게 일어나고 있다. 우리 나라에서도 최근에 두 달 이상 장마와 폭우가 계속되고 있기 때문에 이러 한 기후 위기를 더 이상 "강 건너 불구경"하듯이 할 수는 없다. 지금의 풍 요로운 물자와 먹거리를 얻기 위해 환경을 파괴한 결과 몇 십 년 사이에 지구 환경은 심하게 변화했다. 과학 발전의 뒷면에는 자연 파괴라는 문제 가 있고, 경제 성장의 밑바닥에는 생물의 멸종이라는 문제가 깔려 있다. 이로 인해 초래된 전 세계적인 환경 문제는 더 이상 '미래 세대'의 문제가 아니라 이미 우리에게 닥친 문제이다. 그런데도 우리는 "설마?" 혹은 "어 떻게 잘 되겠지."라며 애써 외면하고 있다. 이제 우리는 현실을 받아들이 고 모두가 함께 대처 방안을 모색하여 해결해 나가야 한다.

46. 윗글에 나타난 필자의 태도로 가장 알맞은 것을 고르십시오.

① 외국의 기후 변화에 대해 방관하고 있다.

② 환경 문제 해결을 위해 같이 노력하자고 호소하고 있다.

③ 물자가 풍요로운 현재의 생활에 대해 자랑스러워하고 있다.

④ 과학 발전과 경제 성장은 환경 문제와 관계 없다고 주장하고 있다.

47. 윗글의 내용과 같은 것을 고르십시오.

① 환경 문제는 미래에 닥칠 문제다.

② 다른 나라의 기후 변화는 강 건너 불을 구경하는 것이다.

③ 자연의 이상한 변화는 일부 지역에서만 나타나는 현상이다.

④ 물자가 풍요해진 대신 환경이 많이 파괴되어 기후 위기가 왔다.

　긴 글을 읽기 귀찮고 시간을 절약할 수 있다는 이유로 요즘은 책이나 영화의 내용을 축약해서 보는 사람들이 늘고 있습니다. 즉, 내용의 줄거리나 핵심적인 사항만 훑어서 빠르게 파악하는 것입니다. 인터넷의 발달로 다양한 경로로 정보가 유통되면서 나타난 현상인데, 언론사도 이런 추세에 맞춰 발 빠르게 요약형 뉴스를 제공합니다. 또 글이 길어지면 마지막 부분에는 (　　　) 한 번 더 써 주는 친절함도 일상화되었습니다. 이처럼 손쉽게 정보를 얻고 다른 사람의 지식을 핵심만 추려서 내 것으로 만드는 간편한 세상이 됐지만, 우려되는 바가 없지 않습니다. 인스턴트 음식에 길들여지면 오랜 시간 숙성해서 요리한 음식의 깊은 맛을 모르듯이, 요약된 정보와 지식만 습득하게 되면 글에 담긴 논리와 맛있는 표현, 행간에 숨겨진 의미를 찾는 즐거움 등을 모르게 됩니다. 그에 따라 사물을 오래 관찰하고 분석하거나 스스로 생각하는 능력도 퇴보할 가능성이 높아집니다. 또 정보를 축약하는 사람의 능력이나 취향에 따라 내용이 왜곡되거나 잘못 전달될 우려도 있습니다. 게다가 그렇지 않아도 컴퓨터를 통해 넓고 얕은 지식을 축적한 인공 지능의 지식수준이 인간의 능력을 넘어설까 걱정하는데, 인간 고유의 생각하는 능력을 키우는 노력마저 줄어든다면 우리의 미래가 어두워질 것입니다.

48.　윗글을 쓴 목적으로 가장 알맞은 것을 고르십시오.

① 정보를 왜곡하는 사람들을 비판하려고

② 요약한 뉴스의 편리성을 설명하기 위해

③ 요약된 글만 읽는 습관의 문제점을 지적하기 위해

④ 글을 쓰는 사람의 좀 더 친절한 태도를 촉구하려고

49. (   )에 들어갈 말로 가장 알맞은 것을 고르십시오.

① 글 쓴 사람의 개인 정보를

② 글의 내용을 정리한 도표를

③ 몇 줄로 요약한 짤막한 글을

④ 글의 내용과 반대되는 의견을

50. 윗글의 내용과 같은 것을 고르십시오.

① 컴퓨터를 통해 사물을 관찰하고 분석하는 능력이 발전한다.

② 인간 고유의 생각하는 능력을 키우려고 노력해야 미래가 밝다.

③ 언론사가 요약형 뉴스를 제공하는 것은 요즘 세상과 맞지 않는다.

④ 인스턴트 음식이 오래 숙성시켜 요리한 음식보다 깊은 맛이 있다.

Complete Guide to the

TOPIK

模擬試験 2

듣기 リスニング

쓰기 ライティング

읽기 リーディング

듣기

リスニング　模擬試験 2

※　[1~3] 다음을 듣고 가장 알맞은 그림 또는 그래프를 고르십시오. (각 2점)

1. ①

②

③

④

Track **38**

2. ①

②

③

④

3. ①

②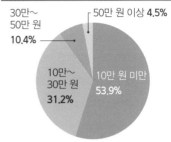

③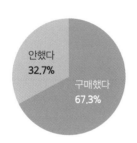

④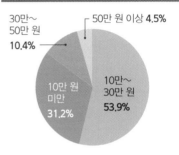

Track 38

※ [4~8] 다음을 듣고 이어질 수 있는 말로 가장 알맞은 것을
　　고르십시오. (각 2점)

4. ① 마음에 드는 옷을 찾아볼게요.

② 바지가 아니라 치마를 사야겠어요.

③ 수선 집에 맡기면 언제 찾을 수 있나요?

④ 어제 세탁소에 맡긴 바지를 지금 찾아야 해요.

5. ① 지방은 빠른우편이 없군요.

② 그럼, 빠른우편으로 해 주세요.

③ 우체국에서 하는 일이 정말 많군요.

④ 일반 우편이 빠른우편보다 편하네요.

6. ① 지하철 요금이 얼마나 들까요?
   ② 제가 지하철 노선도를 찾아볼까요?
   ③ 저하고 의정부까지 같이 가 주시겠어요?
   ④ 여기서 의정부까지 한 번에 가는 버스가 있어요?

7. ① 저도 산사에 잘 아는 스님이 있어요.
   ② 언제 템플 스테이 신청을 할 거예요?
   ③ 충분히 쉬고 새로운 힘을 얻어서 돌아오세요.
   ④ 조용한 산사보다 답답한 도시를 좋아하게 될 거예요.

8. ① 그런 카메라를 샀다니 대단하다.
   ② 그 판매자는 정말 좋은 사람일 거야.
   ③ 다음 주 촬영에도 구하기 어렵겠구나.
   ④ 인터넷으로 구매하는 물건이 믿을 만할까?

※ [9~12] 다음을 듣고 여자가 이어서 할 행동으로 가장 알맞은 것을
   고르십시오. (각 2점)

9. ① 공항에 간다.   ② 일찍 잠을 잔다.
   ③ 8시 30분에 비행기를 탄다. ④ 휴대 전화로 알람 시간을 맞춘다.

10. ① 돈을 계산한다.   ② 물건을 고른다.
    ③ 물건값을 깎는다.   ④ 멤버십 카드를 만든다.

11. ① 티켓을 검사한다.   ② 아침 신문을 준다.
    ③ 가방을 들어 준다.   ④ 우리나라 소식을 말해 준다.

12. ① 식사를 한다.   ② 운전을 한다.
    ③ 약을 먹는다.   ④ 주의 사항을 말해 준다.

※　[13~16] 다음을 듣고 들은 내용과 같은 것을 고르십시오. (각 2점)

13. ① 어느 쪽으로 가도 열한 정거장이다.

　　② 9호선을 먼저 타고 2호선으로 갈아타야 한다.

　　③ 남자는 서울대입구에서 영등포구청까지 가려고 한다.

　　④ 5호선으로 갈아타는 것이 9호선으로 갈아타는 것보다 빠르다.

14. ① 여자는 한국 사람이다.

　　② 여자는 한국어를 완벽하게 할 수 있다.

　　③ 이 학교는 한국어로만 입학 정보를 안내해 준다.

　　④ 여자는 외국인 전형 사이트에서 정보를 찾아야 한다.

15. ① 남자가 운전하고 있다.

　　② 앞에 가는 차는 속도를 낮추지 않았다.

　　③ 지금 지나가는 곳은 경사가 심한 길이다.

　　④ 고속도로에서 최고 속도는 원래 80km이다.

16. ① 불법 주차 벌금은 40,000원이다.

　　② 남자는 지하 주차장에 차를 세웠다.

　　③ 차 유리에 광고용 스티커가 붙어 있다.

　　④ 이 사람들은 주차 위반 벌금을 내지 않을 것이다.

※　[17~20] 다음을 듣고 남자의 중심 생각으로 가장 알맞은 것을
　　　고르십시오. (각 2점)

17. ① 남자의 목소리로 미국 영화를 직접 더빙한다.

　　② 요즘 TV에서 미국 프로그램을 보기가 어렵다.

　　③ 자막으로 영화를 보면 영화 원래의 맛을 못 느낀다.

　　④ 남자는 자막이나 더빙 없이 미국 영화를 보고 싶어 한다.

18. ① 빨간색은 파장이 길어서 빛을 덜 흡수한다.

　　② 라면은 기름에 튀기기 때문에 지방 함유량이 높다.

　　③ 빨간색 라면 포장은 산화를 방지하는 과학적 이유가 있다.

　　④ 입맛을 자극하기 위해 라면 봉지를 빨간색으로 만들었다.

19. ① 새해가 시작되면 나이를 한 살 더 먹는다.

　　② 한국 나이로 스무 살이면 뭐든지 할 수 있다.

　　③ 법을 적용할 때는 정확한 만 나이를 기준으로 한다.

　　④ 생일이 지난 사람은 올해 나이에서 출생한 년도를 빼면 만 나이가 된다.

20. ① 피카소도 지적 장애인이었다.

　　② 장애인을 편견 없이 바라봐야 한다.

　　③ 일반인들과 다른 디자인은 패션에 적용하기 곤란하다.

　　④ 지적 장애인들의 순수한 작품을 디자인으로 응용해야 한다.

※　[21~22] 다음을 듣고 물음에 답하십시오. (각 2점)

Track **42**

21. 남자의 중심 생각으로 가장 알맞은 것을 고르십시오.

　　① 범죄자와 이름이 같으면 힘들다.

　　② 성공하고 싶어서 이름을 바꾸는 것은 괜찮다.

　　③ 이름 때문에 놀림을 당하면 이름을 바꿔도 된다.

　　④ 부모님이 지어 주신 이름을 마음대로 바꾸면 죄송하다.

22. 들은 내용과 같은 것을 고르십시오.

　　① 여자의 친구 이름은 박아지다.

　　② 남자는 악명 높은 범죄자와 친구였다.

　　③ 여자의 친구는 부모님이 지어 주신 이름을 좋아한다.

　　④ 남자는 어릴 때 이름의 발음 때문에 친구들이 놀렸다.

※　[23~24] 다음을 듣고 물음에 답하십시오. (각 2점)

23.　남자가 무엇을 하고 있는지 가장 알맞은 것을 고르십시오.

　　① 핸드폰의 여러 기능을 소개하고 있다.

　　② 핸드폰 결제 방식의 위험성을 우려하고 있다.

　　③ 핸드폰 결제가 점차 확대되는 상황을 설명하고 있다.

　　④ 새로운 결제 시스템을 도입해야 한다고 주장하고 있다.

24.　들은 내용과 같은 것을 고르십시오.

　　① 지금 아무도 지갑을 사용하지 않는다.

　　② 새로운 페이는 지문 인증을 해야 사용할 수 있다.

　　③ 새로운 페이는 은행 자동화 기기에서만 사용할 수 있다.

　　④ 핸드폰을 잃어버리면 다른 사람이 대신 사용할 수 있다.

※　[25~26] 다음을 듣고 물음에 답하십시오. (각 2점)

25.　남자의 중심 생각으로 맞는 것을 고르십시오.

　　① 모든 직장은 어린이집을 만들어야 한다.

　　② 일하는 여성들 때문에 출산율이 낮아졌다.

　　③ 일하는 엄마가 아이와 같이 있지 않아서 미안해한다.

　　④ 일하는 여성의 육아를 위한 제도와 의식 변화가 필요하다.

26.　들은 내용과 같은 것을 고르십시오.

　　① 남자들이 아이를 낳으라고 말한다.

　　② 남편들은 아내와 똑같이 육아 책임이 있다.

　　③ 우리나라의 출산율은 점점 높아지는 추세다.

　　④ 남자는 아이를 엄마가 키워야 한다는 생각에 찬성한다.

※　[27~28] 다음을 듣고 물음에 답하십시오. (각 2점)

27.　남자가 말하는 의도를 고르십시오.

　　① 피부를 보호하는 방법을 권유하기 위해

　　② 물을 많이 마시면 좋은 점을 알려 주기 위해

　　③ 우리 몸에 갈증이 생기는 원인을 분석하기 위해

　　④ 아이스커피나 탄산음료가 갈증 해소에 도움이 안 되는 것을 설명하기
　　　위해

28.　들은 내용과 같은 것을 고르십시오.

　　① 갈증이 날 때는 물을 마시는 것이 좋다.

　　② 카페인의 이뇨 작용으로 수분이 채워진다.

　　③ 아이스커피나 음료수가 갈증을 없애는 데 가장 좋다.

　　④ 카페인이 들어있는 음료는 피부를 더 부드럽게 만들어 준다.

※　[29~30] 다음을 듣고 물음에 답하십시오. (각 2점)

29.　남자가 누구인지 고르십시오.

　　① 곧 신혼여행을 갈 사람

　　② 다양한 직업을 소개하는 사람

　　③ 워터 파크에서 놀면서 돈을 버는 사람

　　④ 숙박 업소에서 숙박 환경을 체크하는 사람

30.　들은 내용과 같은 것을 고르십시오.

　　① 여자는 잠자는 것을 좋아한다.

　　② 수면 전문가는 잠에 대해서 연구하는 직업이다.

　　③ 워터 파크에서 안전 사고를 막는 일을 소개하고 있다.

　　④ 신혼여행 테스터는 신혼여행을 가는 사람만 할 수 있다.

※ [31~32] 다음을 듣고 물음에 답하십시오. (각 2점)

31. 남자의 중심 생각으로 가장 알맞은 것을 고르십시오.

　① 중국산 김치의 질을 높여야 한다.

　② 좋은 김치를 공급하기 위해 김치값을 유료화해야 한다.

　③ 김치를 돈 받고 공급하는 것을 소비자에게 물어봐야 한다.

　④ 국산 김치 대신 값싼 수입산 김치를 공급하는 것은 타당하다.

32. 남자의 태도로 가장 알맞은 것을 고르십시오.

　① 김치의 유료화를 주장하고 있다.

　② 망하는 식당의 원인을 분석하고 있다.

　③ 중국산 김치와 국산 김치를 비교하고 있다.

　④ 국산 김치를 잘 만드는 방법을 제시하고 있다.

※ [33~34] 다음을 듣고 물음에 답하십시오. (각 2점)

33. 무엇에 대한 내용인지 알맞은 것을 고르십시오.

　① 색맹의 치료 방법 안내

　② 색맹이 생기는 원인 분석

　③ 새로 나온 색맹용 안경 소개

　④ 시력이 나쁜 것과 색맹의 차이 설명

34. 들은 내용과 같은 것을 고르십시오.

　① 색맹은 색상을 보지 못하는 것이다.

　② 시력 교정을 위해 색맹용 안경을 써야 한다.

　③ 색맹들은 색깔이 어두워지면 색깔 구별이 더 쉬워진다.

　④ 색맹용 안경은 빛의 파장을 조절해서 색깔 구별을 쉽게 해 준다.

※　[35~36] 다음을 듣고 물음에 답하십시오. (각 2점)

35.　남자가 무엇을 하고 있는지 고르십시오.

　　① 역사적 배경이 있는 여행지의 중요성을 강조하고 있다.

　　② 젊은 사람과 부모님 세대의 여행지 차이를 역설하고 있다.

　　③ 부모님과 대화도 하며 여행할 만한 장소를 알려 주고 있다.

　　④ 부모님들이 휴양지나 온천을 싫어하는 이유를 설명하고 있다.

36.　들은 내용과 같은 것을 고르십시오.

　　① 두 곳 다 어른들이 앞장서서 걸으며 적극적으로 설명하는 장소다.

　　② 남해의 독일 마을은 한국을 좋아하는 독일 사람들이 만든 마을이다.

　　③ 두 곳을 여행할 때는 젊은이들이 부모님께 자세한 설명을 해 드려야 한다.

　　④ 대구 근대 골목은 현대식 골목이 옛날의 골목 문화를 대신하고 있어서 새롭다.

※　[37~38] 다음을 듣고 물음에 답하십시오. (각 2점)

37.　여자의 중심 생각으로 가장 알맞은 것을 고르십시오.

　　① 추석 때 물가를 안정시켜야 한다.

　　② 전통 명절이니까 그대로 지켜야 한다.

　　③ 추석에 모든 과일을 다 판매해야 한다.

　　④ 추석 날짜를 계절에 어울리게 바꿔야 한다.

38.　들은 내용과 같은 것을 고르십시오.

　　① 추석 때는 물가가 안정되는 현상이 있다.

　　② 추석 날짜를 바꾸면 장점이 한 가지뿐이다.

　　③ 추석 명절을 한 달 정도 빠르게 정하는 것이 좋다.

　　④ 과일을 빨리 익히려고 성장 촉진제를 쓰기도 한다.

※ **[39~40] 다음을 듣고 물음에 답하십시오. (각 2점)**

39. 이 대화 뒤에 이어질 내용으로 가장 알맞은 것을 고르십시오.

　　① 이렇게 하면 나쁜 아이가 문제군요.

　　② 이렇게 하면 아이와 같이 오는 부모는 없겠네요.

　　③ 이렇게 하면 부모와 영업장의 불만이 다 해결되겠네요.

　　④ 이렇게 하면 아이 혼자서 업소에 들어가지 못하겠네요.

40. 들은 내용과 같은 것을 고르십시오.

　　① 영업장은 고객에게 서비스를 거부하면 안 된다.

　　② 영업장에서는 아이들이 스스로 행동을 잘해야 한다.

　　③ 이 팻말이 있으면 아이들이 영업장에 들어갈 수 없다.

　　④ 이전에 영업장의 아이 출입 금지에 대한 찬성과 반대 의견이 대립했었다.

※ **[41~42] 다음을 듣고 물음에 답하십시오. (각 2점)**

41. 이 강연의 중심 내용으로 가장 알맞은 것을 고르십시오.

　　① 가난을 해결하기는 정말 어려운 문제다.

　　② 희망을 가져도 현실적으로 어려워서 포기하게 된다.

　　③ 아이를 양육하는 방법은 돈과 물건을 보내는 것이다.

　　④ 가난한 어린이를 잘 양육하여 세상을 변화시키려 한다.

42. 들은 내용과 같은 것을 고르십시오.

　　① 당장의 환경을 개선하면 가난을 벗어날 수 있다.

　　② 돈을 주고 물건을 보내야 가난을 해결할 수 있다.

　　③ 한 명의 어린이가 세상을 변화시킬 가능성은 별로 크지 않다.

　　④ 양육은 한 어린이가 가난에서 벗어날 때까지 배움의 기회와 안정감을 주는 것이다.

※　[43~44] 다음을 듣고 물음에 답하십시오. (각 2점)

43.　무엇에 대한 내용인지 알맞은 것을 고르십시오.

①　스트레스가 주름살의 원인이다.

②　얼굴 표정은 피부 콜라겐을 파괴시킨다.

③　주름살은 유전적 요인이 환경적 요인보다 크다.

④　주름살은 환경적 요인과 생활 습관의 영향이 크다.

44.　주름살에 대한 설명으로 맞는 것을 고르십시오.

①　흡연은 주름살과 전혀 관계가 없다.

②　엄마의 주름살은 딸에게 똑같이 유전된다.

③　활짝 웃으면 주름이 더 생겨 신경이 쓰인다.

④　자외선 차단과 수분 공급이 주름 예방에 중요하다.

※　[45~46] 다음을 듣고 물음에 답하십시오. (각 2점)

45.　들은 내용과 같은 것을 고르십시오.

①　울음은 나약해 보이므로 조심해야 한다.

②　울음은 여러 가지 좋은 점을 가지고 있다.

③　눈물과 스트레스 해소는 아무 관련이 없다.

④　눈물은 의사소통의 윤활유 역할을 할 수 없다.

46.　여자가 말하는 방식으로 알맞은 것을 고르십시오.

①　사람들이 눈물을 흘리는 이유를 분석하고 있다.

②　눈물에 대한 사회적 인식 차이를 비교하고 있다.

③　눈물이 의사소통에 미치는 부정적 영향을 설명하고 있다.

④　누구나 울고 싶을 때 울 수 있는 사회가 되어야 한다고 주장하고 있다.

※ [47~48] 다음을 듣고 물음에 답하십시오. (각 2점)

Track 55

47. 들은 내용과 같은 것을 고르십시오.

① 요즘 옷이나 신발은 쉽게 못 쓰게 돼서 다 버려진다.

② 해외 유명 중고품은 이름값 때문에 활발히 거래된다.

③ 아이들의 장난감은 위생을 위해 신제품 사용을 권한다.

④ 국내에서 중고품을 사용한 사람들은 대체로 실망이 크다.

48. 남자의 태도로 알맞은 것을 고르십시오.

① 명품 중고 제품 사용자들을 비판하고 있다.

② 중고 제품 사용으로 인한 단점을 지적하고 있다.

③ 중고 제품을 꺼리는 사회 분위기를 안타까워한다.

④ 기업들이 중고 제품 판매를 활성화하도록 촉구하고 있다.

※ [49~50] 다음을 듣고 물음에 답하십시오. (각 2점)

Track 56

49. 들은 내용과 같은 것을 고르십시오.

① 장기 기증을 위한 홍보가 이미 충분하다.

② 우리는 장기 기증자가 많아서 염려가 없다.

③ 뇌사자가 다른 사람에게 생명을 나눠 주는 것은 불가능하다.

④ 장기 기증을 못 받아서 죽어가는 환자가 매년 600명 이상이다.

50. 남자의 태도로 알맞은 것을 고르십시오.

① 장기 기증의 장점을 소개하고 있다.

② 외국의 장기 기증 정책을 비판하고 있다.

③ 장기 기증의 활성화 방안을 제시하고 있다.

④ 장기 기증을 꺼리는 심리를 분석하고 있다.

PART 3 ｜ 듣기

PART 3 ｜ 模擬試験 2 **161**

쓰기 ライティング　模擬試験 2

※ [51~52] 다음 글의 ㉠과 ㉡에 알맞은 말을 각각 쓰시오. (각 10점)

51.

돌잔치 초대

우리 ○○이가 어느덧 건강하게 자라
첫 생일을 맞이하였습니다.
항상 관심과 사랑으로 지켜봐 주신 분들께
(　　㉠　　) 정성 어린 자리를 마련했습니다.
(　　㉡　　) ○○이의 앞날을 축복해 주시기 바랍니다.

52.

　　책에는 좋은 책도 나쁜 책도 없다. 그저 자기가 읽고 싶어서 읽고, 선택하고, 그것에서 아주 작은 것이라도 자기 삶에 적용될 수 있는 메시지 하나를 건져 올릴 수 있다면 그걸로 충분하다. 모두에게 좋은 책이 꼭 (　㉠　)은 아니다. 반대로 자신에게 좋았던 책이 (　㉡　) 꼭 좋은 책이 되는 것도 아니다. 누군가 필요 없어 버린 책이 다른 사람에게는 인생을 바꾼 책이 되는 것처럼 말이다.

53. 다음은 전국 만 20~59세의 스마트폰 이용자 천 명을 대상으로 스마트폰이 없으면 일상생활에 지장이 있는지에 대한 설문 조사 자료이다. 이 내용을 200~300자의 글로 쓰시오. 단, 글의 제목은 쓰지 마시오. (30점)

스마트폰이 없으면 일상생활에 지장이 있을까?

	그렇다	아니다
20대	74.3%	25.7%
30대	69.8%	30.2%
40대	65.1%	34.9%
50대	56.2%	43.8%

스마트폰 사용에 대한 의견

시간을 아낄 수 있다.	67.7%
궁금한 것을 검색할 수 있다.	64.1%
여가 시간이 오히려 줄고 있다.	38%
일과 개인 생활의 구분이 어렵다.	26.6%

54. 다음을 참고하여 600~700자로 글을 쓰시오. 단, 문제를 그대로 옮겨 쓰지 마시오. (50점)

최근 소비문화의 패턴은 소득의 양극화만큼이나 양극적 소비 형태를 보이는 것이 특징이다. 한쪽에서는 인생을 마음껏 쓰며 살라는 욜로(Yolo, you only live once)족들이 유행이고 다른 한쪽에서는 극단적 저축을 말하는 노머니 (No Money)족이 주목받고 있다. 이러한 소비 태도에 대해 아래의 내용을 중심으로 자신의 생각을 쓰십시오.

- 욜로는 낭비인가? 아니면 오늘의 행복을 미루지 않는 소비인가?
- 노머니족은 미래를 위해 현재를 희생하는가? 미래에 대한 준비인가?
- 자신과 사회를 위한 바람직한 소비는 무엇인가?

원고지 쓰기의 예

	사	람	의		손	에	는		눈	에		보	이	지		않	는		세
균	이		많	다	.	그	래	서		병	을		예	방	하	기		위	해

※ [1~2] (   )에 들어갈 말로 가장 알맞은 것을 고르십시오. (각 2점)

1. 젊었을 때 아무 준비도 안 하고 노년을 맞이하면 (   )

   ① 후회해 본다.　　　　　　　② 후회하도록 한다.

   ③ 후회하기 마련이다.　　　　④ 후회하기 망정이다.

2. 화재 사고로 인해 사람도 다 구조하지 (   ), 애완견을 어떻게 찾아 드려요?

   ① 못한답시고　　　　　　　② 못하느라고

   ③ 못하거니와　　　　　　　④ 못하는 마당에

※ [3~4] 밑줄 친 부분과 의미가 가장 비슷한 것을 고르십시오. (각 2점)

3. 자신의 잘못을 <u>사과하지도 않고</u> 오히려 화를 냈다.

   ① 사과하더니　　　　　　　② 사과하더라도

   ③ 사과함으로써　　　　　　④ 사과하기는커녕

4. 한 시간 일찍 <u>출발해서 다행히 비행기를 탔는데</u>, 잘못하면 비행기를 놓쳤을 거예요.

   ① 출발할 바에야　　　　　　② 출발하기가 무섭게

   ③ 출발했기에 망정이지　　　④ 출발한다손 치더라도

5.

먹고 살기 힘든 시기에 누구나 집에서 요리할 수 있는
생활 밀착 예능!
요리 불능 네 남자의 끼니 해결 프로젝트!

매주 화요일 저녁 9시 40분에 방송

① 식당　　　　② 영화　　　　③ 연극　　　　④ TV 프로그램

6.

자동차에 타서 가장 먼저 할 일은 안전을 준비하는 것입니다.
당신의 생명을 지켜 주는 소중한 습관입니다.

① 자동차 판매　　　　　　② 안전벨트 매기
③ 어린이용 카시트　　　　④ 자동차 속도 줄이기

7.

내 집에서는 개미 소리, 아랫집에는 천둥소리
남에 대한 배려가 이웃 간의 갈등을 줄일 수 있습니다.

① 층간 소음　　② 이웃 사랑　　③ 음악 공연　　④ 일기 예보

8.

당신도 행운의 주인공이 될 수 있습니다.
1주일 동안 꾸는 행복한 꿈

① 결혼　　　　② 복권　　　　③ 다이어트　　　④ 시험 합격

※ [9~12] 다음 글 또는 그래프의 내용과 같은 것을 고르십시오. (각 2점)

9.

2022 Hi, Seoul 자전거 대행진!
참가 접수를 시작합니다.

❖ 일시: 2022년 6월 18일 오전 8시
❖ 출발 장소: 서울 광화문 광장
❖ 도착 장소: 상암동 월드컵 공원 평화 광장
❖ 참가 부문: 21km 퍼레이드
❖ 모집 인원: 5,000명 선착순
❖ 접수 기간: 4월 7일 10시부터 선착순 마감(입금자 기준)
❖ 참가비: 10,000원

* 2인 이상 단체 신청도 가능합니다.

① 무료로 참가해도 된다.
② 참가자는 개인별 신청만 가능하다.
③ 총 5,000명이 21km를 자전거로 달린다.
④ 참가자는 당일 도착하는 순서대로 참가할 수 있다.

10.

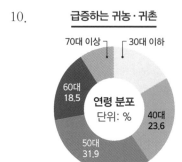

급증하는 귀농·귀촌

70대 이상　30대 이하

60대
18.5
연령 분포
단위: %
40대
23.6
50대
31.9

귀농·귀촌 이유

(전국 귀농·귀촌인 1,000명 조사, 복수 응답)

31.8% 조용한 전원생활
24.6% 도시 생활이 싫어서
23.9% 은퇴 후 여가 생활
21.8% 농촌 관련 사업
18.7% 자신과 가족 건강

① 70살 이상인 사람은 귀농하지 않는다.
② 60대의 귀농 인구가 30대 이하를 앞질렀다.
③ 40대가 50대보다 귀농·귀촌하는 사람이 많다.
④ 귀농·귀촌하는 가장 큰 이유는 건강 때문이다.

11.

> 글을 잘 쓰려면 우선 많이 읽어야 한다. 책을 많이 읽어도 글을 못 쓸 수는 있다. 그러나 많이 읽지 않고도 잘 쓰는 것은 불가능하다. 그리고 많이 쓸수록 더 잘 쓰게 된다. 축구나 수영이 그런 것처럼 글도 근육이 있어야 쓴다. 글쓰기 근육을 만드는 유일한 방법은 쓰는 것이다. 여기에 예외는 없어서 이것은 철칙이라고 할 수 있다.

① 글을 잘 쓰려면 많이 읽고 써야 한다.

② 축구나 수영은 노력 없이 잘하게 된다.

③ 글을 많이 읽는 사람은 모두 글을 잘 쓰게 된다.

④ 글을 잘 쓰려면 운동을 통해 근육을 만들어야 한다.

12.

> 우리 마음을 열어 보면 무엇이 있을까? 사랑과 감사, 기쁨도 있지만, 분노와 미움, 실망도 있다. 그런데 우리는 좋은 것만 말할 뿐, 어둡고 힘든 것은 꺼내 놓지 않는다. '이런 말을 하면 나를 속 좁고 못난 사람으로 생각할 거야.'라는 두려움 때문일 것이다. 한 심리학자는 "말하는 행위만으로도 자신이 만든 감옥에서 벗어날 수 있다."라고 했다. 또 한 작가는 "우리가 존재하는 이유는 분명히 표현하며 살기 위해서다."라고 했다. 마음의 고통에 대해 입이 말하지 않으면 몸이 말한다. 표현하라. 그래야 건강하고 자유로워진다.

① 우리는 어둡고 힘든 마음을 쉽게 이야기한다.

② 마음의 고통을 말하지 않는 것이 건강한 방법이다.

③ 마음의 고통을 입으로 말하지 않으면 몸이 아프게 된다.

④ 우리가 존재하는 이유는 고통을 자기 혼자서 이겨내기 위해서다.

※ [13~15] 다음을 순서에 맞게 배열한 것을 고르십시오. (각 2점)

13.

> (가) 안타깝게도 아이는 잘못을 깨닫기보다는 누군가가 잘못 하면 '때려라'를 먼저 배운다.
> (나) 잘못을 한 아이에게 부모가 매를 들어 가르치려 한다.
> (다) 때리는 것을 의사소통의 한 방법으로 받아들이게 되는 것이다.
> (라) 매보다는 충분한 설명을 통해 아이가 다시는 잘못하지 않는 방법을 배우기를 바란다.

① (나)-(라)-(가)-(다)　　　　② (라)-(가)-(다)-(가)
③ (나)-(가)-(다)-(라)　　　　④ (라)-(나)-(다)-(가)

14.

> (가) 삼림욕을 하면 마음이 상쾌해지는 효능이 있는데 수목에서 뿜어져 나오는 피톤치드 때문이다.
> (나) 피톤치드는 수목이 주변에 있는 해충이나 세균을 죽이기 위해 스스로 내뿜는 방향성 물질이다.
> (다) 삼림욕은 숲속을 걸으면서 신선하고 상쾌한 공기를 들이마시는 일을 말한다.
> (라) 해충에는 유독하나 인체에 들어오면 나쁜 균을 죽이고 노폐물을 몸 밖으로 배출하는 역할을 한다.

① (다)-(나)-(가)-(라)　　　　② (나)-(라)-(다)-(가)
③ (나)-(라)-(가)-(다)　　　　④ (다)-(가)-(나)-(라)

15.

> (가) 낙타의 등 위에 놓인 책은 고작 몇 십 권이지만 아이들은 이 작은 도서관에서 상상력을 키우고 세상을 배운다.
>
> (나) 많은 사람들이 굶주림으로 고생하는 케냐에선 책을 읽는 건 엄두도 내지 못하는 사람들이 많다.
>
> (다) 이처럼 책을 보기 힘든 곳에 사는 사람들을 위해 세계 곳곳에서 작은 도서관이 운영되고 있다.
>
> (라) 이 지역 사람들을 위해 낙타 도서관이 탄생했다.

① (가)-(다)-(나)-(라) ② (나)-(라)-(가)-(다)

③ (나)-(가)-(다)-(라) ④ (가)-(다)-(라)-(나)

※ [16~18] (　　　)에 들어갈 말로 가장 알맞은 것을 고르십시오. (각 2점)

16.

> 　사람들은 60대에 운동을 시작하는 것이 너무 늦었다고 생각하지만 그렇지 않다. 60대부터라도 운동을 하면 그렇지 않은 사람에 비해 건강을 유지할 수 있다. 다만 강도 조절을 할 필요는 있다. 매일 낮은 강도의 운동을 짧게 하는 것이 (　　　)보다 건강에 유익하다.

① 마음대로 운동하는 것

② 젊었을 때 운동을 시작하는 것

③ 1주일에 한 번씩 운동하는 것

④ 높은 강도의 운동을 오래 하는 것

17.

클래식 공연에서는 악장과 악장 사이에 박수를 치는 것은 맞지 않는다. 이러한 관습은 리하르트 바그너로부터 시작됐는데, 그는 곡의 흐름이 깨지고 연주자에게 방해가 된다는 이유로 악장과 악장 사이에 박수를 금지시켰다. 그래서 박수는 모든 악장이 끝난 후에 치는 것이 좋다. 마지막 악장이 끝난 후에도 지휘자가 지휘봉을 내려놓지 않으면 박수를 치지 않는다. 마지막 음은 끝났지만 (   )는 뜻이다. 아무리 감동적이어도 박수는 지휘자가 돌아서서 인사할 때까지 기다렸다가 쳐야 한다.

① 연주가 더 남았다는　　　　　② 여음을 충분히 즐기라

③ 곡의 흐름이 깨진다는　　　　④ 지휘를 방해하지 말라는

18.

신생아 살리기 모자 뜨기 캠페인이 있다. 아프리카나 아시아 등지에서 체온 조절과 보온이 필요한 생후 28일 미만의 신생아들에게 모자를 떠서 전달해 주는 운동이다. 이 캠페인을 통해 만들어진 모자는 신생아들의 체온을 따뜻하게 유지해서 저체온, 감기, 폐렴의 위협으로부터 (   ) 역할을 한다.

① 생명을 지켜 주는　　　　　　② 면역력이 떨어지는

③ 아이의 체온을 유지하는　　　④ 아이가 건강하게 태어나게 하는

　　일을 잘 못하거나 실수를 많이 할 때 영어로 '온통 엄지손가락'이라는 표현을 쓰는데, 아마도 일을 할 때 엄지손가락의 역할이 크지 않아서 생긴 표현인 것 같다. 하지만 휴대폰 사용이 일상화되면서 이 표현이 바뀌어야 할 것 같다. 현대인들이 손에서 잠시도 (　　　　) 24시간 동안 휴대폰을 사용하면서 엄지손가락 사용이 늘었기 때문이다. 휴대폰으로 전화번호나 문자를 입력할 때 엄지손가락을 사용하는 것이 다른 어떤 손가락보다 쉽고 빠르다. 휴대폰의 등장으로 인해 그간 별로 주목 받지 못했던 엄지손가락의 역할이 부각된 것이다.

19.　(　　　　)에 들어갈 말로 가장 알맞은 것을 고르십시오.

① 떼지 않고

② 만지지 않고

③ 건드리지 않고

④ 가까이하지 않고

20.　윗글의 주제로 가장 알맞은 것을 고르십시오.

① 엄지손가락은 일을 잘 못하는 손가락이다.

② 휴대폰의 사용으로 엄지손가락의 역할이 중요해졌다.

③ 엄지손가락은 오랫동안 가장 중요한 손가락으로 인식돼 왔다.

④ 엄지손가락은 '최고'라는 의미로 치켜 세울 때 중요한 의미가 있다.

　　나는 시계의 분침과 시침 대신 구슬의 위치를 눈으로 보거나 만져서 시간을 확인하는 시계를 만들었다. 대학원에서 공부할 때 시간이 궁금한데도 '말하는 시계'를 사용하면 수업에 방해가 될까 봐 불편을 겪던 시각 장애인 친구를 보고 아이디어를 얻었다. 내가 정말 원한 것은 비장애인과 장애인을 구분하지 않는 시계로, 시각 장애인은 디자인에 관심이 없을 거라는 편견을 깨고 기능과 디자인 면에서 사랑받는 시계를 만들고 싶었다. (　　　) 덕분에 우리 시계 구매자의 98%가 디자인과 패션에 관심이 많은 비장애인들이다.

21.　(　　　)에 들어갈 말로 가장 알맞은 것을 고르십시오.

① 두 마리 토끼를 잡은

② 미운 놈 떡 하나 더 준

③ 기대가 크면 실망도 큰

④ 쥐구멍에도 볕들 날 있는

22.　윗글의 내용과 같은 것을 고르십시오.

① 이 시계는 디자인에 대해 신경 쓰지 않았다.

② 이 사람은 시간을 말해 주는 시계를 만들었다.

③ 이 사람은 시각 장애인과 가까이서 지낸 적이 없다.

④ 이 시계는 시각 장애인보다 비장애인들에게 더 인기가 있다.

　　오늘 아빠 친구분이 집에 오셨다. 아저씨는 우리 할머니를 보시더니 대
뜸, "어머님, 오랜만이에요. 저 정석이에요. 알아보시겠어요?" 하시면서
할머니의 손을 덥석 잡으며 어쩔 줄 몰라 하셨다. 할머니는 정석이라는 아
저씨를 찬찬히 뜯어보시더니, "아니, 정석이 아니야? 그동안 어디서 어떻
게 살았냐? 어쩌면 그리 소식을 뚝 끊고 무심하게 살 수 있나, 이 사람아!"
하시며 눈물을 글썽거리셨다. 할머니가 그러시자 누가 먼저라고 할 것 없
이 세 분은 서로의 손을 잡고 눈물을 흘리셨다.

　　그 장면을 보고 있으니 아무 사정을 모르는 나마저도 눈물이 핑 돌았다.
그런 한편으로는 이상하다는 생각이 들었다. 나는 친구들의 엄마를 부를
때 '아줌마'라고 한다. 나와 제일 친한 미연이의 엄마를 부를 때도 '미연이
아줌마'라고 부르는데, 왜 아빠 친구분은 남의 엄마를 '어머니'라고 부를까?

23.　밑줄 친 부분에 나타난 '할머니'의 심정으로 가장 알맞은 것을 고르십시오.

　　① 야속하다　　　　　　　② 부끄럽다

　　③ 후련하다　　　　　　　④ 부담스럽다

24.　윗글의 내용과 같은 것을 고르십시오.

　　① 아빠 친구는 우리 집에 자주 오는 분이다.

　　② 할머니는 아빠 말고도 아들이 한 명 더 있다.

　　③ 글 쓴 사람은 친구 엄마를 어머니라고 부른다.

　　④ 나는 친구의 엄마를 어머니라고 부르는 것이 이상하다.

25.

> 부모 불안 심리 자극, 사교육 시장 '활활'

① 사교육에 아이를 맡기면 뜨거웠던 불안감이 싹 날아간다.

② 부모들의 불안 심리 때문에 앞으로 학교 교육이 더 강화될 것이다.

③ 사교육 시장 때문에 자녀 교육에 대한 부모의 불안한 심리가 뜨겁다.

④ 자녀 교육에 대한 부모의 불안한 심리를 자극해서 사교육 시장이 더 달아올랐다.

26.

> '중소기업 인력난 해소' 머리 맞댄다

① 중소기업에서 일할 사람을 구하기 위해 같이 노력한다.

② 중소기업과 대기업이 직원을 해고하기 위해 회의를 하고 있다.

③ 대기업에서 중소기업으로 가는 사람들이 많아져서 고민 중이다.

④ 중소기업에 취직하기 어려워서 취업 준비생들이 고민하고 있다.

27.

> "연애도 못하는 판에…" 내 집 마련 등진 청년들

① 청년들이 연애할 시간이 없어서 결혼할 생각을 안 한다.

② 내 집을 마련하느라고 빚을 등에 지고 있는 청년이 많다.

③ 청년들은 내 집을 마련한 후에 결혼할 수 있다고 생각한다.

④ 청년들이 돈이 없어 연애도 못 하니까 내 집 마련은 생각도 안 한다.

※ [28~31] (   )에 들어갈 말로 가장 알맞은 것을 고르십시오. (각 2점)

28.

> 딸아이는 매일 20분 정도의 거리를 걸어서 초등학교에 다닌다. 어느 날 학교에 갈 때는 흐리기만 하던 날씨가 점점 어두워지더니 비가 내리기 시작했다. 집에 돌아올 시간이 되자 비는 더 세지고 천둥과 번개까지 쳤다. 궂은 날씨에 아이가 겁을 먹을까 봐 차를 몰고 아이의 학교로 향했다. 그러다 길을 따라 걸어오는 딸을 발견했다. 그런데 딸아이는 번개가 칠 때마다 발걸음을 멈추고 번갯불을 향해 (   ) 나는 딸을 불러서 차에 태우고 아이에게 물었다.
>
> "왜 빨리 걷지 않고 번개가 칠 때마다 자꾸 멈춰 섰니?"
>
> 그러자 딸아이는 이렇게 대답했다.
>
> "엄마, 하늘에서 제 사진을 계속 찍으니까 예쁘게 찍히려고요."

① 악수를 했다.

② 미소를 지었다.

③ 소리를 질렀다.

④ 울음을 터뜨렸다.

29.

> 　한 학교에서 재미있는 실험을 했다. 교장 선생님이 세 명의 교사를 불러서 이렇게 말했다.
>
> 　"여러분은 우리 학교에서 가장 훌륭하고 전문적인 교사로 선발되었습니다. 그래서 우리 학교 아이들 중에 지능이 가장 뛰어난 학생 90명을 뽑아서 특별반을 만들어 여러분께 맡기려고 합니다. 우수한 선생님들이 우수한 학생들을 잘 지도해 주시기 바랍니다."
>
> 　그런데 세 선생님은 우수한 선생님이 아니라 그냥 무작위로 선택한 사람들이었고, 학생들도 평범한 아이들이었다. 교장 선생님이 거짓말을 한 것이다. 놀라운 것은 그 결과였다. 평범한 선생님이 평범한 학생들을 지도했는데, 다른 학생들보다 학업 성취도가 20~30% 높게 나왔다. 다른 사람이 자신을 존중하고 기대하고 있을 때 (　　　) 변하려고 노력하게 되고, 그러다 보니 실제로 그렇게 된 것이다.

① 거짓말보다 진실한 쪽으로

② 그 기대에 부응하는 쪽으로

③ 우수한 학생이 평범한 쪽으로

④ 선생님과 학생이 서로 다른 쪽으로

30.

> 　'혼밥'이라는 말을 들어 본 적 있는가? 혼자 밥을 먹는 걸 가리키는 말이다. 이제는 '혼밥'에서 나아가 혼자 술을 마시는 사람들, 즉 '혼술족'까지 등장했다. (　　　) 자신만의 편안함을 즐기려는 사람들이 그만큼 늘고 있다는 뜻이다. 이렇다 보니 젊은 층들 사이에서는 '취향을 존중해 달라'라는 말도 나오는데, 세태 변화라고 하지만 함께 할 사람을 찾기 어려운 우리 사회의 쓸쓸한 단면이라는 분석도 있다.

① 남들과 비슷하게

② 남들에게 보이려고

③ 남들 눈치를 보지 않고

④ 남들의 비위를 맞추면서

31.

이동하면서 간편하게 읽을 수 있는 전자책 (e-book)이 학생들과 젊은 직장인 사이에서 인기를 끌고 있다. 하지만 잘못된 자세로 전자책을 읽으면 목에 무리를 줄 수 있어 주의가 필요하다. 거북목 증후군은 가만히 있어도 (   ) 자세를 일컫는다. 하루 종일 컴퓨터 모니터를 봐야 하는 사무직 종사자나 컴퓨터 게임을 즐기는 젊은 층에게 흔히 발생하며, 지하철이나 버스에서 스마트폰으로 전자책을 보는 이들도 예외가 아니다. 목이 뻣뻣해지고 어깨와 등으로 통증이 전해지며, 눈도 쉽게 피로해지고 손이 저린 증상이 지속되면 거북목 증후군을 의심해 봐야 한다.

① 거북이처럼 목이 흔들리는

② 거북이처럼 눈을 작게 뜨는

③ 거북이처럼 천천히 걸어가는

④ 거북이처럼 머리가 구부정하게 앞으로 나와 있는

32.

> 사람들은 특별한 이익이 주어지지 않는 한, 현재 상황을 바꾸지 않으려는 경향이 있다. 얻는 이득이 훨씬 크다는 생각이 들지 않는 한 현재를 유지하려는 심리적 편향이 바로 현상 유지 편향이다. 경제적 선택에서도 이런 현상이 나타나는데, 현금으로 재산을 상속을 받았을 때와 주식이나 채권으로 재산을 상속받았을 때 상속인의 행동이 달라진다. 현금을 받으면 투자를 하거나 저금을 하는 등 투자 계획을 짜지만 주식이나 채권을 받으면 그냥 보유하는 경우가 많다. 유럽에서는 운전면허를 신청할 때 장기 기증 의사를 묻는데, 이때 기본 선택 사항에 '장기 기증 의사가 있다'라고 표기되어 있으면 기증률이 높고, 표기돼 있지 않으면 낮다고 한다.

① 사람들은 현재 상태를 바꾸려고 하는 의지가 강하다.
② 상속인들은 현금으로 재산을 상속 받으면 그대로 둔다.
③ 사람들은 특별한 이익이 주어지지 않는 한, 현 상황을 바꾸기 싫어한다.
④ 기본 선택 사항에 '장기 기증 의사가 있다'라고 표기되어 있으면 기증을 안한다.

33.

> 서울의 한 골목길. 불빛이 새어 나오지만 아무도 없는 수상한 가게 하나가 눈에 띈다. 문을 열고 들어가 보지만 '어서 오세요.'라는 인사는커녕 인기척 하나 느낄 수 없다. 이곳은 무인 서점이다. 마음에 드는 책을 골라 책값을 돈 통에 넣는 방식으로 살 수 있다. 옆에 놓인 바구니에서 거스름돈도 직접 챙겨 가면 된다. '거스름돈이 부족해요. 15,000원 지불했고 나중에 2,000원 챙겨갈게요.' 서점 주인과 손님은 각자 장부에 남긴 기록으로 소통한다. 알아서 계산하고 지불하는 방식이지만 지금껏 도난 사고 한 번 없을 정도로 잘 운영되고 있다. 아직은 생소할 수 있는 '사람 없는 가게'가 곳곳에서 모습을 드러내고 있다. 사람을 대면하면서 느끼는 피로감을 덜고 인건비도 줄일 수 있기 때문이다.

① 손님은 스스로 계산해서 돈을 내고 간다.

② 이 가게에는 '어서 오세요'라는 인사가 항상 들린다.

③ 거스름돈을 받으려면 나중에 주인이 있을 때 와야 한다.

④ 사람 없는 가게는 오래전부터 있었기 때문에 사람들에게 친숙하다.

34.

> "남은 삶이 얼마 될지 모르지만 어떤 모험이든 맞이할 준비가 돼 있다. 대통령 때보다 지금이 더 행복하다. 멋진 인생이었다. 수천 명의 친구를 사귀었고, 흥분되고 모험에 가득 찬, 감사한 삶이었다. 이제 모든 것은 신의 손에 달려 있음을 느낀다."
>
> 암세포가 뇌로 전이된 사실을 공개하는 미국 전 대통령의 얼굴은 미소로 가득 차 있었다. 기자 회견장을 가득 메운 기자들을 향해 종종 농담을 던지기까지 했다. 자신에게 과연 어느 정도의 시간이 남아 있는지 알지 못하는 상황에서도 미국 전 대통령의 태도는 더없이 침착하고 편안해 보였다. 가장 성공한 대통령은 아니지만 미국 역사상, 아니 어쩌면 전 세계 정치 역사상 가장 성공한 퇴임 대통령으로 평가받고 있는 그는 죽음 앞에서도 거인의 풍모와 남다른 품위를 과시했다.

① 이 사람은 자신의 죽음을 알리는 것을 두려워한다.

② 이 사람의 건강은 의학적으로 해결할 수 있는 상태다.

③ 이 사람에 대한 평가는 지금보다 대통령 때가 더 좋다.

④ 이 사람은 얼마 남지 않은 죽음에 대해 담담한 태도를 보였다.

※ [35~38] 다음을 읽고 글의 주제로 가장 알맞은 것을 고르십시오. (각 2점)

35.

무더운 더위를 피하려고 오랜만에 바닷가를 찾았는데 여기저기서 '찰칵, 찰칵' 사진 찍는 소리가 들린다. 식당에서도 음식이 나오면 '와' 하는 소리와 함께 휴대 전화 사진기가 먼저 음식 위로 올라간다. 자신의 일상을 사진으로 찍어서 SNS에 올리고 지인들에게 내보이면서 자신을 인정받으려는 요즘 시대의 흔한 풍경이다. 그러다 보니 사실과 보이는 것 중에 무엇이 중요한지가 뒤바뀐 것 같다. 과학 기술의 도움을 받아 자신의 '셀카' 사진을 더 날씬하고 더 멋있게 수정해서 남에게 보이기 때문에 정작 그 사람을 실제로 만난다면 혹시 다른 사람이 아닌가 하는 오해를 하기도 한다. 언제 어디서나 남에게 보이는 나의 모습만 신경 쓴다면 정말 자신의 참모습을 위한 노력은 줄어들 수밖에 없다. SNS에 남겨지는 '좋아요'라는 타인의 인정보다 자신이 보람을 느끼고 자랑스러운 사람이 되도록 노력하는 것이 더 중요하지 않을까?

① 보이는 나보다 나의 참모습이 더 중요하다.

② 셀카로 찍은 사진을 수정하면 혼동을 일으킨다.

③ 타인과 사귀는 도구로 SNS가 중요한 역할을 한다.

④ '좋아요'를 통해 타인에게 인정을 받는 것이 중요하다.

36.

청소년들은 인터넷뿐만 아니라 일상생활에서까지 축약어를 사용한다. 청소년들이 축약어를 사용하는 가장 큰 이유는 '재미있고 사용하기가 편리하기' 때문이다. 그러나 언어의 정체성을 알 수 없는 축약어를 무분별하게 남발하는 것은 옳지 않다. 게다가 사고와 표현의 관계를 고려할 때 비슷한 형태의 축약어를 습관적으로 반복해서 사용하는 것은 학생들의 사고력 신장에도 부정적인 영향을 끼친다. 그뿐만 아니라 자기소개서, 보고서 등 다양한 글쓰기 과제에서도 축약어를 습관적으로 사용하게 되는 경우가 많다. 또래들과의 편리한 소통을 위한 언어 습관이 오히려 타인이나 사회와의 소통마저 단절시키는 것은 아닌지 반성이 필요하다.

① 청소년의 축약어 사용은 여러 면에서 문제가 된다.
② 청소년들은 글쓰기에서도 축약어를 많이 사용한다.
③ 사회와 소통하려면 축약어를 사용하는 것이 필요하다.
④ 청소년은 축약어 사용으로 자신들의 정체성을 나타낸다.

37.

우리는 가전제품의 발달로 여성들이 가사 노동으로부터 해방됐다고 생각한다. 그러나 정작 여성의 가사 노동은 줄기는커녕 오히려 늘어났다. 요즘은 좋은 세탁기 덕분에 부피가 크고 무거운 빨래도 어머니 혼자서 거뜬히 해낼 수 있다. 그러나 세탁기가 없었을 때 이런 빨래는 집안의 남자들, 즉 할아버지, 아버지, 아들의 몫이었다. 가전제품이 생긴 이후 이런 노동은 고스란히 어머니의 몫이 되어 버렸고, 가사 노동으로부터 해방된 것은 집안의 남자들이 된 것이다.

① 세탁기가 큰 빨래의 문제를 해결했다.
② 집안의 노동은 남자들의 몫이 더 늘어나야 한다.
③ 가전제품 덕분에 여성의 가사 노동이 줄어들었다.
④ 가전제품의 발달로 오히려 여성의 가사 노동은 늘어났다.

38.

현대인에게 고질적인 병은 미디어 중독과 관계 중독증이다. 우리는 출근하면 제일 먼저 컴퓨터를 켠 뒤 이메일을 확인하고 메신저를 켠다. 약속 없는 주말에는 자신을 패자라고 생각하며 자신을 가혹하게 자책하는 사람도 있다. 우리는 혼자 남겨지는 외로움을 참지 못한다. 관계 중독증에 빠져 살던 한 방송 작가는 처음에는 외로워서 글을 쓰기 시작했다. 매일 퇴근 후 집에 돌아와 편지를 쓰기 시작했다. 일주일에 많게는 8~9통, 적게는 3통씩 두 달 넘게 꾸준히 쓰다 보니 마음이 회복되기 시작했다. 뿐만 아니라 주변 사람들이 자신이 쓴 편지를 여러 사람한테 전달하고 그것이 방송국에 있는 사람한테까지 전해져서 라디오 작가 제의를 받게 되었다. 덕분에 그는 퇴근 후에는 대본 작업을 하면서 관계에 얽매이지 않고 외로움을 즐길 수 있는 시간을 찾게 되었다. 글을 써 보자. 간단한 메모나 일기라도 말이다. 당신의 외로움이 명작으로 탄생할지 아무도 모른다.

① 편지를 많이 쓰면 취업을 할 수 있게 된다.

② 텔레비전을 보면 마음의 회복이 이루어진다.

③ 외로움을 벗어나기 위해 글을 쓰는 것이 좋다.

④ 관계 중독증을 벗어나기 위해 메신저나 이메일을 활용해야 한다.

39.

아프리카의 한 부족은 다른 부족에 비해 유난히 범죄율이 낮다. 특히 범죄를 저지른 사람이 다시 범하는 재범률이 매우 낮다. (㉠) 이유는 그 부족만의 특별한 재판 때문이다. 이 부족은 누군가가 죄를 범하면, 그를 마을 한가운데 세우고 마을 사람들이 며칠간 한마디씩 던진다. (㉡) 비난의 말이나 돌을 던지는 것이 아니다. "지난번에 저에게 먹을 것을 줘서 감사했어요.", "저를 보고 웃어 줘서 고마웠어요.", "우리 아들이 다쳤을 때 도와줘서 감사했어요." (㉢) 이런 식으로 범죄를 저지른 사람이 과거에 행했던 미담, 선행, 장점 등을 한마디씩 해 주는 것이다. 이를 통해 착했던 과거를 깨닫게 한 후, 새사람이 된 것을 축하하는 축제로 재판을 마무리하게 된다. (㉣)

보기

자신이 누구인지를 다시 돌아보게 함으로써, 새로운 삶을 살도록 만드는 것이다.

① ㉠   ② ㉡   ③ ㉢   ④ ㉣

40.

더울 때는 왜 찬물보다 미지근한 물로 샤워하는 것이 좋을까? (㉠)
더우면 땀을 흘려 체온을 낮추고 추우면 밖으로 열을 안 빼앗기려고 피
부 근처에서 순환하는 혈액의 양을 줄여 체온을 유지하게 되는 것이다.
(㉡) 따라서 체온보다 약간 따뜻한 물로 샤워를 하면 땀이 나고, 땀을
흘림으로써 열이 몸 밖으로 빠져나간다. (㉢) 당장 덥다고 찬물로 샤
워를 하면, 체내에서는 찬물 샤워로 낮아진 체온을 높이려고 몸이 더 열을
발산하기 때문에 오히려 더 더워지는 역효과가 날 수 있다. (㉣)

보기

우리 몸은 36~37℃의 체온을 일정하게 유지하려고 한다.

① ㉠　　② ㉡　　③ ㉢　　④ ㉣

41.

중년 남성의 전유물로만 여겨졌던 탈모가 최근에는 나이와 성별을 가
리지 않고 확산되는 추세다. (㉠) 특히 20~30대 젊은 층에서 탈모
환자가 급격히 늘어나고 있다. (㉡) 탈모 환자 300명을 대상으로 조
사한 결과 탈모로 인해 대인 관계에 부담을 느끼는 사람이 가장 많았다.
(㉢) 이성 관계에 어려움을 겪거나 취업 · 면접 등에서 불이익을 겪
은 탈모 환자가 그 뒤를 이었다. (㉣) 이런 현상은 산업과 기술이 발
전할수록 사람들의 스트레스는 더 심해지고 환경이 오염되면서 그 영향
을 받았기 때문인 것으로 보인다.

보기

안타까운 점은 젊은 탈모 환자들이 대인 관계는 물론 취업과 연애, 결혼
등에 어려움을 겪고 있다는 점이다.

① ㉠　　② ㉡　　③ ㉢　　④ ㉣

　　오늘 아들이 대학에 입학하기 위해 전국의 수험생과 함께 수능 시험을 치렀다. 시험 때만 되면 갑자기 날씨가 추워지는 입시 한파가 올해도 예외 없어서 어제보다 기온이 7도나 떨어진 쌀쌀한 날씨였다. 그동안 더운 여름에도 책과 씨름하며 공부한 아들이 어떤 성적을 거둘지, 부모로서 초조하고 안타까웠다. 아내는 소화가 잘되는 음식으로 시험 중간에 먹을 도시락을 싸면서 직장 때문에 시험장까지 같이 가지 못하는 것을 내내 아쉬워했다. 평소에는 말이 없고 무뚝뚝한 아들이지만, 시험을 앞두고 긴장하는 마음을 풀어 주고 싶어서 시험장에 도착할 때까지 이야기도 나누고 음악도 들려주었다.

　　시험장 앞은 수험생과 가족들, 그리고 선배를 응원하려고 몰려온 후배들로 붐볐고, 응원하는 노래와 격려하는 구호로 소란스러웠다. 수험표와 펜 등 필요한 것은 잘 챙겼는지 확인하고 아들에게 시험 잘 보라고 격려하며 헤어졌다. 아들이 그동안에 쌓은 실력만큼 시험 문제를 풀고 실수만 하지 않았으면 좋겠다고 마음으로 빌며 회사 쪽으로 가는데 갑자기 아들에게서 전화가 왔다.

　　"아버지, 아까 그 시험장으로 다시 와 주세요."

　　<u>순간 가슴이 철렁 내려앉았다.</u>

　　'수험표를 잃어버렸나? 어디가 아픈 건 아닐까?' 머릿속으로 온갖 안 좋은 상상을 하면서 급히 시험장으로 갔다. 걱정하던 나와 달리 환하게 웃으며 나를 기다리던 아들이 갑자기 넙죽 엎드려 절하면서, "아버지, 그동안 잘 키워 주셔서 고맙습니다."하고 큰 소리로 외쳤다. 그리고는 쏜살같이 문 안으로 뛰어 들어갔다.

42. 밑줄 친 부분에서 나타난 '아버지'의 심정으로 알맞은 것을 고르십시오.

① 놀랐다.　　　　　　　② 화가 났다.

③ 서먹서먹했다.　　　　④ 마음이 들떴다.

43. 윗글의 내용으로 알 수 있는 것을 고르십시오.

① 아내도 아들의 시험장에 같이 가고 싶어 했다.

② 아들은 평소에도 아버지와 자주 얘기하는 아이였다.

③ 아버지는 아들이 요행으로 시험을 잘 보기를 빌었다.

④ 아버지는 아들이 전화한 이유를 처음부터 알고 있었다.

어느 부부가 말싸움을 하다가 마을의 어른을 찾아가서 문제를 해결해 달라고 요청했다. 말싸움의 원인은 막 태어난 첫아들의 이름을 짓는 것이었다. 부인이 먼저 말했다. "남편은 시아버님의 이름을 따서 아이의 이름을 짓겠다고 하는데, 저는 제 아버지의 이름을 따서 지어 주고 싶어요." 마을의 어른은 각자 아버지의 이름이 뭐냐고 물었다. 부부는 동시에 "'명수'입니다. 총명하고 뛰어나다는 뜻이지요" 마을의 어른은 "두 분의 이름이 같으니까 잘됐네요, 그대로 이름을 지으면 되는데, 왜 말싸움을 하는 거요?" 그 말에 부인이 다시 말했다. "시아버님은 사기꾼으로 일생을 살았고 제 아버지는 정직한 삶을 살았는데, 그대로 이름을 지으면 누구의 이름을 딴 것인지 불분명하잖아요." 마을의 어른은 한참 고민하다가 이렇게 말했다." 그 아이의 이름을 그대로 명수라고 지으세요. 그리고 사기꾼이 되는지 정직한 사람이 되는지 지켜보세요. 그러면 (   ) 분명해질 겁니다." 사람들은 아이의 이름을 지을 때, 온갖 좋은 말을 찾아서 가장 좋은 이름을 짓는다. 그러나 이름보다 더 중요한 것이 있다. 이름이 인격을 결정하지는 않는다. 어떻게 사는지가 그 이름값을 결정한다. 이름에 맞는 인격, 인격에 맞는 이름을 갖추어야 한다. 그것은 본인의 선택이다.

44. (   )에 들어갈 말로 가장 알맞은 것을 고르십시오.

① 이름이 왜 중요한지

② 이름의 뜻이 무엇인지

③ 왜 두 할아버지의 이름이 같은지

④ 어느 할아버지의 이름을 딴 것인지

45. 윗글의 주제로 가장 알맞은 것을 고르십시오.

    ① 아이의 이름에 따라 그 인생이 달라진다.

    ② 가장 좋은 말을 골라서 이름을 지어야 한다.

    ③ 이름보다 자신의 인생을 어떻게 사느냐가 중요하다.

    ④ 웃어른의 이름을 따서 아이의 이름을 지을 필요가 없다.

※ **[46~47] 다음을 읽고 물음에 답하십시오. (각 2점)**

한 세정제 회사는 무료로 음식을 제공하는 팝업 레스토랑을 열어 많은 사람들에게 큰 인기를 끌고 있다. 그 회사가 팝업 레스토랑을 열어 사람들에게 음식을 무료로 제공하는 방식이 매우 이색적이다. 음식을 먹고 난 손님들에게 음식값을 지불하게 하는 대신 설거지를 하도록 유도하고 있다. 영수증을 자세히 살펴보면 손님이 무료로 음식을 먹고 난 후 설거지를 해야 할 다섯 가지 목록을 확인할 수 있다. 다섯 목록은 바로 냄비, 접시, 컵, 숟가락과 젓가락이다. 손님들에게 음식을 무료로 제공하면 할수록 계속 적자가 날 텐데 이 회사는 왜 이런 특별한 레스토랑을 연 것일까? 자기 회사의 세정제를 홍보하기 위한 마케팅 전략이 이곳에 숨어 있다. 식당을 찾는 손님들에게 세정제를 사용해 설거지를 경험하도록 유도한 것이다. 자사의 좋은 제품을 고객이 직접 사용하고 품질을 직접 경험해 보도록 유도하고 있다. 이 회사의 마케팅 전략은 벌써 대성공한 것 같다. 수많은 사람들이 이 제품을 직접 사용하고 입소문을 내고 있기 때문이다.

46. 윗글에 나타난 필자의 태도로 가장 알맞은 것을 고르십시오.

    ① 손님에게 설거지를 시키는 것에 대해 항의하고 있다.

    ② 적자가 나는 레스토랑 운영에 대해 의문을 제기하고 있다.

    ③ 무료로 음식을 제공하는 방식이 이색적이라고 비난하고 있다.

    ④ 제품을 고객이 직접 사용하고 입소문을 내는 전략을 칭찬하고 있다.

47. 윗글의 내용과 같은 것을 고르십시오.

① 이 회사는 사회봉사로 무료 식당을 운영한다.

② 자기 회사 세정제를 사는 손님에 한해 무료로 먹을 수 있다.

③ 손님이 무료 음식을 먹으려면 반드시 세정제 광고를 해야 한다.

④ 세정제를 사용해 본 손님들 덕분에 제품이 많이 알려지고 있다.

※ [48~50] 다음을 읽고 물음에 답하십시오. (각 2점)

"로봇이 왜 남자애들 거야?" 장난감 성차별에 항의하는 소녀에게 대형 마트가 사과했다. 70년대 레고 (LEGO)에 들어 있던 설명서에는 "부모님들 께, 레고를 이용해 무엇이든 만들 수 있습니다. 남자아이들이 인형의 집을 좋아할 수도, 여자아이들이 우주선을 좋아할 수도 있습니다. 중요한 건 아 이들이 무엇이든 만들게 놔두는 것입니다."라는 글이 있다. 시대가 지나면 서 오히려 장난감에 남녀 구분이 생겼다. 여자아이 장난감은 대부분이 분 홍색이고 요리, 살림과 관련된 아기자기한 것이 많다. 그러나 여자아이용 음료수 판매대 레고를 선물 받은 한 소녀는 이를 멋진 로봇으로 조립했다. 그런데도 여전히 여자아이는 바비 인형에 분홍색을 좋아하고 (   ) 편 견이 여전하다. 인간은 정말 태어나면서부터 여자는 분홍, 남자는 파랑에 끌리는 걸까? 그렇지 않다. 색깔에 대한 인식이 변한 건 2차 세계 대전 이 후다. 전후 본격화된 공장 생산에서 남자아이 장난감은 파랑, 여자아이 장 난감은 분홍으로 찍어 내면서 생긴 편견이다. 그러니 성별 색깔 구분이 생 긴 건 채 100년이 안 된 일이다. 남자아이가 분홍색을, 여자아이가 파란색 을 좋아하더라도 전혀 이상할 게 없는 일이다. 최근 이러한 편견을 깨는 작 업의 일환으로 미국 대형 유통업체는 매장 제품을 '소년용', '소녀용'으로 구별하지 않기로 했다. 그 대신 '아동용'이라는 용어를 사용하고 색깔 구분 도 없앴다. 이러한 정책에 다수의 고객들은 '아동기에 성에 대한 편견이 굳 어지는 것을 막아 주게 될 것'이라면서 환영했다.

48. 윗글을 쓴 목적으로 가장 알맞은 것을 고르십시오.

① 전쟁 이후 찍어 낸 장난감의 문제를 지적하기 위해

② 장난감 색깔로 남녀 성별을 구분할 필요성을 강조하기 위해

③ 아동기에 성에 대한 편견을 굳혀야 하는 이유를 설명하기 위해

④ 성별에 따른 색깔 구분에 대한 편견이 깨지고 있음을 소개하기 위해

49. (   )에 들어갈 말로 가장 알맞은 것을 고르십시오.

① 우주선을 좋아할 수도 있다는

② 남자아이는 로봇과 파랑색을 좋아한다는

③ 남자아이는 음료수 판매대를 잘 만든다는

④ 장난감을 소년용과 소녀용으로 구분한다는

50. 윗글의 내용과 같은 것을 고르십시오.

① 70년대 레고는 설명서에서 남녀 구분을 강조했다.

② 남녀가 선천적으로 좋아하는 색깔이 있다는 생각은 편견이다.

③ 남자아이가 분홍색을, 여자아이가 파란색을 좋아하면 이상한 것이다.

④ 전쟁 후에 공장에서 장난감을 찍어 내면서 남녀 아이들의 색깔 편견이 없어졌다.

TOPIK

解答・解説

PART 2 パターン別練習問題

듣기 ▶ P. 44~67 (各2点)

1. ③ 2. ① 3. ③ 4. ② 5. ④ 6. ④ 7. ④ 8. ③ 9. ③ 10. ②

11. ③ 12. ② 13. ③ 14. ④ 15. ④ 16. ① 17. ① 18. ③ 19. ② 20. ④

21. ③ 22. ④ 23. ④ 24. ④ 25. ③ 26. ④ 27. ③ 28. ① 29. ③ 30. ②

31. ③ 32. ④ 33. ② 34. ① 35. ① 36. ④ 37. ③ 38. ③ 39. ③ 40. ②

41. ④ 42. ① 43. ③ 44. ④ 45. ④ 46. ② 47. ① 48. ② 49. ① 50. ④

쓰기 ▶ P. 68~72 (各10点)

51. ㉠ 협조해 주시기 바랍니다 / 협조해 주십시오

㉡ 취소될 수 있습니다 / 취소됩니다

52. ㉠ 받는 사람에게 필요한 / 요긴한

㉡ 포장을 통해 / 포장으로

읽기 ▶ P. 73~106 (各2点)

1. ④ 2. ① 3. ③ 4. ② 5. ① 6. ③ 7. ④ 8. ④ 9. ④ 10. ①

11. ④ 12. ③ 13. ② 14. ④ 15. ② 16. ② 17. ③ 18. ④ 19. ③ 20. ③

21. ② 22. ② 23. ① 24. ② 25. ① 26. ④ 27. ④ 28. ④ 29. ④ 30. ③

31. ③ 32. ⑤ 33. ② 34. ③ 35. ② 36. ② 37. ④ 38. ② 39. ③ 40. ④

41. ② 42. ④ 43. ④ 44. ③ 45. ② 46. ④ 47. ① 48. ③ 49. ④ 50. ①

53.
(30点)

50세 이상 성인 500명을 대상으로 추석에 자식들과 얼마 동안 함께 보내고 싶은지 묻는 설문 조사 결과, 부모 세대의 46%가 자녀들의 부모 방문은 당일치기를 선호하는 것으로 나타났다. '차례 후 한두 끼니 식사를 같이 하면 충분하다'라는 응답이 44%이고 '차례가 끝나면 바로 헤어지는 게 좋다'라는 응답도 2%였다.
　반면에 37%는 '하룻밤 자고 가는 것을 선호한다'라고 밝혔으며, '연휴 기간 내내 최대한 같이 있고 싶다'는 응답은 3%, 귀경길 등을 고려해 '연휴 마지막 날 하루 전날까지는 같이 있고 싶다'라는 응답은 14%였다.

和訳

53. 50歳以上の成人500人を対象に、秋夕に子どもたちとどのくらい一緒に過ごしたいかを尋ねたアンケート調査の結果、親世代の46%が子どもたちの両親訪問は日帰りを好むことが分かった。「法事の後に1～2食の食事を一緒にすれば十分だ」という回答が44%で、「法事が終わったらすぐに別れるのがよい」という回答も2%だった。
　反面、37%は「一晩泊まっていくことが望ましい」と明らかにし、「連休期間中できるだけ一緒にいたい」という回答は3%、帰京の途などを考慮して「連休最終日の前日までは一緒にいたい」という回答は14%だった。

54. 　インターネットのおかげで生活が便利になり、自由に意思を表現しながら大衆の政治参加も拡大した。ところが、サイバー空間で生産され蓄積された情報は流通期限がない。一度上がった記録は複製され流通され、全世界を流れるのだ。
　このように「忘却されないインターネット」に忘却する技術を導入しなければならないという主張が台頭している。うっかりインターネットに載せた文、写真、動画のために結婚や就職に被害を受け、不法に撮影された内容がインターネットに露出して苦しむ人も多いためだ。インターネットにある私の情報は私が処理しなければならず、プライバシー保護のために不適切な情報は消さなければならないということだ。
　反面、「記憶する権利」を主張する人もいる。インターネットの記録は個人的な情報でもあるが、その当時の歴史的記録であるマスコミ記事、政治家や企業家に対する評価などは公的な記録でもある。したがって、国民の知る権利と表現の自由のために、これを記憶しなければならないと主張する。
　私はプライバシー保護のための「忘れられる権利」に賛成するが、その適用対象と範囲は制限しなければならないと思う。政治家のような公人は「忘れられる権利」よりは「記憶される義務」がさらに先立つためだ。そして、犯罪者が自身の過去の行跡を消す手段として「忘れられる権利」が使われることはより一層あってはならないと思う。

解答・解説 PART 2

54.
(50点)

　인터넷 덕분에 생활이 편리해지고 자유롭게 의사를 표현하면서 대중의 정치 참여도 확대되었다. 그런데 사이버 공간에서 생산되고 축적된 정보는 유통 기한이 없다. 한번 올라간 기록은 계속 복제되고 유통되어 전 세계를 흘러 다닌다.

　이렇게 '망각되지 않는 인터넷'에 망각하는 기술을 도입해야 한다는 주장이 대두되고 있다. 무심코 인터넷에 올린 글, 사진, 동영상 때문에 결혼이나 취업에 피해를 보고, 불법으로 촬영된 내용이 인터넷에 노출돼서 고통받는 사람들도 많기 때문이다. 인터넷에 있는 내 정보는 내가 처리해야 하고 사생활 보호를 위해 부적절한 정보를 지울 수 있어야 한다는 것이다.

　반면에 '기억할 권리'를 주장하는 사람들도 있다. 인터넷의 기록은 개인적인 정보이기도 하지만 그 당시의 역사적 기록인 언론 기사, 정치인이나 기업인에 대한 평가 등은 공적인 기록이기도 하다. 따라서 국민의 알 권리와 표현의 자유를 위해 이를 기억해야 한다고 주장한다.

　나는 사생활 보호를 위한 '잊힐 권리'에 찬성하지만, 그 적용 대상과 범위는 제한해야 한다고 생각한다. 정치인 같은 공인은 '잊힐 권리'보다는 '기억될 의무'가 더 앞서기 때문이다. 그리고 범죄자들이 자신의 과거 행적을 지우는 수단으로 '잊힐 권리'가 쓰이는 것은 더욱 안 된다고 생각한다.

リスニング台本

問 1 〜 50 はリスニング問題です。それぞれの問題を注意深く聞いて、質問に対する最も適切な答えを選んでください。

[1~3] 다음을 듣고 가장 알맞은 그림 또는 그래프를 고르십시오.
▶ P. 44~46

1 남자 내일 저녁 영화를 예매하려고 하는데요. '택시 운전사'는 몇 시에 해요?

  여자 7시 20분에 상영합니다. 몇 명 예매인가요?

  남자 3명이요. 앉는 자리를 고를 수 있나요?

  여자 네, 여기 빈자리 표시가 있으니까 좋은 자리로 선택해 주세요.

  正解 ❸

2 여자 치마에 볼펜 잉크가 묻었는데, 깨끗하게 뺄 수 있어요?

  남자 네, 이 정도는 쉽게 빠져요. 언제 찾아가실 거예요?

  여자 다음 주에 입을 거니까 주말에 찾으러 올게요.

  正解 ❶

3 남자 창업에 대한 20~30대 젊은이들의 생각을 알아봤습니다. '창업을 생각해 본 적 있나?'라는 질문에 20~30대의 65.4%는 '있다'라고 답했고, '없다'라는 응답은 34.6%로 관심이 높았습니다. 하지만 정작 창업에 도움을 받을 수 있는 '창업 지원 정책을 알고 있나?'라는 질문에 응답자의 9.7%만이 '안다'라고 답했습니다. '알지만 자세히는 모른다'라는 응답이 63.4%로 가장 많았고, '모른다'라는 답변이 24.2%에 달했습니다. 나머지 2.7%는 '관심이 없다'라고 대답했습니다.

  正解 ❸

[1~3] 次を聞いて、最も適切な絵またはグラフを選んでください。

1 男性 明日の夕方の映画のチケットを予約したいのですが。『タクシー運転手』は何時ですか？

  女性 7時20分に上映します。何名のご予約ですか？

  男性 3人です。座席は選べますか？

  女性 はい、ここに空席の表示があるので、好きな席をお選びください。

2 女性 スカートにボールペンのインクがついているのですが、きれいに落とせますか？

  男性 はい、この程度なら簡単に落ちます。いつ取りに来ますか？

  女性 来週着るものなので、週末に取りに来ます。

3 男性 起業に関する20～30代の若者の考えを調べてみました。「起業を考えたことがありますか?」という質問に対して、20～30代の65.4%が「ある」と答え、「ない」という回答が34.6%で、関心の高さがうかがえました。しかし、いざ起業の助けを得られる「起業支援策を知っていますか?」という質問に対して、回答者のうち9.7%だけが「知っている」と答えました。「知っているが、詳しくは知らない」が63.4%で最も多く、「知らない」が24.2%に達しました。残りの2.7%は「興味がない」と回答しました。

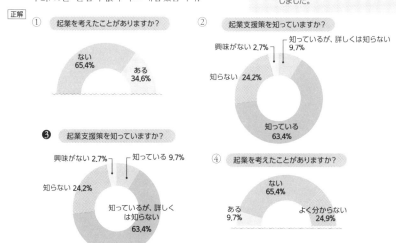

① 起業を考えたことがありますか？
ない 65.4% / ある 34.6%

② 起業支援策を知っていますか？
興味がない 2.7% / 知っているが、詳しくは知らない 9.7% / 知らない 24.2% / 知っている 63.4%

❸ 起業支援策を知っていますか？
興味がない 2.7% / 知っている 9.7% / 知らない 24.2% / 知っているが、詳しくは知らない 63.4%

④ 起業を考えたことがありますか？
ない 65.4% / ある 9.7% / よく分からない 24.9%

[4~8] 다음을 듣고 이어질 수 있는 말로 가장 알맞은 것을 고르십시오. ▶ P. 47~48

4 남자 지난달 관리비 내는 것을 잊어버려서 아직 못 냈는데, 어떻게 해야 하지요?

　여자 괜찮아요. 이번 달 관리비 청구서에 두 달치가 청구돼요. 그런데 지난달 관리비에는 연체료가 있을 거예요.

　남자 _____

　正解 ❷ 연체료가 얼마나 나올까요?

5 여자 지하철에서 핸드폰을 놓고 내렸는데 어떻게 하죠?

　남자 어느 방향으로 가는 지하철을 타셨어요? 그리고 몇 번째 칸인지 기억나세요?

　여자 _____

　正解 ❹ 수서행을 탔는데 칸은 기억이 안 나요.

6 남자 한식 뷔페 '사계절'이죠? 내일 12시 점심시간에 예약하고 싶은데요.

　여자 죄송합니다. 내일 점심은 예약이 마감됐습니다. 저녁 시간은 가능한데요.

　남자 _____

　正解 ❹ 그럼, 내일 저녁 시간으로 예약해 주세요.

7 여자 저희 신선 홈쇼핑에 주문 전화해 주셔서 감사합니다. 지금 방송 중인 물건을 주문하시겠습니까? 이전에 방송된 물건을 주문하시겠습니까?

　남자 지금 방송 중인 여행 가방을 주문하려고 합니다.

　여자 _____

　正解 ❹ 그럼, 주문하시는 가방의 색상을 선택해 주십시오.

[4~8] 次を聞いて、会話を完成させるのに最も適したものを選んでください。

4 男性 先月、管理費を払うのを忘れてまだ払っていないんですが、どうしたらいいでしょうか？

　女性 大丈夫です。今月の管理費の請求書に2か月分が請求されます。ただし、先月の管理費については延滞金が発生します。

　男性 _____

　① 管理費を払わなければなりませんか？
　❷ 延滞金はどのくらいかかりますか？
　③ 延滞金が毎月課されて大変です。
　④ 忘れずに管理費を払ってください。

5 女性 地下鉄に携帯電話を置いて降りてしまったのですが、どうしたらいいでしょうか？

　男性 どの方向に行く地下鉄に乗られましたか？ そして何番目の車両か覚えていますか？

　女性 _____

　① どちらの方向でも大丈夫です。
　② 地下鉄で携帯電話を見てはいけません。
　③ 地下鉄は前の車両に乗った方がいいです。
　❹ 水西 (スソ) 行きに乗ったのですが、車両は覚えていません。

6 男性 韓国料理ビュッフェの「四季」ですよね？ 明日の12:00にランチの予約をしたいのですが。

　女性 申し訳ございません。明日のランチの予約は締め切りました。ディナーの予約は可能です。

　男性 _____

　① 洋食レストランに行きましょう。
　② 明日11時に行きます。
　③ 夕飯の代わりにランチで予約してください。
　❹ それでは、明日のディナーの時間で予約してください。

7 女性 私たち新鮮テレビショッピングにご注文のお電話をいただきありがとうございます。現在放送中の商品を注文されますか？ それとも以前放送された商品を注文されますか？

　男性 現在放送中の旅行カバンを注文しようと思っています。

　女性 _____

　① 放送をもう一度見て決めてください。
　② テレビ通販は電話での注文はできません。
　③ 以前放送された品物は注文できません。
　❹ それでは、注文するカバンの色をお選びください。

8 여자 산책 중에 앞서가던 강아지가 자꾸 뒤를 돌아보는
　　　 행동은 제가 뒤따라가는지 확인하는 건가요?
　 남자 사람들은 늦게 오는 사람에게 좀 빨리 오라고 재촉
　　　 하잖아요. 그런데 개들은 보호자가 잘 따라오는지
　　　 자기가 먼저 가서 확인하면서 기다리는 거예요.
　 여자 ＿＿＿＿＿＿＿＿＿＿＿＿＿＿＿＿＿＿＿＿＿

　 正解 ❸ 개가 배려심이 더 많군요.

8 女性 散歩中、前を歩いている子犬が何度も
　　　 後ろを振り返る行動は、私がついてき
　　　 ているかどうか確認しているのでしょう
　　　 か?
　 男性 人間は遅れている人に早く来いと催促
　　　 するじゃないですか。でも、犬は保護者
　　　 がちゃんとついてきているかどうかを、
　　　 先に行って確認しながら待つのです。
　 女性 ＿＿＿＿＿＿＿＿＿＿＿＿＿＿＿＿＿
　 ① 犬たちも催促するんですね。
　 ② 人が先に行った方がいいですね。
　 ❸ 犬の方が気配りができるんですね。
　 ④ 人より性格が悪いですね。

[9~12] 다음을 잘 듣고 여자가 이어서 할 행동으로 가장 알맞은
　　　 것을 고르십시오.　　　　　　　　　　▶ P. 49

9 여자 쓰레기봉투가 두 개네. 쓰레기가 너무 많아?
　 남자 아니, 하나는 일반 쓰레기를 버린 것이고 하나는 음
　　　 식 쓰레기라서 두 개야.
　 여자 두 가지를 따로 버려야 하는 거야? 나도 버릴 음식
　　　 쓰레기가 많은데 봉투를 어떻게 구하지?
　 남자 편의점이나 슈퍼에 가서 음식물 쓰레기봉투를 달라
　　　 고 하면 돼.
　 正解 ❸ 슈퍼나 편의점에 간다.

10 남자 그동안 아픈 데는 없으셨어요?
　 여자 네, 선생님이 하라는 대로 약도 꼬박꼬박 먹고 운동
　　　 도 열심히 했어요. 수술 전에 어지러웠던 것도 이제
　　　 는 없고요.
　 남자 숨쉬기 힘들었던 증상도 사라진 것 같은데요.
　 여자 네, 다 좋아졌어요. 이제는 등산을 해도 힘들지 않아
　　　 요.
　 남자 그럼, 약을 2주일분만 더 처방해 드릴 테니 드시고,
　　　 특별한 증상이 없으면 6개월 후 정기 검진 때 오세
　　　 요.
　 正解 ❷ 약국에 간다.

[9~12] 次を聞いて、女性が取る次の行動として
　　　 最も適切なものを選んでください。

9 女性 ゴミ袋が2つね。ゴミがとても多いの?
　 男性 いや、一つは一般ゴミを捨てるための
　　　 もの、もう一つは生ゴミだから2つなん
　　　 だよ。
　 女性 2種類を別々に捨てないといけないの?
　　　 私も捨てようとしている生ゴミが多いん
　　　 だけど、ゴミ袋はどうやって買えばいい
　　　 の?
　 男性 コンビニやスーパーに行って、生ゴミ用
　　　 の袋が欲しいって言えばいいんだよ。
　 ① 食べ物を準備する。
　 ② ゴミ袋を作る。
　 ❸ スーパーやコンビニに行く。
　 ④ 一般ゴミを捨てに行く。

10 男性 これまでの間、痛いところはありません
　　　 でしたか?
　 女性 はい、先生が言うとおりに薬も欠かさ
　　　 ず飲み、運動も一生懸命やりました。
　　　 手術前にくらくらしたのも今はありま
　　　 せん。
　 男性 呼吸が苦しい症状もなくなったようで
　　　 すね。
　 女性 はい、すっかり良くなりました。今は登
　　　 山をしても苦にならないです。
　 男性 では、薬をあと2週間だけ処方しますの
　　　 で、飲んで、特に症状がなければ、6か月
　　　 後の定期検診のときにきてください。
　 ① 運動する。
　 ❷ 薬局に行く。
　 ③ 山登りをする。
　 ④ 健康診断を受ける。

11 남자 오늘 아침 일기 예보에서 오후에 심한 황사가 올 거
라는데요.

여자 황사 때문에 기침하는 사람이 더 많아지겠네요. 황
사를 예방하는 방법이 있나요?

남자 이런 날에는 야외 활동을 자제하고 마스크를 쓰고
물을 충분히 마시는 것밖에 특별한 방법이 없어요.
황사가 안 들어오게 창문을 꼭꼭 닫는 것도 중요
하고요.

여자 어, 우리 사무실도 창문들이 다 열려 있네요.

正解 ❸ 창문을 닫는다.

12 남자 어, 한도 초과인데요?

여자 한도 초과가 뭐예요?

남자 신용 카드로 한 달 동안 사용할 수 있는 금액이 초과
되어서 쓸 수 없다는 말입니다.

여자 그래요? 그럼, 어떡하죠?

남자 다른 카드를 주시거나 현금으로 계산해 주시기 바랍
니다.

正解 ❷ 다른 카드로 계산한다.

11 男性 今朝の天気予報では、午後にひどい黄
砂がくるそうです。

女性 黄砂の影響で咳をする人が増えそうです
ね。黄砂を予防する方法はありますか？

男性 こういう日は野外活動を控える、マスク
をする、水分を十分に摂るぐらいで、特
別な方法はありません。黄砂が入ってこ
ないように窓をしっかり閉めることも
大切です。

女性 あら、うちのオフィスも窓が全部開いて
いますね。

① 水を飲む。
② 野外に出る。
❸ 窓を閉める。
④ 天気予報を聞く。

12 男性 おや、限度超過ですか？

女性 限度超過とは何ですか？

男性 クレジットカードで1か月に使える限
度額を超えてしまって使うことができ
ないということです。

女性 そうなんですか？　では、どうしたらい
いんですか？

男性 別のカードを使うか、現金でお支払い
ください。

① 利用限度額を引き上げる。
❷ 別のカードで支払う。
③ クレジットカード会社に電話する。
④ サインパッドにまたサインする。

[13~16] 다음을 듣고 들은 내용과 같은 것을 고르십시오.
▶ P. 50~51

13 남자 서양 음식을 먹을 때 어느 쪽에 있는 물과 빵이 제 것
인가요?

여자 접시를 기준으로 왼쪽에 있는 빵과 오른쪽에 있는
물이 자신의 것입니다.

남자 반대로 하면 안 되나요?

여자 네, 기독교에서는 빵을 예수님의 몸으로 생각하기
때문에 칼로 자르지 않고 손으로 뜯어서 먹습니다.
그러니까 빵을 손으로 뜯으려면 왼손에 빵을 잡고
오른손으로 뜯어야 하는 거죠.

남자 아, 그렇군요.

正解 ❸ 서양에서의 빵은 기독교와 관련된 의미가 있다.

14 남자 가족이나 친구 중에 흡연자가 있는 청소년은 그렇
지 않은 경우보다 담배를 피울 가능성이 최고 17배
높다는 연구가 나왔습니다. 한국 질병 연구소는 지
난해 청소년 5,000명을 대상으로 실시한 온라인 조
사 결과를 분석해 이와 같이 발표했습니다. 친한 친
구가 담배를 피우는 청소년의 흡연율은 13.5%로

[13~16] 次を聞いて、聞いた内容と一致するも
のを選んでください。

13 男性 洋食を食べるとき、どちら側にある水
とパンが私のですか？

女性 お皿を基準に左側にあるパンと右側に
ある水が自分のものです。

男性 反対にしてはダメなんですか？

女性 はい、キリスト教では、パンはイエス様
の体だと考えられているので、ナイフ
で切らず、手でちぎって食べます。だか
ら、パンを手でちぎるには、左手でパン
を持って、右手でちぎるのです。

男性 ああ、そうなんですね。

① パンをナイフで切って食べるのが礼儀だ。
② 右手でパンを握り、左手でちぎって食べる。
❸ 西洋でのパンはキリスト教に関連する意
味がある。
④ 皿を基準に右側にあるパンを食べなけれ
ばならない。

14 男性 家族や友人の中に喫煙者がいる青少
年は、そうでない場合よりもタバコを
吸う可能性が、最大で17倍高いとい
う研究結果が出ました。韓国疾病研
究所は昨年、青少年5,000人を対象に

그렇지 않은 경우인 0.8%보다 약 17배 높았습니다.

正解 ❹ 주위에 흡연자가 있으면 담배 피울 가능성이 17배 높다.

15 여자 일기 예보에서 비가 올 확률을 알려 주는 강수 확률은 실제의 확률보다 높게 발표한다. 이렇게 강수 확률을 높게 발표하는 이유는 그게 '욕을 덜 먹는 방법'이기 때문이다. 우산이 없는데 비가 올 때가 우산을 들고 나왔는데 비가 오지 않을 때보다 더 당혹스러운 게 당연하다. 각종 산업 현장에서도 비에 대비를 해 뒀는데 비가 오지 않는 편이 준비 없이 비가 내릴 때보다 손해가 적다. 이런 이유로 일기 예보를 발표할 때는 틀릴 줄 알면서도 강수 확률을 높게 잡는 것이다.

正解 ❹ 우산이 없는데 비가 오면 일기 예보가 틀렸다고 생각하는 사람이 많다.

16 남자 요즘 해외 직구가 부쩍 늘고 있습니다. 이것은 해외의 물건을 직접 구매하는 것인데 '직구'라고 줄여서 부르기도 합니다. 국내보다 외국에서 판매되는 가격이 더 저렴한 상품, 수입되지 않는 물품 등을 합리적으로 구입하기 위해 직구를 합니다. 배송이 느리고 구입 후 애프터서비스 (AS)를 받기 힘들다는 단점이 있지만, 일반적인 유통 과정을 통해 구매하는 것보다 저렴하기 때문에 직구를 이용하는 소비자가 많습니다. 이와 반대로 해외 소비자가 국내 인터넷 쇼핑몰에서 상품을 구입하는 형태인 '역직구'도 이루어지고 있습니다.

正解 ❶ 해외 직구는 배송이 느린 단점이 있다.

実施したオンライン調査の結果を分析し、このように発表しました。親しい友人がタバコを吸う青少年の喫煙率は13.5%で、そうでない場合の0.8%より約17倍も高かったのです。
① 青少年は大人より4倍多くタバコを吸う。
② この結果は全ての喫煙者を対象に調査したものだ。
③ 路上で人々を対象にこの調査を行った。
❹ 周りに喫煙者がいると、タバコを吸う可能性が17倍高い。

15 女性 天気予報では、雨が降る確率を示す降水確率を、実際の確率よりも高く発表する。このように降水確率を高く発表する理由は、「批判を受けにくくする方法」だからだ。傘がないのに雨が降るときの方が、傘を持って出てきたのに雨が降らないときよりもっと辛くなるのが当然だ。各種産業の現場でも、雨に備えておいたが雨が降らない方が、準備なしに雨が降るときより損害が少ない。このような理由で、天気予報を発表するときは、それが違っているとわかっていても、降水確率を高く設定するのだ。
① 降水確率を高くする理由は間違えないためだ。
② 降水確率を高く発表して、さらに文句を言われるようになる。
③ 産業現場は、雨に備えてむしろ雨が降らないと損害が大きくなる。
❹ 傘を持たないときに雨が降ると、天気予報が外れたと考える人が多い。

16 男性 最近、海外直購入 (直接 구매) がずいぶん増えてきました。これは、海外の商品を直接購入することで、「ジクグ (직구)」と略して呼ぶこともあります。国内より海外で販売されている価格が安い商品、輸入されていない商品などを合理的に購入するために、直接購入します。配送に時間がかかり、購入後のアフターサービス (AS) が受けにくいなどの短所はありますが、一般的な流通過程を経て購入するより安いため、直接購入する消費者が多いです。これと反対に、海外の消費者が国内のインターネットショッピングモールで商品を購入する形の「逆直接購入」も行われています。
❶ 海外直購入は配送が遅いという短所がある。
② 海外直購入が一般的な流通過程より高い。
③ 海外の品物を購入することは合理的な消費ではない。
④ 直購入は海外の消費者が国内の品物を購入することだ。

[17~20] 다음을 듣고 남자의 중심 생각으로 가장 알맞은 것을
고르십시오. ▶ P. 52

17 남자 청소년에게 술을 판 술집 주인이 또 벌을 받았네.

여자 청소년에게 술이나 담배를 파는 업주들은 마땅히 벌
을 받아야 해. 미성년자인 아이들을 보호해야 하는
어른의 책임을 다하지 않았으니까.

남자 그 말도 맞지만, 요즘 청소년들의 외모가 성인과 거
의 구분하기 어려운데 나이를 속이고 술, 담배를 사
는 청소년들도 잘못이야. 미성년자라는 이유로 벌을
안 받으면 청소년들의 이런 행동이 계속될 테니까
청소년에게도 책임을 물어야 해.

正解 ❶ 술, 담배를 산 청소년도 벌을 받아야 한다.

18 여자 어머, '아침 천사'라는 아이돌이 나왔네. 얼굴도 예쁘
고 춤도 잘 춰서 요즘 가장 인기 있는 걸 그룹이야.

남자 가수는 노래만 잘 부르면 되지, 예쁜 얼굴과 춤이 꼭
필요요? 게다가 중, 고등학생 정도의 어린아이들에
게 저렇게 짧은 치마를 입고 선정적인 춤을 추게 하
는 건 문제가 있어. 어린아이들인 만큼 아이들답게
노래를 하도록 해야 한다고 생각해.

正解 ❸ 아이들은 아이들답게 노래하게 해야 한다.

19 여자 눈을 아름답게 표현하는 화장품 매출이 부쩍 늘었네
요. 이유가 뭐죠?

남자 코로나 시대에 마스크로 얼굴 절반을 가리니 고객들
이 눈에만 집중하는 화장을 하기 때문입니다.

여자 반대로 매출이 감소한 화장품도 있어요?

남자 네, 잡티를 감추는 피부 화장은 가볍게 마무리하고
입술도 많이 바르지 않아서 이런 화장품의 매출은
현저히 떨어졌습니다.

여자 세계적인 전염병의 유행이 화장품 시장의 소비 형태
도 바꾸는군요.

正解 ❷ 마스크 착용으로 눈 화장품이 많이 팔린다.

[17~20] 次を聞いて、男性の主旨として最も適
切なものを選んでください。

17 男性 青少年に酒を売った居酒屋の主人がま
た罰せられたって。

女性 青少年に酒やタバコを売る経営者は当
然罰せられるべき。未成年者である子
どもたちを保護するという大人として
の責任を全うしなかったから。

男性 それもそうだけど、最近は青少年の外
見が成人とほとんど区別するのが難し
いし、年齢を隠して酒やタバコを買う青
少年にも非があるよ。未成年だからと
いう理由で罰を受けなければ、青少年
のこういう行為が続いてしまうから、青
少年にも責任を問わなければ。

❶ お酒、タバコを買った青少年も罰を受け
なければならない。

② 大人に未成年者を保護する責任はない。

③ 未成年者にお酒を売る大人のみ責任を負
う必要がある。

④ 大人と似ている外見のせいで、青少年が
お酒やタバコを買いやすい。

18 女性 あら、「モーニングエンジェル」ってい
うアイドルが登場したわ。顔が可愛くて
ダンスも上手いから、最近一番人気の
ガールズグループなのよ。

男性 歌手は歌だけ上手く歌えばいいのだ
から、可愛い顔とかダンスが絶対に必
要? それに、中高生くらいの幼い子た
ちがあんなに短いスカートを履いて、思
わせぶりなダンスをするのは問題があ
るよ。幼い子たちだけに子どもらしく歌
わなければならないと思うよ。

① 歌手は歌の実力をもっと育てなければな
らない。

② 歌手には大衆の人気が最も重要だ。

❸ 子どもたちには子どもらしく歌わせなけ
ればならない。

④ 短いスカートと扇情的なダンスが人気に
大きな影響を与える。

19 女性 目元を美しく見せる化粧品の売上がぐ
んと伸びています。理由は何ですか?

男性 コロナの時代、マスクで顔の半分が覆
われているので、お客様が目だけ集中
して化粧をするからです。

女性 逆に売上が減った化粧品もあるのでし
ょうか?

男性 はい。くすみをカバーするためのベース
メイクは薄くなり、リップもあまり塗ら
ないので、これらの化粧品の売上は大
きく落ちました。

20 남자 최근 인터넷 전문 은행, 백화점의 쇼핑 도우미 로봇 등 사람과 접촉을 최소화하는 서비스가 유행이다. 첨단 기술을 활용해 고객에게 대면으로 접촉하지 않고 맞춤옷처럼 개개인에게 딱 맞는 서비스를 제공하는 것이다. 하지만 이런 기술이 보편화되면서 디지털 환경에 익숙하지 않은 고령층이나 이런 환경을 접하기 어려운 지역의 사람들이 점점 소외되면서 디지털 격차가 벌어질 가능성이 크다. 게다가 실생활에서 서비스를 제공하던 사람들의 일자리가 줄어들 우려도 있는데 이런 문제에 대한 고민도 같이 해결해야 한다.

正解 ❹ 비대면 마케팅 서비스에 따르는 부작용도 같이 해결해야 한다.

女性 世界的な大流行が、化粧品市場の消費パターンまで変えてしまうということですね。

① 肌の化粧は軽くした方がいい。
❷ マスク着用の影響でアイメイクがたくさん売れる。
③ 唇に塗る化粧品は売上に変化がない。
④ コロナの影響で、化粧品全体の売り上げが減少した。

20男性 最近、インターネット専門の銀行や百貨店の買い物支援ロボットなど、人との接点を最小化したサービスがトレンドだ。先端技術を活用して顧客に対面で接触せずに、オーダーメイド服のように個々人にぴったり合うサービスを提供するものだ。しかし、こうした技術が普及すると共に、デジタル環境に慣れていない高齢者や、そうした環境にアクセスしにくい地域の人々がだんだんと疎外されていき、デジタル格差が広がる可能性が大きい。さらに、実生活でサービスを提供していた人々の雇用が減る恐れもあり、こうした問題に対する懸念も同時に解決されなければならない。

① 雇用創出のため、非対面サービスを中断しなければならない。
② 非対面マーケティングのせいで、社会がますます個人化されている。
③ 新世代と高齢層の葛藤を解消する方法を研究しなければならない。
❹ 非対面マーケティング・サービスに伴う副作用も併せて解決しなければならない。

여자 선생님은 항상 컵을 가지고 다니시네요. 특별한 이유가 있나요?

남자 우리가 나무를 사용하면서 지구의 숲들이 사라져 가고 있어요. 그중에 종이컵도 한몫을 하니까 가능하면 종이컵 대신 개인 컵을 갖고 다닙니다.

여자 환경 운동을 직접 실천하고 계시는군요. 특히 커피전문점에서 텀블러나 머그컵에 커피를 주면 좋겠네요. 하지만 어쩔 수 없이 종이컵을 써야 할 때도 있잖아요?

남자 네, 그런 경우에도 될 수 있으면 인쇄가 되지 않은 종이컵을 사용하는 것이 좋아요. 사용 후 반드시 종이컵 전용 분리 배출함에 넣으면 재활용에 도움이 되거든요.

21 正解 ❸ 환경을 지키기 위해 종이컵 사용을 줄여야 한다.

22 正解 ❹ 남자는 지구의 숲이 사라지는 데 종이컵 사용이 책임이 있다고 생각한다.

女性 先生はいつもコップを持ち歩いていらっしゃいますね。特別な理由があるのでしょうか？

男性 私たちが木を使うことで、地球上の森は失われていきます。その中で紙コップも一因なので、できるだけ紙コップの代わりに自分のコップを持ち歩いています。

女性 環境活動を実践していらっしゃるわけですね。特にコーヒー専門店でタンブラーやマグカップにコーヒーをくれるといいですよね。でも、やむを得ず紙コップを使わなければならない場合もあるのでは？

男性 はい、そういう場合でも、できれば印刷されていない紙コップを使ったほうがいいんです。使った後は、必ず紙コップ専用のゴミ箱に捨てれば、リサイクルにもなりますしね。

21 男性の主な考え方として、最も適したものを選んでください。

① 印刷していない紙コップはリサイクルできない。

② コーヒーショップに行く時は自分のコップを持って行かなければならない。

❸ 環境を守るために紙コップの使用を減らさなければならない。

④ 紙コップの使用は森が消えることに影響を与えない。

22 聞いた内容と同じものを選んでください。

① 男性は口だけで環境運動をしている。

② 女性は印刷されたコップでコーヒーショップを宣伝すべきだと思っている。

③ 男性は仕方なく紙コップを使用する場合を認めない。

❹ 男性は地球の森が消えることは紙コップの使用に責任があると考えている。

여자 이번 주말 동안 서울 광장에서 진행할 외국인 김장 체험은 모두 몇 명이 참가합니까?

남자 400명이 참가합니다. 3일 동안 50명씩 8번에 나누어 진행됩니다. 한국에 살고 있는 외국인들이 한국의 대표 음식인 김치를 직접 체험할 수 있는 기회가 될 것입니다.

여자 어떤 순서로 진행됩니까?

女性 今週末にソウル広場で行われる外国人向けのキムチ漬け体験には、何人くらいが参加するのでしょうか？

男性 400人が参加します。3日間、50人ずつ8回に分けて行われます。韓国に住んでいる外国人の方々が、韓国を代表する食べ物であるキムチを実際に体験できる機会になるでしょう。

女性 どのような順序で行われるのですか？

남자 먼저 한국 음식 문화에 대해 소개를 하고 김치 담그는 방법을 설명한 후 외국인들이 직접 담가 볼 것입니다. 그 후에는 김치와 불고기 비빔밥으로 식사를 할 예정입니다.

여자 외국인이 담근 김치는 가져가도 됩니까?

남자 물론입니다. 자신이 담근 김치는 잘 포장해서 집으로 가져갈 수 있습니다.

23 **正解** ❹ 외국인 김장 체험 프로그램을 소개하고 있다.

24 **正解** ❹ 외국인은 자신이 담근 김치를 가져갈 수 있다.

男性 まず、韓国の食文化についての紹介をして、キムチの漬け方を説明した後、外国人の方々に実際に漬けてもらいます。その後、キムチとプルコギビビンバを召し上がっていただく予定です。

女性 外国人が漬けたキムチは持ち帰ってもいいのですか？

男性 もちろんです。自分で漬けたキムチはきちんと包装して家に持ち帰ることができます。

23 男性が何をしているか合っているものを選んでください。
① 外国人と食事をしている。
② 韓国の食文化を紹介している。
③ ソウル広場で外国人を待っている。
❹ 外国人向けにキムチを漬ける体験プログラムを紹介している。

24 聞いた内容と同じものを選んでください。
① 食事後にキムチを漬ける予定だ。
② このイベントは外国人観光客のためのものだ。
③ 400人が同時にキムチを漬けるプログラムだ。
❹ 外国人は自分で漬けたキムチを持ち帰ることができる。

[25~26] 다음을 듣고 물음에 답하십시오.　▶ P. 55

여자 오늘은 특별한 사장님 한 분을 모시고 이야기를 나누고 있습니다. 젊은 직원에게도 존댓말을 써 달라는 운동을 하신다고요.

남자 네, 저희 카페에 오시는 손님 중에 어려 보이는 직원에게 계속 반말 하시는 분들이 있어서 직원들이 마음의 상처를 받았습니다. 저희 직원들도 어른인데, 처음 보는 사람에게 반말을 하는 것은 예의가 아니라고 생각해서 이런 운동을 하게 되었습니다.

여자 여기 주문 받는 곳에 "직원은 누군가의 소중한 가족입니다. 반말, 욕설, 성희롱 등의 언행을 하지 말아 주세요."라고 쓰여 있는데 효과가 있나요?

남자 네, 저희 직원을 인격적으로 대하고 존중해 주시니까 저희도 손님들을 더 존중해 드리게 됩니다. 그래서 직원들도 감사하며 더 즐겁게 일하게 되었고 카페의 분위기도 밝아졌어요.

[25~26] 次を聞いて、質問に答えてください。

女性 今日は、特別な社長お一方をお招きして、お話をしています。若い従業員にも敬語を使ってほしいという運動をされているようですね。

男性 はい、私たちのカフェにいらっしゃるお客様の中には、若く見える従業員にずっとタメ口を使われる方々がいて、従業員たちの気持ちが傷ついています。私たちの従業員も大人ですから、初対面の人にタメ口を使うのは礼儀がないと考え、このような運動をするようになりました。

女性 この注文を受ける場所に「従業員は誰かの大切な家族です。タメ口、悪口、セクハラなどの言動は慎んでください」と書かれていますが、効果があるのでしょうか？

男性 はい、私たちの従業員に人格的に接して尊重してくださるので、私たちもお客様をより尊重するようになりました。だから、従業員も感謝して、より楽しく仕事をするようになり、カフェの雰囲気も明るくなりました。

解答・解説 | PART 2

25 [正解] ❸ 젊은 직원들을 인격적으로 대해야 한다.

26 [正解] ❹ 처음 보는 사람에게 반말을 하는 것은 예의가 아니다.

[27~28] 다음을 듣고 물음에 답하십시오. ▶ P. 56

여자 회사를 그만뒀어? 그 회사는 연봉도 높고 앞으로 전망도 좋은 회산데……

남자 좋기는 한데, 퇴근 시간 후에도 야근이 많고 주말에도 급한 일이 생기면 출근하는 경우가 많았거든. 3년 동안 휴가 사용도 거의 못 해 봤어.

여자 안 그런 직장을 찾기는 어려울 텐데.

남자 나는 일과 삶의 균형을 맞춰야 한다고 생각해. 근무 시간을 정확하게 지키고 근무 시간 이후에는 SNS나 메일로 연락하는 일도 없었으면 좋겠고. 상사의 눈치를 보지 않고 정해진 휴가를 쓸 수 있는 회사 분위기가 필요해. 내가 행복해야 회사 일도 열심히 할 수 있으니까 이번에는 그런 직장을 찾아서 행복한 직장 생활을 해 보고 싶어.

27 [正解] ❸ 새로 찾고 싶은 직장의 조건을 설명하려고

28 [正解] ❶ 남자는 예전 직장에서 3년 동안 일했다.

---

25 男性の主な考え方として、最も適したものを選んでください。
① 従業員はみんな家族だ。
② カフェの雰囲気を明るくしなければならない。
❸ 若手従業員に人格的に接するべきだ。
④ 従業員がお客さんを尊重することが大事だ。

26 聞いた内容と同じものを選んでください。
① 若く見える従業員は大人ではない。
② 注文を受ける所に書いておいた文章は効果がない。
③ 敬語を使うお客さんは尊重されない。
❹ 初めて会う人にタメ口を使うのは礼儀ではない。

[27~28] 次を聞いて、質問に答えてください。

女性 会社を辞めたのですか？ その会社は年棒も高いし、今後の展望もいい会社なのに……。

男性 よかったんだけど、退勤時間後の夜勤が多くて、週末にも急な用事が入って出勤することも多かったんだ。3年間、休暇もほとんど取れなかった。

女性 そうでない職場を見つけるのは難しいと思うけど。

男性 僕は仕事と生活のバランスを取らないといけないと思っているんだ。勤務時間を正確に守って、勤務時間以後はSNSやメールで連絡する業務もなかったらいいなと思うし。上司の顔色をうかがわず決まった休暇を使えるような会社の雰囲気が必要だよ。僕が幸せでこそ会社の仕事も頑張ることができるから、今度はそういう職場を見つけて幸せな職場生活を過ごしてみたいな。

27 男性の意図に適したものを選んでください。
① 前の職場の悪いところを告発するために
② 会社を辞めた理由を教えるために
❸ 新しく探している職場の条件を説明するために
④ 社内での男女社員の差別を指摘するために

28 聞いた内容と同じものを選んでください。
❶ 男性は前の職場で3年間働いた。
② ほとんどの会社は勤務時間後に働かない。
③ 男性は職場を選択するにあたって年俸と展望が最も重要だ。
④ 上司の顔色をうかがいながら休暇を使う会社はない。

여자 인주시가 이번 달부터 시행하는 여성 행복 무인 택배함
　　이란 어떤 제도인가요?

남자 택배 기사를 사칭한 범죄로부터 여성의 안전을 지키는
　　데 도움을 주기 위한 것으로 사람들이 많이 다니는 인주
　　역 광장과 중앙 공원에 택배함을 설치했습니다. 택배 이
　　용자가 물건 주문 시 배송지를 무인 택배함으로 주문하
　　면, 택배 업체는 택배함에 물건을 넣은 후 이용자에게
　　문자 발송을 해서 물품을 찾아갈 수 있게 합니다. 인주
　　시민이면 누구나 이용 가능하고 무료로 이용할 수 있는
　　데 다른 사람들의 이용에 불편이 없도록 48시간 안에 물
　　품을 찾아가면 좋겠습니다.

29 正解 ❸ 무인 택배 제도를 잘 아는 사람

30 正解 ❷ 인주시의 여성들을 위해 이런 제도를 만들었다.

女性 インジュ市が今月から施行する「女性の幸
　　せ無人宅配箱」とは、どのような制度です
　　か?

男性 宅配ドライバーになりすました犯罪から女
　　性の安全を守るのに役立つためのもので、
　　人が多くいるインジュ駅広場と中央公園
　　に宅配箱を設置しました。宅配利用者が
　　品物を注文する際、配送先を無人宅配箱
　　で注文すると、宅配業者が宅配箱に品物
　　を入れた後に利用者にメールを送るので、
　　品物を受け取りに行くことができます。イ
　　ンジュ市民なら誰でも利用可能で、無料で
　　利用することができますが、他の人たちの
　　利用に差し支えないよう、48時間以内に
　　品物を受け取りに行っていただきたいで
　　す。

29 男性が誰なのか選んでください。
　① 宅配業務に従事する人
　② 無人宅配を利用する人
　❸ 無人宅配制度に詳しい人
　④ 無人宅配で品物を注文した人

30 聞いた内容と同じものを選んでください。
　① 無人宅配を利用すると費用がかかる。
　❷ インジュ市の女性のためにこのような制
　　度を作った。
　③ 品物の注文後48時間以内に品物を入れて
　　おかなければならない。
　④ 品物を注文する時、配送先を自宅に書か
　　なければならない。

여자　신이 나타나서 사람들의 미래를 알려 준다면 모두가 좋
　　　아하겠지요? 미리 알면 뭐든지 준비할 수 있으니까요.

남자　아니요, 대다수의 사람들은 미래를 알고 싶어 하지 않아
　　　요. 특히 죽음 같은 부정적인 경우뿐만 아니라 긍정적
　　　인 일도 그렇습니다. 실제로 저희 연구소에서 여러 가지
　　　의 미래 상황을 가정하고 미리 알고 싶은지 물어봤습니
　　　다. 자신이나 자신의 배우자는 언제 사망할까?, 뭣 때문
　　　에 죽을까?, 자신의 결혼 생활은 이혼으로 끝날까?, 시
　　　청 중인 축구 경기 결과를 미리 알고 싶은가?, 올 크리스
　　　마스엔 무슨 선물을 받게 될까? 등을 물었지만 대다수
　　　의 사람들이 답을 알고 싶지 않다고 말했습니다. 이렇게
　　　미래를 알고 싶어 하지 않는 것은 답을 알면 후회할 것
　　　같은 생각이 들어 의도적으로 외면하기 때문입니다. 사
　　　람들은 미래의 사건에 대해 모르는 것을 선택함으로써
　　　바람직하지 않은 미래의 사건을 알게 될 때 찾아오게 될
　　　'후회'라는 부정적 감정을 피하려는 것입니다.

31　正解　❸ 사람들은 미래의 일을 알면 후회할까 봐 미래를
　　　알고 싶어 하지 않는다.

32　正解　❹ 자신의 의견을 구체적인 예를 들며 설명하고 있
　　　다.

[31~32] 次を聞いて、質問に答えてください。

女性 神様が現れて人々の未来を知らせてくれた
　　ら、みんなにとって素晴らしいことだと思い
　　ませんか？ あらかじめ知っていれば、あら
　　ゆることに備えることができますから。

男性 いいえ、大多数の人は未来を知りたくない
　　のです。特に死のような否定的な場合だけ
　　でなく、肯定的なこともそうです。実際に
　　私たちの研究所では様々な未来の状況を
　　仮定して、事前に知りたいか聞いてみまし
　　た。自分や自分の配偶者はいつ亡くなるの
　　か？ 何のために死ぬのか？ 自分の結
　　婚生活は離婚に終わるのだろうか？ 視
　　聴中のサッカーの試合結果を事前に知り
　　たいか？ 今年のクリスマスにはどんなプ
　　レゼントをもらえるだろうか？ などのこ
　　とを聞いてみましたが、大多数の人が「答
　　えを知りたくない」と言いました。このよ
　　うに未来を知りたくないというのは、答え
　　を知ると後悔すると思い、意図的に避け
　　ているためです。人々は将来の出来事につ
　　いて知らないことを選択することで、望ま
　　しくない未来の出来事を知ったときに訪
　　れることになる「後悔」という否定的な感
　　情を避けようとするのです。

31 男性の主な考え方として、最も適したもの
　　を選んでください。
　　① 未来を知ると、後悔しない人生を送るこ
　　　とができる。
　　② 未来を知ると、全てのことを前もって準
　　　備できるという長所がある。
　　❸ 人は未来のことを知ると後悔するかも
　　　知れないと思って、未来を知りたがらな
　　　い。
　　④ 人は良いことは事前に知りたがるが、否
　　　定的なことは知りたがらない。

32 聞いた内容と同じものを選んでください。
　　① 女性の意見に対して批判している。
　　② 大多数の人の反応について懸念してい
　　　る。
　　③ 女性の意見と男性の意見を比較して分析
　　　している。
　　❹ 自分の意見を具体的な例を挙げて説明し
　　　ている。

여자 고층 건물의 1층 입구는 거의 대부분 회전문으로 되어 있습니다. 단순한 재미 때문이 아니라 과학적 이유가 있습니다. 고층 빌딩은 내부 공간이 굴뚝 효과를 냅니다. 겨울에 난방을 하면 더운 공기가 비상계단이나 엘리베이터 승강 통로를 굴뚝처럼 타고 건물 상층부로 이동해서 건물 하층부를 진공 상태로 만듭니다. 만약 보통과 같은 여닫이문을 만들면 문이 열릴 때마다 바깥의 차가운 공기가 안으로 빨려 들어오면서 로비에 있는 종이가 날리고 치마가 펄럭일 것입니다. 반대로 더운 날씨에는 냉방 장치가 만든 차가운 공기가 하층부로 가라앉아 문이 열릴 때마다 밖으로 빨려 나가는 현상이 나타납니다. 회전문은 항상 문이 닫혀 있는 효과를 내므로 이와 같은 예상치 못한 현상을 방지할 수 있는 것입니다.

33 正解 ❷ 고층 건물에 회전문을 사용하는 이유

34 正解 ❶ 회전문이 굴뚝 효과로 인한 불편한 현상을 방지한다.

女性 高層ビルの1階の入り口は、大半が回転ドアになっています。単に楽しみのためではなく、科学的な理由があるのです。高層ビルは内部空間が煙突効果を生み出します。冬に暖房を使うと、熱気が非常階段やエレベーターの乗降通路を煙突のように乗ってビルの上層部に移動し、ビルの下層部を真空状態にします。万が一、普通の開閉扉を作ると、ドアが開くたびに外の冷気が中に吸い込まれながら、ロビーにある紙が飛んで、スカートがひらひらすることになります。反対に暑いときには、冷房装置が作った冷気が下層部にたまり、ドアが開くたびに外に吸い出される現象が起きるのです。回転ドアは常にドアが閉じている効果を生み出すので、このような予期せぬ現象を防ぐことができるのです。

33 何についての話なのか適したものを選んでください。
① 高層ビルの回転ドアの作り方
❷ 高層ビルに回転ドアを使う理由
③ 高層ビルの回転ドアと一般ドアの違い
④ 高層ビルの回転ドアが持っている問題点

34 聞いた内容と同じものを選んでください。
❶ 回転ドアが煙突効果による不便な現象を防止する。
② 煙突効果のせいで、暖房を入れると上層部が真空状態になる。
③ 高層ビルの1階の入り口はほとんど引き戸になっている。
④ 回転ドアは常に開いているので煙突効果による現象を解決できる。

남자 인주 시민 여러분. 지하철을 탈 때 신용 카드나 교통 카드를 단말기에 찍지 않고 지나가기만 해도 자동으로 요금이 청구되는 시대가 머지 않았습니다. 저희는 작년부터 교통 연구 센터와 함께 승객이 신용 카드나 교통 카드를 들고 개찰구를 지나가면 기계가 저절로 감지해 요금을 부과하는 '열린 문 제도'를 준비해 왔습니다. 이렇게 하면 혼잡한 출퇴근 시간에 승객들이 개찰구 앞에 길게 늘어설 일이 없어지게 됩니다. 여러 장의 카드를 들고 있어도 하나의 카드만 인식하는 기술을 연구 개발하고 있습니다. 올해 5월까지 1개 역을 시범 역으로 정해 '열린 문 기술'을 시험해 보는 게 목표입니다.

男性 インジュ市民の皆さん、地下鉄に乗るときに、クレジットカードや交通カードを端末に撮らずに通るだけで自動的に料金が請求される時代は遠くありません。私たちは昨年から交通研究センターと共同で、乗客がクレジットカードや交通系カードを持って改札を通ると、機械が自動的に検知して料金を請求する「オープン・ドア・システム」を準備してきました。これにより、混雑する通勤時間帯に、乗客たちが改札の前に長く並ぶことがなくなります。複数のカードを持っていても、1枚のカードだけ認識する技術を研究開発しています。今年5月までに1駅をサンプル駅として選び、

35 [正解] ❶ 새로 시행될 제도에 대해 설명하고 있다.

36 [正解] ❹ 이 제도가 시행되면 개찰구 앞을 빨리 통과할 수 있다.

「オープン・ドア・テクノロジー」の検証を
行うことを目標としています。

35 男性が何をしているか選んでください。

  ❶ 新たに施行される制度について説明している。
  ② 市民が望むことが何かを調べている。
  ③ 不便な交通問題を解決するよう要求している。
  ④ 市の発展のために自分を支えてほしいと頼んでいる。

36 聞いた内容と同じものを選んでください。

  ① この制度はインジュ市が独自で準備してきた。
  ② この制度は今年5月に全ての駅で実施される予定だ。
  ③ この制度は交通費を払わない人を捜し出す制度だ。
  ❹ この制度が実施されると、改札をより早く通過することができる。

[37~38] 다음을 듣고 물음에 답하십시오.   ▶ P. 61

남자 과학의 발전 속도가 나날이 빨라지는 요즘에 학생들에게 농업을 가르쳐야 한다는 이유가 뭔가요?

여자 농업, 축산업, 수산업은 인류를 지탱하는 기초 산업입니다. 아무리 기술이 발전해도 배고플 때 스마트폰을 먹을 수는 없지요. 우리 입에 들어가는 생명이 어떻게 만들어지는지 배우는 것은 가장 기본적인 생존 교육이라 할 수 있을 것입니다. 슈퍼에서 투명한 비닐로 부위별로 곱게 포장된 고기를 고르면서도 그 붉은 살코기가 어떤 과정을 통해 우리의 식탁에 오르는지 모르는 사람들이 대부분입니다. 책으로라도 쌀의 생산 과정이나 사과를 많이 열리게 하려면 어떻게 해야 하는지, 가축은 어떻게 사육해야 하는지 등을 알아야 먹거리에 대해 올바르게 이해할 수 있습니다. 뿐만 아니라 도시와 농촌의 유대 관계도 더 깊어질 것입니다.

37 [正解] ❸ 도시의 학생들도 농업을 공부해야 한다.

38 [正解] ❸ 농업을 배우면 먹거리에 대해 제대로 이해할 수 있다.

[37~38] 次を聞いて、質問に答えてください。

男性 科学の発展スピードがますます速くなっている昨今、学生たちに農業を教えるべき理由は何でしょうか?

女性 農業、畜産業、水産業は人類を支える基礎産業です。いくら技術が発展しても、お腹が空いたときスマートフォンは食べられません。私たちの口に入る生命がどのように作られるのかを学ぶことは、最も基本的な生存教育と言えるものです。スーパーで透明なビニールに部位ごとにきれいに包装された肉を選んでも、その赤身肉がどのような過程を経て私たちの食卓に上がるのか、知らない人が大部分です。本でも、お米の生産工程や、リンゴをたくさん作りたいならどうすればいいか、家畜はどのように飼育すればいいかなどを知るだけでも、自分が食べるものをきちんと理解することができるはずです。それだけでなく、都市と農村の関係もさらに深くなっていくでしょう。

37 女性の主な考え方として、最も適したものを選んでください。

  ① 宇宙でも農業をしなければならない。
  ② 都市と農村の絆が重要だ。
  ❸ 都市の学生たちも農業を学ばなければならない。
  ④ スーパーで売る肉を食べる前に、生産過程を確認しなければならない。

38 聞いた内容と同じものを選んでください。

① 農村に直接行ってみることで食べ物について知ることができる。
② 農業よりは科学の発展が人類にとって大事だ。
❸ 農業を学べば、食べ物についてきちんと理解できる。
④ 基本的な生存のためには、スマートフォンの技術がさらに発展しなければならない。

[39~40] 다음을 듣고 물음에 답하십시오. ▶ P. 62

여자 그럼, 밤에도 대낮같이 밝혀 주는 인공조명으로 인한 어려움은 사람과 동물에만 국한되는 건가요?

남자 아니요. 식물도 빛 공해의 피해를 받고 있습니다. 밝은 가로등 옆에서 장시간 빛을 받는 가로수들은 단풍이 늦어지고 수명이 짧아집니다. 또한 가로등 옆에서 밝은 불빛을 받고 자란 벼는 벼 이삭이 여물지 못하고 키만 웃자라거나 정화 능력이 떨어져서 병들어 말라 죽기도 합니다. 도시의 밤하늘에서 별이 보이지 않는 것도 빛 공해의 영향으로 나타나는 대표적인 현상이죠. 자연 상태의 밤하늘에서는 수천 개의 별과 은하수를 눈으로 분명하게 볼 수 있지만, 빛 공해가 나타나는 지역에서는 밤하늘에서 별빛을 거의 찾아볼 수 없습니다. 빛은 인간의 삶에 꼭 필요한 것이지만 지나친 빛은 에너지 낭비일 뿐만 아니라 사람과 동식물의 생활을 위협합니다. 이제는 밤이 되면 불을 끄고 별을 켜서 사람과 동식물들이 더불어 행복하게 살아갈 수 있는 환경이 되도록 노력해야 합니다.

39 [正解] ❸ 빛 공해로 인해 사람의 건강과 동물에 큰 피해가 있다.

40 [正解] ❷ 빛은 인간의 삶에 긍정적인 영향과 부정적인 영향을 준다.

[39~40] 次を聞いて、質問に答えてください。

女性 では、夜でも昼のように明るく照らす人工照明による困難は、人間と動物だけに限られるものでしょうか?

男性 いいえ、植物も光害を受けています。明るい街灯のそばで長時間光を浴びている街路樹は、紅葉が遅くなり、寿命が短くなります。また、街灯のそばで明るい光を浴びて育った稲は、稲穂が実らず背丈だけが高くなったり、浄化能力が低下して病気で枯れて死ぬこともあります。都市の夜空に星が見えないのも、光害の影響によって生じる代表的な現象です。自然の夜空では、数千個の星と天の川を目ではっきり見ることができますが、光害のある地域では夜空に星の光をほとんど見つけることができません。光は人間が生きるのに絶対に必要なものですが、過剰な光はエネルギーの浪費になるだけでなく、人と動植物の生活を脅かします。これからは夜になったら電気を消して星を輝かせ、人と動植物が共に幸せに生きていける環境になるように努力していかなければなりません。

39 この会話の前の内容として、最も適したものを選んでください。

① 人工照明の発達で光害が始まった。
② 人工照明のせいで、都市で星を見るのが難しくなった。
❸ 光害により、人の健康と動物に大きな被害がある。
④ 日が暮れた後も活動が可能になったのは人工照明のおかげだ。

40 聞いた内容と同じものを選んでください。

① 光害があると、稲が伸びない。
❷ 光は人間の生活に肯定的な影響と否定的な影響を与える。
③ 道端の木々は夜も光を浴びて肯定的な効果がある。
④ 夜に人工照明と星の光を一緒に見ると、より明るくて環境に役立つ。

여자 정도의 차이가 있을 뿐 모든 아이들은 거짓말을 하고, 어른들도 거짓말을 하면서 살아갑니다. 의도적이고 반복적인 경우가 아니면 아이들의 거짓말을 너무 심각하게 받아들일 필요는 없습니다. 아이들의 발달 과정을 보면, 2~3살짜리 아이들은 현실과 공상을 잘 구별하지 못해 "까만 사과를 봤다."라고 말하기도 하고 4~5살 정도 되면 불리한 상황을 피하기 위해, 또 부모의 관심을 끌기 위해 거짓말을 합니다. 6살 이상이 되면 옳고 그름을 구별하게 되지만, 다양한 이유로 거짓말을 합니다. 아이가 거짓말을 하더라도 화를 벌컥 내지 말고 아이가 무엇 때문에 그런 행동을 했는지 차분히 파악해야 합니다. 아이들은 사실대로 말하면 곤란해지는 경우에나 현실에서 부족한 점을 상상 속에서 메우기 위해서 거짓말을 합니다. 따라서 어른들이 아이들에게 거짓말을 할 필요가 없다는 사실을 알 수 있도록 돕고, 평소에 비판적인 어조로 "왜 그렇게 했니?"라는 말을 하지 말아야 아이가 거짓말하는 것을 예방할 수 있습니다. 거짓말 관련 그림책에서 현명한 대처 방법에 대한 힌트를 얻을 수도 있습니다. 그림책을 통해 우리는 아이들이 거짓말을 하는 상황과 그때의 아이 마음을 엿볼 수 있고, 현명하게 문제를 푸는 어른의 모습도 만날 수 있습니다.

41 [正解] ❹ 아이들의 거짓말에 어른들이 현명하게 대처해야 한다.

42 [正解] ❶ 의도적이고 반복적인 거짓말은 심각한 문제다.

女性 程度の差はあっても、子どもはみんな嘘をつくし、大人も嘘をつきながら生きていきます。意図的で、繰り返される場合でなければ、子どもの嘘をあまり深刻に受け止める必要はありません。子どもの発達過程を見ると、2～3歳では現実と空想をうまく区別できないので「黒いリンゴを見た」と言ったり、4～5歳くらいになると不利な状況を避けるため、あるいは親の気を引くために嘘をつきます。6歳以上になると、善悪を区別するようになりますが、様々な理由で嘘をつきます。子どもが嘘をついたとしてもかっと怒らずに、子どもが何のためにそのような行動を取ったのか、じっくりと把握しなければなりません。子どもは、本当のことを話すと困る場合や現実の欠点を想像で埋めるために嘘をつくのです。ですから、大人は子どもに嘘をつく必要はないという事実をわかるように助け、普段から批判的な口調で「どうしてそんなことをしたの」と言うのを控えることで、子どもが嘘をつくのを防ぐことができます。また、嘘に関する絵本から、賢明な対処法についてのヒントを得ることもできます。絵本を通して、私たちは子どもが嘘をつく状況と、そのときの子どもの気持ちを感じ取ったり、賢く問題を解決する大人の姿も見ることができるのです。

41 この講演の主な内容として最も適したものを選んでください。
① 絵本だけが嘘をつく子どもを治すことができる。
② 子どもも大人も嘘をつくのは極めて正常なことだ。
③ 子どもたちの嘘を深刻に受け止めてはいけない。
❹ 子どもたちの嘘に大人たちが賢明に対処しなければならない。

42 聞いた内容と同じものを選んでください。
❶ 意図的で繰り返される嘘は深刻な問題だ。
② 6歳を超えると、正しいことと悪いことを見分けて嘘をつかない。
③ 大人は子どもに嘘をつかないように叱らなければならない。
④ 4～5歳の子どもたちは現実と空想を見分けられないため嘘をつく。

[43~44] 다음을 듣고 물음에 답하십시오.　　▶ P. 64

남자 동물에 비해 뛰어난 인간의 학습 능력이 선천적인 것인
　　지, 환경적 영향인지에 대한 의견은 아직도 일치된 결론
　　이 없습니다. 이것을 좀 더 알아보고자 11개 나라의 과
　　학자들이 모여 30살 이상 남녀 120만 명을 대상으로 학
　　습 능력과 유전자의 상관관계를 분석했습니다. 먼저 학
　　업 능력의 차이에 영향을 주는 유전자 1,302개를 찾았
　　는데, 이들 중에 일부는 치매나 조현병 등 정신 질환과
　　관계가 있다는 사실을 밝혀냈습니다. 하지만 유전자의
　　차이만으로 성적이 좋고 나쁜 것과, 명문 대학 진학 여
　　부는 예측하기가 어려웠습니다. 그보다는 각 가정의 경
　　제적 여건이나 학습 환경 등이 더 큰 변수가 되는 것으
　　로 나타났습니다. 게다가 뇌는 여러 가지 경험이나 자
　　극, 환경에 따라 달라질 수 있어서 유전자보다는 노력에
　　의해 공부를 잘하는지 못하는지가 결정될 가능성이 더
　　큽니다. 부모님부터 TV와 스마트폰을 과감히 끄고, 아
　　이들과 같이 책을 읽으면 아이들도 자연스럽게 공부를
　　즐기고 학습 능력이 향상되지 않을까요?

43 正解 ❸ 아이들이 집중해서 공부할 수 있는 환경을 만들
　　어 주는 게 중요하다.

44 正解 ❹ 부모가 먼저 TV와 스마트폰을 끄고, 아이들과 같
　　이 책을 읽어야 한다.

[43~44] 次を聞いて、質問に答えてください。

男性 動物と比べて優れた人間の学習能力が、
　　先天的なものか環境的な影響なのかにつ
　　いての意見は、未だに一致した結論が出て
　　いません。これをさらに調べてみようと11
　　か国の科学者たちが集まり、30歳以上の
　　男女120万人を対象に、学習能力と遺伝子
　　の相関関係を分析しました。まず学習能
　　力の差異に影響する遺伝子が1,302個見
　　つかりましたが、この中の一部は認知症や
　　統合失調症などの精神疾患と関係がある
　　という事実を突き止めました。しかし、遺
　　伝子の違いだけでは、成績の良し悪しや
　　名門大学への進学の可否を予測すること
　　は困難でした。それよりは、各家庭の経済
　　的条件や学習環境などが、より大きな変
　　数になることがわかりました。その上、脳
　　は様々な経験や刺激、環境によって変化
　　し得るので、遺伝子よりは努力によって勉
　　強ができるかできないかが決まる可能性
　　がより高いです。親が自らテレビとスマー
　　トフォンを積極的にオフにして、子どもた
　　ちと一緒に本を読めば、子どもたちも自然
　　に勉強を楽しんで、学習能力が向上するの
　　ではないのでしょうか？

43 何についての話なのか適したものを選んで
　　ください。
　　① 脳は様々な経験や刺激、環境によって変
　　　わることができる。
　　② 人間の学習能力が先天的なものなのか、
　　　環境的な影響なのかはまだ分からない。
　　❸ 子どもたちが集中して勉強できる環境を
　　　作ることが重要だ。
　　④ 学習能力の劣る子どもに、勉強ができな
　　　いと叱ってはいけない。

44 学習能力を進化させる方法として正しいも
　　のを選んでください。
　　① 遺伝子の相関関係を分析しなければな
　　　らない。
　　② 認知症や統合失調症などの精神疾患を
　　　事前に防がなければならない。
　　③ 誰に似ているか正しく判断することが様
　　　々な経験より重要だ。
　　❹ 親が先にテレビやスマホの電源を切っ
　　　て、子どもたちと一緒に本を読まなけれ
　　　ばならない。

여자 태풍은 적도에서 발생하여 북서태평양부터 동아시아까지 부는 큰 바람과 비입니다. 주로 7, 8, 9월에 집중적으로 발생하는데, 혼동하지 않기 위해 이름을 붙입니다. 이름을 붙이기 시작한 것은 제2차 세계 대전 이후 호주의 예보관들이었는데, 처음에는 싫어하는 정치가의 이름을 붙였다가 점차 자신의 여자 친구나 아내의 이름을 붙였습니다. 1978년부터는 남자와 여자의 이름을 번갈아 붙였습니다. 그러다가 2000년부터 아시아-태평양 지역의 태풍 위원회를 만들어 14개 회원국이 10개씩 제출한 이름을 차례로 붙이게 되었습니다. 태풍의 이름 중에 한국어로 된 이름이 더 많다고 느끼는 이유는 14개 국가 중에 한국과 북한이 들어있어서 한국어 이름이 다른 나라보다 2배 많기 때문입니다. 140개 이름 중에 실제로 큰 피해를 일으킨 이름은 다른 이름으로 대체하기도 합니다. 다시는 그런 피해가 안 생기기를 바라는 마음이 있기 때문입니다.

45 正解 ❹ 다시 피해가 안 생기기를 위해서 큰 피해가 있던 태풍의 이름을 바꾸기도 한다.

46 正解 ❷ 태풍의 이름이 만들어지는 방식을 설명하고 있다.

女性 台風は赤道上に発生し、北西太平洋から東アジアにかけて吹く大きな風雨です。主に7月、8月、9月に集中して発生しますが、混同しないために名前をつけます。名前をつけ始めたのは第二次世界大戦後、オーストラリアの気象予報士でしたが、最初は嫌いな政治家の名前をつけられた名前がより多く感じる理由は、14か国の中に韓国と北朝鮮が入っていて、韓国語の名前が他の国より倍多いからです。140個の名前のうち、実際に大きな被害をもたらした台風の名前は、他の名前に代替することもあります。二度とそのような被害が出ないことを願う気持ちのためです。

45 聞いた内容と同じものを選んでください。

① 台風の名前に韓国の名前がもっと多いわけではない。
② 台風の名前は最初から2000年までずっと女性の名前だった。
③ 今、台風に名前をつけることは嫌いな政治家をからかうことだ。
❹ 二度と被害が生じないことを願って、大きな被害があった台風の名前を変えることもある。

46 女性の話し方として適したものを選んでください。

① 台風が発生する原因を分析している。
❷ 台風の名前の作り方を説明している。
③ 台風に備えるために14か国の協力を訴えている。
④ 台風が通過する14か国で発生した被害を比較している。

[47~48] 다음을 듣고 물음에 답하십시오.   ▶ P. 66

여자 야생동물들이 갑자기 대도시에 나타나면서 여러 가지 사고가 나고 있습니다. 시민들이 야생동물들에 물려 부상하거나 사망하는 사고까지 있는데 어떻게 하면 이런 사고를 줄일 수 있을까요?

남자 도로와 건물 등 도시 환경이 확장되면서 야생동물들이 살 수 있는 '야생'의 환경이 줄어든 것이 가장 큰 원인입니다. 인간이 야생을 먼저 공격한 셈이지요. 잦아지는 야생동물이 도시에 나타나는 피해를 줄이기 위한 노력도 중요하지만 인간이 자연과 공존할 방법을 모색해야 합니다. 예를 들면 동물이 살 수 있는 공간을 침범하지 않고, 그들의 이동 통로도 만들어 주는 것입니다. 산을 찾는 사람들이 밤이나 도토리 같은 동물들의 먹이를 주워 가지 않고 불법적인 사냥도 금지해서 동물들이 자연 그대로 살아가게 보호해야 합니다.

47 [正解] ❶ 동물들이 자연 그대로 살도록 보호해야 한다.

48 [正解] ❷ 야생 동물과의 공존 방향을 제시하고 있다.

[47~48] 次を聞いて、質問に答えてください。

女性 野生動物が突然、大都市に出現し、様々な事故が起きています。住民が野生動物に噛まれてけがをしたり、死亡したりする事故もあるようですが、どうしたらこのような事故を減らすことができるでしょうか？

男性 道路や建物などの都市環境が拡張され、野生動物が生息できる「野生」の環境が縮小していることが最も大きな原因です。人間が野生を先に攻撃してしまったわけです。頻繁に野生動物が都市に現れる被害を減らすための努力も大切ですが、人間が自然と共存する方法を模索しなければなりません。例えば、動物が住める空間に侵入しない、動物のための移動通路も作ってあげるなどです。山を訪れる人たちが栗やどんぐりのような動物たちの食べ物を拾わず、不法な狩猟も禁止して、動物たちが自然のまま生きていけるように保護しなければなりません。

47 聞いた内容と同じものを選んでください。

❶ 動物たちが自然のまま生きるように保護しなければならない。
② 野生動物が先に人間を攻撃し始めた。
③ 都市をさらに拡張することで、動物たちの攻撃を防ぐことができる。
④ 食べ物が多くなると、動物たちが都市にもっと出てくるようになる。

48 男性の話し方として適したものを選んでください。

① 野生動物の種類を分類している。
❷ 野生動物と共存できる方向性を示している。
③ 都市に現れる野生動物を批判している。
④ 野生動物による事故を防げなかった政府に怒っている。

解答・解説 **215**

解答・解説 | PART 2

[49~50] 다음을 듣고 물음에 답하십시오.　▶ P. 67

남자　여러분 흰색 좋아하세요? 흰색은 깨끗하고 순수한 이미지를 나타내는 색인데요. 하지만 본인의 의지와는 다르게 몸이 흰색으로 태어나는 동물들도 있습니다. 이를 알비노라고 하는데, 알비노는 선천적으로 색채가 결핍된 증상을 보이는 유전병입니다. 검은색 색소인 멜라닌 색소를 만드는 유전자에 이상이 생겨서 털이 희고, 피부가 연한 상태로 태어나는 것입니다. 알비노 동물이 출현할 확률이 적다 보니 예로부터 사람들이 길한 징조로 여기거나 일부 지역에서는 흉조로 여기기도 했습니다. 그렇다면 알비노라는 특성은 동물들에게 어떤 영향을 줄까요? 동물들의 색은 생존을 위한 보호색일 수 있기 때문에 생존과 직결됩니다. 그렇기 때문에 알비노 동물은 개체 수가 매우 적고, 생존율이 낮으며, 특히 야외 활동을 해야 하는 육식동물들은 생존 능력이 매우 떨어집니다. 게다가 알비노 동물들은 사람들의 눈에 띈다는 이유로 가족들과 떨어져 평생을 갇혀서 사는 경우가 많습니다. 이를 방지하기 위해서 사람들은 알비노 동물을 구경거리로 삼지 않고 자신의 서식지에서 잘 살아갈 수 있도록 도와야 합니다.

49　正解　❶ 알비노 동물은 태어날 때부터 몸이 흰색이다.

50　正解　❹ 알비노의 정의와 생존의 불리함에 관한 인과 관계를 설명하고 있다.

[49~50] 次を聞いて、質問に答えてください。

男性　みなさん、白色は好きですか？　白は、清潔で純粋なイメージを表す色です。しかし、自分の意思に反して体が白く生まれてくる動物もいます。これはアルビノといい、先天的に色素が欠乏した症状を見せる遺伝性の疾患です。黒い色素であるメラニン色素を作る遺伝子に異常が起こり、毛が白く、肌が薄い状態で生まれるのです。アルビノ動物が出現する確率が低いため、昔から人々が吉兆と考えたり、一部の地域では凶兆と考えたりしていました。すると、アルビノという特性は動物たちにどのような影響を与えるのでしょうか？動物の色は生存のための保護色である可能性があるため生存と直結します。そのため、アルビノ動物は個体数が非常に少なく、生存率が低く、特に野外活動をしなければならない肉食動物は生存能力が大きく低下します。その上、アルビノ動物は人々の目につくという理由で家族と離れて、一生閉じ込められて生きる場合が多いです。これを防止するために、人々はアルビノ動物を見世物にせず、自分の生息地でうまく生きていけるように助けなければなりません。

49　聞いた内容と同じものを選んでください。

　❶ アルビノ動物は生まれた時から体が白い。
　② アルビノ動物はいつも良い兆候だと思われ歓迎される。
　③ アルビノ動物は出現確率が高くてあまり珍しくない。
　④ 白い動物は弱肉強食の世界で有利なため生存率が高い。

50　男性の話し方として適したものを選んでください。

　① アルビノ症状を予防する方法を提示している。
　② アルビノ症状のある人と動物の違いを比較している。
　③ 動物の種類とアルビノの特徴について相関関係を分析している。
　❹ アルビノの定義と生存の不利さに関する因果関係を説明している。

ライティング問題文の翻訳

[51~52] 다음 글의 ㉠과 ㉡에 알맞은 말을 각각 쓰시오.
▶ P. 68~69

51

> **안 내**
> 주민 여러분께 알려 드립니다.
> 아파트 단지 내 나무들의 해충 방제를 위해 소독을 실시
> 하니, 다소 불편하시더라도 (㉠).
> 소독 시 어린이나 노약자 등은 이동을 자제해 주십시오.
> 5층 이하 저층 세대는 소독 시 창문을 닫아 주시기 바랍니
> 다.
> 소독 당일 비가 오면 작업 일정이 (㉡).
> 작업 일시: 9월 2일 (수) 오후 3시~5시까지
> 꽃마을 아파트 관리소장

[正解] ㉠ 협조해 주시기 바랍니다 / 협조해 주십시오
(ご協力くださいますようお願いいたします / ご協力ください)

㉡ 취소될 수 있습니다 / 취소됩니다
(中止になる場合があります / 中止になります)

52

> 선물은 받는 사람에 대해 생각하는 마음이 들어 있어서
> 좋다. 하지만 당장 쓸모없는 물건보다는 (㉠) 선물이
> 더 반갑다. 따라서 선물을 고를 때는 받을 사람이 필요한
> 것이 무엇인지 추측해야 한다. 그리고 주는 사람의 마음
> 을 더 잘 드러내는 포장도 중요하다. 받는 사람은 내용물
> 보다 (㉡) 주는 사람의 마음을 먼저 읽게 되기 때문이
> 다.

[正解] ㉠ 받는 사람에게 필요한 / 요긴한
(受け取る人に必要な / 肝要な)

㉡ 포장을 통해 / 포장으로 (包装を通して / 包装で)

[53] 다음은 50세 이상 성인 500명을 대상으로 '추석에 자식들
과 얼마나 오랜 시간을 함께 보내고 싶은가?'라는 질문에
대한 설문 조사 자료이다. 이 내용을 200~300자의 글로
쓰시오. 단, 글의 제목은 쓰지 마시오.
▶ P. 70~71

[51~52] 次の文章の空欄に適切な語句をそれぞ
れ書き入れてください。

51

> **お知らせ**
> 住民の皆様へお知らせです。
> アパート団地内の樹木の害虫駆除のた
> め、消毒を行いますので、多少ご迷惑を
> おかけしますが(㉠)。
> 消毒の際、お子様や病人、高齢者の方な
> どは、移動を控えてください。
> 5階以下のご家庭は、消毒の際は窓を
> 閉めてくださいますようお願いいたしま
> す。
> 消毒当日に雨が降った場合の作業日程
> は(㉡)。
> 消毒日時：9月2日(水)　午後3時~午後
> 　　　　　5時頃まで
> フラワービレッジ・アパート管理所長

52

> 贈り物は、受け取る相手を思いやる気持
> ちが込められているからこそ、良いもの
> だ。しかし、今すぐ役に立たない品物より
> は、(㉠) 贈り物の方が喜ばれる。だか
> ら、贈り物を選ぶときは、相手が必要と
> しているものが何かを推測しなければな
> らない。そして、贈る人の気持ちがよりよ
> く伝わる包装が重要だ。贈られた人は中
> 身よりも(㉡) 贈る人の気持ちをまず
> 汲み取るからだ。

[53] 以下は、50歳以上の成人500人を対象に「秋
夕に子どもたちとどれだけ長い時間を一緒に
過ごしたいですか？」という質問に対するアン
ケート調査の資料だ。内容を200~300字
の文章で書きなさい。ただし、文章のタイト
ルは書かないでください。

解答・解説 | PART 2

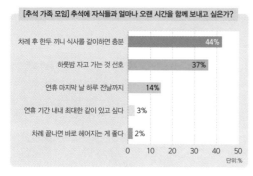

[추석 가족 모임] 추석에 자식들과 얼마나 오랜 시간을 함께 보내고 싶은가?

차례 후 한두 끼니 식사를 같이하면 충분	44%
하룻밤 자고 가는 것 선호	37%
연휴 마지막 날 하루 전날까지	14%
연휴 기간 내내 최대한 같이 있고 싶다	3%
차례 끝나면 바로 헤어지는 게 좋다	2%

단위:%

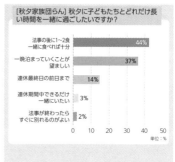

[秋夕家族団らん] 秋夕に子どもたちとどれだけ長い時間を一緒に過ごしたいですか？

法事の後に1～2食一緒に食べれば十分	44%
一晩泊まっていくことが望ましい	37%
連休最終日の前日まで	14%
連休期間中できるだけ一緒にいたい	3%
法事が終わったらすぐに別れるのがよい	2%

単位：%

正解 ▶ P. 195

---

[54] 다음을 참고하여 600~700자로 글을 쓰시오. 단, 문제를 그대로 옮겨 쓰지 마시오. ▶ P. 72

> 사이버 공간에 있는 자신의 정보를 지울 수 있는 '잊힐 권리'에 대한 논쟁이 한창입니다. 사생활 보호 차원에서 적극적으로 도입해야 한다는 찬성 논리와 정치인, 범죄자의 신분 세탁에 악용될 수 있다는 반대 논리가 팽팽히 맞서고 있습니다. 이에 대한 여러분의 의견을 정리해서 쓰십시오.
> - 잊힐 권리를 찬성하는 쪽: 사생활 보호를 위해서 필요하다.
> - 잊힐 권리를 반대하는 쪽: 정치인, 범죄자의 신분 세탁에 악용될 수 있다.

54 以下を参考に、600～700字で文章を書きなさい。ただし、問題文をそのまま書き写さないでください。

> サイバー空間にある自分の情報を削除できる「忘れられる権利」をめぐって論争が起きています。プライバシー保護の次元で積極的に導入すべきという賛成の論理と、政治家や犯罪者の身分洗濯に悪用され得るという反対の論理が激しく対立しています。これに対する皆さんの意見を整理して書いてください。
> ・忘れられる権利に賛成する側：プライバシー保護のために必要だ。
> ・忘れられる権利に反対する側：政治家、犯罪者の身分洗濯に悪用される可能性がある。

正解 ▶ P. 195~196

リーディング問題文の翻訳

▶ P. 73

[1~2] (　)에 들어갈 말로 가장 알맞은 것을 고르십시오.

1 생선은 비린내 때문에 맛없다고 하는데, 그것도 다
(　　　)

正解 ❹ 요리하기 나름이다.

2 경찰의 오랜 (　　　), 투신자살하려던 사람이 다리에서
내려왔다.

正解 ❶ 설득 끝에

▶ P. 74

[3~4] 밑줄 친 부분과 의미가 가장 비슷한 것을 고르십시오.

3 어젯밤에 중요한 <u>손님을 만나서</u> 가족 모임에 참석하지 못
했다.

正解 ❸ 손님을 만나느라고

4 환자들이 고통을 <u>참을 수 없어서</u> 결국 소리를 지르기도
한다.

正解 ❷ 참다 못해

▶ P. 75

[5~8] 다음은 무엇에 대한 글인지 고르십시오.

5 책 속에는 지식의 나이테가 있습니다.

正解 ❶ 독서

6 2박 요금으로 3박을 즐길 수 있는 절호의 기회!

正解 ❸ 호텔

[1~2] 空欄に入る最も適切なものを選んでくださ
い。

1 魚は生臭いにおいのためにおいしくないと
いわれているが、それもすべて (　　　)

① 料理したりする。
② 料理しそうだ。
③ 料理しがちだ。
❹ 料理によりけりだ。

2 警察の長い (　　　)、飛び降り自殺をしよう
とした人が橋から下りてきた。

❶ 説得の末に
② 説得しても
③ 説得した反面
④ 説得にもかかわらず

[3~4] 下線部と意味が最も近いものを選んでくだ
さい。

3 昨夜は大事な<u>お客さんに会ったので</u>、家族
の集まりに参加できなかった。

① お客さんに会ったら
② お客さんに会ったまま
❸ お客さんに会うために
④ お客さんに会えなくて

4 患者は苦痛を<u>我慢することができず</u>、結局、
大声を出したりもする。

① 我慢する限り
❷ 我慢できず
③ 我慢する気がして
④ 我慢するほど

[5~8] 次は何についての文か選んでください。

5 本の中には、知識の年輪があります。

❶ 読書
② 出産奨励
③ 受講案内
④ 試験情報

6 2泊の料金で3泊を楽しむことができる絶好
の機会！

① 食堂
② 肥満
❸ ホテル
④ コンサート

7 안아 주세요, 당신의 배낭… 버스, 지하철이 편해집니다.

　　正解 ❹ 가방 앞으로 매기

8 크고 작은 어떤 먼지도 쉽고 빠르게 남김 없이 흡입합니다. 손이 닿기 힘든 가구 위, 아래까지도 깨끗하게 해 줍니다.

　　正解 ❹ 진공청소기

---

7 抱えてください、あなたのリュック...バス、地下鉄が楽になります。

　① カバンを販売する
　② 席を譲る
　③ 子どもの世話をする
　❹ カバンを前面にかける

8 大小どんなほこりも簡単に素早く残さずに吸い込みます。手の届きにくい家具の上、下までキレイにします。

　① 洗濯機
　② 乾燥機
　③ 空気清浄機
　❹ 真空掃除機

[9~12] 다음 글 또는 그래프의 내용과 같은 것을 고르십시오.

▶ P. 76~79

9

정기 구독 신청 안내

정기 구독을 신청하시면 세 가지 혜택과 두 가지 기쁨이 있습니다.

혜택 하나, 정기 구독 선물을 드립니다.

혜택 둘, 구독료를 5천 원 할인해 드립니다.

혜택 셋, 구독 기간 중에 책값이 인상되더라도 추가 금액을 내지 않습니다.

기쁨 하나, 내 마음에 좋은 생각이 쌓여 갑니다.

기쁨 둘, 소중한 분들에게 기증을 하시면 365일 즐거움을 선물할 수 있습니다.

정기 구독은 책 뒷장에 있는 정기 구독 신청 엽서를 작성해 우체통에 넣거나, 전화, 팩스, 인터넷 홈페이지를 통해 신청하시면 됩니다.

－ 우편 접수처: 서울 ○○○우체국 사서함 203호

－ 전화 접수: 02-2587-9431

－ 팩스 접수: 02-2587-9437

　　正解 ❹ 다른 사람들에게 이 책을 기증하면 받은 사람들이 즐거워할 것이다.

[9~12] 次の文章またはグラフの内容と一致するものを選んでください。

9

定期購読お申し込みのご案内

定期購読をお申し込みいただくと、3つの特典と2つのお楽しみがあります。

特典1：定期購読のプレゼントを差し上げます。

特典2：購読料を5千ウォン割引します。

特典3：購読期間中に書籍の価格が引き上げられたとしても、追加金額はお支払いいただきません。

お楽しみ1：心に良い考えが蓄積されます。

お楽しみ2：大切な人に寄贈すれば、365日、楽しみを贈ることができます。

定期購読は、書籍の裏面にある定期購読申込はがきを作成してポストに入れていただくか、電話、ファックス、インターネットのホームページからお申し込みいただけます。

- 郵便受付所：ソウル ○○○私書箱203号

- 電話番号：02-2587-9431

- ファックス番号：02-2587-9437

① 定期購読しても本の値段は変わらない。
② 定期購読する方法は郵便局を利用する方法だけだ。
③ 購読期間中に本の値段が上がると、その金額を別途払わなければならない。
❹ 他の人にこの本を寄贈すれば、受け取った人たちは喜ぶだろう。

제 15회 에너지의 날

불을 <u>끄고</u>
별을 보자

밤하늘의 별 잔치
2022년 8월 24일(수)
오후 2시 광화문 광장
모두 참여해 주세요.
– 전국 동시 소등 21:00~21:05 (5분 동안)
– 에어컨 설정 온도 2도 올리기 14:00~15:00 (1시간)

正解 ❶ 밤에 전깃불을 끄면 별을 볼 수 있다.

11 당신은 진짜 미소와 가짜 미소를 구별할 수 있는가? 영국의 한 교수는 상대의 눈을 보라고 한다. 미소를 지을 때 잔주름이 많으면 진짜 미소라고 한다. 또 다른 교수는 입과 눈 주변의 근육이 함께 움직이면 진짜라고 한다. 서양 사람들은 여성이 가짜 미소를 더 잘 알아낸다고 하는데, 실험을 해 보니 가짜와 진짜 미소를 구별하는 능력이 남자는 71%, 여자는 72%로 비슷했다. 상대방의 미소가 진짜인지 가짜인지 알면 사회생활이 훨씬 편할 것이다. 꾸준히 노력하면 진짜 미소와 가짜 미소를 구별하는 능력이 향상된다고 하니 계속 노력해 보자.

正解 ❹ 여성과 남성이 가짜 미소와 진짜 미소를 구별하는 능력은 별 차이가 없다.

第15回「エネルギーの日」

電気を消して
星を見よう

夜空の星祭り
2022年8月24日(水)
午後2時 光化門広場
皆さんご参加ください。
- 全国同時消灯 21:00~21:05 (5分間)
- エアコンの設定温度を2度上げる
　14:00~15:00 (1時間)

❶ 夜に電気を消すと星を見ることができる。
② エネルギーの日は、今年始まった日だ。
③ 8月24日、地域によって電気を消す時間が異なる。
④ もっと涼しくなるためにエアコンの設定温度を2℃上げる。

11 あなたは本物の笑顔と偽物の笑顔を区別できるのか？　イギリスのある教授は、相手の目を見るようにと言う。笑みを浮かべるときに小じわが多いと本当の笑顔だという。また、別の教授は、口と目の周りの筋肉が一緒に動けば本物だという。西洋人は女性の方が偽物の笑顔がもっとよくわかると言うが、実験をしてみると、偽物と本物の笑顔を区別する能力が男性は71%、女性は72%で同じようだった。相手の笑顔が本物なのか偽物なのかわかれば、社会生活がはるかに楽になるだろう。地道に努力すれば、本物の笑顔と偽物の笑顔を区別する能力が向上するというから、引き続き努力してみよう。

① 笑うとき、小じわが多くなると本当の笑顔ではない。
② 努力し続けても本物と偽物の笑顔を区別できない。
③ 本物の笑顔と偽物の笑顔の区分は、社会生活に全く影響がない。
❹ 偽物の笑顔と本物の笑顔を区別する能力は、女性と男性があまり変わらない。

12 만약 나무에 올라가는 능력으로 물고기의 재능을 평가한다면 물고기는 어떻게 될까? 아마 물속에서 헤엄치는 것을 포기하고, 자신이 재능이 없다고 여기며 남은 인생을 살게 될 것이다. 모든 사람은 사실 천재가 될 수 있다. 다만 자신이 잘하는 것이 무엇인지 아직 찾지 못한 것뿐이다. 그것이 많은 사람들이 천재인데도 불구하고 바보로 살아가는 이유이다. 당신이 나무에 올라갈 때 행복한지 물속에서 헤엄칠 때 행복한지 알게 된다면 당신도 천재가 될 수 있다.

正解 ❸ 자신이 어디에서 행복한지 알면 천재가 될 수 있다.

12 もし木に登る能力で魚の才能を評価したら、魚はどうなるだろうか？　おそらく水中で泳ぐことをあきらめて、自分は才能がないと思って残りの人生を送ることになるだろう。すべての人が実は天才になれるのだ。ただ、自分が得意なことが何なのか、まだ見つけられていないだけだ。それが、多くの人が天才であるにもかかわらず、馬鹿として生きていく理由だ。あなたが木に登るときに幸せなのか、水中で泳ぐときに幸せなのかを知れば、あなたも天才になれる。

① 水の中で幸せな人は天才だ。
② 天才とバカは全く別人だ。
❸ 自分がどこで幸せなのかを知ると天才になれる。
④ 魚は泳ぐより木に登ることが得意だ。

[13~15] 다음을 순서에 맞게 배열한 것을 고르십시오.
▶ P. 80~81

[13~15] 次を順番に正しく並べたものを選んでください。

13 (가) 그래서 개가 안정된 느낌을 받을 수 있는 훈련을 지속적으로 진행한다.
(나) 점차 규칙적인 식사를 하게 되면서 개는 더 이상 식탐을 부리지 않게 되는 것이다.
(다) 식탐이 많은 개를 훈련시킬 때 가장 중요한 방법은 불안감을 줄여 주는 것이다.
(라) 정해진 시간에 개에게 충분한 음식을 공급해서 언제든지 먹을 수 있다는 걸 알려 준다.

正解 ❷ (다) - (가) - (라) - (나)

14 (가) 그러므로 좋은 성적을 받으려면 어휘 실력은 필수적으로 갖춰야 한다.
(나) 이것이 모여 문장이 되고 문장이 모여 글이 되기 때문이다.
(다) 공부에서 가장 기본적인 도구이자 밑천은 어휘이다.
(라) 모든 과목에서 어휘력이 부족하면 내용 이해에 어려움이 생긴다.

正解 ❹ (다) - (나) - (라) - (가)

15 (가) 과거에는 사람에게 귀여움을 받고 즐거움을 준다는 의미에서 애완동물로 불렸다.
(나) 애완동물은 인간이 주로 즐거움을 누리기 위한 대상으로 사육하는 동물이다.
(다) 요즘은 사람과 더불어 살아가는 반려자라는 인식이 확산되면서 반려동물이라고 부른다.
(라) 사람이 정서적으로 의지하기 위해 집에서 기르는 동물이라는 뜻이다.

正解 ❷ (나) - (가) - (다) - (라)

13 (가) そのため、犬が安定した感じを受けられる訓練を持続的に行う。
(나) 徐々に規則正しい食事をするようになり、犬は食い意地を張らなくなるのだ。
(다) 食い意地の多い犬を訓練する際、最も重要な方法は不安を減らすことだ。
(라) 決まった時間に犬に十分な食べ物を与えて、いつでも食べられるということを知らせてあげる。

14 (가) したがって、良い成績を取るためには、語彙力は必須でならなければならない。
(나) これが集まって文になり、文が集まって文章になるからだ。
(다) 勉強で最も基本的な道具であり、その元は語彙だ。
(라) すべての科目で語彙力が不足すれば内容を理解するのに困難が生じる。

15 (가) かつては人に可愛がられ、楽しさを与えるという意味でペット（愛玩動物）と呼ばれていた。
(나) ペットは人間が主に楽しさを享受するための対象として飼育する動物だ。
(다) 最近は人と共に生きていく伴侶という認識が広がり、伴侶動物と呼ぶ。
(라) 人が情緒的に頼るために家で育てる動物という意味だ。

16 한국에는 '책거리' 또는 '책씻이'라고 하는 책례가 있다. 아이가 서당에서 책 한 권을 다 배운 후 그동안 가르쳐 준 스승님께 감사드리고 같이 공부한 친구들과 자축하는 일종의 의례다. 이 책례 때는 깨나 콩, 팥 등으로 소를 채운 송편을 준비하는데, 속이 가득 찬 떡처럼 아이도 학문으로 자신을 가득 채우라는 의미가 들어 있다. 오늘날의 ( ) 책례의 자취를 찾아볼 수 있는데, 아이가 학문적으로 발전한 것을 부모가 축하하고 스승의 수고에 감사의 마음을 전할 때 전통적인 책례의 의미가 현대에서도 이어질 것이다.

正解 ❷ 졸업식과 입학식에서

17 '흰곰 효과'라는 게 있다. 미국의 심리학자가 실험 참가자를 두 패로 나누어서 한 쪽은 "흰곰을 생각하지 말고 계속 말하라."라고 요구했다. 다른 쪽에는 반대로 "이야기하되 흰곰을 떠올려도 된다."라고 했다. 결과는 ( ) 더 자주 흰곰을 생각한 것으로 나타났다. 하면 안 된다는 강박 관념이 낳은 모순이다.

正解 ❸ 금지당한 쪽이

18 밖으로 책 대출이 절대 불가능한 도서관이 있습니다. 심지어 책을 훼손하면 큰 책임까지 져야 합니다. 게다가 이곳의 책은 예약을 하지 않거나, 지정된 날이 아니면 읽을 수 없습니다. 대출 시간은 겨우 50분에 불과합니다. 도서관이 참 까다롭다고 불평하며 기다리다 보면 아주 신기한 일이 벌어집니다. 갑자기 한 사람이 나타나서 이렇게 이야기합니다. "반갑습니다. 대출하신 책의 저자 곽영진입니다." 기다리고 있던 건 종이로 만든 책이 아닌 사람입니다. 이 도서관에 있는 책은 '글자 책'이 아니라 대여한 책(사람)과 ( ) 저자의 인생과 경험을 듣고 교감하는 '사람 책'입니다.

正解 ❹ 마주 앉아 대화를 나누면서

16 韓国には、「チェッコリ (打ち上げ)」や「チェクシシ」と呼ばれる本の儀式がある。子どもが寺子屋で本1冊をすべて学んだ後、これまで教えてくれた先生に感謝し、一緒に勉強した友人たちと祝う一種の儀式だ。この冊礼のときにはゴマや豆、小豆などで具を詰めたソンピョン (松餅) を準備するが、中身が詰まった餅のように子どもも学問で自分をいっぱいに満たせという意味が込められている。今日の ( ) 冊礼の名残を見つけることができるが、子どもが学問的に発展したことを両親が祝い、先生の苦労に感謝の気持ちを伝えるとき、伝統的な冊礼の意味が現代にも受け継がれているのだろう。

① タルチュム (仮面舞踏) とサムルノリ (民俗音楽の一種) で
❷ 卒業式と入学式で
③ 結婚式と葬式で
④ 旧正月と中秋に

17 「シロクマ効果」というのがある。アメリカの心理学者が実験参加者を2つのグループに分け、一方には「シロクマのことを考えずに話し続けなさい」と要求した。もう一方には、反対に「話していいし、シロクマのことを考えてもいい」と言った。その結果、( ) より頻繁にシロクマのことを考えていることがわかった。してはいけないという強迫観念が生んだ矛盾なのだ。

① シロクマたちが
② 心理学者が
❸ 禁止された方が
④ シロクマを思い浮かべてもいい方が

18 外への本の貸し出しが絶対に不可能な図書館があります。ひどく本を傷つければ大きな責任まで負わなければなりません。さらに、ここの本は予約をしていないか、指定された日でなければ読めません。貸し出し時間はわずか50分です。図書館が本当にうるさいと不平を言いながら待っていると、とても不思議なことが起こります。突然一人の人が現れてこのように話します。「お会いできて嬉しいです。貸し出した本の著者クァク・ヨンジンです」。待っていたのは紙で作った本ではなく人だったのです。この図書館にある本は「文字の本」ではなく、借りた本(人)と ( ) 著者の人生と経験を聞いて交感する「人の本」です。

① 紙をめくりながら
② SNSで連絡しながら
③ 一緒に本を選びながら
❹ 向かい合って座って会話を交わしながら

회사에서 잘려도 자본금 한 푼 없이 시작할 수 있는 사업이
하나 있다. (　　) 전업 작가다. 일본의 한 교수는 나이 마흔
이 된 1996년에 처음 소설을 썼다. 평소에 장난감 로봇 수집
이 취미인데, 교수 월급으로는 취미 생활을 하는 데 한계가
있었다. 용돈이나 좀 벌어 보려고 늦깎이 작가가 되었다. 이
후 19년간 278권의 책을 쓰고, 인세로만 약 155억 원을 벌었
다. 소설가가 되려면 이렇게 하라, 저렇게 하라는 기존의 방
법에 미혹돼서는 안 된다. 여하튼 자기 작품을 쓰면 된다. '어
떻게 쓸까'가 아니라 '어쨌든 쓴다'는 것이 중요하다. 어떤 분
야든 일을 잘하는 정해진 방법은 없다. 자신의 색깔대로 해
나가는 게 중요하다. 인생의 행복은 꾸준한 시도 끝에 찾아오
는 우연한 성공에서 나오는 것 같다.

19　正解　❸ 바로

20　正解　❸ 꾸준히 노력하면 어떻게든 성공할 수 있다.

会社からクビにされても資本金が一銭もなくて
も始められる事業が一つある。(　　) 専業作家
だ。日本のある教授は40歳になった1996年に初
めて小説を書いた。普段はおもちゃのロボット収
集が趣味だが、教授の月給では趣味生活をする
のに限界があった。お小遣いでも稼ごうと遅咲き
であれ、仕事がうまくいくことに決まった方法はない。
の作家になったのだ。以後19年間、278冊の本を
書き、印税だけで約155億ウォンを稼いだ。小説
家になるのであれば、こうしろ、ああしろという
従来の方法に惑わされてはならない。とにかく自
分の作品を書けばいい。「どのように書くか」で
はなく「とにかく書く」ことが重要だ。どんな分野
であれ、仕事がうまくいくことに決まった方法はない。
自分の色に合わせてやっていくことが重要だ。人
生の幸せは、たゆまぬ試みの末に訪れる偶然の
成功から生まれるようだ。

19 (　　)に入る単語として最も適したものを選
んでください。

　① やっと
　② どうか
　❸ まさに
　④ ついに

20 上記の文章のテーマとして最も適したもの
を選んでください。

　① あらゆる分野には仕事ができる方法があ
　　る。
　② 資本金なしで始める事業を探さなければ
　　ならない。
　❸ 地道に努力すれば何としても成功できる。
　④ 小説家になるためには書き方が重要だ。

유럽이나 북미 같은 백인 중심의 국가들을 여행하다 보면, 한
국인들은 종종 다른 민족 사람들이 보내는 인종 차별적인 시
선을 받아 본 적이 있을 것이다. 자신이 그러한 입장이 되고
나면 (　　)고 우리가 피부색이 다르거나 다른 나라에서 온
사람들을 차별했던 것이 얼마나 교만하고 부끄러운 행동인지
깨닫게 된다. 사람들은 자신이 속해 있는 가족, 친구, 단체,
민족 같은 1차 집단을 선호하고 이와 다른 집단에 대해서는
차별하거나 무시하는 경향이 있다. 그래서 사람들의 주관적
판단만을 기준으로 한 차별이나 무시가 얼마나 자의적인 것
인지 자신이 경험하기 전에는 잘 모른다. 정작 내가 그런 일
을 당한 후에야 비로소 다른 사람이 어떤 기분이었을지 역지
사지로 깨닫게 되고 보편적 인류애를 느끼게 된다. 그러므로
우리와 다른 사람들과 문화를 접할 때는, 단순히 다르다는 이
유로 배척하기보다는 그들을 이해하고 받아들이는 노력을 해
야 할 것이다.

ヨーロッパや北米のような白人中心の国々を
旅行していると、韓国人はしばしば他の民族
の人々が送る人種差別的な視線を受けたこと
があるだろう。自分がそのような立場になれば
(　　)、私たちが肌の色が違ったり、他の国か
ら来た人々を差別したことがどれほど傲慢で
恥ずかしい行動かを悟ることになる。人々は自
分が属している家族、友人、団体、民族のよう
な1次集団を好み、これ以外の集団に対しては
差別したり無視したりする傾向がある。そのた
め、人々の主観的な判断だけを基準にした差
別や無視がどれほど恣意的なのか、自分が経
験する前にはよくわからない。いざ私がそのよ
うな目に遭って初めて、他人がどんな気持ちだ
ったのか、その人の立場になって悟るようにな
り、普遍的な人類愛を感じるようになる。した
がって、私たちと他の人々と文化に接するとき
は、単純に違うという理由で排斥するよりは、
彼らを理解して受け入れる努力をしなければな
らないだろう。

21 正解 ❷ 과부 사정은 홀아비가 안다

22 正解 ❷ 다른 문화와 집단을 이해하고 소통하려고 노력해야 한다.

[23~24] 다음을 읽고 물음에 답하십시오. ▶ P. 86

어제저녁에 회식으로 회사 동료들과 늦게까지 먹고 마시고 놀다 들어왔다. 아침에 일어나니 머리도 지끈지끈 아프고 속이 더부룩하며 배가 아팠다. 소화제를 먹으면 나을 것 같아서 하숙집 아주머니께 소화제가 있냐고 여쭤 보았다. 아주머니는 소화제보다 더 좋은 치료 방법이 있다며 방에서 실과 바늘을 들고 나오셨다. 체했을 때 한국에서 하는 민간요법이라며 엄지손가락 끝을 실로 감더니 바늘로 찌르려고 하셨다. 살짝 찔러서 피가 나오면 체한 것이 내려갈 거라고 하시는데, 내 눈에는 그 바늘이 젓가락만큼 커 보였다. 배가 아파도 좋으니 그 자리를 피하고 싶었지만, 체면 때문에 꾹 참았다. 따끔한 느낌과 함께 피가 나오더니 차가웠던 손이 조금씩 따뜻해지기 시작했다. 이런 민간요법이 정말 효과가 있기는 있나 보다.

23 正解 ❶ 두렵다

24 正解 ❷ 한국의 민간요법으로 아픈 것이 치료되었다.

21 ( )に入る語句として最も適したものを選んでください。

① ミミズも踏むとうごめく (一寸の虫にも五分の魂)
❷ 亡人の事情は男やもめが知っている
③ 稲穂は実るほど頭を垂れる
④ 十回切って倒れない木はない

22 上記の文章の内容と同じものを選んでください。

① 私が受けた差別を他人に同じく返さなければならない。
❷ 異文化と集団を理解し、分かり合おうと努力しなければならない。
③ 人々は差別や無視がいかに恣意的なのかを常に知っている。
④ 韓国人は白人中心の国でも人種を差別する視線を送る。

[23~24] 次を読んで、質問に答えてください。

昨晩、会食で会社の同僚たちと遅くまで食べたり飲んだり遊んで帰ってきた。朝起きたら、頭がズキズキして、お腹が膨れて、腹痛がした。消化剤を飲めばよくなると思い、下宿のおばさんに消化剤があるか聞いてみた。おばさんは消化剤よりもっといい治療法があると言って、部屋から針と糸を持って出てきた。胃もたれしたとき、韓国でする民間療法だと言って、私の親指の先を糸で巻き、針で刺そうとした。少し刺して血が出れば胃もたれは治ると言うが、私の目にはその針が箸のように大きく見えた。お腹が痛くてもいいから、その場を避けたかったが、面目を保つためにぐっと我慢した。チクッとした痛みとともに血が出てくると、冷たかった手が少しずつ温かくなってきた。この手の民間療法は本当に効果があるようだ。

23 下線を引いた部分に表れている「私」の心境として最も適したものを選んでください。

❶ 怖い
② 悲しい
③ 悔しい
④ うっとうしい

24 上記の文章の内容と同じものを選んでください。

① この人は女性なので不安が多い。
❷ 韓国の民間療法で病気が治った。
③ ストレスのせいで、頭が痛くて胃がもたれた。
④ おばさんは服を直そうと糸と針を持ってきた。

解答・解説 PART 2

[25~27] 다음 신문 기사의 제목을 가장 잘 설명한 것을 고르십시오. ▶ P. 87

25 치솟은 물가… 장바구니에 담을 게 없다.

　正解 ❶ 물가가 너무 올라서 살 물건이 없다.

26 외식업 희비… '커피 전문점' 뜨고 '술집' 지고

　正解 ❹ 커피 전문점은 장사가 잘되고 술집은 장사가 잘 안 된다.

27 기쁨은 나누면 배가 되고 슬픔은 나누면 반이 된다.

　正解 ❹ 기쁨은 다른 사람과 함께 하면 두 배가 되고 슬픔은 반으로 줄어든다.

[25~27] 次の新聞記事の見出しを最もよく説明したものを選んでください。

25 高騰する物価… 買い物かごに入れるものがない。
　❶ 物価が上がりすぎて、買えるものがない。
　② 品物を買い物かごに入れると、値段がさらに上がる。
　③ 物価が上がって、買い物かごを使う必要がない。
　④ インターネットに品物の値段があるので、買い物かごに入れなくてもいい。

26 外食業の悲喜… 「コーヒー専門店」の台頭と「居酒屋」の凋落
　① コーヒーショップと飲み屋は一緒に経営しなければならない。
　② 飲食業を営むと、嬉しいときもあれば悲しいときもある。
　③ 外食業の代表的な店はコーヒーショップと飲み屋だ。
　❹ コーヒーショップは商売がうまく行って、飲み屋は商売が左向きになる。

27 喜びは分かち合うと倍になり、悲しみは分かち合うと半分になる。
　① 嬉しいことと悲しいことは50%だけ感じればいい。
　② 人生には嬉しいことが多く、悲しいことは嬉しいことの半分しかない。
　③ 嬉しいことは他人と分け合って、悲しいことは一人で耐えなければならない。
　❹ 喜びは他人と分け合うと2倍になり、悲しみは半分に減る。

[28~31] (　　　)에 들어갈 말로 가장 알맞은 것을 고르십시오. ▶ P. 88~90

28 인간의 능력은 유전적인 것인가 아니면 환경의 영향인가에 대한 오랜 논쟁이 계속되었는데, 최근에는 이러한 관점 자체를 바꿔 놓은 이론이 있다. 유전자와 환경 중 어떤 것을 선택하는 문제가 아니라 두 가지가 어떤 방식으로 상호작용하는지 고민해야 한다는 '후생 유전학'이 그것이다. 후생 유전학은 어떤 환경에서 살고 무엇을 먹으며 어떤 생활 습관을 지니느냐에 따라 유전자의 발현 상태가 완전히 달라진다고 말한다. (　　　) 일란성 쌍둥이라도 어떻게 살아가는지에 따라 활성화되는 유전자가 달라지며 이렇게 변한 유전 정보는 후대까지 대물림된다는 것이다.

　正解 ❹ 동일한 유전자를 갖고 태어난

29 큰돈을 들이지 않고 적은 돈으로 자신만의 즐거움과 만족

[28~31] 空欄に入る最も適切なもの選んでください。

28 人間の能力は遺伝的なものなのか、それとも環境の影響なのかについて、長い間論争が続いてきたが、最近はこのような観点そのものを変えた理論がある。遺伝子と環境のどちらを選択するかという問題ではなく、2つがどのような方式で相互作用しているのかを考えなければならないという「後成遺伝学」というものだ。後成遺伝学は、どのような環境で暮らし、何を食べて、どのような生活習慣を持つかによって、遺伝子の発現状態が完全に変わるという。(　　　) 一卵性双生児でもどのように生きていくかによって活性化される遺伝子が変わり、このように変わった遺伝情報は後代まで受け継がれるということだ。
　① 同じ生活習慣を持った
　② 異なる環境で育った
　③ 異なる遺伝子を持った
　❹ 同じ遺伝子を持って生まれた

을 얻고자 '작은 사치'를 추구하는 사람들이 점점 늘어나고 있다. 이런 변화에 따라 호텔 디저트의 인기가 많아지자 호텔업계도 경쟁적으로 자신들만의 특별한 케이크를 판매하고 있다. (   ) 물건을 통해 자기만족을 느끼는 이런 흐름에 발 빠르게 대응하는 호텔 업계는 1년 중에 가장 케이크를 많이 구매하는 12월 크리스마스 시즌을 맞아 한정판 케이크를 대거 출시했다. 이 기간 케이크 판매량은 평소보다 5~7배 더 높다는 것이 업계의 설명이다. 호텔 업계 관계자는 "12월은 1년 중 케이크가 가장 많이 팔리는 달이다."라며 "날짜로 보면 크리스마스 전날인 12월 24일에 가장 많이 팔린다."라고 전했다.

正解 ❹ 과하게 비싸지 않은

30 한 선생님이 제자들을 모아 놓고 하얀 종이의 한 가운데에 선을 그었다. 그리고 이 선에 손을 대지 말고 선을 더 가늘고 짧게 만들라고 말했다. 제자들은 아무리 생각해도 문제를 풀 수 없었는데 한 아이가 선생님이 그은 선 밑에 더 굵고 더 긴 선을 그었다. 그랬더니 선생님이 그은 선이 (   ) 가늘고 짧아 보였다. 선생님은 잘했다고 칭찬하면서 "인생의 어려움을 만날 때는 그 문제에만 매달리지 말고 잘 될 거라는 희망의 선을 바로 옆에 굵게 그어라."라고 말씀하셨다.

正解 ❸ 상대적으로

31 초등학교 때 선생님이 어느 날 숙제를 내 주셨다. 여자만 할 수 있는 직업과 남자만 할 수 있는 직업이 뭔지 집에서 생각해서 5개씩 써오라는 것이었다. 다음 날 수업 시간에 아이들이 적어 온 남자만이 할 수 있는 직업에는 '소방관, 버스 기사, 수리공, 국회의원' 등이 있었고, 여자만이 할 수 있는 직업에는 '간호사, 미용사, 선생님' 등이 있었다. 그런데 선생님이 아이들이 숙제한 것을 다 발표하게 하신 후에 아이들이 말한 직업의 반대의 예를 이야기해 주셨다. 선생님 동네에는 여자 버스 기사도 있고, 큰 병원에는 남자 간호사도 있다고 말이다. 선생님은 그렇게 한 시간 내내 어린 우리들이 가지고 있던 직업에 대한 편견을 깨 주셨다. 선생님이 유일하게 인정해 주신 남자만이 할 수 있는 직업은 '남탕 때밀이'였다. 물론 '여탕 때밀이'도 (   ).

正解 ❸ 여자만이 할 수 있는 직업이었다

29 大金をかけずに少ないお金で自分だけの楽しみと満足を得ようと「小さな贅沢」を追求する人々がますます増えている。このような変化によってホテルのデザートの人気が高まると、ホテル業界も我先にと自分たちだけの特別なケーキを販売している。(   ) 品物を通して自己満足を感じるこのような流れに素早く対応するホテル業界は、1年のうち最もケーキを多く購入する12月のクリスマスシーズンを迎え、限定版ケーキを大挙して発売した。この期間のケーキ販売量は普段より5~7倍高いというのが業界の説明だ。ホテル業界関係者は「12月は1年の中でケーキが最も多く売れる月だ」として「日付で見ればクリスマス前日の12月24日に最も多く売れる」と伝えた。

① 外見が華やか
② 市場に新しく出た
③ 価格より量が多い
❹ 高すぎない

30 ある教師が生徒を集め、白い紙の真ん中に線を引いた。そして、この線に触れないで線を細くしたり短くしたりするようにと話した。生徒はいくら考えても問題を解けなかったが、ある生徒が先生の引いた線の下にもっと太くて長い線を引いた。すると、先生が引いた線が (   ) 細く短く見えた。先生はよくやったと褒めながら、「人生で困難に出会ったとき、その問題だけにしがみつかず、うまくいくという希望の線をそのすぐ横に太く引きなさい」と話した。

① 絶対的に
② 消極的に
❸ 相対的に
④ 否定的に

31 小学校のとき、先生がある日宿題を出してくれた。女性だけができる仕事と男性だけができる仕事が何か、家で考えて5つずつ書いて来てということだった。翌日の授業時間に子どもたちが書いてきた男性だけができる仕事には「消防士、バスの運転手、修理工、国会議員」などがあり、女性だけができる仕事には「看護師、美容師、先生」などがあった。ところが、先生が子どもたちに宿題をすべて発表させた後、子どもたちが言った職業の反対の例を話してくれた。先生の町には女性のバスの運転手もいれば、大きな病院には男性の看護師もいるという。先生はそのようにして一時間ずっと幼い私たちが持っていた職業に対する偏見を破ってくれた。先生が唯一認めてくれた男性だけができる仕事は「男湯の垢すり」だった。もちろん「女湯の垢すり」も (   )。

① 男女が一緒にできる
② 偏見のある職業だった
❸ 女子のみできる職業だった
④ 先生が認めない職業だった

[32~34] 다음을 읽고 글의 내용과 같은 것을 고르십시오.
▶ P. 91~93

32 18세 이상 SNS를 이용하는 사람들 중에 57%가 SNS에 게시물을 올린 것을 후회하는 것으로 조사됐다. 특히 여덟 명 중 한 명은 매일 후회를 하고, 여섯 명 중 한 명은 일주일에 한 번 이상 후회를 한다고 조사됐다. 사진이나 메시지를 잘못 올려서 직장 내에서 나쁜 평판을 듣거나 경력에 부정적인 영향을 미칠까 봐 두렵다는 대답이 응답자의 22%였고, 배우자 또는 가족에게 피해를 줄까 봐 염려한다는 대답도 15%를 차지했다. SNS상에서의 실수는 대체로 술을 마셨거나 피곤한 상태에서 밤늦게 게시물을 올릴 때 발생하는 것으로 나타났다.

　正解 ❷ SNS 이용자 중에서 게시물을 올린 것을 후회하는
　　　 사람이 과반수다.

33 세계에서 가장 많이 먹는 채소인 토마토는 몇 세기 전만 해도 사람들이 먹을까 말까 고민을 많이 했다. 한때는 독이 있다며 식용을 꺼렸는데, 이와 관련해서 미국 링컨 대통령의 유명한 일화가 있다. 링컨이 노예 해방을 주도할 당시 주위에는 언제나 그를 해치려는 정적들이 들끓었다. 링컨의 정적들은 "매일 토마토를 조금씩 먹여서 천천히 죽이자."라고 모의했다. 이들에게 매수된 백악관의 요리사가 매일 링컨의 식탁에 토마토를 올렸다. 그런데 독 때문에 곧 죽을 거라 예상한 링컨은 한결 밝아진 얼굴로 농담을 던지고 더욱 활기차게 국정을 수행했다. 토마토의 효능이 링컨의 몸과 마음을 한결 가볍게 해 준 것이다. 특히 노예 해방을 선언하면서 엄청난 스트레스에 시달리던 링컨에게 토마토의 풍부한 비타민이 발군의 역량을 보였다.

　正解 ❷ 토마토에 함유된 비타민이 링컨을 건강하게 만들
　　　 었다.

[32~34] 次を読んで、本文の内容と一致するもの
　　　　を選んでください。

32 18歳以上のSNS利用者の57%が、SNSに投稿をアップしたことを後悔していることがわかった。特に、8人に1人は毎日、6人に1人は週に1回以上後悔している。また、「写真やメッセージを間違えてアップすることで、職場での評判が悪くなったり、キャリアに悪影響が出るのが怖い」と答えた人は22%、「配偶者や家族に危害が及ぶのが心配」と答えた人も15%を占めた。SNS上でのミスは、たいてい飲酒後や深夜に疲れた状態でアップした場合に多く発生していることが明らかになった。

① 投稿のせいで職場で被害を受けることを
　怖がる人はいない。
❷ SNSの利用者の中で投稿したことを後悔
　する人が過半数だ。
③ 回答者の15%は投稿のせいで家族が職場
　で被害を受けるのではないかと怖がる。
④ 投稿したことを毎日後悔する人が週一回
　後悔する人より多い。

33 世界で最も多く食べられる野菜であるトマトは、数世紀前までは人々が食べるかどうかで悩んだ。一時は毒があると食用を敬遠されたが、これと関連してアメリカのリンカーン大統領の有名な逸話がある。リンカーンが奴隷解放を主導した当時、周囲にはいつも彼を傷つけようとする政敵が沸いていた。リンカーンの政敵たちは「毎日トマトを少しずつ食べさせてゆっくり殺そう」と陰謀を企てた。彼らに買収されたホワイトハウスの料理人が毎日リンカーンの食卓にトマトを載せた。ところが、毒のためにまもなく死ぬと思われていたリンカーンは、一層明るくなった顔で冗談を言い、さらに元気いっぱいに国政を遂行した。トマトの効能がリンカーンの体と心を一層軽くしてくれたのだ。特に奴隷解放を宣言し、途方もないストレスに苦しんでいたリンカーンにトマトの豊富なビタミンが抜群の力量を見せた。

① ホワイトハウスの料理人はリンカーンを
　支持する人だった。
❷ トマトに含まれるビタミンがリンカーン
　を健康にした。
③ トマトは最初から人間に有益な野菜とし
　て歓迎された。
④ リンカーンの政敵はリンカーンの健康の
　ために食卓にトマトをのせた。

34 장례식은 고인과 관계가 있는 사람들이 모여서 마지막 작별을 고하고, 고인을 저세상으로 보내는 행위를 통해 슬픔을 치유하는 역할을 한다. 하지만 남은 사람들에 의한 의식인 만큼 고인이 관여할 수는 없다. 이러한 과정을 살아 있는 동안 스스로 하는 것이 '생전 장례식'이다. 한 기업가가 "건강할 때 감사의 마음을 전하고 싶다."라며 신문을 통해 자신의 생전 장례식을 알렸다. 그리고 1,000여 명의 지인들과 함께 공연도 보고 모든 테이블을 돌면서 참가자들과 악수를 하고 담소를 나눴다. 그는 한 사람 한 사람에게 "감사했습니다."라고 말했는데, 이날 모임은 시종일관 화기애애했다. 그는 "인생에서 만났던 사람들과 악수하고, 고맙다고 말할 수 있었던 것에 만족하고 있다. 남은 시간을 충실히 보내서 '인생이 즐거웠다'라고 생각하면서 관에 들어가고 싶다."라고 말한 뒤 장례식장을 떠났다.

正解 ❸ 미리 하는 장례식을 통해 감사의 마음을 전했다.

---

34 葬儀は、故人と関係のある人々が集まり、最後の別れを告げ、故人をあの世に送るという行為を通じて悲しみを癒す役割をする。しかし、残された人たちによる儀式であるだけに、故人が関与することはできない。このような過程を生きている間に自ら行うのが「生前葬」だ。ある企業家は、「元気なうちに感謝の気持ちを伝えたい」と、新聞で自分の生前葬を知らせた。1,000人以上の知人たちと一緒に公演を鑑賞し、すべてのテーブルを回って参加者と握手をし、歓談をした。彼は一人一人に「ありがとうございました」と声をかけたが、この日の集まりは終始和気あいあいとしていた。「人生で出会った人たちと握手をして、ありがとうと言えたことに満足している。残された時間を忠実に過ごし、『人生は楽しかった』と思いながら棺に入りたい」と、彼は葬儀場を後にした。

① 一般的な葬儀は故人が直接関与する。
② 生前の葬儀の雰囲気は悲しくて沈痛な様子だった。
❸ 事前に行う葬式を通じて感謝の気持ちを伝えた。
④ 生前の葬儀後は意味のない時間になるだろう。

[35~38] 다음을 읽고 글의 주제로 가장 알맞은 것을 고르십시오. ▶ P. 94~97

35 일반적으로 사람들은 나이 먹는 것을 좋아하지 않는다. 나이가 들면 왠지 위축되고 사회적으로 할 수 있는 일들이 줄어들어 자신의 존재감이 적어진다고 여기기 때문이다. 하지만 존경받는 작가 K는 자신의 저서 '나이 드는 것의 좋은 점'에서 나이 든다는 것은 괜찮은 일이라며 "후회가 꿈을 앞설 때부터 우리는 늙기 시작한다."라고 말했다. 그는 또한 나이 든다는 것과 늙는다는 것을 구분하고 "나이 든 마흔보다 젊은 일흔이 낫다."라고도 했다. 육체적으로는 젊지만 늙은이처럼 살기도 하고, 나이는 들었지만 늘 젊게 살기도 하는 것이다.

正解 ❸ 꿈이 있으면 나이와 상관없이 젊다.

[35~38] 次を読んで、本文の主題として最も適切なものを選んでください。

35 一般的に人々は年を取ることを好まない。年を取ればなぜか萎縮し、社会的にできることが少なくなり、自分の存在感が小さくなったように感じるためだ。しかし、尊敬される作家K氏は自身の著書『年を取ることの良い点』で年を取るということは良いことだとし、「後悔が夢を追い抜くときから私たちは老け始める」と述べた。彼はまた、年を取ることと老化を区別して「年を取った40歳より若い70歳の方が良い」とも述べた。肉体的には若いが年寄りのように生きることもあれば、年は取っても若々しく生きることもあるのだ。

① 後悔より夢が多いと老ける。
② 健康な70歳が不健康な40歳よりましだ。
❸ 夢があれば年齢と関係なく若い。
④ 年を取ることと老けることは同じことだ。

解答・解説 | PART 2

36 결혼과 함께 한국에 와서 사는 다문화 가정의 엄마, 아빠들은 자녀들에게 어떤 동화책을 읽어 줄까? 자신이 어렸을 때 듣고 자란 고향의 옛날이야기를 들려주고 싶어도 한국에서는 책이 없어서 제약이 많았다. 이런 부모들이 직접 쓴 출신국 전래 동화를 모아 그림 동화책으로 나온다. 외국인 주민을 대상으로 연 공모전에서 자기 나라의 옛이야기를 직접 한국어로 써서 당선된 작품들이다. 전문 동화 작가의 도움을 받아 작품을 다듬고 책에 들어갈 그림도 되도록 같은 나라 출신에게 맡겨서 고유한 문화를 살렸다. 이렇게 만든 엄마가 쓴 엄마 나라의 동화집 '엄마의 속삭임'이 다음 달에 발간된다. 이런 책을 통해 다문화 가정 자녀들이 엄마, 아빠 나라를 배우고 자긍심을 가지게 되는 첫걸음이 될 것이다.

正解 ❹ 외국인 부모가 쓴 동화책이 자녀들에게 부모의 나라를 알리는 중요한 역할을 할 것이다.

37 부모한테서 독립하는 것과 어른이 되는 것은 같은 의미일까? 서양의 자녀들은 대부분 고등학교 졸업 후에 독립을 하면서 부모에게서 벗어났다는 해방감을 느낀다. 그러나 부모와 떨어진 생활 공간에서 혼자 산다고 해서 온전한 독립이라고 보기는 어렵다. 어른이 된다는 것은 자신에 대한 권리만큼 책임도 진다는 의미이기 때문이다. 내 인생의 문제를 스스로 결정하고 그 결과를 감당하면서 한층 더 성장해 나가야만 한다. 그런데 학비를 충당하거나 중요한 결정을 할 때 부모에게 의존하거나 부모님 탓을 한다면 자신의 인생에서 성장할 것도 배울 것도 없다. 부모가 내 인생의 주인공이 되기 때문이다. 그래서 제대로 된 독립이 필요하다. 완전히 독립하는 일은 생각보다 어렵다. 평생 독립의 길을 가야 한다. 실수와 실패에 대한 두려움이 있더라도 과감히 도전하고 그 결과를 인정하는 삶을 계속 해 나가는 것이 온전한 독립이라 볼 수 있다. 그리고 그것이 진정한 어른이 되는 길이다.

正解 ❹ 부모한테서 온전한 독립을 하는 것이 어른이 되는 것이다.

36 結婚とともに韓国に来て暮らす多文化家庭の母親、父親たちは子どもたちにどんな童話を読んでくれるだろうか？ 自分が幼い頃に聞いて育った故郷の昔話を聞かせたくても、韓国では本がないため制約が多かった。このような親たちが直接書いた出身国の伝来した童話を集めて絵本として発刊する。外国人住民を対象に開いた公募展で、自分の国の昔話を直接韓国語で書いて当選した作品だ。専門の童話作家の協力を得て推敲を重ね、本に入る挿絵もできるだけ同じ国の出身者に任せてその国特有の文化を生かした。このように作った母親たちが書いた祖国の童話集『ママのささやき』が来月発刊される。このような本を通じて、多文化家庭の子どもたちが母親、父親の国のことを学び、自尊心を持つようになる第一歩となるだろう。

① 本『ママのささやき』は専門作家たちの助けを借りた。
② 外国人対象の公募で当選した作品のみ集めた本だ。
③ 多文化家庭の外国人の親が自国の言語で童話を書いた。
❹ 外国人の親が書いた童話が子どもたちに親の国を知らせる重要な役割を果たすだろう。

37 親から独立することと、大人になることは同じ意味だろうか？ 西洋の子どもたちは、ほとんどが高校卒業後に独立し、親から離れたという解放感を感じる。しかし、親元を離れた生活空間で一人暮らしをしているからといって、完全な独立とは言い難い。大人になるということは、自分が持つ権利と同じだけの責任も負うという意味だからだ。私の人生の問題を自ら決めて、その結果に耐えながらさらに成長していかなければならない。ところが、学費を払ったり重要な決断を下したりするときに、親に依存したり両親のせいにするならば、自分の人生で成長することも学ぶこともない。親が私の人生の主人公になるからだ。そのため、きちんとした独立が必要だ。完全に独立することは思っている以上に難しい。一生、独立の道を進まなければならない。ミスと失敗に対する恐れがあっても果敢に挑戦し、その結果を認める生き方を続けていくことが完全な独立と見ることができる。そして、それが真の大人になるための道なのだ。

① 独立した生活空間で暮らすと大人になる。
② 失敗を減らすためには親の助けが必要だ。
③ 親に頼ると、親が私の人生の主人公になる。
❹ 親から完全に独立することが大人になることだ。

38 인공 지능 비서의 목소리는 왜 전부 여성일까? 여성의 목소리가 남성보다 더 편안하고 기계에서 나오는 목소리를 더 친근하게 느끼게 하려는 의도라고 한다. 하지만 그런 이유만은 아닌 것으로 보인다. 퀴즈 쇼에서 인간과 대결하는 인공 지능과 변호사 인공 지능은 남자 이름이다. 즉, 비서 기능은 여성을 쓰고, 고차원적 능력을 가진 인공 지능은 남성인 것이다. 결국 남성 중심적인 IT 업계의 남성 우월주의가 대부분의 개발자가 남성이라는 환경을 통해 반영되어 자연스럽게 성 역할을 고정시키고 있는 것이다.

正解 ❷ 인공 지능에서조차 성 역할을 고정시키고 있다.

38 人工知能の秘書の声はなぜ全部女性なのか？ 女性の声が男性よりも心地よく、機械から出る声をもっと親しみを感じさせようとする意図だという。しかし、そのような理由だけではないようだ。クイズショーで人間と対決する人工知能と弁護士の人工知能は男性の名前だ。つまり、秘書機能は女性を使い、高次元的な能力を持つ人工知能は男性ということだ。結局、男性中心的なIT業界の男性優位主義が、大部分の開発者が男性という環境を通じて反映され、自然に性別の役割を固定させているのだ。

① IT業界では男性優位主義が広まっている。
❷ 人工知能でさえ性別による役割を決めつけている。
③ 女性の声は男性より心地良いという長所がある。
④ 人工知能は女性の声なので身近に感じられる。

[39~41] 주어진 문장이 들어갈 곳으로 가장 알맞은 곳을 고르십시오. ▶ P. 98~100

39 18세기 조선 후기의 학자이며 소설가인 박지원은 12편의 소설을 썼다. (㉠) 당시의 지식인들과 마찬가지로 그도 소설을 모두 한자로 썼다. (㉡) 그러나 그의 소설에는 거지나 화장실 치우는 사람, 말을 파는 사람, 능력은 뛰어나지만 신분의 한계로 불우했던 시인 등 조선 사회의 중하층에 속하는 인물들이 등장한다. (㉢) 신분 구분이 엄격했던 시대에 양반을 비판하고 중인, 상민, 천민 계층 사람들의 긍정적인 측면들을 강조하는 글을 쓰는 데는 큰 용기가 필요했을 것이다. (㉣) 글을 통해 조선 사회를 바꾸고자 한 비판적 지식인 박지원은 그런 용기를 가진 남다른 사람이었다.

보기

박지원은 이런 인물들의 긍정적인 측면을 드러내고 자신이 속한 양반 계층의 부정적인 측면을 비판했다.

[39~41] 与えられた文が入る場所として、最も適切な場所を選んでください。

39 18世紀の朝鮮後期の学者で小説家の朴智元（パク・チウォン）氏は12編の小説を書いた。（ ㉠ ）当時の知識人たちと同様に、彼も小説をすべて漢字で書いた。（ ㉡ ）しかし、彼の小説には乞食や便所掃除の人、馬を売る人、能力は優れているが身分の限界で恵まれなかった詩人など、朝鮮社会の中下層に属する人物が登場する。（ ㉢ ）身分の区分が厳しかった時代に両班を批判し、中人、常民、賤民階層の人々の肯定的な側面を強調する文を書くには大きな勇気が必要だっただろう。（ ㉣ ）文を通じて朝鮮社会を変えようとした批判的な知識人である朴智元は、そうした勇気を持った格別な人だった。

[挿入文]

朴智元は、このような人物の肯定的な面を明らかにし、自分が属する両班階級の否定的な面を批判した。

正解 ❸ ㉢

40 우리가 일상생활을 하면서 나만의 것으로 소유하게 되는 물건은 별로 많지 않다. (㉠) 여행용 큰 가방, 여러 사람이 동시에 둘러앉아 식사하는 큰 상, 스키를 타기 위한 용품 등은 일시적으로만 사용하는 것이라서 365일 항상 곁에 두지 않아도 된다. (㉡) 이러한 생각에서 출발한 것이 바로 공유 경제다. (㉢) 우리 아이가 사용하던 장난감이나 옷은 아이가 성장하면 이웃에게 나눠 주기도 하고 중고 제품으로 팔기도 한다. (㉣) 또 필요할 때만 잠깐 빌릴 수도 있고 전문 대여점에서 적은 비용으로 빌려서 단기간 사용하는 방법도 있다. 이렇게 하나의 물건을 여러 명의 공동 주인이 소유하고 필요할 때 나눠서 사용함으로써 물건의 효용 가치도 높이고 사용 비용도 절약하는 효율적인 경제 방식이 공유 경제의 장점이다.

보기

그렇다면 굳이 이러한 물건들을 내가 다 소유할 필요가 없다.

正解 ❷ ㉡

41 요즘 10대는 잘 모르는 크레파스가 있다. 바로 '살색 크레파스'이다. 크레파스 통을 열면, 나란히 누운 크레파스들 사이에서 살색 크레파스가 늘 제일 작았다. 그림 그릴 때마다 사람 얼굴은 무조건 살색으로 칠했던 탓이다. 나뿐만 아니라 친구들도 살색이 모자라서 크레파스 세트를 더 사는 아이들이 부지기수였다. (㉠) 그러던 어느 날 우연히 TV에서 공익광고를 봤다. '흰색', '살색', '검은색' 크레파스가 그려져 있었고, 그 위에 짤막한 문구가 쓰여 있었다. "모두 살색입니다." (㉡) 망치로 머리를 얻어맞은 기분이었다. 아무도 알려 주지 않았던 '살색 크레파스'의 문제를 그제야 깨달았다. 그 후로 살색은 살구색으로 이름이 바뀌었고 나의 생각도 바뀌었다. (㉢) 반마다 한 명씩 있던 유독 얼굴이 까만 친구들을 피부색이 다르다는 이유로 놀리지 않게 되었고, 또 다른 사람이 그들을 놀리면 내 스스로 수치심을 느꼈다. (㉣) 누군가를 차별하며 불렀던 지난날을 반성하는 동시에, 그렇게 반성하고 있는 나 자신이 뿌듯하기도 했다. 그리고 깨달았다. '인권'은 내 주변에 있는 작은 것에서부터 시작되어야 하고, 모든 사람들이 인간답게 살 수 있도록 사회 전체가 관심을 갖고 보호해야 할 필요가 있다는 것을.

보기

교과서에서 보던 인종 차별의 문제가 확 와 닿았다.

正解 ❷ ㉡

40 私たちが日常生活を送る中で、自分だけのものとして所有するものはそれほど多くない。(㉠)旅行用の大きなカバン、何人かで同時に囲んで食事をする大きなテーブル、スキー用品などは一時的に使うものなので、365日いつもそばに置かなくてもよい。(㉡)こうした考えから出発したのが共有経済だ。(㉢)自分の子どもが使っていたおもちゃや服は、子どもが成長すれば隣人に配ったり中古品として売ったりもする。(㉣)また、必要なときだけしばらく借りることもでき、レンタル専門店から少額の費用で借りて短期間使用する方法もある。このように一つの物を複数の共同所有者が所有し、必要なときに分かち合って使用することで、物の効用価値も高まり、使用コストも節約する効率的な経済方式が共有経済の長所だ。

[挿入文]

そうであれば、あえてこのような品物を私がすべて所有する必要はない。

41 最近、10代はよく知らないクレヨンがある。それは、まさに「肌色のクレヨン」だ。クレヨンの箱を開けると、並んでいるクレヨンの中で肌色のクレヨンがいつも一番小さかった。絵を描くたびに、人の顔は無条件に肌色で塗っていたためだ。私だけでなく、友人も肌色が足りなくてクレヨンセットを買い足す子どもたちが数え切れないほど多かった。(㉠)そんなある日、偶然テレビで公共広告を見た。「白」、「肌色」、「黒」のクレヨンが描かれており、その上に短いフレーズが書かれていた。「みんな肌色です」。(㉡)ハンマーで頭を殴られたような気分だった。誰も教えてくれなかった「肌色のクレヨン」の問題をようやく悟ったのだ。その後、肌色はあんず色に名前が変わり、私の考えも変わった。(㉢)クラスごとに一人ずついた特に顔が黒い友人を肌の色が違うという理由でからかわなくなり、また他の人が彼らをからかうと、自分自身が羞恥心を感じた。(㉣)誰かを差別しながら歌っていた過去を反省すると同時に、そのように反省している自分自身が誇らしかったりもした。そして悟った。「人権」は私の身の周りにある小さなことから始めなければならず、すべての人々が人間らしく暮らせるように、社会全体が関心を持って守らなければならないということを。

[挿入文]

教科書で見ていた人種差別の問題が、突然襲ってきたのだ。

[42~43] 다음을 읽고 물음에 답하십시오.　　▶ P. 101~102

가난한 고학생이 학비를 벌기 위해 방문 판매를 했습니다. 그 날도 방문 판매에 나섰지만 하나도 팔지 못한 채 몸은 지쳐 있고 배는 고팠지만 음식을 사 먹을 돈이 없었습니다. 그는 힘을 내어 다음 방문할 집의 문을 두드렸고 한 소녀가 나왔습니다.

"죄송한데, 물 한 잔만 줄 수 있을까요?"

그는 너무 배가 고픈 나머지 소녀에게 물을 달라고 했고 그를 물끄러미 보던 소녀는 집으로 들어갔습니다. 잠시 후 소녀가 들고나온 것은 컵에 가득 든 우유 한 잔. 소녀는 물 한 잔의 의미를 눈치챘던 것입니다. 그는 우유를 허겁지겁 단숨에 마셨고 기운을 차린 후 말했습니다.

"고마워요. 그런데…… 얼마를 드려야 할까요?"

"엄마가 친절을 베풀 때는 절대 돈을 받아서는 안 된다고 하셨어요."

그는 소녀의 말에 큰 감동과 깨우침을 얻었고 그 고마움을 가슴 깊이 새겼습니다. 10여 년 후 그 가난한 고학생은 유명한 의사가 되었습니다. 어느 날, "박사님, 먼 도시에 희귀 질병을 앓고 있는 환자가 있는데, 그곳에서 치료를 포기했지만, 선생님께서 꼭 오셔서 한번 봐 주셨으면 좋겠다고 합니다."

죽어 가는 환자를 위해 한걸음에 달려간 의사는 최선을 다해 치료했고 헌신적인 노력 덕분에 환자는 다 나았습니다. 얼마 후 고액의 치료비 청구서를 먼저 본 의사는 청구서 귀퉁이에 뭔가를 적어서 환자에게 보냈습니다. 병원비를 갚으려면 평생 동안 일해야 할 거라고 생각하며 걱정하던 환자는 청구서를 받아 들고 깜짝 놀랐습니다. 청구서에는 이렇게 적혀 있었습니다.

"그 한 잔의 우유로 모두 지급되었습니다."

42 正解 ❹ 걱정스럽다

43 正解 ❹ 의사는 오래전 소녀의 친절을 기억하고 있었다.

[42~43] 次を読んで、質問に答えてください。

貧しい苦学生が、学費を稼ぐために訪問販売をしました。その日も訪問販売に出かけましたが、一つも売ることができないまま体は疲れ果て、お腹も空いていましたが、食べ物を買うお金もありませんでした。気力を振り絞って、次に訪ねた家の戸を叩くと、一人の少女が出てきました。

「申し訳ないのですが、水を1杯いただけませんか?」

彼はとてもお腹が空いていたので、少女に水をくれと頼むと、彼をじっと見ていた少女は家の中に戻っていきました。しばらくすると、少女が持って出てきたのはコップいっぱいの牛乳。少女は水1杯の意味に気づいていたのです。彼は牛乳を一気に飲み干し、元気を取り戻してこう言いました。

「ありがとう。でも……いくら払えばいいですか?」

「母は、親切にするときは絶対にお金を受け取ってはいけないと言いました」

その学生は、少女の言葉に感動し、啓発され、その感謝の気持ちを胸に深く刻み込みました。10数年後、その貧しい学生は有名な医師になりました。ある日、「先生、遠くの町に珍しい病気にかかった患者さんがいるのですが、そこでの治療をあきらめたのですが先生にぜひいらして一度見てほしいと言うのです」

死にそうな患者のもとに駆けつけた医師は、最善を尽くして治療を行い、献身的な努力のおかげで患者は完治しました。しばらくして、多額の治療費の請求書を目にした医師は、請求書の隅に何か書いて患者に送りました。病院からの請求額を返すには一生働かなければならないと心配していた患者は、それを受け取ってびっくりしました。請求書にはこう書かれていました。

「あの日の牛乳一杯ですべて支払われました」

42 下線を引いた部分に表れている「彼」の心境として最も適したものを選んでください。

① 困惑した
② ぎこちない
③ 決まりが悪い
❹ 心配だ

43 上記の文章の内容として分かるものを選んでください。

① 少女は水がなくて代わりに牛乳をあげた。
② 医師は約10年間少女と連絡を取り続けた。
③ 少女は学校で親切を尽くす方法を学んだ。
❹ 医師は以前の少女の親切を覚えていた。

[44~45] 다음을 읽고 물음에 답하십시오.　▶ P. 103

옛날 사람들은 지금처럼 돈이 절실하지 않았다. 마을과 가족 단위로 생활하기 때문에 일손이 필요할 때는 일품을 서로 주고받고, 쌀이 떨어지거나 물품이 부족할 때는 서로 빌려주고 되갚기를 거듭했다. 이러는 가운데 사람 사이의 정 (情)도 두터이 쌓여 갔다. 장사도 마찬가지다. 훌륭한 상인은 (　　　) 믿기 때문에 눈앞의 이익보다 손님과 좋은 관계를 맺는 데 더 신경을 쓴다. 설사 손해를 봤다 해도, 상인에게서 좋은 인상을 받은 손님은 다시 찾아오게 되어 있다. 세월이 갈수록 서로에 대한 신뢰는 점점 두터워지고 그 가운데 이익은 절로 쌓여 간다. 이것이 관계를 통해 돈을 돌게 하는 세상의 이치다. 모든 것이 돈으로만 이루어지지 않는 관계를 만들면 돈을 제대로 벌고 쓸 수 있게 된다.

44 [正解] ❸ 거래가 이번 한 번으로 끝나지 않으리라

45 [正解] ❷ 돈을 벌고 싶으면 좋은 관계를 맺는 것이 더 중요하다.

[44~45] 次を読んで、質問に答えてください。

昔の人は今ほどお金に切実ではなかった。村や家族単位で生活していたため、人手が必要なときは一品を互いに交換し、米がないときや品物がないときは互いに貸したり返したりしていた。その間、人と人との間の情も深くなり、蓄積されていった。商売もまた同じだ。立派な商人は (　　　) と信じているから、目の前の利益よりも、顧客との良好な関係を築くことにもっと気を配る。たとえ損をしても、その商人から良い印象を受けた客は、また来てくれることになる。時間が経つにつれて、互いの信頼関係が強くなり、その間に自然と利益も蓄積されていく。これが、人間関係を通じてお金が回る世の中の道理だ。すべてがお金だけで成り立っていない人間関係をつくれば、お金もきちんと稼いで使えるようになる。

44 (　　　) に入る内容として最も適したものを選んでください。
　① 値下げしてあげるのが大事だと
　② 他の店との競争で負けるわけにはいかないと
　❸ 取引が今回の1回きりで終わらないだろうと
　④ 薄利でたくさん売ることが重要だと

45 上記の文章のテーマとして最も適したものを選んでください。
　① 商人と客は年月がたつにつれて仲良くなる。
　❷ お金を稼ぎたいなら、良い関係を築くことがもっと重要だ。
　③ 昔は隣同士で物を貸したり返したりする関係だった。
　④ 商売繁盛のためには、損をしてもお客さんに良い印象を与えなければならない。

제가 많은 성공한 정치인과 기업가를 만나면서 발견한 공통점은 그들은 이기는 경험에 익숙했다는 것입니다. 그들은 이기는 방법을 깨달았고 계속 그 방법을 고수해 승리를 쟁취했습니다. 사람이 무엇인가를 성취해 내면 몸에서 테스토스테론이라는 호르몬이 분비됩니다. 이 호르몬의 영향으로 이후에도 적극적인 행동을 하면서 더 많은 성공을 이루어 낸다는 과학적 증명도 있습니다. 결국, 이기는 사람이 계속 이기는 '승자 효과'가 나타나는 것입니다. 평범한 우리도 이기는 방법만 안다면 승자가 될 수 있습니다. 이기는 사람들은 원하는 일을 주어진 시간 안에 해냈습니다. 그러기 위해서 철저한 계획을 세우고 시간을 관리했습니다. 우리도 매일 계획을 세우고 주어진 시간 내에 반복해서 해냄으로써 월간 계획, 연간 계획을 달성한다면 결국 이기는 경험에 익숙해질 것입니다.

46 正解 ❹ 성공한 사람들의 특성을 통해 성공할 수 있는 방법을 설명하고 있다.

47 正解 ❶ 이기는 경험을 반복하면서 성공하게 된다.

[46~47] 次を読んで、質問に答えてください。

私が多くの成功した政治家や起業家に会って発見した共通点は、彼らは勝つ経験に慣れていたということです。彼らは勝つ方法に気づき、その方法を守り続け、勝利を勝ち取りました。人が何かを成し遂げると、体からテストステロンというホルモンが分泌されます。このホルモンの影響で、その後も積極的に行動しながら、より多くの成功を収めるという科学的証明もあります。結局、勝った人が勝ち続ける「勝者効果」が現れるのです。平凡な私たちも勝つ方法さえ分かれば勝者になれます。勝つ人たちは望んだことを与えられた時間内にやり遂げました。そのために徹底した計画を立て、時間を管理しました。私たちも毎日計画を立て、与えられた時間内に繰り返しやり遂げることで、月間計画、年間計画を達成すれば、やがて勝つ経験に慣れるでしょう。

46 上記の文章に表れている筆者の態度として最も適したものを選んでください。

① 勝者効果とは何か、その意味を説明している。
② 成功を成し遂げる方法を科学的に証明している。
③ 平凡な人は成功した人に勝てないと悲観している。
❹ 成功した人々の特徴を通じて成功できる方法を説明している。

47 上記の文章の内容と同じものを選んでください。

❶ 勝つ経験を繰り返しながら成功するようになる。
② 時間を管理することは勝つこととは全く関係ない。
③ 一度勝てば、その後は勝つことに興味がなくなる。
④ どんなことを達成しても身体的には変化が現れない。

[48~50] 다음을 읽고 물음에 답하십시오. ▶ P. 105~106

최근 여성 단체가 조사한 바에 따르면 결혼한 남성의 52%가 배우자를 '집사람'이라고 부른다고 한다. 그와 반대로 남편은 '바깥양반'으로 칭하여, 여성은 집안에서 집안일을 담당하는 존재이고 남성은 사회적인 활동을 하는 사람이라는 전통적 고정관념을 그대로 드러내고 있다. 이에 여성 단체는 봉건적인 성 역할이나 오래 굳어진 관습적 호칭에서 탈피하여 지금의 시대상이 잘 반영된 '배우자'라는 호칭으로 서로를 부르자는 의견을 내놓았다. '배우자'는 성별에 따른 차이가 없어 ( ) 의미가 있다는 것이다. 또한 '누구 엄마', '누구 아빠'에 비해 서로를 독립적인 인격체로 드러내고 동등한 동반자임을 알릴 수 있는 이점도 있다. 부부 사이에서 상대방을 어떻게 부르는지는 그들 관계를 정립하고 유지하는 데에 큰 영향을 준다. 한쪽에서 일방적으로 강요하는 것이 아니라 합의를 통하여 존중의 의미가 있는 호칭으로 부르면 어떨까? 관습보다 존중과 평등을 담은 호칭 문화를 뿌리내리는 노력이 필요할 때다.

48 正解 ❸ 성 역할이 고정된 배우자 호칭을 바꿔야 할 필요성을 주장하기 위해

49 正解 ❹ 중립적인

50 正解 ❶ 부부가 같이 합의해서 서로를 존중하는 의미의 호칭으로 불려야 한다.

[48~50] 次を読んで、質問に答えてください。

最近、ある女性団体が調査したところによると、結婚した男性の52%が配偶者を「家内」と呼ぶという。それとは逆に、夫は「主人」と呼ばれ、女性は家の中で家事を担当する存在であり、男性は社会的な活動をする人という伝統的な固定観念をそのまま表わしている。これに対し、女性団体は封建的な性別の役割や長く凝り固まった慣習的な呼称から脱却し、今の時代像がよく反映された「配偶者」という呼称で互いを呼ぶという意見を出した。「配偶者」は性別による差がなく（　　　）意味があるということだ。また「誰々のお母さん」、「誰々のお父さん」に比べて、互いを独立した人格として表わし、対等なパートナーであることを示すことができる利点もある。夫婦の間で相手をどのように呼ぶかは、彼らの関係を確立し維持するのに大きな影響を与える。一方から一方的に押し付けるのではなく、合意によって尊重の意味を持った呼称で呼んだらどうだろうか？　慣習より尊重と平等を含んだ呼称文化の根を下ろす努力が必要なときだ。

48 上記の文章を書いた目的として最も適したものを選んでください。
① 結婚した男女の呼び方の違いを比較・研究するために
② 男女の社会的役割を固定する呼び方を分類するために
❸ 性別役割が固定された配偶者の呼び方を変える必要があると主張するために
④ 家族関係ではなく、個人の特徴を認める社会の変化を説明するために

49 （　）に入る単語として最も適したものを選んでください。
① 積極的な
② 自由な
③ 肯定的な
❹ 中立的な

50 上記の文章の内容と同じものを選んでください。
❶ 夫婦が合意してお互い尊重する意味の呼び方で呼ばなければならない
② 今の時代像を反映した呼び方より、慣習による呼び方が定着しなければならない
③ 「誰かのお母さん」、「誰かのお父さん」と呼ぶことは、お互いを独立的に認めることだ。
④ 古くなった慣習的呼称をそのまま維持するために「配偶者」という呼び方を使わなければならない。

PART 3 模擬試験 1

듣기　▶ P. 110~121　(各2点)

1. ④　2. ①　3. ②　4. ④　5. ①　6. ④　7. ②　8. ④　9. ④　10. ②

11. ④　12. ③　13. ②　14. ④　15. ①　16. ②　17. ③　18. ③　19. ②　20. ②

21. ①　22. ④　23. ②　24. ①　25. ④　26. ④　27. ④　28. ②　29. ④　30. ①

31. ③　32. ④　33. ④　34. ②　35. ③　36. ④　37. ②　38. ④　39. ④　40. ②

41. ④　42. ③　43. ①　44. ①　45. ④　46. ②　47. ①　48. ②　49. ①　50. ③

쓰기　▶ P. 122~123　(各10点)

51. ㉠ 참석 여부를 알려 주시 / 오실지 안 오실지 알려 주시 / 참석하실지 안 하실지 알려 주시

　　㉡ 대중교통을 이용해 주시기 / 버스나 지하철을 이용해 주시기

52. ㉠ 행복하다고 믿으면

　　㉡ 정말 그렇게 된다 / 정말 그렇게 될 수 있다 / 정말 그것이 가능해진다

읽기　▶ P. 124~147　(各2点)

1. ③　2. ②　3. ④　4. ④　5. ④　6. ②　7. ②　8. ①　9. ②　10.③

11. ③　12. ③　13. ③　14. ④　15. ②　16. ④　17. ①　18. ④　19. ④　20.④

21. ③　22. ④　23. ①　24. ④　25. ④　26. ④　27. ④　28. ②　29. ③　30.④

31. ①　32. ④　33. ④　34. ②　35. ①　36. ②　37. ②　38. ①　39. ③　40.①

41. ①　42. ③　43. ④　44. ②　45. ④　46. ②　47. ④　48. ③　49. ③　50.②

▶ P. 123

53.
(30点)

2020년 기준 한국의 외국인 주민 수는 214만 6,748명으로 전체 인구의 4.1% 수준이다. 외국인 주민은 외국인 노동자, 유학생, 외국 국적 동포, 결혼 이민자 등 다양한 목적으로 한국에서 거주하고 있음을 알 수 있다. 외국인 주민 수는 꾸준히 상승해 왔는데 2006년에 53만 6,627명이던 외국인 주민 수는 2010년에 113만 9,283명으로 2배 이상 증가했고, 2015년에는 174만으로 3배 이상 증가했다. 그리고 2020년에는 4배 이상 증가한 것으로 나타났다. 이러한 추세라면 앞으로도 외국인 주민 수가 계속해서 증가할 것으로 예상된다.

和訳

53. 　2020年基準の韓国の外国人住民数は214万6,748人で、全体人口の4.1%水準だ。外国人住民は外国人労働者、留学生、外国籍の同胞、結婚移民者など多様な目的で韓国で居住することができている。外国人住民数は着実に上昇してきたが、2006年に53万6,627人だった外国人住民数は、2010年に113万9,283人で2倍以上増加し、2015年には174万人で3倍以上増加した。そして、2020年には4倍以上増加したことがわかった。このような傾向なら、今後も外国人住民数が増え続けるものと予想される。

54. 　幼い子どもを同伴した顧客が食堂やカフェに出入りすることを拒否する「ノーキッズゾーン」に対する賛否意見が拮抗している。
　子どもたちが走ったりいたずらしたりして事故が起きかねないし、うるさい音で一般の顧客が被害を受けるため、他の消費者の権利を守らなければならないというのが賛成側の主張だ。
　反対する人々は、子どもたちのために両親が消費する権利を奪ってはならず、良い食堂で楽しく食事をする子どもたちの権利も保障されなければならないと主張する。
　二つの意見のうち、私は反対する立場だ。ノーキッズゾーンは子どもたちを統制の対象としてのみ見るものだが、子どもたちはまだすっかり成長していないため能力が不足し、社会生活の範囲が制限されるだけで、尊厳性と人権がないわけではない。それだけに子どもたちにも良い食堂を楽しむ権利がある。
　ただ、ノーキッズゾーンを主張する人々が指摘した問題を解決しようとする努力も必要だ。このような主張をする人たちは、子どものミスよりは一緒に来た大人たちが周りの人たちを配慮しないことに不満を感じている。したがって、幼い子どもたちが誤った行動をするとき、厳格に訓示し、正しい社会生活を送るよう指導する両親や大人たちの姿勢を忘れてはならない。

▶ P. 123

54.
(50点)

　어린아이를　　동반한　　고객이　　식당이나　카페에　　출입하는　　것을　　거부하는　　'노키즈존'에　　대한　　찬반　　의견이　　팽팽하다.

　아이들이　　뛰거나　　장난하다가　　사고가　날　수　있고,　시끄러운　소리로　　일반　고객들이　피해를　입기　때문에　다른　소비자의　권리를　지켜　줘야　한다는　것이　찬성　쪽의　주장이다.

　반대하는　사람들은　　아이들　때문에　부모들이　소비할　권리를　빼앗으면　안　되고,　좋은　식당에서　즐겁게　식사할　아이들의　권리도　보장되어야　한다고　주장한다.

　두　가지　의견　중에서　나는　반대하는　입장이다.　노키즈존은　아이들을　통제의　대상으로만　보는　것인데,　아이들은　아직　다　성장하지　않아서　능력이　부족하고　사회생활의　범위가　제한될　뿐이지　존엄성과　인권이　없는　것은　아니다.　그런　만큼　아이들도　좋은　식당을　즐길　권리가　있다.

　다만　노키즈존을　주장하는　사람들이　지적한　문제를　해결하려는　노력도　필요하다.　이런　주장을　하는　사람들은　아이의　실수보다는　같이　온　어른들이　주위　사람들을　배려하지　않는　것에　더　불만을　느끼고　있다.　그러므로　어린아이들이　잘못된　행동을　할　때　엄격하게　훈육하고　올바른　사회생활을　하도록　지도하는　부모나　어른들의　자세를　잊지　말아야　할　것이다.

リスニング台本

問 1 ～ 50 はリスニング問題です。それぞれの問題を注意深く聞いて、質問に対する最も適切な答えを選んでください。

[1~3] 다음을 듣고 가장 알맞은 그림 또는 그래프를 고르십시오. ▶ P. 110~111

▶ P. 110~111

1 여자 혼자 여행하면서 이 많은 사진을 어떻게 찍었어?
   남자 다 방법이 있지. 셀카봉을 이용했어.
   여자 아, 그래? 그럼 나도 다음 달 여행 때 셀카봉을 준비해야겠다.

   正解 ❹

   解説 男性は一人旅で、自撮り棒を使ったと言っています。

2 남자 6시 30분 영화는 벌써 매진됐네, 어떡하지?
   여자 그럼, 8시 40분 표를 끊고 저녁 먹으면서 시간을 보내야겠네.
   남자 그래. 오랜만에 결혼 전에 데이트하던 기분도 내 보지 뭐.

   正解 ❶

   解説 映画のチケットが売り切れたという状況が出てくるので、「次回のために映画のチケットを予約しておこう」と、映画の時間に関する会話が二言目に出てきます。

3 남자 '2017년 자주 먹는 밥 종류'를 묻는 설문 조사에서 40.1%의 가구가 잡곡밥이라고 응답해, 흰밥 30.5%란 답보다 9.6% 응답률이 높았습니다. 다음은 흰밥과 잡곡밥 혼합이 24%, 현미밥이 4.2%, 기타가 1.2% 순이었습니다. 2013년 조사에선 잡곡밥이 39.4%, 흰밥이 32.5%였습니다. 4년이 지난 후 잡곡을 주로 먹는다고 답한 가구는 0.7% 늘어난 반면 흰밥이라고 응답한 가구는 2% 줄었습니다. 건강에 대한 관심 때문에 잡곡밥의 인기가 오르는 것에 반해 흰밥의 인기는 예전 같지 않은 결과로 나타났습니다.

   正解 ❷

   解説 2017年と2013年の調査統計を比較しながら、よく聞いてみるとよいでしょう。

[1~3] 次を聞いて、最も適切な絵またはグラフを選んでください。

1 女性 一人で旅をしながらこれだけの写真をどうやって撮ったの？
   男性 何にでも方法はあるよ。僕は自撮り棒を使ったよ。
   女性 ああ、そうなの？ じゃあ、私も来月の旅行に自撮り棒を用意しなくちゃ。

2 男性 6時30分の映画はもう売り切れちゃったね、どうする？
   女性 じゃあ、8時40分からのチケットを買って、夕食を食べながら時間を過ごすしかないね。
   男性 そうしよう。久しぶりに、結婚前にデートしてたときの気分を出してみるよ。

3 男性 「2017年によく食べたお米の種類」を尋ねた質問調査では、40.1%の世帯が「雑穀米」と答え、「白米」の30.5%より9.6%回答率が高くなりました。次いで、「白米と雑穀米の混合」が24%、「玄米」が4.2%、「その他」が1.2%の順でした。2013年の調査では、「雑穀米」が39.4%、「白米」が32.5%でした。4年が経過した後、「雑穀米を主に食べている」と回答した世帯は0.7%増加した反面、「白米」と回答した世帯は2%減少しました。健康への関心から、雑穀米の人気が高まっているのに対し、白米の人気はかつてない結果となりました。

① 雑穀米 39.4% 白米 32.5% / 雑穀米 38.7% 白米 34.5%
2013年 2017年

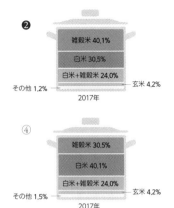

❷ 雑穀米 40.1% / 白米 30.5% / 白米+雑穀米 24.0% / その他 1.2% / 玄米 4.2%
2017年

③ 白米 39.4% 雑穀米 32.5% / 白米 41.4% 雑穀米 33.2%
2013年 2017年

④ 雑穀米 30.5% / 白米 40.1% / 白米+雑穀米 24.0% / その他 1.5% / 玄米 4.2%
2017年

[4~8] 다음을 듣고 이어질 수 있는 말로 가장 알맞은 것을 고르 십시오. ▶ P. 111~112

4 남자 아침에 이 대리가 아파서 오늘 결근한다고 연락이 왔어요.

여자 그래요? 어제 오후부터 몸 상태가 안 좋다고 했어요.

남자 _____

正解 ❹ 그런 줄 알았으면 어제 병원에 가 보라고 할걸…….

解説 イ代理が昨日の午後から体調が良くなかったと言うのを聞いて、その人が次に何を言うかを探さなければなりません。

5 여자 이번 달의 우수 사원으로 우리 부서의 김영호 씨가 뽑혔어요. 축하해요.

남자 정말입니까? 감사합니다. 기대하지도 않았는데, 여러분들이 도와주신 덕분입니다.

여자 _____

正解 ❶ 상금도 나오니까 한턱내세요.

解説 優秀社員に選ばれた人に、周囲の人が何を言うかを探さなければなりません。

6 남자 아무래도 스포츠 센터 회원권을 끊을까 봐요. 살이 자꾸 쪄서 말이에요.

여자 당신 작년에도 6개월분 끊어 놓고 한 달도 제대로 안 다녔잖아요. 일단 다른 운동을 꾸준히 해 보고 익숙해지면 그때 회원권을 끊으세요.

남자 _____

[4~8] 次を聞いて、会話を完成させるのに最も適したものを選んでください。

4 男性 今朝、イ代理が体調を崩したので、今日は欠勤すると連絡が来ました。

女性 そうなんですか？ 昨日の午後から体調が良くないと言っていました。

男性 _____

① どちらの病院に入院しましたか？
② 私が外に出て薬を買ってきます。
③ この前健康診断を受けなかったからです。
❹ そうだったら、昨日病院に行ってと言えばよかった……。

5 女性 今月の優秀社員に、私たちの部署からキム・ヨンホさんが選ばれました。おめでとうございます。

男性 本当ですか？ ありがとうございます。期待してもいませんでしたが、皆さんが助けてくださったおかげです。

女性 _____

❶ 賞金も出るからおごってください。
② 期待が大きいほど失望も大きいと言うんじゃないですか。
③ 優秀社員になりたい人が多いですね。
④ 他の部署がやることを見て頑張って学んでください。

6 男性 どうしてもスポーツセンターの会員権を買おうと思います。どんどん太ってしまうんです。

女性 あなた去年も6か月分を買っておいて、1か月もちゃんと通ってないじゃないですか。一応他の運動を続けてみて、慣れてきたら、そのとき会員権を買ってください。

正解 ❹ 그럼, 집 근처의 운동장에서 매일 운동하는 것부터 해 봐야겠어요.

解説 女性は、違う運動を続けてみること、慣れてきたら会員権を買うことを言っているので、継続して運動する方法を探すという内容が次に来るはずです。

7 여자 산 지 얼마 안 됐는데, 세탁기가 고장 났나 봐요. 수리해 달라고 전화해야겠어요.

　　남자 제가 좀 볼까요? 세탁물이 너무 적네요. 너무 적은 양을 세탁하면 안 될 때가 있어요.

　　여자 _____

正解 ❷ 빨래 양을 늘려서 다시 해 봐야겠네요.

解説 男性は洗濯物の量が少なすぎると言っているので、その問題を解決する方法について話すべきでしょう。

8 남자 택배 왔는데요. 벨을 눌러도 아무도 없네요. 집에 안 계신가요?

　　여자 죄송해요. 제가 볼일이 있어서 밖에 나왔는데, 한 시간 뒤에나 돌아갈 거예요.

　　남자 _____

正解 ❹ 그럼, 경비실에 맡겨 놓을 테니 찾아가세요.

解説 宅配を受け取る女性は、1時間後に帰宅すると言っているので、宅配の運転手が商品の扱い方について言っている④が正解です。

男性 _____

① あなたは運動の重要性を知らないですね。
② 肥満治療できる病院を探してもらえますか？
③ 私が忙しいから、あなたが代わりに会員権を買ってください。
❹ では、家の近くのグラウンドで毎日運動することから始めてみます。

7 女性 買ってから間もないのに、洗濯機が故障したようです。修理してほしいと電話しなければなりません。
　　男性 私がちょっと見ましょうか？ 洗濯物がかなり少ないですね。ごく少量を洗濯すると、うまくいかないときがあります。

女性 _____

① 修理センターの電話番号を探してみてください。
❷ 洗濯物の量を増やして、もう一度やってみます。
③ 壊れた洗濯機は捨てて新しい洗濯機を買いましょう。
④ 洗濯機を売った会社が修理をしてくれるのは当然です。

8 男性 宅配に来ましたが。呼び鈴を押しても誰もいませんね。家にいらっしゃいませんか？
　　女性 すみません。私が用事があって外に出かけたのですが、1時間後くらいに戻ります。

男性 _____

① 家のベルが故障したので修理してください。
② 1時間前に来た方がいいです。
③ 用事のない人にお伝えします。
❹ では、警備室に預けておきますので、お受け取りください。

[9~12] 다음을 듣고 여자가 이어서 할 행동으로 가장 알맞은 것을 고르십시오.　　▶ P. 112

9 남자 다음 달에 있을 제주도 회의에 우리 부서가 다 참석해야 하는데, 비행기 표는 예매했지요? 13일 몇 시 비행기예요?

　　여자 오전 9시 40분 제주 비행기로 7명 예매했습니다. 그런데, 공항에 도착한 후에 회의 장소까지 가는 교통편은 어떻게 하지요?

　　남자 장소가 한라산 아래에 있는 리조트라서 대중교통이 없는 것 같아요. 자동차를 빌려서 타고 가야 하는데, 9인승 승합차를 빌리는 게 좋겠어요.

　　여자 네, 그럼 그렇게 준비하겠습니다.

[9~12] 次を聞いて、女性が取る次の行動として最も適切なものを選んでください。

9 男性 来月に済州島で開かれる会議に我々の部署みんなで出席しなければならないのですが、飛行機のチケットは予約したのでしょう？ 13日の何時の飛行機ですか？
　　女性 午前9時40分の済州島行きの飛行機を7人分予約しました。ですが、空港に着いた後、会議場所までの交通の便はどうしますか？
　　男性 場所はハルラ（漢拏）山の麓にあるリゾート地なので、公共交通機関はなさそうです。自動車を借りて乗って行くべきですが、9人乗りのワゴン車を借りるのが良さそうです。
　　女性 はい、ではそのように準備します。

解説 男性が「9人乗りのワゴン車を借りるのが良い」と言うと、女性は「そうする」と答えているので、答えは④になります。

10 남자 설날이 내일 모레인데, 차례 준비는 하고 있어요?

여자 음식 재료는 다 준비했으니까, 이제 슬슬 전을 부치려고 해요. 설날에 오실 손님이 몇 분이나 돼요?

남자 설날 오후에 인사하러 온다는 직원이 5명인데, 가족들도 같이 온다면 아이들까지 10명 넘을 거예요. 넉넉하게 준비하는 게 좋겠어요. 나는 뭘 하면 돼요?

여자 당신은 내일 먹을 떡국에 넣을 떡 좀 사 오세요. 아이들에게 줄 세뱃돈도 준비하시고요.

남자 이왕이면 새 돈으로 주는 게 좋으니까 시장에 가는 길에 은행에서 돈도 바꿔 올게요.

正解 ❷ 전을 부친다.

解説 女性は材料の準備を終えて、これからチヂミを作ると言っているので、②が最も適切な答えです。

11 여자 어젯밤부터 온몸이 가렵더니 두드러기가 났어요. 몸에 열도 있고요.

남자 어디 봅시다. 어제저녁에 평소와 다른 특별한 음식을 먹었나요?

여자 아니요, 집에서 평소대로 가족들과 식사하고 땅콩차를 한 잔 마셨을 뿐이에요.

남자 겉으로 봐서는 원인을 알 수 없으니 일단 알레르기 반응 검사부터 하고 처방을 하겠습니다.

正解 ❹ 알레르기 검사를 받는다.

解説 男性は、まずアレルギー反応検査をすると言っているので、答えは④です。

12 여자 국제 운전면허를 신청하려고 하는데 어떻게 해야 해요?

남자 한국 운전면허증은 가져오셨지요? 이 앞에 있는 국제 면허 신청서를 쓰시고, 발급비 8,500원을 주세요. 사진도 한 장 필요합니다.

여자 네? 사진도 필요해요? 사진은 없는데 큰일 났네.

남자 지하에 내려가시면 즉석 사진을 찍는 곳이 있으니 사진부터 준비해 오세요.

正解 ❸ 지하에서 사진을 찍는다.

解説 男性は、まず写真を用意して、それから来てくださいと言っているので、答えは③です。

① リゾートに電話をかける。
② 飛行機のチケットを予約する。
③ 会議の資料を準備する。
❹ レンタカー会社に連絡する。

10 男性 元日は明後日ですが、先祖の祭祀の準備はしていますか？

女性 食べ物の材料は全部準備したので、そろそろチヂミを作ろうと思います。元日にいらっしゃるお客さんは何名くらいになりますか？

男性 元日の午後に挨拶に来る社員は5人ですが、家族たちと一緒に来れば、子どもたちも含めて10人以上になります。多めに準備した方がよさそうです。私は何をすればいいですか？

女性 あなたが明日食べる餅スープに入れる餅を買ってきてください。子どもたちに渡すお年玉も用意してください。

男性 どうせなら新しいお金を渡すのが良いから、市場に行くついでに銀行でお金も両替してきます。

① 銀行に行く。
❷ チヂミを焼く。
③ 市場に行く。
④ お年玉をあげる。

11 女性 昨夜から全身が痒くて、じんましんが出ました。熱もあります。

男性 ちょっと見てみましょう。昨日の夕食でいつもと違う特別な食べ物を食べましたか？

女性 いいえ、家でいつも通り家族たちと食事をして、ピーナッツ茶を一杯飲んだだけです。

男性 見た目では原因がわからないので、まずアレルギー反応検査をしてから処方します。

① 体温を測る。
② 処方せんをもらう。
③ お茶を一杯飲む。
❹ アレルギー検査を受ける。

12 女性 国際運転免許証を申請しようとしているのですが、どうすればいいですか？

男性 韓国の運転免許証は持って来ていらっしゃいますか？ この前にある国際免許申請書に記入して、発行費8,500ウォンを支払ってください。写真も1枚必要です。

女性 はい？ 写真も必要なんですか？ 写真はないので大変なことになったわ。

男性 地下に降りて行くと、即席写真を撮る場所がありますので、写真を用意してからお越しください。

① 申請書を書く。
② 家に電話する。
❸ 地下で写真を撮る。
④ 韓国の運転免許証を準備する。

13 여자 어제 동생 결혼 앞두고 양쪽 집안 상견례는 잘했어요?

남자 네. 동생의 시부모 되실 분들이 참 좋으신 분들이라서 저희 부모님과 이야기도 나누고 즐거운 시간을 보냈어요.

여자 그럼 이제 국수 먹을 일만 남았네요. 결혼식 날짜는 잡으셨어요?

남자 예식장 상황을 몰라서 먼저 예식장을 알아보고 거기에 맞춰 날짜를 잡는대요. 그래도 올해를 넘기지는 않을 것 같아요.

정답 ❷ 남자의 동생은 올해 안에 결혼할 것 같다.

해설 男性は「今年を越すことはなさそうだ」と言っているので、男性の妹は今年結婚するようです。したがって、答えは②です。「국수(를) 먹다」は直訳すると「麺を食べる」ですが、披露宴でよく麺が振る舞われることから「結婚式を挙げる (招待される)」という意味を表します。
① 男性の妹 (弟) は男性だ。
→「시부모 (義父母)」は、結婚した女性の夫の両親を表す言葉です。
③ 結婚式の日程を決めて結婚式場を予約しようとする。
→ 結婚式場の状況を確認し、それに合わせた日取りを決めます。
④ この二人は後で一緒に麺を食べる予定だ。
→「국수를 먹는다」は「結婚式に出席する」という意味の表現です。

14 여자 지하철을 타고 무심코 올려다보니 큰 숫자 4개가 있는데, 무슨 숫자예요? 암호 같기도 하고…….

남자 지하철 전동차에 있는 객실 번호예요. 예를 들어 3513이라는 숫자는 3호선 13편의 다섯 번째 칸이라는 뜻이에요.

여자 이런 숫자를 왜 표시해 놓았나요?

남자 지하철을 이용하다가 물건을 분실했거나, 냉난방에 대한 요청이 있거나 또는 급한 일이 생겼을 때 콜센터에 이 번호를 말하면 빨리 해결할 수 있으니까요.

정답 ❹ 이 숫자는 자신이 어느 지하철 몇 번째 칸에 탔는지 알려 준다.

해설 この番号は地下鉄の車両番号で、どの地下鉄のどの車両に乗ったかを知ることができるので、答えは④です。
① コールセンターに聞けば、この数字を教えてくれる。
→ 緊急事態が発生したとき、コールセンターに知らせる番号です。
② この数字は3号線だけにある特別な暗号だ。

13 女性 昨日、妹さんの結婚を控えた両家の顔合わせはうまくいきましたか？

男性 はい。妹の義父母となる方たちがとても良い方々なので、私たちの両親と話もして、楽しい時間を過ごしました。

女性 それでは、あとはもう式を挙げるだけですね。結婚式の日取りは決められたのですか？

男性 式場の状況が分からないので、まずは式場を調べて、それに合わせて日取りを決めるそうです。それでも、今年を越すことはなさそうです。

① 男性の妹 (弟) は男性だ。
❷ 男性の妹は今年中に結婚しそうだ。
③ 結婚式の日程を決めて結婚式場を予約しようとする。
④ この二人は後で一緒に麺を食べる予定だ。

14 女性 地下鉄に乗って無意識に上を見たら、大きな数字が4つありましたが、何の数字ですか？ 暗号のような気もしますが……。

男性 地下鉄の車両にある客室番号です。例えば、3513という数字は3号線、13便の5番目の車両という意味です。

女性 このような数字がどうして表示されているのですか？

男性 地下鉄を利用していて落とし物をしたり、冷暖房に対する要望があったり、緊急事態が起きたとき、コールセンターにこの番号を伝えれば、すぐに解決できますからね。

① コールセンターに聞けば、この数字を教えてくれる。
② この数字は3号線だけにある特別な暗号だ。
③ この数字はその中に乗れる人数を表す数字だ。
❹ この数字は、自分がどの地下鉄の何番目の車両に乗っているかを示してくれる。

③ この数字はその中に乗れる人数を表す数字だ。
→ 地下鉄の車両番号です。

15 남자 야호~ 다음 달부터 대체 휴일제가 확대된대요. 그러면 10월에는 3일 연달아 쉬는 주말이 두 번이나 있어요.

여자 그럼, 12월 25일 성탄절도 토요일이니까 월요일까지 쉬는 거죠?

남자 아니에요. 성탄절이나 부처님 오신 날처럼 종교와 관계된 휴일은 대체 공휴일로 하지 않아요. 공휴일과 전통 명절 휴일이 토·일요일이나 다른 공휴일과 겹치는 경우만 대체 공휴일이 돼요.

여자 그래요. 좀 아쉽네요. 일본에서는 공휴일과 주말 사이에 평일이 하루 끼어 있는 징검다리 휴일도 쉬는 날로 정했다는데…….

남자 너무 욕심 부리지 말고, 앞으로 시행되는 대체 공휴일만이라도 충분히 쉽시다.

正解 ❶ 10월에는 3일 연휴가 두 번 있다.

解説 男性は、10月には3連休が2回あると言っているので、答えは①です。
② 振替休日はこれから減るだろう。
→ 来月から振替休日制度が拡大されるそうです。
③ 韓国と日本の振替休日制度は同じだ。
→ 日本のような連休がないのは残念だと女性が言っていました。
④ 12月25日のクリスマスも振替休日になる。
→ 宗教的な休日は振替休日にはしません。

16 여자 이 아파트에서 애완동물을 길러도 되나요?

남자 죄송하지만 이웃집에 소음이 생겨서 애완동물을 기를 수 없습니다.

여자 아, 너무 아쉽네요. 집은 마음에 드는데, 저희는 강아지를 키울 수 있는 곳이 필요해요.

남자 그럼, 단독 주택을 알아보시는 게 어때요?

正解 ❷ 애완동물 때문에 단독 주택으로 갈 것 같다.

解説 アパートは気に入ったけど、ペットを飼える場所が必要だと言っていたので、ペットのことを考えると戸建てにするようです。したがって、答えは②です。
① 女性はアパートが気に入らなくて残念だ。
→ 女性はアパートを気に入っています。
③ アパートでペットを飼うことが許可される。
→ 隣の家に迷惑がかかるので、ペットを飼うことはできません。
④ 隣の家がうるさくて一戸建てに変更しようとする。
→ 男性はペットを飼うために一戸建てを検討するのはどうかと言いました。

15 男性 やっほ〜 来月から、振替休日制度が拡大するそうです。そうすると、10月には3日連続で休みの週末が2回もあります。

女性 そうすると、12月25日のクリスマスも土曜日だから、月曜日まで休みですよね?

男性 違います。クリスマスや仏様の誕生日のように宗教と関連した休日は振替休日にはしません。祝日と伝統名節の休日が土・日曜日や他の祝日と重なる場合のみ振替休日になります。

女性 そうですか。ちょっと残念ですね。日本では、祝日と週末の間に平日が1日挟まっている飛び石休日も休みに決めたそうですが……。

男性 あまり欲張らずに、これから施行される振替休日だけでも、十分休みましょう。

❶ 10月には3連休が2回ある。
② 振替休日はこれから減るだろう。
③ 韓国と日本の振替休日制度は同じだ。
④ 12月25日のクリスマスも振替休日になる。

16 女性 このアパートでペットを飼ってもいいですか?

男性 申し訳ありませんが、隣の家に騒音が生じるのでペットを飼うことはできません。

女性 ああ、とても残念ですね。家は気に入りましたが、私たちは子犬を飼える場所が必要です。

男性 それなら、一戸建てをお調べになるのはいかがでしょうか?

① 女性はアパートが気に入らなくて残念だ。
❷ ペットのために一戸建てに変更しそうだ。
③ アパートでペットを飼うことが許可される。
④ 隣の家がうるさくて一戸建てに変更しようとする。

[17~20] 다음을 듣고 남자의 중심 생각으로 가장 알맞은 것을 고르십시오.　　　　▶ P. 113~114

17 여자 오랜 연애 끝에 드디어 결혼을 약속했는데, 어머니의 반대로 혼란하고 불안한 마음에 결혼이 다시 망설여집니다. 제 마음대로 결혼을 해도 될까요?

남자 그 남자를 사랑하시나요? 사랑이 확실하다면 어머니를 설득해 보세요. 결혼은 본인이 하는 거지 어머니가 하는 게 아니잖아요.

여자 그렇기는 하지만 어머니가 너무 완강하게 반대하세요. 지금까지 키우시면서 저에 대해 잘 알 텐데 왜 제 선택을 못 믿으시는지 모르겠어요.

남자 그럴수록 더욱 어머님과 깊이 이야기를 해서 서로 이해하도록 노력해 보세요. 딸을 사랑하니까 딸이 사랑하는 남자도 사랑하게 되실 거예요. 결혼을 서두르지 말고 부모님과 맞춰 가면서 준비하세요.

正解 ❸ 끝까지 부모님의 허락을 받도록 노력해야 한다.

解説 男性は結婚を急がず、彼女の両親と調整しながら準備するようにと言ったので、答えは③です。

18 남자 세계적인 갑부라면 자신의 경제력에 맞춰 좋은 차를 탈 수 있습니다. 차는 자신의 얼굴이고 자신의 능력과 취향을 나타내는 패션이라고 생각합니다.

여자 아무리 그래도 차는 그냥 탈 것에 불과합니다. 거리를 이동하기 위한 운행 도구에 불과한 것이지요. 세계적인 부자 중에는 20년 된 차를 타거나 가까운 거리는 자전거로 출퇴근하는 사람도 있습니다.

正解 ❸ 자신의 경제력에 따라 좋은 차를 타도 된다.

解説 車にはその人の能力や好みが表れるので、自分の経済力に合わせて車を選ぶこともできると男性は言っています。

19 남자 어릴 때 너무 가난하게 살았던 가수가 젊은 나이에 성공한 후 자신이 번 돈을 계속 자랑하는 건 좀 심하지 않은가요? 요즘 20~30대가 취업 문제로 어려움을 겪고 있는 시기에 유명인으로서 사람들에게 미칠 영향이나 대중에게 비치는 자신의 모습을 좀 더 생각해야 합니다.

여자 그렇지만 자신의 노력으로 떳떳하게 번 돈을 쓰는 건데, 우리가 비판할 수 없다고 생각해요. 그리고 이 가수도 했으니까 나도 할 수 있다는 자극을 젊은이에게 주는 면도 있거든요.

[17~20] 次を聞いて、男性の主旨として最も適切なものを選んでください。

17 女性 長い交際の末ついに婚約しましたが、母の反対で混乱して不安を覚え、結婚を再び躊躇しています。私の思い通りに結婚してもよいのでしょうか？

男性 その男性を愛していますか？ 愛が確かなら、お母さんを説得してみてください。結婚は本人がすることであって、お母さんがすることではないでしょう。

女性 そうではありますが、母がとても頑なに反対するのです。今まで育てながら私のことをよく知っているはずなのに、どうして私の選択を信じられないのかわかりません。

男性 そのためには、もっとお母さんと深く話し合って、お互い理解し合うように努力してみてください。娘を愛しているから、娘が愛する男性も愛するようになるでしょう。結婚を急がず、ご両親と合わせながら準備してください。

① 愛する男性を信じなければならない。
② 結婚を急いだ方が良さそうだ。
❸ 最後まで親の同意を得るよう努力しなければならない。
④ 娘が愛する男性を母親が好きになるのは難しい。

18 男性 世界的なお金持ちなら、自分の経済力に見合ったいい車に乗ることができます。車は自分の顔であり、自分の能力と好みを表すファッションだと思います。

女性 そうはいっても、車はただの乗り物に過ぎません。街を移動するための運行道具に過ぎないのです。世界的な富裕層の中には、20年前の車に乗っていたり、近い距離は自転車で通勤する人もいます。

① 車は移動手段に過ぎない。
② お金持ちでも謙虚な生活が必要だ。
❸ 自分の経済力によっていい車に乗ってもいい。
④ 環境のためにお金持ちは自転車を利用しなければならない。

19 男性 子どもの頃とても貧しく暮らしていた歌手が、若くして成功した後に自分が稼いだ金を自慢し続けるのは、ちょっとひどくないですか？ 最近20～30代が就職問題で苦しんでいる時期に、有名人として、人々に及ぼす影響や大衆に映る自分の姿をもう少し考えなければなりません。

246

正解 ❷ 성공한 가수가 돈 자랑하는 것은 좋지 않다.

解説 男性は、売れっ子歌手が自分の稼いだお金を自慢するのはやりすぎだと言いました。

20 여자 이 식당은 사찰 음식 전문점이라고 들었는데, 사찰 음식은 그 안에 특별한 의미가 있나요?

남자 사찰 음식은 스님들이 생존을 위해 먹어 온 음식일 뿐, 거창한 사상을 담거나 건강을 위해 일부러 만든 게 아니에요.

여자 그럼, 일반 음식과 어떤 차이가 있나요?

남자 살생을 금하는 불교 전통을 따르기 위해서 사찰 음식은 도축한 고기를 재료로 사용하지 않아요. 생선도 안 먹고요. 그 대신 단백질을 보충하기 위해 콩 종류를 많이 사용해요. 마늘이나 생강 같은 자극적인 양념을 안 쓰는 것도 큰 특징이지요.

正解 ❷ 사찰 음식은 불교 원칙에 따른 스님들의 음식이다.

解説 男性は精進料理の意味や特徴について話しているので、答えは②です。

女性 とはいえ、自分の努力で正々堂々と稼いだお金を使うのですから、私たちが批判することはできないと思います。それに、この歌手もできたから私にもできる、という刺激を若者に与える側面もあるんですよ。

① 自分が稼いだお金なので自慢しても構わない。
❷ 成功した歌手がお金を自慢するのはよくない。
③ 20～30代の就職問題を有名人が解決しなければならない。
④ お金を自慢することは若者に刺激を与える肯定的な効果がある。

20 女性 この食堂は精進料理の専門店だと聞いたのですが、精進料理には特別な意味がありますか？

男性 精進料理はお坊さんたちが生きていくために食べてきた食事に過ぎず、壮大な思想を込めたり、健康のためにわざわざ作ったものではありません。

女性 では、一般の食事とどのような違いがありますか？

男性 殺生を禁じる仏教の伝統に従うため、精進料理は屠殺した肉は材料として使いません。魚も食べません。その代わり、タンパク質を補うために豆類を多く使います。ニンニクやショウガのような刺激的な調味料を使わないのも大きな特徴です。

① 精進料理は刺激的な調味料を入れない方がおいしい。
❷ 精進料理は仏教の原則に従うお坊さんたちの料理だ。
③ 精進料理の専門店は巨大な思想をもって始めた。
④ お坊さんたちはタンパク質を補充するために豆を食べるのが大事だ。

[21~22] 다음을 듣고 물음에 답하십시오.　▶ P. 114

여자 작년에 먹다 남은 약들이 그대로 있는데 혹시 잘못 먹을
지 모르니까 버려야겠네. 여보, 알약은 쓰레기통에 버리
고 이 물약은 하수구에 쏟아 주세요.

남자 아니, 약을 그렇게 함부로 버리면 안 돼요. 소각 처리하
거나 약국 수거함에 버려야 해요.

여자 냄새도 안 나고 남한테 피해 주는 것도 아닌데 귀찮게
왜 그래야 돼요?

남자 생활 쓰레기로 버리거나 하수구에 버리면 항생 물질이
하천이나 토양에 남아 생태계를 교란시키거나 물고기,
식수 등을 통해 인체에 영향을 미칠 위험이 있어요.

여자 그럼 폐의약품도 폐건전지처럼 분리수거해야 되는 거군
요. 앞으로 신경 쓸게요.

21 [正解] ❶ 폐의약품은 분리수거해야 한다.

　[解説] 女性は男性の話をすべて聞いて、薬も分別して捨てな
ければならないことを理解したので、答えは①です。

22 [正解] ❹ 의약품을 잘못 버리면 인체에 해로운 영향을 미
칠 수 있다.

　[解説] 医薬品を正しく捨てないと、魚や飲料水を通じて人体
に影響を及ぼす危険があると男性は言っていたので、
答えは④です。

　① 女性は医薬品を薬局の回収箱に捨ててきた。
　→ 女性はゴミ箱に捨てて下水道に流すように言いまし
た。
　② 男性は古い薬を保管し続けることを望んでいる。
　→ 薬局の回収箱に捨てなければならないと言っていま
す。
　③ 男性は廃医薬品を分別するのが面倒だ。
　→ 男性は分別回収にこだわっています。

[21~22] 次を聞いて、質問に答えてください。

女性 去年飲み残した薬がそのままあるのに、
誤って飲んでしまうかもしれないので、
捨てないとですね。あなた、錠剤はゴミ
箱に捨てて、この液体の薬は下水道に流
してください。

男性 いや、薬をそんな不用意に捨てたらダメ
ですよ。焼却処理するか、薬局の回収箱
に捨てなければなりません。

女性 においもしないし、誰にも被害を与える
ものでもないのに、なんでそんな面倒な
ことをしなければいけないのですか？

男性 生活ゴミとして捨てたり、下水道に流し
たりすると、抗生物質が下水や土壌に残
って生態系を乱したり、魚や飲料水など
を通じて人体に影響を及ぼす危険があり
ます。

女性 では、医薬品のゴミは乾電池のゴミと同
じように分別しないといけないものなん
ですね。これから気をつけます。

21 男性の主な考え方として、最も適したもの
を選んでください。

　❶ 廃医薬品はゴミの分別をしなければなら
ない。
　② 錠剤とシロップを別々に捨てなければな
らない。
　③ 医薬品は薬局で購入しなければならな
い。
　④ 薬をむやみに捨てると生態系が乱れる。

22 聞いた内容と同じものを選んでください。

　① 女性は医薬品を薬局の回収箱に捨ててき
た。
　② 男性は古い薬を保管し続けることを望ん
でいる。
　③ 男性は廃医薬品を分別するのが面倒だ。
　❹ 医薬品を誤って捨てると、体に悪影響を
及ぼす可能性がある。

[23~24] 다음을 듣고 물음에 답하십시오. ▶ P. 115

여자 교실 책상에 그림 그리기 대회를 하게 된 계기가 무엇입니까?

남자 학생들이 수업 시간이나 쉬는 시간에 책상에 낙서를 많이 해서 야단쳤는데, 그렇게 야단치는 것보다 아이들이 좋아하는 낙서를 마음껏 할 수 있게 기회를 주자는 생각이 들었습니다. 그래서 낙서하는 날을 정해 책상화 그리기 대회를 했습니다.

여자 책상화 심사는 어떻게 하셨나요?

남자 같은 학년 친구들과 선생님들이 스티커를 붙여서 스티커가 많은 학생을 뽑았습니다.

여자 학생들이 이 대회에 대해 어떻게 생각하나요?

남자 아주 좋아하고 열심히 그리며 즐거워하지만, 대회가 끝나면 각자 지우개로 깨끗이 지워야 하는 것이 귀찮다고 얘기합니다.

23 [正解] ❷ 책상화 그리기 대회에 대해 설명하고 있다.

[解説] 机絵を描く大会を開催する動機、評価方法、終了後のまとめなどを説明しています。

24 [正解] ❶ 남자는 학교 선생님이다.

[解説] 以前は授業中や休み時間に机にたくさん落書きをしている生徒を叱っていたが、考えを変えて好きなだけ落書きをする機会を与えたので、この人は学校の先生です。よって、答えは①となります。

② 机絵の審査を男性一人でした。
→ 先生たちと同じ学年の生徒たちがシールを貼って、受賞者を決めました。
③ 子どもたちが落書きするのを理解できない。
→ 落書きを好きなだけできる機会を与えようとしました。
④ 子どもたちは机絵コンテストに反対する。
→ 好きで一生懸命描いて楽しみました。

[23~24] 次を聞いて、質問に答えてください。

女性 教室机に絵を描く大会を開催するきっかけは何ですか？

男性 学生たちが授業時間や休み時間に机に落書きをたくさんしていたので叱ったのですが、そうやって叱ることより、子どもたちが好きな落書きを思う存分できる機会を与えようと考えました。それで、落書きをする日を決めて机絵を描く大会をしました。

女性 机絵の審査はどのようにされたのですか？

男性 同じ学年の友人たちと先生たちがシールを貼って、シールが多い学生を選びました。

女性 学生たちはこの大会に対してどのように思っていますか？

男性 とても好きで、一生懸命描いて楽しんだけれど、コンテストが終わると各自が消しゴムできれいに消さなければならないのが面倒だと話しています。

23 男性が何をしているか選んでください。
① 落書きを消す運動を主張している。
❷ 机絵を描く大会について説明している。
③ 授業時間に落書きすることを批判している。
④ 机絵コンテストの審査方法を紹介している。

24 聞いた内容と同じものを選んでください。
❶ 男性は学校の先生だ。
② 机絵の審査を男性一人でした。
③ 子どもたちが落書きするのを理解できない。
④ 子どもたちは机絵コンテストに反対する。

▶ P. 115

[25~26] 다음을 듣고 물음에 답하십시오.

여자 사춘기 아이의 이야기를 어느 정도까지 들어 줘야 할까요? 또 무슨 얘기든 다 끝까지 들어 줘야 할까요?

남자 네, 무슨 얘기든 다 들어 주는 것이 필요합니다. 보통 부모님들은 빨리 결론을 내리려고 하는데, 아이는 대화를 통해 부모님의 관심을 찾으려고 합니다.

여자 아이를 이해하고 사랑하는 방법을 머리로는 아는데, 행동으로 옮기기는 어려워요. 어떻게 해야 할까요?

남자 내 아이가 명문 대학에 꼭 가야 한다는 욕심을 버려야 합니다. 무엇이든 잘하는 아이로 만들려는 부모님의 목표를 내려놓고, 우선은 대화를 통해 아이가 무엇을 원하는지 무슨 생각을 하고 있는지 이해하는 것이 중요합니다.

25 [正解] ❹ 자녀에 대한 욕심을 버리고 대화해야 한다.

[解説] 親の欲というのは、子どもに何でもうまくやらせようとすることです。だから、それをやめて、欲をなくして、子どもと会話をしなさいというのが、男性のアドバイスです。

26 [正解] ❹ 사춘기 아이들의 이야기는 다 들어 줘야 한다.

[解説] 男性は、思春期の子どもの言うことは何でも聞かなければならないと言うので、答えは④になります。

① 欲のある人は名門大学に入れない。
→ 親は子どもに絶対に有名大学に行ってほしいという欲を捨てなければなりません。
② 子どもを愛する方法は行動がより簡単だ。
→ 言うのは簡単ですが、行動に移すのは難しいです。
③ 子どもたちは何でも上手にやりたいという目標がある。
→ 親が子どもをそうさせようとします。

[25~26] 次を聞いて、質問に答えてください。

女性 思春期の子どもの話を、どの程度まで聞いてあげるべきでしょうか？ 何の話をしていても、全部終わるまで聞かなければならないでしょうか？

男性 はい、どんな話でも全部聞いてあげることが必要です。普通親たちは早く結論を出そうとしますが、子どもは対話を通して親の関心を探ろうとしています。

女性 子どもを理解して愛する方法を頭ではわかっているのですが、行動に移すのが難しいです。どうしたらいいのでしょうか？

男性 私の子どもは名門大学に絶対行かなければならないという欲を捨てるべきです。何でも上手な子に育てようという両親の目標を置いて、まずは対話を通して、子どもが何を望んでいるか、何を考えているかを理解することが大切です。

25 男性の主な考え方として、最も適したものを選んでください。
① 名門大学に入らなくても大丈夫だ。
② 早く結論を出すのはよくない。
③ 子どもを行動で愛する方法が難しい。
❹ 子どもに対する欲を捨てて話さなければならない。

26 聞いた内容と同じものを選んでください。
① 欲のある人は名門大学に入れない。
② 子どもを愛する方法は行動がより簡単だ。
③ 子どもたちは何でも上手にやりたいという目標がある。
❹ 思春期の子どもの話は全部聞いてあげなければならない。

[27~28] 다음을 듣고 물음에 답하십시오. ▶ P. 116

여자 이번 부산 여행에서 숙박할 장소 예약했어?

남자 응, 집 공유 서비스를 통해서 찾아봤는데, 어떤 신혼부부가 아파트의 남는 방 하나를 올려서 거기를 예약했어.

여자 그런 것도 있구나. 찾는 데 시간이 오래 걸리지는 않았어?

남자 사이트에 올린 사진을 보고 우리가 여행하는 동안 사용 가능한지 확인한 후 집주인에게 메일로 연락했더니 바로 답장이 와서 예약했어.

여자 와, 그것 참 편하다. 부산에 아는 사람도 없는데 현지 사람을 만날 수 있고 여러 가지 정보도 얻을 수 있겠네.

남자 응, 그래서 집 공유 사이트가 참 좋은데, 펜션이나 모텔 같은 숙박업소들이 홍보용으로 이용하는 문제가 있어서 좀 안타까워.

27 [正解] ❹ 집 공유 사이트를 통해 숙박을 예약한 과정을 설명하기 위해

[解説] 男性は女性に、釜山で部屋を探した方法とその良さを詳しく話しています。

28 [正解] ❷ 집 공유 사이트 덕분에 현지인도 만나고 정보도 얻는다.

[解説] 女性は「釜山に知り合いはいない」と言っていましたが、現地の人に会っていろいろな情報を得ることができそうなので、答えは②です。

① この二人は新婚夫婦だ。
→ 部屋を貸している人たちが新婚夫婦です。

③ ホームシェアサイトはモーテルを広告するために作られたものだ。
→ 男性はシェアサイトがペンションやモーテルの広告に使われるのは残念だと思っています。

④ この人たちが釜山を旅行する間、家主はその家に住んでいない。
→ 現地の人と知り合いになれるかもしれないのは、家主がその家にいるからです。

[27~28] 次を聞いて、質問に答えてください。

女性 今回の釜山旅行の宿泊場所は予約した？

男性 うん、ホームシェアサービスで探してみたんだけど、ある新婚夫婦がアパートの空き部屋を一つアップしていて、そこを予約したよ。

女性 そういうものもあるんだね。探すのに時間が長くかからなかった？

男性 サイトにアップされている写真を見て、僕たちが旅行中に使えるかを確認した後、オーナーにメールで連絡したら、すぐに返信が来て予約したよ。

女性 わあ、それはすごい便利。釜山に知り合いもいないけど、現地の人と会うこともできて、いろいろ情報も得られそうだね。

男性 うん、だからホームシェアサイトはすごくいいんだけど、ペンションやモーテルのような宿泊施設が広報用に利用する問題があって、ちょっと残念。

27 男性の意図に最も適したものを選んでください。

① ホームシェアサイトで宣伝しているペンションを批判するため
② 早く結論を出すのはよくない。
③ 新婚夫婦の家を訪問する楽しさを教えるため
❹ ホームシェアサイトを通じて宿泊を予約した過程を説明するため

28 聞いた内容と同じものを選んでください。

① この二人は新婚夫婦だ。
❷ ホームシェアサイトのおかげで、現地人に会って情報も得る。
③ ホームシェアサイトはモーテルを広告するために作られたものだ。
④ この人たちが釜山を旅行する間、家主はその家に住んでいない。

[29~30] 다음을 듣고 물음에 답하십시오. ▶ P. 116

남자 언론에서는 우리가 연애와 결혼과 출산을 포기한 세대
라고 말하면서 우리에게 희망이 없다고 말합니다. 하지
만 그런 순간이 왔을 때 우리가 모교에서 함께 했던 기
억을 떠올리며 자신에 대한 믿음을 다잡았으면 좋겠습
니다. 그리고 졸업식 대표 연설 자리에 저와 같은 장애
인이 서는 것은 낯선 일일지도 모릅니다. 하지만 신체의
특수성 때문에 조금은 다른 눈높이에서 세상을 경험할
수 있었고, 삶은 더욱 풍성해졌습니다. 제 자신의 삶을
지탱한 힘은 '가능성에 대한 믿음'이었습니다. 가능하다
고 말하면 그것은 가능한 것이 됩니다. 하지만 문제라고
말하면 그것은 넘을 수 없는 벽이 되어 돌아옵니다. 살
다 보면 '무엇이든 할 수 있다'는 믿음을 갖기에는 너무
힘겹고 어려운 순간이 있을 겁니다. 불가능 속에서 가능
함을 증명해 보이는 삶을 살며 어두운 세상을 밝히는 희
망의 증거로 살아갑시다.

29 [正解] ❹ 장애인 졸업생

[解説] 男性は、卒業式で代表スピーチをする立場に立つ障が
い者です。

30 [正解] ❶ 어려운 일도 가능하다고 믿으면 가능해진다.

[解説] 男性は「可能だと思えば可能になる」と言っているの
で、答えは①です。
② 이 사람은 학교의 입학식에서 이야기하고 있다.
→ この人は卒業式で話しています。
③ 이 사람의 세대는, 전부가 보장된 행복한 사람들
이다.
→ この人の世代は、交際、結婚、出産をあきらめた世
代だと言われています。
④ 이 사람은 신체가 특수하지만, 다른 사람과 같은 눈으로 세계를
경험했다.
→ この人はユニークな身体的特徴を持っていますが、
他の人と違う目の高さで世界を経験し、人生が豊か
になりました。

[29~30] 次を聞いて、質問に答えてください。

男性 マスコミは、私たちが恋愛と結婚と出産を
放棄した世代だと言いながら、私たちには
希望がないと言います。でも、そういう瞬
間が来たとき、私たちが母校で共にした記
憶を思い出して、自分に対する信頼を固め
られたらいいなと思います。そして卒業式
の代表演説の席に私のような障がい者が
立つのは見慣れないことかもしれません。
しかし、身体の特殊性から、少し違った目
の高さで世界を経験することができ、人生
はより豊かになっていきました。私自身の
人生を支えた力は「可能性に対する信頼」
でした。可能だと言えば、それは可能なこ
とになるのです。しかし、問題だと言えば、
それは乗り越えられない壁になって戻って
きます。生きていれば「何でもできる」とい
う信念を持つことがとても大変で難しい
瞬間があるでしょう。不可能の中に可能を
証明してみせる人生を生き、暗い世界を照
らす希望の証として生きていきましょう。

29 男性が誰なのか選んでください。

① ジャーナリスト
② 運動選手
③ 若い大学生
❹ 障がい者の卒業生

30 聞いた内容と同じものを選んでください。

❶ 難しいことも可能だと信じると可能にな
る。
② この人は学校の入学式で話している。
③ この人の世代は、全てが保障された幸せ
な人たちだ。
④ この人は身体が特殊だが、他の人と同じ
目で世界を経験した。

[31~32] 다음을 듣고 물음에 답하십시오. ▶ P. 117

남자 외국인을 겨냥한 '코리아 그랜드 세일' 기간이라, 백화
점에는 외국인 전담 통역 직원이 있는데, 전통 시장에는
없네요.

여자 백화점이나 면세점에서 사면 다양한 상품을 훨씬 편리
하게 구입할 수 있는데, 어느 외국인이 전통 시장을 찾
겠어요?

남자 그렇지 않습니다. 여행은 뒷골목 구석구석을 돌며 그곳
의 생활상과 문화를 그대로 느끼는 것에 더 의미가 있습
니다. 우리의 전통 시장은 물건을 구입하려는 목적만 있
는 게 아니라 값을 깎는 에누리 문화라든지 정으로 한
개를 더 주는 덤 같은 따뜻한 한국의 온기가 있잖아요.
통역사를 통해 이야기를 나누더라도 그런 것을 체험하
도록 해야 합니다. 설령 통역하는 사람을 배치하는 데
비용 부담이 있다고 해도 말이지요.

여자 선생님 말씀을 듣고 보니 일리가 있네요. 비용 문제라면
외국어 회화가 가능한 대학생이나 유학생, 전업주부, 은
퇴한 노인 등을 아르바이트 형태로 채용하면 해결되지
않을까요? 외국인이 어디를 가도 불편을 못 느끼게 준
비하는 게 진정한 관광 대국이니까요.

31 正解 ❸ 전통 시장에서 외국인이 한국의 문화를 경험하는
것이 중요하다.

解説 男性は、伝統市場で値切る文化やおまけをする文化な
どを経験すべきだと言っています。

32 正解 ❸ 전통 시장에 통역사가 필요함을 주장하고 있다.

解説 通訳を介してでも、伝統的な市場の文化に触れてみる
べきだと言っているので、答えは③です。
① 現在の観光政策に満足している。
→ 伝統市場で外国人のための通訳を担当する職員がい
ないのは残念だと言っています。
② 相手の意見に部分的に同意している。
→ 女性の意見に対して、「그렇지 않습니다. (そんなこと
はありません)」と反論しています。
④ 伝統市場に通訳する人がいないことを受け入れてい
る。
→ 通訳の費用が負担になっても、外国人は伝統市場で
韓国の文化に触れるべきだと考えています。

[31~32] 次を聞いて、質問に答えてください。

男性 外国人向けの「コリアグランドセール」
期間なので、百貨店には外国人の通訳を
担当する社員がいますが、伝統市場には
いませんね。

女性 百貨店や免税店で買った方がいろいろな
商品をずっと便利に買えるのに、どこの
外国人が伝統市場を探しますか？

男性 そんなことはありません。旅行は路地裏を
隅々まで回って、その土地の生活像や文化
をそのまま感じることにもっと意味がある
んです。私たちの伝統市場には、物を購入
する目的だけがあるのではなく、値切りを
する文化や、情で一つおまけをあげるよう
な、韓国の温かみがあるじゃないですか。
通訳者を介して話してでも、そういうこと
を体験するようにしなければなりません。
通訳する人を手配する費用の負担がある
としてもです。

女性 先生のお話を聞いてみると一理あります
ね。費用が問題なら、外国語の会話がで
きる大学生や留学生、専業主婦、定年退
職した高齢者などをアルバイトの形で採
用すれば解決するのではないでしょう
か？ 外国人がどこに行っても不便を感
じないように準備をするのが真の観光大
国ですからね。

31 男性の主な考え方として適したものを選ん
でください。
① 外国人に通訳する人材を育成しなけれ
ばならない。
② 値引きは、買う人に人情でもう一つを
あげる心温かい文化だ。
❸ 伝統市場で外国人が韓国の文化を経験
することが重要だ。
④ 通訳する人の費用負担を減らすため
に、アルバイトに仕事を任せればい
い。

32 男性の態度として最も適したものを選んで
ください。
① 現在の観光政策に満足している。
② 相手の意見に部分的に同意している。
❸ 伝統市場に通訳者が必要だと主張して
いる。
④ 伝統市場に通訳する人がいないことを
受け入れている。

[33~34] 다음을 듣고 물음에 답하십시오.　▶ P. 117

남자 안녕하세요. 제가 이 광고 회사에 지원한 이유는 광고
제작자라는 직업이 매력적이고 멋있기 때문입니다. 제
가 이 회사에 들어온다면 창의적인 광고를 만들 자신이
있습니다. 어릴 때부터 저는 '삐딱한' 사람이었습니다.
제 주위의 모든 사물과 상황을 그대로 받아들이는 것이
아니라 '삐딱한' 관점으로 새로운 의미를 발견하는 것을
좋아했습니다. '창조의 모든 행위는 파괴에서 시작된다'
라는 피카소의 말처럼 주변을 다르게 보고 뒤집어 보는
태도, 창의적이고 새로운 발상에 대한 갈망이 이 광고
회사에 지원하게 만들었습니다. 개성이 넘치고 재기발
랄한 광고를 만드는 데에는 누구보다 잘할 자신이 있습
니다.

33 [正解] ❹ 광고를 잘 만들 수 있는 자신의 장점 소개

[解説] 男性は、若いときから持っている「ひねくれた」性格
が、広告会社によく合うと言っています。

34 [正解] ❷ 피카소는 파괴할 때 새로운 창조가 시작된다고
말했다.

[解説] ピカソは「創造のすべての行為は破壊から始まる」と
言ったので、答えは②です。

① ひねくれた考え方はよくない。
→ ひねくれた考え方は、新しい意味を発見する良い視
点です。
③ 物事をありのままに受け入れるのがクリエイティブ
な広告だ。
→ ありのままを受け入れるということは、新しいこと
ではありません。
④ 周りを違う目線で見たり裏返して見たりすることは
広告に必要ない。
→ 周囲を違う目線で見ること、裏返して見ることは広
告に必要です。

[33~34] 次を聞いて、質問に答えてください。

男性 こんにちは。私がこの広告会社を志望し
た理由は、広告制作という仕事が魅力的
でカッコイイと思ったからです。私がこ
の会社に入ったら、クリエイティブな広
告を作る自信があります。幼い頃から私
は「ひねくれた」人でした。私の周囲の
すべての物事や状況をそのまま受け入れ
るのではなく、「ひねくれた」観点で新
しい意味を発見することが好きだったの
です。「創造のすべての行為は破壊から
始まる」というピカソの言葉のように、
周囲を違ったように見る、裏返して見る
態度、クリエイティブで新しい発想に対
する渇望から、この広告会社に志望しま
した。個性あふれる素晴らしい広告を作
ることには、誰よりも上手にできる自信
があります。

33 何に関する内容なのか適したものを選んで
ください。

① ピカソが言った言葉の意味の説明
② 広告会社が利益を追求するための方法
③ 広告会社が競争に勝つための戦略
❹ 広告を上手に作る自分の長所の紹介

34 聞いた内容と同じものを選んでください。

① ひねくれた考え方はよくない。
❷ ピカソは破壊すると新たな創造が始まる
と言った。
③ 物事をありのままに受け入れるのがクリ
エイティブな広告だ。
④ 周りを違う目線で見たり裏返して見たり
することは広告に必要ない。

[35~36] 다음을 듣고 물음에 답하십시오. ▶ P. 118

남자 사람들은 위대한 발명과 발견이 하루아침에 나온 것이
라고 생각합니다. 예컨대 에디슨의 전구도 이렇게 불이
번쩍 들어오듯 순식간에 영감이나 깨달음이 떠올라서
나온 것이라는 거죠. 저는 세상을 바꿔놓은 혁신이 순간
적으로 떠오른 아이디어가 아니라 수십 년을 두고 구체
화된 아이디어의 산물이라고 생각합니다. 천재 한 사람
의 업적이 아니라 비슷한 시기에 연쇄적이고 동시다발
적으로 여러 사람들의 느린 직감이 공유되어 이뤄 낸 성
취인 것입니다. 최고의 발명가들은 다방면에 관심을 가
진 아주 박식한 사람들이거나, 아니면 접근 방식이 다른
발명가들과 팀을 이룬 사람들이었다는 사실이 이를 뒷
받침하고 있습니다. 이런 사람들은 취미도 아주 많았습
니다.

35 [正解] ❸ 위대한 발명은 여러 사람들의 노력과 직감으로
이루어졌다고 주장하고 있다.

[解説] 男性は、発明はひらめきではなく、多くの人がゆっく
りと直感を共有することで生まれると主張しているの
です。

36 [正解] ❹ 서로 접근 방식이 다른 발명가들이 팀으로 발명
을 이뤄냈다.

[解説] 最高の発明家は、様々なことに興味を持つ非常に博識
な人、あるいはアプローチの異なる発明家とチームを
作っていた人なので、答えは④となります。
① 最高の発明家たちはのんびりしている性格の人たち
だ。
→ 遅いのは性格ではなく、いくつかの直観を共有する
ことである。
② 天才一人の業績で発明が行われる。
→ 多くの人のゆっくりとした直感を共有することで生
まれます。
③ 発明は瞬間的なアイデアからなるものだ。
→ 数十年後に具体化したアイデアの産物です。

[35~36] 次を聞いて、質問に答えてください。

男性 人々は、偉大な発明と発見が一夜にして
なされると考えています。例えばエジソン
の電球も、このように火がぱっと点くよう
に、あっという間にインスピレーションや
気づきが思い浮かんできたということです
ね。私は、世界を変えた革新は、瞬間的に
浮上したアイデアではなく、何十年もかけ
て具体化したアイデアの産物だと考えてい
ます。一人の天才が成し遂げたことではな
く、同じ時期に連鎖的で同時多発的に多
くの人のゆっくりとした直感が共有される
ことで達成された成果です。最高の発明
家というのは、多方面に興味を持つ非常に
博識な人か、アプローチの異なる発明家と
チームを組んだ人々だったという事実が、
これを裏づけています。このような人たち
は、趣味もとても多かったです。

35 男性が何をしているか選んでください。
① 趣味の多い人が発明家になると言ってい
る。
② 世界には多方面に興味を持つ博識な人が
多いと分析している。
❸ 偉大な発明は多くの人々の努力と直感で
成り立っていると主張している。
④ 偉大な発明はエジソンの電球のように一
瞬のアイデアで発明されると反論してい
る。

36 聞いた内容と同じものを選んでください。
① 最高の発明家たちはのんびりしている性
格の人たちだ。
② 天才一人の業績で発明が行われる。
③ 発明は瞬間的なアイデアからなるもの
だ。
❹ 互いにアプローチ方法が異なる発明家た
ちがチームとして発明を成功させた。

[37~38] 다음을 듣고 물음에 답하십시오. ▶ P. 118

남자 '주부들이 뭉치면 돈이 된다'라는 소식을 듣고 찾아왔
는데요. 주부들이 뭉치면 어떻게 돈이 된다는 말씀인가
요?

여자 엄마들이 모여서 각자의 도시락을 열면 그 안에 아이들
의 이유식이 가득 담겨 있습니다. 어린아이를 둔 6명의
주부가 한 가지씩 이유식을 만든 후 서로 나눠 가지고
가면 6가지의 이유식이 생기는 것입니다. 그런가 하면
주부들이 모여 반찬을 나누는 반찬 모임이 인기를 끌고
있습니다. 주부들이 모여서 함께 음식을 만들거나, 각자
만들어 온 반찬을 나눕니다. 이렇게 하면 우선 식비 부
담이 크게 줄고 다양한 반찬을 먹을 수 있어서 가족들도
좋아합니다. 초등학생 자녀가 있는 주부들은 자녀 교육
품앗이를 합니다. 요일별로 미술을 전공했던 엄마는 미
술을, 도서관 사서인 엄마는 독서를 가르치는 엄마표 교
육입니다. 사교육비도 줄이고 엄마의 재능도 기부하며
아이들의 성장 과정을 가까이서 지켜보는 일석 삼조의
효과가 있습니다.

37 [正解] ❹ 주부들이 모여 일을 나누면 경제적으로 이익이
많다.

[解説] 主婦が集まるとお金が儲かるということを女性が説明
しているのです。

38 [正解] ❹ 이유식을 서로 나누어 가지면 다양한 이유식을
먹일 수 있다.

[解説] 小さい子どもがいる主婦が6人いて、それぞれ1種類の
離乳食を作り、他の人に分けると6種類の離乳食ができ
るので、答えは④になります。

① 主婦たちが集まるとデマが多くなる。
→ 主婦が集まるとお金が儲かると言われています。
② 私教育市場に参入する母親が増えている。
→ 私学助成を減らしています。
③ 主婦たちが互いにおかずを作り合って助け合いをす
る。
→ 子ども教育の労働力を交換し合っています。

[37~38] 次を聞いて、質問に答えてください。

男性 「主婦が集まればお金が儲かる」と聞きま
した。主婦が集まると、どうしてお金が儲
かるのでしょうか?

女性 お母さんたちが集まって、各自のお弁当箱
を開けると、その中に子どもたちの離乳食
がいっぱい詰まっています。小さい子ども
を持つ6人の主婦がそれぞれ1種類ずつ離
乳食を作って互いに分けて持っていくと、
6種類の離乳食が出来上がります。その一
方で、主婦が集まっておかずをシェアする
「おかずパーティー」が人気です。主婦が
集まって一緒に料理を作ったり、各自が作
ってきたおかずを分け合います。こうすれ
ばまず食費の負担が大きく減りますし、
いろいろなおかずが食べられると家族も
喜びます。小学生の子どもを持つ主婦は、
子どもの教育の世話をします。曜日ごとに
美術を専攻した母親が美術を、図書館司
書の母親が読書を教えるママ印の教育で
す。私的教育費を減らし、母親の才能も寄
付し、子どもの成長過程を近くで見守る一
石三鳥の効果があります。

37 女性の主な考え方として最も適したものを
選んでください。
① 母親の教育が学校の教育より優れてい
る。
② 子どもたちに多様な私教育をさせた方が
良い。
③ おかずを分けて食べると美味しいものが
食べられる。
❹ 主婦たちが集まってやることを分担する
と経済的に利益が多い。

38 聞いた内容と同じものを選んでください。
① 主婦たちが集まるとデマが多くなる。
② 私教育市場に参入する母親が増えてい
る。
③ 主婦たちが互いにおかずを作り合って助
け合いをする。
❹ 離乳食を分け合うと、様々な離乳食を食
べさせることができる。

[39~40] 다음을 듣고 물음에 답하십시오. ▶ P. 119

여자 이렇게 햇볕의 좋은 점이 많으니까 햇볕은 많이 쬘수록 좋은 것이죠?

남자 꼭 그런 것은 아닙니다. 피부에는 거의 모든 부분에서 햇볕이 안 좋은 영향을 미칩니다. 자외선 때문인데요, 알다시피 피부 노화와 피부암을 일으키죠. 기미, 잡티, 주근깨, 주름살도 햇볕 때문에 생깁니다. 일광욕이라는 건 확실히 문화적인 산물입니다. 옛날에 프랑스 디자이너 코코 샤넬이 잠적했다가 갑자기 파리 사교계에 까만 얼굴로 나타나면서 전 세계적으로 유행한 것이거든요. 그 전에는 일광욕 문화가 없었다는 겁니다. 그런데 서구인들이 일광욕을 즐기는 탓에 지금 미국에서만 해마다 만 명 정도가 피부암으로 숨집니다. 피부암 가운데 악성 흑색종이라는 것이 있는데, 이건 굉장히 빨리 전이가 되고 치명적인 암이어서 햇볕을 조심할 필요가 있습니다. 눈에도 안 좋은데, 백내장이나 황반변성 같은 것들이 전부 다 햇볕과 중요한 관계가 있는 질병입니다. 그래서 피부과 의사들은 자외선 차단 크림을 바르라고 권하고, 안과 의사들은 선글라스를 착용하라고 하는 것입니다.

39 **正解** ❹ 햇볕은 비타민 D를 만들고 우울증과 불면증에 좋다.

解説 女性は「日光には良い点が多いから」と言っているので、日光の良いことについて述べている答えを選ぶ必要があります。

40 **正解** ❷ 코코 샤넬 이후에 일광욕 문화가 생겨났다.

解説 かつて、フランスのデザイナー、ココ・シャネルが姿を消した後、突然、真っ黒な顔でパリの社交界に現れたことから、世界中で日光浴が流行したことから、答えは②です。

① 悪性黒色腫は目に生じる病気だ。
→ 悪性黒色腫は皮膚がんなので、皮膚にできます。
③ シミ、くすみ、そばかすは間違った化粧品の使用で生じる。
→ シミ、ソバカスは、日光によってできます。
④ 皮膚保護のために日焼け止めを勧めるのは眼科医だ。
→ 日焼け止めの使用を勧めているのは、皮膚科医です。

[39~40] 次を聞いて、質問に答えてください。

女性 こんなに日光には良い点が多いから、日光はたくさん当たるほど良いのでしょう?

男性 必ずしもそうではありません。皮膚のほとんどすべての部分に日光はよくない影響を与えます。紫外線のせいです。ご存知のように、肌の老化や皮膚がんを引き起こします。シミ、くすみ、そばかす、シワも日光によってできます。日光浴は間違いなく文化的な産物です。その昔、フランスのデザイナー、ココ・シャネルが姿を消したが、突然、パリの社交界に黒い顔で現れ、世界的に流行しました。それ以前は、日光浴の文化はなかったということです。ところが、欧米人が日光浴を楽しむために、今アメリカだけで毎年1万人ほどが皮膚がんで亡くなっています。皮膚がんのなかには、悪性黒色腫というものがありますが、これは転移が早く致命的ながんなので、日光に注意する必要があります。目にもよくないのですが、白内障や黄斑変性なども、すべて日光と重要な関係がある病気です。皮膚科医たちは日焼け止めを塗るように勧め、眼科医たちはサングラスをかけるように言うのです。

39 この会話の前の話として適したものを選んでください。
① 午前中の日差しが午後の日差しより良い。
② 窓ガラスを通過した日差しは健康に役立たない。
③ 肌の色が濃いほど日差しをたくさん浴びなければならない。
❹ 日差しはビタミンDを作り、うつ病と不眠症に良い。

40 聞いた内容と同じものを選んでください。
① 悪性黒色腫は目に生じる病気だ。
❷ ココ・シャネル以降、日光浴の文化が生まれた。
③ シミ、くすみ、そばかすは間違った化粧品の使用で生じる。
④ 皮膚保護のために日焼け止めを勧めるのは眼科医だ。

解答・解説 | 模擬試験 1

[41~42] 次を聞いて、質問に答えてください。

남자 한국 TV는 하루 종일 보고 있어도 시간 가는 줄 모를 만큼 재미있습니다. 아이들의 귀엽고 순진한 일상생활, 식욕을 자극하는 요리사들의 요리 프로그램, 한국 사람보다 더 한국 사람 같은 외국인들의 능청스러운 수다, 온갖 주제로 만들어진 다양한 드라마, 그리고 이 모든 장면을 더 재미있게 만들어 주는 자막 덕분에 한국 TV는 분명 중독성이 있습니다. TV 프로그램이 재미있다는 것은 중요합니다. 그런데 어떤 맛의 재미인지를 생각해 볼 필요가 있습니다. 사람은 생명을 유지하려면 매일 포도당이 필요해서 본능적으로 단 것을 좋아합니다. 그렇다고 매일 하루 세 끼를 사탕과 초콜릿만 먹을 수는 없습니다. 건강의 균형도 안 맞고 먹는 즐거움도 없어질 테니까요. 우리가 즐기는 음식 중에는 처음에는 입에 안 맞지만 자꾸 먹다 보면 특별한 맛을 느끼고, 그 오묘한 맛에 길들여지면 더 이상 본능적인 단 것에 끌리지 않게 되는 것이 있습니다. 처음엔 쓰기만 하던 커피나 와인, 잘 숙성된 김치, 신선한 생선회 같은 음식들이 그렇습니다. 지적인 재미도 이와 비슷합니다. 무조건적인 재미보다는 생각도 하고 의미도 있는 재미를 추구해야 합니다. 어린아이와 같이 봐도 민망하지 않고, 웃음 뒤의 건강한 생각을 나눌 수 있는 프로그램이 더 많이 필요합니다. 한류 붐으로 K-Pop과 K-Drama의 인기가 더욱 높아지고 있는 요즘, 문화 강국으로 거듭나려는 대한민국은 사탕 맛의 재미에서 이제는 벗어나야 하지 않을까요? 중독성 있는 재미만 계속 추구할지, 의미 있는 것을 재미있어 하는 나라로 만들어갈지는 우리의 선택에 달려 있습니다.

41 [正解] ❹ 의미 있고 지적인 것이 재미있어지는 나라가 되어야 한다.

[解説] 男性が言っているのは、無条件の楽しさではなく、楽しさの意味の話です。

42 [正解] ❸ 중독성 있는 것만 재미있다는 생각에서 탈피해야 한다.

[解説] 無条件の楽しさよりも、考えや意味のある楽しさを追求すべきであると主張しているので、答えは③です。
① 全ての番組は絶対に面白くなければならない。
→ 楽しさには、考えや意味が必要です。
② 最初に苦味のあるコーヒーは最後まで楽しむのが難しい。
→ 徐々に楽しめるようになります。
④ 文化強国になろうとする韓国には砂糖水のような面白さが必要だ。
→ 文化大国になろうとする韓国は、キャンディーのような楽しみから抜け出すべきです。

男性 韓国のテレビは、一日中見ていても時間が経つのを感じさせないほど楽しいです。子どもたちのかわいくて純真な日常、食欲をそそる料理人たちの料理番組、韓国人以上に韓国人らしい外国人のずうずうしいおしゃべり、あらゆるテーマで作られた様々なドラマ、そしてそのすべての場面をより面白くする字幕のおかげで、韓国のテレビは間違いなく中毒性があります。テレビ番組が楽しいことは大切です。しかし、どんな味の面白さなのか、考えてみる必要があります。人は生命を維持するために毎日ブドウ糖が必要なので、本能的に甘いものが好きです。でも、毎日3食、キャンディーとチョコレートだけを食べることはできません。健康バランスが崩れてしまいますし、食べる楽しみがなくなってしまうからです。私たちが楽しむ食べ物の中には、最初は口に合わないけれど、食べ続けることでその特別な味を感じ、その奥ゆかしい味に慣れれば、これ以上本能的に甘いものに惹かれなくなるものなのです。最初は苦いだけのコーヒーやワイン、発酵の進んだキムチ、新鮮な刺身のような食べ物がそうです。知的な楽しみも、これに似ています。無条件の面白さよりも、考えもして意味もある面白さを追求すべきです。小さな子どもと一緒に見ても恥ずかしくない、笑いの後に健全な考えを共有できる番組がもっと必要です。韓流ブームでK-POPやK-DRAMAの人気がさらに高まっている昨今、文化大国として生まれ変わろうとする韓国は、キャンディー味の面白さからもう抜け出すべきではないでしょうか？ 中毒的な面白さを追求し続けるのか、意味のあるものを面白い国にしていくのかは、私たちの選択にかかっているのです。

41 この講演の主な内容として最も適したものを選んでください。
① 経験がないと、味や楽しさを感じなくなる。
② 人々はつまらないテレビや新聞が好きではない。
③ 面白さのためには中毒性のある番組を作らなければならない。
❹ 意味のある知的なものが面白くなる国にならなければならない。

42 聞いた内容と同じものを選んでください。
① 全ての番組は絶対に面白くなければならない。
② 最初に苦味のあるコーヒーは最後まで楽しむのが難しい。
❸ 中毒性のあるものだけが面白いという思考から脱皮しなければならない。
④ 文化強国になろうとする韓国には砂糖水のような面白さが必要だ。

► P. 120

[43~44] 다음을 듣고 물음에 답하십시오.

여자 선생님 같은 전문가들은 쉽게 위조지폐를 가려내지만 일반인들은 아무리 봐도 구별하기가 어렵습니다. 특별한 방법이 있나요?

남자 위조지폐를 가려내는 간단한 방법은 사실 따로 있습니다. 돈을 여기저기 만져 보세요. 숫자와 글자, 인물이 그려져 있는 부분이 오돌토돌하게 느껴질 겁니다. 지폐 전체의 질감도 일반 종이와는 달라요. 섬유 재질의 특수 용지를 썼기 때문이죠. 전체적으로 질감이 미끈하다면 위조지폐일 가능성이 큽니다. 자외선 감식기라는 전문 기기를 쓰면 위조지폐를 가려내기가 더 쉽습니다. 자외선을 비추면 눈으로는 볼 수 없었던 불규칙적인 모양의 형광 무늬가 떠오르거든요. 가짜 동전을 가려내는 방법도 알아야겠죠. 손으로 큰 힘을 주지 않았는데 구부러진다거나 다른 동전보다 두께가 얇고 문양의 경계가 흐릿하다면 의심해 봐야 해요.

43 正解 ❶ 일반인도 위조지폐를 구별하는 방법이 있다.

解說 一般の人が偽札を見破るのは難しいのか、見破るための特別な方法はあるのか、という質問に答えているところです。

44 正解 ❶ 종이를 만졌을 때 미끈한 것은 위조지폐다.

解說 紙を触ったときに、全体の質感がつるつるしている場合は偽札である可能性が高いので、答えは①です。

② 硬貨は模様の境界がはっきりしているのが偽造通貨だ。
→ 図形の境界線がはっきりしていれば、本物のお金です。

③ 紫外線を照らす時に、模様が浮かばないと本物の貨幣だ。
→ 紫外線を当てたときに模様が出れば、本物のお金です。

④ 紙幣から数字や文字がでこぼこしているのは偽札だ。
→ お札の数字や文字がギザギザしていたら、本物のお金です。

[43~44] 次を聞いて、質問に答えてください。

女性 先生のような専門家は簡単に偽札を選別できますが、一般の人がいくら見ても区別することは困難です。特別な方法があるのでしょうか?

男性 偽札を見分ける簡単な方法は、実は別にあります。お金をあちこち触ってみてください。数字や文字、人物が描かれている部分がでこぼこと感じられると思います。お札全体の質感も通常の紙とは異なります。繊維材質の特殊な用紙を使ったからです。全体的に質感が薄い場合は、偽札である可能性が高いです。紫外線鑑識器という専門機器を使えば、偽札を選別するのがより簡単です。紫外線を照らすと、目には見られなかった不規則な形の蛍光模様が浮かびます。偽物の硬貨を見分ける方法も知っておくべきですね。手で大きな力を入れていないのに曲がったり、他の硬貨より厚さが薄く、模様の境界がぼやけているなら疑ってみなければなりません。

43 何に関する内容なのか適したものを選んでください
❶ 一般の人も偽札を区別する方法がある。
② 全ての紙幣は通常の紙とは違う紙を使用する。
③ 偽札の区別は専門家に任せなければならない。
④ 偽札の区別のために一般の人も紫外線物質鑑識器が必要だ。

44 偽札の鑑識に関する説明として正しいものを選んでください。
❶ 紙を触った時に滑るのは偽札だ。
② 硬貨は模様の境界がはっきりしているのが偽造通貨だ。
③ 紫外線を照らす時に、模様が浮かばないと本物の貨幣だ。
④ 紙幣から数字や文字がでこぼこしているのは偽札だ。

[45~46] 다음을 듣고 물음에 답하십시오. ▶ P. 120

여자 많은 사람들이 부자가 되고 싶어 하지만 왜 부자가 되지 못하는 걸까요? 사람들은 돈 모으는 기술이나 방법 때문이라고 생각합니다. 하지만 질문을 바꿔 봅시다. "당신은 원하는 만큼의 돈을 잘 다룰 수 있는 능력이 있습니까?" 만약 당신에게 큰돈이 있지만 그것을 다룰 수 있는 능력이 없다면 이는 마치 예리하고 좋은 칼을 어린아이에게 쥐어 준 것이나 다름없습니다. 칼을 잘못 휘둘러서 자신과 타인에게 엄청난 상처만 입힐 것입니다. 부자가 되려고 하기 전에 돈을 잘 다루는 능력, 즉 자신의 그릇을 키워야 합니다. 만일 우리에게 많은 돈을 가질 수 있는 기회가 온다고 해도 자신의 그릇이 작다면 그만큼만 담게 되고, 혹시 넘치게 담는다면 결국 그릇 밖으로 흘려보내게 될 것입니다. 부자가 되고 싶습니까? 큰돈을 다룰 수 있는 능력을 먼저 키우십시오.

45 [正解] ❹ 사람들은 돈 모으는 기술이나 방법 때문에 부자가 안 된다고 생각한다.

[解説] お金が貯まらないのは、お金を貯める技術や方法に原因があると考える人が多いので、答えは④になります。
① 切れ味が鋭い良い刀はいつも傷つける。
→ 幼い子どもに与えた場合のみ、そうなります。
② 多くのお金と機会さえあれば、誰でもうまく使える。
→ 自分の器の大きさに合わせて使わなければ、溢れ出てしまいます。
③ お金持ちになると、お金を扱う能力は自然についてくる。
→ まずは、大きなお金を扱う能力を身につけることです。

46 [正解] ❸ 돈을 다루는 능력이 중요함을 강조하고 있다.

[解説] 女性が強調しているのは、大金を扱う能力を養ってから富裕層を目指そうということです。

[45~46] 次を聞いて、質問に答えてください。

女性 多くの人がお金持ちになりたいと思っていますが、なぜお金持ちになれないのでしょうか？ 人々はお金を貯める技術や方法のせいだと考えています。しかし、質問を変えてみましょう。「あなたは好きなだけのお金をうまく扱う能力がありますか？」もしあなたに大金があるとしても、それを扱う能力がなければ、これはまるで切れ味が鋭い良い刀を子どもに握らせたようなものです。刀を間違って振り回して、自分と他人を傷つけるだけです。お金持ちになろうとする前に、お金をうまく扱う能力、つまり自分の器を育てなければなりません。もし私たちにたくさんのお金を持てる機会がくるとしても、自分の器が小さければその分だけしか入りませんし、もし溢れるように入れようとすれば結局器の外に流れることになるでしょう。お金持ちになりたいですか？ 大金を扱う能力をまず育ててください。

45 聞いた内容と同じものを選んでください。
① 切れ味が鋭い良い刀はいつも傷つける。
② 多くのお金と機会さえあれば、誰でもうまく使える。
③ お金持ちになると、お金を扱う能力は自然についてくる。
❹ 人はお金を貯める技術や方法のせいでお金持ちになれないと思っている。

46 女性の話し方として適したものを選んでください。
① 儲かる技術を説明している。
② お金持ちになれなかった人たちを批判している。
❸ お金を扱う能力が重要だと強調している。
④ お金を稼ぐ人と稼げない人を比較している。

남자 기업의 절반 이상은 채용 시 면접에서 기본을 지키지 못하는 지원자는 무조건 탈락시키거나 감점 처리해서 불이익을 줍니다.

여자 어떤 지원자가 이런 평가를 받습니까?

남자 면접 시간에 지각하는 사람, 회사에 대한 기본 정보도 모르는 지원자, 연봉 등 조건만 따지는 지원자, 면접에 부적합한 옷차림을 한 지원자 등입니다.

여자 이런 사람들을 탈락시키는 이유는 뭔가요?

남자 사회생활의 기본이 안 돼 있어서 그렇고, 인성을 중요하게 평가하기 때문이기도 합니다. 입사 후 문제를 일으킬 소지도 있다고 생각하고요.

여자 그럼 반대로 회사가 선호하는 지원자는 어떤 사람입니까?

남자 회사에 대한 애정이 돋보이는 사람이나 당당하게 소신을 드러내는 지원자, 밝은 표정의 지원자, 인사성이 바른 지원자 등을 꼽을 수 있습니다.

47 正解 ❶ 회사는 인사를 잘하는 사람을 선호한다.

解説 企業が好む応募者は、会社に対する愛情が際立つ人、自分の信念を自信をもって語る人、表情が明るい人、礼儀正しい人などだと男性は指摘するので、答えは①になります。

② 年俸など条件だけ考える人は会社に対する愛情がある。
→ 給料などの条件ばかりを考える人は、自分の利益ばかりを考えています。

③ 堂々と意見を述べる志願者は頑固なので脱落させる。
→ 自信満々に自分の信念を語る人は、企業に気に入られ、合格する確率が高いです。

④ 会社に関する情報を知らない人は新鮮で合格する可能性が高い。
→ その会社の情報を知らない人は、その会社に興味がない人です。

48 正解 ❷ 입사 지원자에 대한 면접 평가 기준을 설명하고 있다.

解説 男性は、採用候補者が排除される状況や、企業に気に入られる応募者の条件などを解説しています。

男性 企業の半分以上は採用の際に面接で基本を守れない志願者は無条件で脱落させたり減点処理をして不利益を与えます。

女性 どのような志願者がこのような評価を受けるのでしょうか?

男性 面接時間に遅刻する人、会社に関する基本情報も知らない志願者、年俸など条件だけを考える志願者、面接に不適切な服装をした志願者などです。

女性 このような人たちを脱落させる理由は何ですか?

男性 社会生活の基本ができていないからであり、人格を重要だと評価するからでもあります。入社後、問題を起こす可能性もあると考えるからです。

女性 では逆に、会社が好む志願者はどのような人でしょうか?

男性 会社に対する愛情が際立っている人や堂々と所信を表わす志願者、明るい表情の志願者、礼儀正しい志願者などを挙げることができます。

47 聞いた内容と同じものを選んでください。

❶ 会社は挨拶できる人を好む。
② 年俸など条件だけ考える人は会社に対する愛情がある
③ 堂々と意見を述べる志願者は頑固なので脱落させる。
④ 会社に関する情報を知らない人は新鮮で合格する可能性が高い。

48 男性の話し方として適したものを選んでください。

① 面接で失敗する理由を分析している
❷ 入社志願者に対する面接評価の基準を説明している。
③ 最近の新入社員の態度に対する不満を言っている。
④ 面接で脱落した人に会社の立場を伝えている。

[49~50] 다음을 듣고 물음에 답하십시오.　▶ P. 121

남자 비극적인 역사는 왜 반복되는 것일까요? 그것은 과거를 돌아보면서 그때의 과오를 기억하지 않기 때문입니다. 만약 그 역사를 기억하지 못한다면 똑같은 역사를 다시 살게 될 수 있다는 어느 역사가의 경고도 있습니다. 이러한 역사의 현장을 여행지로 삼는 것은 어떨까요? 아름다운 휴양지에서의 낭만적인 여행도 있지만, 아픈 역사의 현장이나 끔찍했던 재해를 겪은 장소를 둘러보며 뭔가를 깨닫는 여행도 있습니다. 최근에 '다크 투어리즘(dark tourism)'이라고 불리는 여행이 바로 이것입니다. 그러나 슬픈 장소들을 꼭 여행의 목적지로 삼을 필요는 없습니다. 출장이나 휴가, 또는 명절날 고향에 가는 길에 잠시 틈을 내서 들러도 됩니다. 멋진 사진과 광고 문구로 유혹하는 여행지와 달리 쓸쓸하고 한적한 곳에서 조용히 방문자를 기다리는 아픔의 장소는 생각보다 우리 곁에 가까이 있습니다. 가슴 아픈 역사의 현장을 찾아가 옛날 일을 되새기고 기억하며, 더 이상 이러한 역사가 되풀이되어서는 안 된다는 교훈을 얻는 것이 이러한 여행의 가장 큰 선물과 의미가 될 것입니다.

49 **正解 ❶** 비극적인 역사를 기억해야 반복하지 않게 된다.

解説 この人は、悲痛な歴史を持つ場所に行き、昔を思い出すことで、二度と歴史を繰り返してはいけないという教訓を学ばなければならないと話しているので、答えは①です。
② 悲しい場所は必ず目的地として決めて行かなければならない。
→ 絶対に旅行の目的地である必要はありません。
③ ダークツーリズムとは暗い夜に旅行することを言う。
→ 悲しい歴史や災害に見舞われた場所を見て回りながら、何かを感じる旅のことです。
④ 痛い歴史の現場は素敵な写真と広告で人を誘う必要がある。
→ ひっそりと待っているのだから、探しに行くしかありません。

50 **正解 ❸** 비극적인 역사 현장을 방문하는 여행의 의미를 설명하고 있다.

解説 悲痛な歴史を持つ場所に行って過去を振り返り、このような歴史を繰り返してはならないという教訓を伝えるダークツーリズムについて解説しています。

[49~50] 次を聞いて、質問に答えてください。

男性 悲劇的な歴史はなぜ繰り返されるのでしょうか? それは過去を振り返りながら、そのときの過ちを覚えていないからです。もしその歴史を覚えていなければ、同じ歴史を生き返らせることになりかねないという、ある歴史家の警告もあります。このような歴史の現場を旅行先にするのはいかがでしょうか? 美しい休養地でのロマンチックな旅もありますが、悲痛な歴史の現場やひどい災害を経験した場所を見て回り、何かを悟る旅もあります。最近「ダークツーリズム」と呼ばれる旅行がまさにこれです。しかし、悲しい場所を必ずしも旅行の目的地にする必要はありません。出張や休暇、または祝日に故郷に帰る途中に少し暇を作って立ち寄ってもいいのです。素敵な写真や広告の文言で誘惑する旅行先とは違って、寂しくて静かな場所で静かに訪問者を待つ苦痛の場所は、考える以上に私たちのすぐそばにあります。胸の痛む歴史の現場を訪れ、昔のことを振り返り記憶し、これ以上このような歴史が繰り返されてはならないという教訓を得ることが、このような旅行の最大の贈り物と意味になるでしょう。

49 聞いた内容と同じものを選んでください。
❶ 悲劇的な歴史を記憶することで繰り返さないようになる。
② 悲しい場所は必ず目的地として決めて行かなければならない。
③ ダークツーリズムとは暗い夜に旅行することを言う。
④ 痛い歴史の現場は素敵な写真と広告で人を誘う必要がある。

50 男性の態度として適したものを選んでください。
① 誤った歴史を批判している。
② 旅行先から帰ってくる時に、大きなプレゼントを買ってくるよう要求している。
❸ 悲劇的な歴史現場を訪れる旅行の意味を説明している。
④ 写真や広告を通じて観光客を引っ張り込むべきだと主張している。

ライティング問題文の翻訳

▶ P. 122

[51~52] 다음 글의 ⊙과 ⓒ에 알맞은 말을 각각 쓰시오.

[51~52] 次の文章の空欄に適切な語句をそれぞ
れ書き入れてください。

51

> **안　내**
> ・10월 ○○ 교우회 조찬 모임을 안내해 드립니다.
> ・시간: 2022년 10월 14일
> ・장소: 새나래 호텔 진달래 룸
> 좌석이 한정되어 있으므로 예약을 위해 (　⊙　)면 준비에 소홀함이 없도록 하겠습니다.
> 아울러 주차장이 협소하오니 가능하면 (　ⓒ　) 바랍니다.

51

> **お知らせ**
> - 10月○○同窓会朝食懇親会のお知らせ
> です。
> - 時間：2022年10月14日
> - 場所：セナレホテルつつじルーム
> お席に限りがありますので、ご予約のた
> め（　⊙　）れば準備を怠らないようにい
> たします。
> また、駐車場に限りがありますので、可能
> であれば（　ⓒ　）ますようお願いいたし
> ます。

[正解] ⊙ 참석 여부를 알려 주시 / 오실지 안 오실지 알려 주시 / 참석하실지 안 하실지 알려 주시

(出席の可否を知らせてくださ / お越しになるかお越しにならないか知らせてくださ / 参加されるかされないか知らせてくださ)

ⓒ 대중교통을 이용해 주시기 / 버스나 지하철을 이용해 주시기

(公共交通機関をご利用ください / バスや地下鉄をご利用ください)

[解説] 予約をするためにまず知っておかなければならないのは、参加人数です。それを知るためには、出席する人が事前に出欠を知らせなければなりません。「참석 여부」は、「出席するかしないか」を示すフレーズです。簡単に「오실지 안 오실지 / 참석하실지 안 하실지」と書いてもいいです。⊙にある「주차장이 협소하다」は、「駐車場が小さい」という意味です。できれば来る人には「-해 주기를 (をしてほしい)」と書いてあるので、してほしいことは「대중교통을 이용하는 것 (公共交通機関を利用する)」「버스나 지하철을 이용하는 것 (バスや地下鉄を利用する)」ということになります。

52

> 憂うつだと信じれば憂うつになる可能
> 性が高く、（　⊙　）幸せになる可能性が
> 高い。精神の特徴の一つは、そのように
> 信じれば、（　ⓒ　）ということだ。

52

> 우울하다고 믿으면 우울해질 가능성이 많고 (　⊙　) 행복해질 가능성이 많다. 정신의 특징 중 하나는 그렇게 믿으면 (　ⓒ　)는 것이다.

[正解] ⊙ 행복하다고 믿으면 (幸せだと信じれば)

ⓒ 정말 그렇게 된다 / 정말 그렇게 될 수 있다 / 정말 그것이 가능해진다

(本当にそうなる / 本当にそうなるかもしれない / 本当にそれが可能となる)

解説 二つの文章を見比べてから書きましょう。

自分がうつ病だと思い込んでいる場合 → うつ病にな
る可能性が高い。

㋐ → 幸せになる可能性が高い。

上の文と同じ形で文を完成させなければならないの
で、㋐を見つけるには、最後の文を見てから、前の文
を探します。したがって、正解は「행복하다고 믿으면
(幸せだと信じれば)」です。㋑も前の文で「그렇게 믿
으면 (そのように信じれば)」と言っているので、「정
말 그렇게 된다 (本当にそうなる)／정말 그렇게 될 수 있
다 (本当にそうなるかもしれない)／정말 그것이 가능해
진다 (本当にそれが可能となる)」などと穴埋めすれば
いいのです。

---

[53] 다음은 2020년 기준 외국인 주민의 증가 추세에 대한 통
계 자료이다. 이 내용을 200~300자의 글로 쓰시오. 단,
글의 제목은 쓰지 마시오.　　　　　　　▶ P. 123

> ― 우리나라 외국인 주민 수 ―
>
> － 2006년: 53만 6,627명
> － 2010년: 113만 9,283명
> － 2015년: 174만 1,919명
> － 2020년: 214만 6,748명
>
> * 외국인 주민 구성: 외국인 노동자 (26.9%), 유학생
> (8.4%),
> 외국 국적 동포 (20.4%), 결혼 이민자 (10.2%), 기타
> (34.1%)

正解 ▶ P. 220

解説 設問では、外国人住民の増加傾向を統計的背景から
分析するよう求めているので、外国人住民の数がどの
ように変化したかを見るには、まず統計データ
の数字の変化を調べる必要があります。2006年と
比較すると、2010年には2倍、2015年には3倍、
2020年には4倍と、外国人住民の数が増えている
ことが分かります。このような顕著な特徴を見つけ
た上で、外国人住民の数が急速に増加する傾向にあ
ることを説明する必要があります。また、この外国
人住民の構成がいろいろな形で分布していることが
分かるので、外国人住民の数が増えているだけでな
く、彼らが韓国に居住する理由もいろいろであるこ
とを説明するのに利用するとよいでしょう。

---

[53] 以下は、2020年基準の外国人住民の増加傾
向に関する統計資料である。この内容を200
~300字の文章で書きなさい。ただし、文章
のタイトルは書かないでください。

> 韓国における外国人住民の数
>
> - 2006年：536,627人
> - 2010年：1,139,283人
> - 2015年：1,741,919人
> - 2020年：2,146,748人
>
> * 外国人住民の人口構成：
> 外国人労働者(26.9%)、留学生(8.4%)、
> 外国籍の韓国人(20.4%)、既婚移民
> (10.2%)、その他 (34.1%)

[54] 다음을 참고하여 600~700자로 글을 쓰시오. 단, 문제를 그대로 옮겨 쓰지 마시오. ▶ P. 123

음식점 입구에 '노키즈존 (No Kids Zone)' 즉, '어린이 출입 금지'라고 붙여 놓은 곳이 늘고 있습니다. 공공장소에서 시끄럽게 구는 아이들의 행동이 다른 손님들을 불편하게 하기 때문인데, 아이를 둔 부모 입장에선 차별당하는 것 같아 불쾌하다는 반응입니다. 아래의 내용을 중심으로 자신의 생각을 쓰십시오.

찬성 의견: 다른 손님에 대한 배려이다.
　　　　　아이의 안전사고 예방 효과가 있다.
반대 의견: 아이를 둔 사람에 대한 차별이다.
　　　　　음식점이 먼저 안전시설을 갖춰야 한다.

正解 ▶ P. 221

解説 まず、問題が始まった状況や背景を説明するとよいでしょう。その後、賛成意見と反対意見を順番に紹介し、どちらか一方を選んで自分の意見とするか、あるいは双方の問題を円満に解決できるような意見を紹介するとよいでしょう。

[54] 以下を参考に、600~700字で文章を書きなさい。ただし、問題文をそのまま書き写さないでください。

飲食店の入り口に「ノーキッズゾーン (No Kids Zone)」、「子どもの入店禁止」と貼ってあるお店が増えています。公共の場でうるさく騒ぐ子どもの行動が他のお客様に不快感を与えるからですが、子どもを持つ親にとっては差別のように思えて不快だという反応です。以下の内容を中心に自分の考えを書いてください。

- 賛成意見：他のお客様への配慮である。
　　　　　　子どもの安全事故予防効果がある。
- 反対意見：子どもを持つ人に対する差別である。
　　　　　　飲食店が先に安全施設を整えなければならない。

リーディング問題文の翻訳

[1~2] ( )에 들어갈 말로 가장 알맞은 것을 고르십시오.
▶ P. 124

1 월요일 ( ) 비까지 와서 길이 더 막힌다.

[正解] ❸ 출근 시간인 데다

[解説] 道路が封鎖されている理由は、月曜日であることです。これに雨が降っているという事実が加わっているので、加えるという意味を示す答えは③です。

2 골목에서 갑자기 차가 튀어나와서 자동차에 ( )

[正解] ❷ 부딪칠 뻔했다.

[解説] 路地から突然車が飛び出してきて、他の車にぶつかることはなかったが、その状況が起こりそうに思えたので、答えは②です。

[3~4] 밑줄 친 부분과 의미가 가장 비슷한 것을 고르십시오.
▶ P. 124

3 뒷사람이 갑자기 <u>밀어서</u> 들고 있던 책을 떨어뜨렸다.

[正解] ❹ 미는 바람에

[解説] 「뒷사람이 밀어서 (後ろの人が押したから)」は理由を示す表現ですが、理由を示す別の表現として「-(으)ㄴ/는 바람에」があります。

4 가방 옆 주머니에 핸드폰을 꽂아 놓으면 <u>잃어버릴 수 있다.</u>

[正解] ❹ 잃어버리기 십상이다.

[解説] 「잃어버릴 수 있다 (失くすかもしれない)」は「起こりうる可能性がある」という意味です。「-기 십상이다」は「可能性がある」「可能性が高い」という意味なので、答えは④になります。

[1~2] 空欄に入る最も適切なものを選んでください。

1 月曜日 ( ) 雨まで降っているので、道がもっと混んでいる。

① 出勤時間でも
② 出勤時間なら
❸ 出勤時間でもあって
④ 出勤時間なので

2 路地から急に車が飛び出してきたので、自動車に ( )
① ぶつかろうとする。
❷ ぶつかりそうだった。
③ そこそこにぶつかった。
④ ぶつかりの至りだ。

[3~4] 下線部と意味が最も近いものを選んでください。

3 後ろの人が急に<u>押したので</u>、持っていた本を落としてしまった。

① 押そうとして
② 押すついでに
③ 押していたら
❹ 押したせいで

4 カバンの横のポケットに携帯電話を入れておくと、<u>失くしてしまうことがある。</u>

① 失くすのと同然だ。
② 失くしてしまうせいだ。
③ 失くしてしまうようだった。
❹ 失くしやすい。

[5~8] 次は何についての文か選んでください。

5　자연을 담은 집, 한옥에서 당신은 자연으로 돌아가는 삶을
　　살 것입니다.

　　[正解] ❹ 주택

　　[解説] 「집、한옥(家、韓屋)」に関連する単語は「주택 (住宅)」である。

5　自然がいっぱいの家、韓屋で、あなたは自然に還る生活をするでしょう。
　　① 旅行
　　② 故郷
　　③ 学校
　　❹ 住宅

6　건전지를 분리수거하고 쓰레기를 되가져오는 당신에게
　　자연이 대답합니다. "고맙습니다."

　　[正解] ❷ 자연 보호

　　[解説] 「자연 보호 (自然保護)」は、自然が人に「ありがとう」と言っている関係です。

6　乾電池を分別してゴミを持ち帰るあなたに自然が答えます。「ありがとうございます」
　　① 食事マナー
　　❷ 自然保護
　　③ 交通秩序
　　④ 健康保険

7　흡연은 질병입니다. 치료는 금연입니다.

　　[正解] ❷ 담배 끊기

　　[解説] 「금연」は「禁煙」という意味なので、「담배 끊기 (タバコをやめる)」という意味です。

7　喫煙は病気です。治療は禁煙です。
　　① 運動
　　❷ タバコをやめる
　　③ 子どもの教育
　　④ 事故予防

8　땅속에 묻어도 썩지 않는 쓰레기들이 토양을 오염시키고
　　있습니다. 우리 아이들의 땅을 쓰레기만 자라는 땅으로
　　만드시겠습니까?

　　[正解] ❶ 환경 문제

　　[解説] 「땅속에 묻어도 썩지 않는 쓰레기 (地中に埋めても腐らないゴミ)」を心配することは、「환경 문제 (環境問題)」を示しています。

8　地中に埋めても腐らないゴミが土壌を汚染しています。私たちの子どもたちの土地をゴミだけが育つ土地にしますか？
　　❶ 環境問題
　　② 住宅問題
　　③ 交通問題
　　④ 人口問題

[9~12] 次の文章またはグラフの内容と一致するものを選んでください。

9

〈나의 어머니〉

곧 세상을 떠날 엄마와의 이별을 앞두고 가족도, 일도, 사랑도 마음처럼 쉽지 않은 영화감독과 그녀의 곁에 함께하는 사람들이 겪는 우아한 유머와 담담한 슬픔을 담아낸 이야기

감독: 김승희
출연: 정성우, 지혜련
제작 회사: 씨네 24
상영 시간: 106분
등급: 12세 이상 관람가

　　[正解] ❷ 영화 내용은 슬프기도 하고 유머도 있는 이야기다.

9

〈私の母〉

もうすぐこの世を去る母親との別れを控え、家族も仕事も愛も心のように簡単ではない映画監督と彼女のそばにいる人たちが体験する優雅なユーモアと淡々とした悲しみを描いた物語

監督：キム・スンヒ
出演：チョン・ソンウ、チ・ヘリョン
製作会社：シネ24
上映時間：106分
レーティング：12+

① 映画監督のお母さんに関する本を紹介している。
❷ 映画の内容は悲しくて、ユーモアもある話だ。

③ この映画は大人向けの映画なので未成年者は見られない。

④ 映画監督がもうすぐ死ぬため、母親が悲しむ映画の話だ。

解説 映画監督とその傍らの人々が共に体験した、優雅なユーモアと穏やかな悲しみに満ちた作品なので、答えは②です。

① 映画監督のお母さんに関する本を紹介している。
→「出演、上映時間（キャスト、上映時間）」は、映画に関連する言葉です。
③ この映画は大人向けの映画なので未成年者は見られない。
→ 12 歳以上なら見ることができるので、未成年でも見ることができます。
④ 映画監督がもうすぐ死ぬため、母親が悲しむ映画の話だ。
→「곧 세상을 떠날 엄마와의 이별」は、「まもなく世を去る母との別れ」という意味です。

10

正解 ❸ 여행을 안 가는 최대 이유는 사람이 많고 바가지 요금이 싫어서이다.

解説 休暇中に旅行をしない理由では、「人が多くて、ぼったくり料金が嫌だから」が 52.8％と最も多いので、答えは③です。

① 旅行するのが面倒で旅行しない人はいない。
→ 面倒だからということで旅行をしない人は 35.4％です。
② 旅行した後が疲れそうで、旅行しない人が一番多い。
→「旅行の後に疲れそうだから行かない」人が24.1％と、最も少ないです。
④ 休みの時に旅行すべきだと思う人が、旅行しなくても大丈夫だと思う人より多い。
→「休みの時に旅行するべきだ」と答えた人は44.7％で、「旅行しなくても大丈夫」と答えた人の50.4％より少ないです。

11 어제보다 5분 일찍 일어나거나, 어제보다 책을 한 줄 더 읽거나, 어제보다 한 번 더 연습하는 것. 이렇게 0.1%씩 나은 삶을 살 수 있다면, 1주일 후 0.5%씩 성장할 수 있다. 한 달 후에는 2%씩 성장할 수 있고 1년 후 24%씩 성장할 수 있다. 이렇게 사소한 노력을 10년 동안 한다면 첫

① 旅行するのが面倒で旅行しない人はいない。
② 旅行した後が疲れそうで旅行しない人が一番多い。
❸ 旅行しない最大の理由は、人が多くてぼったくりが嫌いだからだ。
④ 休みの時に旅行すべきだと思う人が、旅行しなくても大丈夫だと思う人より多い。

11 昨日より5分早く起きる、昨日より本を1行多く読む、昨日より1回多く練習する。このように、0.1％ずつ良い生活を送ることができれば、1週間後には0.5％ずつ成長することができる。1ヵ月後には2％ずつ、1年後には24％ずつ成長することができる。この小さな努力を10年続ければ、初日から240％成長した自分に会うことができる。大したことないように見えるが、毎朝、前日よりもう少し頑張って生きてみること、それだけで10年後のすてきな私を作ることができるのだ。

① 10年後の素敵な自分を作るために外見に気を使わなければならない。
② 昨日より良い人生を送る方法は、お金をたくさん稼ぐことだ。
❸ 毎日0.1％ずつ良い人生を送ることは、大したことではないように見える。
④ 毎日0.1％ずつより良い人生を送ることは、大きな努力を必要とする。

날보다 240% 성장한 나를 만날 수 있다. 별것 아닌 것처럼 보이지만, 매일 아침 어제보다 조금 더 열심히 살아 보는 것, 그것만으로 10년 후의 멋진 나를 만들 수 있다.

정답 ❸ 매일 0.1%씩 나은 삶을 사는 것은 별것 아닌 것처럼 보인다.

解説 毎日 0.1%ずつ良くなっていく生活は、大したことないように思えるかもしれませんが、10 年後にはすてきな自分になれるので、答えは③です。
① 10年後の素敵な自分を作るために外見に気を使わなければならない。
→ 「昨日よりもう少し頑張って生きる」ことは、外見とは関係ありません。
② 昨日より良い人生を送る方法は、お金をたくさん稼ぐことだ。
→ 「5分早く起きたり、本を読んだりする」ことは、お金を稼ぐ目標にはなりません。
④ 毎日0.1%ずつより良い人生を送ることは、大きな努力を必要とする。
→ 「사소한 노력」は「小さな努力」という意味です。

12 인류의 오랜 역사 동안 사람들은 집에서 죽음을 맞이했고 미국도 예외는 아니어서 19세기 중반까지는 대부분이 그랬다. 그런데 1980년대에는 83%의 사람들이 병원에서 죽음을 맞으면서 죽는 장소가 크게 바뀌었다. 장소의 변화에 따라 죽음의 정의도 바뀌어서 이제는 생명을 연장하는 치료 장치를 끄는 것이 죽음이라는 의미가 되고 있다. 미국만 그런 변화를 겪는 게 아니다. 통계청에 따르면 한국도 2020년 사망자 30만 4,948명 중에서 집에서 죽음을 맞은 사람은 15.6%에 불과했고 75.6%가 병원에서 임종을 맞았다. 1991년에 재택 임종이 74.8%였던 것과 비교하면 완전히 상반된 수치를 보이고 있다.

정답 ❸ 오늘날 죽음의 의미는 연명 치료 장치를 끄는 것을 의미한다.

解説 自宅で亡くなる人の割合が15.6%しかなく、死が生命維持装置のスイッチを切ることに置き換わったので、答えは③になります。
① 死に関して、韓国と米国は異なる方向に変化している。
→ 「米国だけでなく、韓国も」とあるので、同じ状況のことを言っています。
② 1980年以降、米国では自宅で死亡する人が増えた。
→ 自宅で亡くなる人が17%に減ったので、病院で亡くなる人が83%になりました。
④ 最近、自宅で臨終を迎える人が病院で死亡する人より多い。
→ 自宅で亡くなる人の割合は15.6%と、非常に少ないです。

12 人類の長い歴史の中で、人は自宅で死を迎え、アメリカも例外ではなかったので、19世紀中頃まではほとんどの人がそうだった。しかし、1980年代には83%の人が病院で亡くなるなど、死ぬ場所が大きく変わった。場所の変化に伴い、死の定義も変化し、今は延命治療装置のスイッチを切ることが死という意味になっている。アメリカだけがそのような変化を経験するのではない。統計庁によると、韓国も2020年の死亡者30万4,948人のうち、自宅で亡くなった人は15.6%に過ぎず、75.6%が病院で臨終を迎えた。1991年に在宅臨終が74.8%だったことと比較すると、完全に相反する数値を見せている。
① 死に関して、韓国と米国は異なる方向に変化している。
② 1980年以降、米国では自宅で死亡する人が増えた。
❸ 今時の死の意味は延命治療機器を消すことを意味する。
④ 最近、自宅で臨終を迎える人が病院で死亡する人より多い。

> P. 127~128

13 (가) 그러나 대한민국에서는 토요일 마감 시간에 '로또'를 가장 많이 구매한다.

(나) 복권에 당첨될 수 있다는 환상을 가지고 일주일을 보낼 수 있기 때문이다.

(다) '빨리빨리'와 속전속결로 살아온 생활 패턴이 그 원인이라고 할 수 있다.

(라) 외국에서는 추첨일 1주 전에 복권을 많이 산다.

13 (가) しかし、大韓民国では土曜日の締め切り時間に「ロト」を最も多く購入する。

(나) 宝くじが当たるかもしれないという幻想を抱きながら1週間を過ごすことができるからだ。

(다) 「早く早く」と速戦即決で生きてきた生活パターンがその原因といえる。

(라) 外国では抽選日の1週間前に宝くじを買うことが多い。

正解 ❸ (라)-(나)-(가)-(다)

解説 (가)は「그러나」で始まるので、最初の文になることはできません。(나)は理由を説明しているので、最初の文にはなりえません。(다)も原因について述べているので、第1文になることはできません。(라)が第1文になり、その後にその理由を説明する(나)が続かなければなりません。その後に外国と比較した韓国の状況を説明する(가)が来て、その理由を説明する(다)は最後に来なければなりません。

14 (가) 곤충의 강자는 의외로 개미가 꼽힌다.

(나) 약자가 도망치고 숨어서 살아남거나 뭉쳐서 강자가 되기도 한다.

(다) 집단으로 움직이며 싸울 때도 집단으로 덤비기 때문이다.

(라) 자연의 세계에서는 약육강식의 논리만 있는 게 아니다.

14 (가) 昆虫の強者は意外なことにアリが挙げられる。

(나) 弱者は逃げ隠れすることで生き残ったり団結して強者になったりもする。

(다) 集団で動きながら、戦うときも集団で立ち向かうからだ。

(라) 自然の世界では弱肉強食の論理だけがあるわけではない。

正解 ❷ (라)-(나)-(가)-(다)

解説 最初の文は一般的な命題から始まるのが自然です。ここでは、最も一般的な命題は(라)なので、それが最初の文になります。次に、それを支えるフレーズが(나)です。次に、前の文の例を示す(가)が来て、最後にその理由を説明する(다)が来ます。

15 (가) 지금은 그들의 서식지가 인간의 거주지와 충돌하면서 좁은 공간으로 밀려나고 있다.

(나) 예전에는 호랑이, 사자, 치타, 표범, 퓨마 등의 맹수들이 인간을 위협했다.

(다) 게다가 인간들의 취미와 즐거움 때문에 목숨을 잃고 있다.

(라) 인간이라는 천적들에 의해 위협받고 멸종 위기를 맞는 존재가 된 것이다.

15 (가) 今は彼らの生息地が人間の居住地とぶつかり合い、狭い空間に押し出されている。

(나) かつてはトラ、ライオン、チーター、ヒョウ、ピューマなどの猛獣が人間を脅かした。

(다) さらに、人間の趣味と楽しみのために命を失っている。

(라) 人間という天敵に脅かされ、絶滅の危機を迎える存在になったのだ。

正解 ❷ (나)-(가)-(다)-(라)

(다)는 「게다가」で始まるので、第1文になることはありません。(라)も「-는 것이다」は前の句を再び整理する表現なので、第1文にはなり得ません。過去の状況から現在の状況がどのように変化したかを説明する文章なので、過去を説明する(나)から始まります。次に、現在の状況が過去からどのように変化したかを説明する(가)があり、その後に理由を付け加える(다)が必要です。次に(라)は、再び文章が言おうとしている内容を整理するため、最終文となります。

[16~18] ( )에 들어갈 말로 가장 알맞은 것을 고르십시오.
▶ P. 128~129

[16~18] 空欄に入る最も適切なものを選んでください。

16 모든 나무는 좋은 나무가 되고 싶겠지만 그 나무가 어떤 나무인지를 말해 주는 것은 나무가 맺는 열매다. 못된 열매 맺는 좋은 나무가 없고, ( ) 나무가 없다.

正解 ❹ 좋은 열매 맺는 못된

解説 「悪い実をつける良い木」がないように、「良い実をつける悪い木」もないのです。

16 どんな木も良い木になりたいと願うが、その木がどんな木であるかを教えてくれるのは、その木がつける実である。悪い実をつける良い木はないし、( ) 木はない。

① 実を結ばない
② 良い実を結ぶ良い
③ 悪い実を結ぶ悪い
❹ 良い実を結ぶ悪い

17 한 회사가 홍보용 전단을 인쇄했다. 그런데 가장 중요한 메일 주소가 잘못 나왔다. 일일이 수정하거나 다시 찍자는 의견이 나왔다. 그때 신입 사원이 말했다. "그 주소로 메일 계정을 만들지요." 그들은 ( ) 무사히 홍보를 마쳤다.

正解 ❶ 새 메일 주소로

解説 新入社員が「そのアドレスでメールアカウントを作ろう」と言うので、次に来る行動は「新しいメールアドレス」を作ることです。

17 ある会社が販促用のチラシを印刷した。しかし、最も重要なメールアドレスが間違って出てきた。一枚ずつ修正するか、印刷直すかという意見が出た。その時、新入社員が口を開いた。「そのアドレスでメールアカウントを作りましょう」。その人たちは ( ) 無事に販促を終えることができた。

❶ 新しいメールアドレスで
② 広報用チラシで
③ 元のメールアドレスで
④ 撮り直す方法で

18 인류의 오랜 역사 동안 사람들은 집에서 태어나고 집에서 죽었다. 그런데 이제는 병원에서 태어나고 병원에서 죽는다. 인생의 시작부터 마지막까지 돈이 드는 삶인 것이다. 일상생활은 더 말할 나위가 없다. 사람을 사귀고, 사회생활을 하고, 뭔가를 배우고, 즐거운 취미 생활을 하는 데까지 돈이 필요하다. 이렇다 보니 사람들이 ( ).

正解 ❹ 돈에 매달리게 되는 것이다

解説 「人との出会いから社会生活を営むこと、何かを学ぶこと、趣味を楽しむこと、すべてにお金が必要である」と書かれています。つまり、日常生活の様々な場面でお金が要るので、人はお金にこだわってしまうのです。

18 人類の長い歴史の中で、人は家で生まれ、家で死んだ。しかし、今は病院で生まれ、病院で死ぬのだ。人生の始まりから終わりまで、お金を使う人生である。日常生活については、他に言うことはない。人と付き合い、社会生活をし、何かを学び、楽しい趣味生活をすることにまでお金が必要だ。こうして見てみると、人々が ( )。

① 友達を作らないことだ
② お金を設けなくなることだ
③ 死ぬこともためらうわけだ
❹ お金にしがみつくようになるわけだ

[19~20] 다음을 읽고 물음에 답하십시오. ▶ P. 129~130

한 방송국에서 아이들의 놀이에 대한 실험을 했다. 아이들을 세 집단으로 나눠서 첫 번째 집단에게는 놀잇감을 정해 주고 그것으로 놀아야 한다고 정해 주었다. 두 번째 집단에게는 놀잇감을 주면서 〝이걸로 놀아 보면 어떨까?" 라고 놀이를 유도했다. 세 번째 집단은 자신들이 스스로 놀잇감을 선택하게 했다. 그랬더니 첫 번째 집단 아이들은 금방 싫증을 냈고, 두 번째 집단도 빨리 놀이를 끝냈는데, 세 번째 아이들은 ( ) 계속 즐겁게 놀고 있었다. 이 실험은 놀이란 누군가의 권유나 개입 없이 스스로 노는 것임을 알려 준다. 어떤 목적성이나 계획 없이 지금의 현실에 충실하게 노는 것이 진정한 놀이다. 이처럼 제대로 된 놀이 환경을 만들어 주는 것이 어른들이 담당해야 할 역할이다.

19 [正解] ❹ 시간 가는 줄 모르고

[解説] 「시간 가는 줄 모르고」는, 「何かに夢中になって時間が経つのを忘れる」という意味なので、本文中の子どもたちが楽しく遊ぶという文章に最も適しています。

20 [正解] ❹ 어른들은 아이들이 스스로 놀 수 있도록 환경을 만들어 줘야 한다.

[解説] 私たちが遊びと呼ぶものは、誰の勧めも介入もなく、自分ひとりで遊ぶことであり、そのような環境を作るのは大人の役割であると書かれています。答えは④です。

① 子どもたちはおもちゃを決めてくれるのが好きだ。
→ すぐに飽きてしまいます。
② 大人の勧誘や介入があってこそ教育的効果がある。
→ 飽きるか、すぐに遊ぶのをやめてしまいます。
③ 放送局の実験はおもちゃをたくさん販売するためのものだ。
→ 本当の遊びとは何かを知ることです。

[19~20] 次を読んで、質問に答えてください。

ある放送局で子どもたちの遊びに関する実験をした。子どもたちを3つの集団に分けて、最初の集団には遊び道具を決め、それで遊ばなければならないと決めた。2番目の集団には遊び道具を与えながら「これで遊んでみたらどうか」と遊びを誘導した。3番目の集団は自分たちに遊び道具を選ばせた。すると、最初の集団の子どもたちはすぐに嫌気がさし、2番目の集団も早く遊びを終えたが、3番目の子どもたちは ( ) ずっと楽しく遊んでいた。この実験は、遊びとは誰かの勧誘や介入なしに自ら遊ぶことであることを示している。どんな目的や計画もなしに今の現実に忠実に遊ぶのが真の遊びだ。このようにきちんとした遊び環境を作ってあげることが大人たちが担わなければならない役割だ。

19 ( )に入る単語として最も適したものを選んでください。

① 時間を遡って
② 時間に追われて
③ 時間を早めて
❹ 時間が経つのも忘れて

20 上記の文章のテーマとして最も適したものを選んでください。

① 子どもたちはおもちゃを決めてくれるのが好きだ。
② 大人の勧誘や介入があってこそ教育的効果がある。
③ 放送局の実験はおもちゃをたくさん販売するためのものだ。
❹ 大人たちは子どもたちが自ら遊べるように環境を作らなければならない。

[21~22] 다음을 읽고 물음에 답하십시오.　▶ P. 130

내 친구 윤주야, 너 갑자기 수술한다고 해서 놀랐는데, 잘 끝났다고 하니 다행이다.

다 잘 될 거야. 걱정하지 마.

(　　　)고 아픈 걸 잘 견뎌내면 희망이 생기더라.

너는 사랑하는 가족이 있고, 사회의 일원으로 능력을 인정받는 멋진 인생을 살고 있잖아.

행복은 무엇보다 건강에 있으니까, 힘내!

영원한 네 친구 승희가

21 [正解] ❸ 비 온 뒤에 땅이 굳는다

[解説] 難しいことを経験して強くなることを意味することわざは③です。

① 空の星を取る：何かを得ること、達成することが極めて困難なこと。

② 同じ値段なら紅のスカート：価格が同じなら、あるいは労力が同じなら、より質の良いものを選ぶ。

❸ 雨の後に地面が固まる：何らかの試練を経験した後、より強くなる。

④ 猿も木から落ちる時がある：どんなに慣れている人でも、どんなに上手にできる人でも、時には失敗することがある。

22 [正解] ❹ 건강하지 않으면 행복하기 어렵다.

[解説] スンヒは「幸せは何よりも健康にある」と言ったので、答えは④です。

① ユンジュがスンヒに送った手紙だ。

→ 受取人がユンジュで、差出人がスンヒです。

② ユンジュは社会活動をしない。

→ ユンジュは社会人としての努力を認められ、素晴らしい人生を歩んでいます。

③ ユンジュはまもなく手術を受ける予定だ。

→ 手紙には、無事に手術が終わって一安心と書かれています。

私の友人のユンジュ、あなたが突然手術を受けたと聞いて驚いたが、うまくいったと聞いてほっとしている。

すべてうまくいく。心配しないで。

(　　　)して痛みによく耐えれば、希望が持てるそうだ。

あなたは愛する家族がいて、社会の一員として能力を認められた素晴らしい人生を歩んでいるじゃない。

幸せは何よりも健康の中にあるのだから、頑張って！

永遠の友、スンヒ

21 (　　　)に入る言葉として最も適したものを選んでください。

① 空の星を取る

② 同じ値段なら紅のスカート

❸ 雨の後に地面が固まる

④ 猿も木から落ちる時がある

22 上記の文章の内容と同じものを選んでください。

① ユンジュがスンヒに送った手紙だ。

② ユンジュは社会活動をしない。

③ ユンジュはまもなく手術を受ける予定だ。

❹ 健康でないと幸せになりにくい。

친구가 유명한 식당에 가서 점심을 먹자고 나를 불렀다. 유명하다는 말에 잔뜩 기대감을 갖고 식당에 들어서서 돌솥비빔밥을 시켰다. 그런데 조금 후에 나온 음식은 돌솥비빔밥이 아니라 생선찌개였다. 게다가 젓가락은 하나는 길고 하나는 짧아서 짝이 맞지 않았다. 나는 속으로 "이래 가지고 어떻게 돈을 버나? 주문도 제대로 못 받으면서."라고 생각했다. 더군다나 이런 식당이 유명 식당이라니 어이가 없었다. 그런데 놀라운 것은 엉뚱한 음식을 가져다줘도 화내는 손님이 없고 주는 대로 감사히 먹는 것이었다. 우리 바로 옆자리에 앉은 손님은 일하는 사람이 물을 쏟아서 바지가 젖었지만 웃으면서 닦고 있었다. 의아한 표정으로 앉아있는 나에게 친구가 말했다.
"여기서 일하는 사람들을 좀 봐."
식당 안을 둘러보니 할머니, 할아버지들이 주문을 받고 음식을 나르고 있었다.
친구는 빙그레 웃으며 내게 말했다.
"이 식당이 유명한 이유는 여기서 일하는 사람들 때문이야. 이곳 아르바이트생들은 치매에 걸린 노인들인데, 사회에서 아무것도 할 일이 없는 쓸모없는 노인이 아니라 실수를 해도 사람을 만나고 자신이 뭔가를 할 수 있다는 자신감을 회복하도록 일자리를 드린 거야. 손님들 역시 이 할머니, 할아버지가 자신들을 먹이고 가르치고 키워 주신 부모님이라는 감사의 마음으로 이곳을 찾는 거고."
친구는 나에게 식사 후에 나갈 때 식당 간판을 꼭 보라고 말했다. 나는 잘못 나온 생선찌개를 후다닥 먹고 간판을 보려고 밖으로 나갔다.
"이배사 식당"
이해와 배려와 사랑의 앞 글자를 딴 식당이었다.

23 **正解** ❶ 한심하다

解説 이 사람은, 「飲食店はお客様を相手にするところだから、注文もまともにとれないような店が稼ごうとするのはおかしい」と思っているようです。

24 **正解** ❹ 치매 노인들이 이곳에서 일하면서 자신감을 회복한다.

解説 このレストランは高齢者に仕事を与え、人と接し、失敗しても自分はできるんだという自信を回復させることを目的としているので、答えは④です。
① お客さんはこの食堂の料理がおいしくて訪ねる。
→ お客さまは、お年寄りを自分の親のように思っているので、感謝の気持ちを持って来店されます。
② お客さんはアルバイトの店員に不満を示す。
→ 失敗しても怒らず、濡れたパンツを拭きながら笑顔で対応されます。
③ 食堂の看板は主人の名前を利用して作ったものだ。
→ 理解、思いやり、愛情という言葉の頭文字をとって作りました。

友人から電話があり、昼食を食べに有名なレストランに招待された。その店が有名だと聞いて、私は期待に胸をふくらませて行き、石焼ビビンバを注文した。ところが、しばらくして出てきた料理は、石焼ビビンバではなく、魚の煮物だった。しかも、片方の箸が長く、もう片方の箸が短くて、合っていない。私は心の中で「こんなんでよく儲かるかな？ 注文もまともに受けられないのに」と思った。しかも、こんな店が有名店だというのだから驚きだ。しかし、驚いたのは、間違った料理が運ばれてきても、怒る客もなく、ただありがとうと渡された料理を食べていたことである。すぐ隣に座っていたお客さんに従業員が水をこぼしてズボンを濡らしてしまったのだが、そのお客さんは笑顔で拭いていた。不思議そうな顔をして座っていた友人が話しかけてきた。
「ここで働いている人たちを見てごらん」
店内を見渡すと、おばあちゃんやおじいちゃんたちが注文を取ったり、料理を運んだりしてくれた。友人は顔をほころばせながら、こう話してくれた。
「このレストランが有名な理由は、ここで働いている人たちのおかげなんだよ。ここのアルバイトの人たちは認知症のお年寄りたちだけど、社会で何もできない無価値なお年寄りではないから、失敗しても人に会って自分は何かできるという自信を取り戻させるために働く場所を与えているんだよ。お客さんたちは、やはりこのおばあちゃん、おじいちゃんが自分たちを食べさせ、教え、育ててくれた親だと感謝しながら、この場所にやってくるんだ」
友人は、食べ終わって帰るときに、必ず店の看板を見るようにと言った。私は間違って渡された魚の煮物をさっそく食べ、外に出て看板を見た。
「イベサ食堂」
理解（이해）、思いやり（배려）、愛（사랑）の頭文字をとったレストランだった。

23 下線を引いた部分に表れている「私」の心境として最も適したものを選んでください。

❶ 情けない
② 退屈だ
③ 不安だ
④ 気まずい

24 上記の文章の内容と同じものを選んでください。

① お客さんはこの食堂の料理がおいしくて訪ねる。
② お客さんはアルバイトの店員に不満を示す。
③ 食堂の看板は主人の名前を利用して作ったものだ。
❹ 認知症の高齢者がここで働きながら自信を回復する

[25~27] 다음 신문 기사의 제목을 가장 잘 설명한 것을 고르십시오. ▶ P. 132

25 국내 여행 가로막는 바가지요금 여전

正解 ❹ 국내 여행지에서 비싼 요금을 받는 관행이 바뀌지 않았다.

解説 「여전」은 「여전하다」의 것으로, 以前と同じ、何も変わっていない、という意味です。よって、答えは④となります。

26 올 상반기 인문서에 밀린 소설, 휴가철 맞아 '1위 탈환'

正解 ❹ 상반기에 인문서가 많이 팔렸지만 휴가철에는 소설이 더 많이 팔렸다.

解説 「상반기(上半期)」は1年のうち「1月から6月」までの期間という意味です。「밀리다」は「他のものに比べて遅れている」という意味なので、1月から6月までは人文系の出版物よりも小説の人気が低かったということです。しかし、「탈환하다」は「過去に失われたものを再び見つける」という意味なので、年末年始に、過去に人気があった小説が再びその位置を見つけたという意味です。

27 기상청, 비 오는 날 예보 '헛발질'… 정확도 28%

正解 ❹ 기상청의 비 온다는 예보가 맞을 확률은 28%다.

解説 「헛발질」は、「目標に当てることができなかった蹴り」という意味です。雨が降ることを事前に知らせるニュースは正確ではないので、当たる可能性は28%ということです。

[28~31] ( )에 들어갈 말로 가장 알맞은 것을 고르십시오. ▶ P. 133~134

28 일반적인 대화 상황에서는 상대방과 직접 마주 보고 이야기를 나누기 때문에 대부분의 사람들은 가급적 상대방의 기분을 상하게 하지 않도록 주의를 기울인다. 하지만 온라인 대화에서는 상대방의 얼굴을 직접 보지 못하기 때문에 상대방의 기분이나 감정을 알아채기가 어렵다. 그래서 무심코 상대방의 기분을 상하게 하는 말을 하기도 한다. 이런 잘못을 하지 않기 위해서는 현실 공간에서든 ( ) 다른 사람과 대화를 나눌 때 항상 상대방의 기분을 배려하면서 이야기할 수 있어야 한다.

正解 ❷ 가상 공간에서든

解説 この文章は、現実の会話で相手のことを考えなければならないように、ネットでも相手のことを考えなければならないということを述べています。冒頭の「현실 공간(現実空間)」に対応する「온라인 공간（オンライン空間）」は「가상 공간(仮想空間)」という言葉で示されているので、答えは②です。

[25~27] 次の新聞記事の見出しを最もよく説明したものを選んでください。

25 国内旅行を妨げるぼったくり料金は依然

① 国内旅行をするには割引料金が必要だ。
② 国内旅行では高い料金を払えない。
③ 国内旅行より海外旅行の方が人気がある。
❹ 国内旅行先で高い料金を払わせる慣行が変わっていない。

26 今年の上半期は人文書に押された小説、休暇シーズンを迎え「1位奪還」

① 休暇シーズンになって人文書の人気が高まった。
② 人文書が休暇シーズンを迎え、以前の人気を取り戻した。
③ 1月から6月の間、小説の人気が人文書より高かった。
❹ 上半期に人文書が多く売れたが、休暇シーズンには小説がより多く売れた。

27 気象庁、雨の日の予報「空振り」…精度28%

① 気象庁は雨の日を正確に予測する。
② 人の28%が気象庁の予報を信頼する。
③ 気象庁が今日雨が降る確率が28%だと発表した。
❹ 気象庁の雨が降るという予報が当たる確率は28%だ。

[28~31] 空欄に入る最も適切なものを選んでください。

28 一般的な会話の状況では相手と直接向き合って話をするため、ほとんどの人はなるべく相手の気分を害さないように注意を払う。しかし、オンライン対話では相手の顔を直接見ることができないため、相手の気持ちや感情に気づくことが難しい。そのため、思わず相手の気分を害する言葉を言ってしまうこともある。このような過ちを犯さないためには、現実空間でも（ ）他の人と対話を交わすとき、常に相手の気持ちを配慮しながら話さなければならない。

① 一人でいる時でも
❷ 仮想空間でも
③ 相手と顔を合わせる時でも
④ 相手の話を聞く時でも

解答・解説 **275**

29 새로운 사람들을 만나서 모임을 만들고 교제를 시작할 때마다 가장 먼저 하는 것은 그 구성원들의 신상 정보를 교환하는 것이다. 이런 사적인 정보를 일일이 알려 주는 것을 싫어하는 젊은이들을 중심으로 '교류하지 않는 동호회'가 생겨나고 있다. 여러 사람들이 좋아하는 취미 활동을 위해 모이되 (　　　)를 요구하지 않는다. 오직 모두가 즐거워하는 취미 활동을 같이 하는 것에 목적을 둔다. 그래서 활동이 끝난 뒤에도 술자리나 뒤풀이 같은 교류를 하지 않고 각자 헤어진다.

正解 ❸ 사적인 정보를

解説 一般的な同好会と交流しない同好会の違いを考えて比較する必要があります。一般的な同好会は個人情報を共有しますが、交流しない同好会は、それを望まない人たちが作ったものです。つまり、会員同士が個人情報を求めません。

30 작은 강아지의 소유권을 둘러싸고 한 남자와 여자가 재판정에 섰다. 남자는 자신이 1주일 전에 잃어버린 반려견이라고 주장했고, 여자는 자신이 며칠 전에 데려온 강아지라면서 돌려 달라고 했다. 두 사람의 주장을 들은 재판장은 강아지를 안고 있는 경찰에게 그 강아지를 내려놓으라고 말했다. 땅에 내려놓자마자 강아지는 남자를 향해 쏜살같이 달려갔다. 그리고 꼬리를 흔들면서 두 발로 서서 남자에게 안아 달라는 몸짓을 했다. 재판장은 강아지의 주인은 남자이니 남자에게 주라고 판결했다. (　　　) 내린 멋진 판결이었다.

正解 ❹ 동물과 사람의 유대 관계를 보고

解説 裁判官は子犬の飼い主は、地面に置いたとたんにその子犬が駆けつけた人であると判断しました。これは、動物がどの人と絆が結ばれているのかを確認した上で下した判決だと言えます。

31 제주도에 가면 정낭이 있다. 정낭은 집 입구의 양옆에 돌기둥을 세우고 돌기둥의 구멍에 1~3개의 나무 막대기를 걸쳐 놓아 그 집에 사람이 있는지를 알려 준다. 정낭이 하나도 걸쳐 있지 않으면 집에 사람이 있다는 의미고 하나만 걸쳐져 있으면 집 안에 사람은 없으나 곧 돌아온다는 의미다. 두 개가 걸쳐져 있으면 저녁때쯤 돌아온다는 의미고 세 개의 정낭이 모두 걸쳐져 있으면 집에서 먼 곳으로 외출하여 여러 날이 걸린다는 의미이다. 이렇게 표시함으로써 집에 찾아오는 손님을 (　　　) 담겨 있다.

正解 ❶ 배려하려는 의미가

解説 チョンナンが1つ、2つ、3つと違うのは、見に来るお客さんに家の事情を知ってもらうためで、お客さんへの思いやりです。

---

29 新しい人々に会って集まりを作り、交際を始めるたびにまず行うことは、そのメンバーとの身元情報を交換することだ。このような私的な情報をいちいち知らせることを嫌う若者たちを中心に「交流しない同好会」が生まれている。多くの人が好きな趣味活動のために集まるが、(　　　)を要求しない。ただ皆が楽しんでいる趣味活動を一緒にすることに目的を置く。だから、活動が終わった後も飲み会や打ち上げのような交流をせずに各自別れるのだ。

① 趣味活動を
② 同好会のルールを
❸ 私的な情報を
④ 会員数を増やすことを

30 小さな子犬の所有権をめぐって、ある男性と女性が法廷に立った。男性は自分が1週間前に失くした伴侶犬だと主張し、女性は自分が数日前に連れてきた子犬だと言って、返してくれるようにと言った。二人の主張を聞いた裁判長は、子犬を抱いている警察にその子犬を降ろすように言った。地面に降ろしたとたん、子犬は男性に向かって矢のように走って行った。そして、尻尾を振りながら両足で立って男性に抱っこしてほしいという身振りをした。裁判長は子犬の飼い主は男性であるから、男性に渡すよう判決を言い渡した。(　　　) 下したすてきな判決だった。

① 多数の意見に従って
② 各自の立場を尊重して
③ お互いの違う意見を調整して
❹ 動物と人の絆を見て

31 済州島に行くとチョンナンがある。チョンナンとは、家の入り口の両側に石柱を立て、その石柱の穴に1~3本の木の棒をかけておき、その家に人がいるかどうかを知らせる。チョンナンが一つもかかっていなければ、その家に人がいることを意味し、1本だけかかっていれば、家の中に人はいないが、すぐに戻ってくるという意味である。2本かかっていれば、夕方には帰ってくるという意味であり、3本のチョンナンがすべてかかっていれば、家から遠くへ外出してしまい、帰ってくるまでに数日かかるという意味である。このように表示することで、家に来るお客さんを (　　　) 込められている。

❶ 配慮しようとする意味が
② 断ろうとする意図が
③ 嬉しく迎えようという意味が
④ 主人が来るまで待たせる目的が

32 '결정 장애 세대'란 1980년 이후 풍요 속에 태어난 세대로 어떤 일을 할 때 쉽게 결정하지 못해 무엇을 해야 할지 방향을 잃어버린 세대를 말한다. 앞으로의 진로 같은 중요한 삶의 방향부터 무엇을 먹어야 좋을지 묻게 되는 시시콜콜한 의사 결정에 이르기까지 스스로 결정하지 못하고 누군가의 도움을 받기 원한다. 언제나 최고의 정답을 골라야만 했던 학습 습관과 수많은 강요 속에서 살아왔기 때문이다. 어떤 옷을 입을지 게시판에 물어보기도 하고, 여름휴가 장소 선택을 도와주는 애플리케이션에 의지하는 등 결정 장애 세대를 위한 '결정 대리인'들은 우리 주위에 다양하게 포진해 있다. 하지만 쏟아지는 무수한 정보의 홍수 속에 나의 결정은 없고 남들의 결정만 남게 된다면 '나'라는 존재마저도 사라질지 모른다.

正解 ❹ 최고의 정답만 고르는 학습 습관과 강요된 상황 때문에 결정 장애 세대가 됐다.

解説 優柔不断な世代の人は、常に極度のプレッシャーの中で生活し、ベストな答えだけを選ぶという学習習慣があるため、自分で判断することができず、誰かの助けを借りることになるのです。よって、答えは④となります。

① 一般的に親が何かを決定する時の代理人の役割をする。
→ 掲示板やアプリで質問します。
② 情報が多いので、自分で決める際に大いに役立つ。
→ 自分で決められないので困ります。
③「私」という存在を確実にするために、何かを決める時は他人の助けが必要だ。
→「私」の存在を確保するためには、自分で決断しなければなりません。

33 우리나라에서는 배기량을 기준으로 자동차 세금을 정하고 있다. 그런데 자동차 산업이 발전하면서 기술적으로 배기량은 낮지만 성능은 좋은 고가 외제차가 많아졌고, 국내에서 그 인기도 늘고 있다. 반면에 국산 자동차는 수입 관세가 없기 때문에 배기량이 높아도 상대적으로 가격은 낮다. 그러다 보니 비싼 자동차를 소유한 사람이 싼 자동차를 소유한 사람보다 세금을 적게 내 형평성이 안 맞게 되었다. 이런 문제를 해결하기 위해 배기량 대신 자동차 가격을 기준으로 자동차세를 부과하자는 의견이 꾸준히 제기되고 있다. 그렇게 되면 중저가 차량은 현행보다 세금이 줄고 고가의 차량은 더 내게 돼서 합리적인 조세 정책이 될 것이다.

32 「決定障害世代」とは1980年以降、豊かな中で生まれた世代で、どんなことをするときも簡単に決めることができず、何をすべきか方向を失った世代のことをいう。これからの進路のような重要な人生の方向から、何を食べればいいのか聞くようになるささいな意思決定に至るまで、自分では決めることができず、誰かの助けを求めている。常に最高の正解を選ばなければならなかった学習習慣と数多くの強要の中で生きてきたためだ。どのような服を着るか掲示板で尋ねたり、夏休みの旅行先選びを助けるアプリに頼ったりと、決定障害世代のための「決定代理人」は私たちの周囲にさまざまに存在している。しかし、溢れかえる無数の情報の洪水の中に自分の決定はなく、他人の決定だけが残れば、「私」という存在さえも消えてしまうかもしれない。

① 一般的に親が何かを決定する時の代理人の役割をする。
② 情報が多いので、自分で決める際に大いに役立つ。
③「私」という存在を確実にするために、何かを決める時は他人の助けが必要だ。
❹ 最高の正解のみ選ぶ学習習慣と強要された状況のせいで、何かを決めることを難しく感じる世代になった。

33 韓国では排気量を基準に自動車税を定めている。ところが、自動車産業の発展に伴い、技術的に排気量が少なくても性能は良い高価格の外車が多くなり、国内でその人気も高まっている。一方、国産自動車は輸入関税がかからないため、排気量が多くても相対的に価格は低い。そのため、高価な自動車を所有する人が安い自動車を所有する人より税金を少なく払い、公平性が合わなくなった。このような問題を解決するため、排気量の代わりに自動車価格を基準に自動車税を課そうという意見が絶えず提起されている。そうなれば、中低価格の車は現行より税金が減り、高価格の車はさらに払うことになり、合理的な租税政策になるだろう。

❹ 차량 가격을 기준으로 자동차세를 내면 외제차 소유자의 세금이 올라간다.

本文では、自動車税を排気量ではなく自動車の価格に応じて課税すれば、中低価格車の税金が減り、高価な外国輸入車の税金が増えるので、合理的な税制になるとしています。よって、答えは④です。

① 性能の低い外車は国産自動車より安い。
→ 外国産輸入車は性能が良く、価格が高いです。
② 技術が発展して、国産自動車の性能が上がった。
→ 技術の発展とともに、外国産輸入車の性能は向上しました。
③ 排気量を基準とする自動車税は合理的な租税政策だ。
→ 排気量に応じた自動車税は、不平等な税制です。

34 미국에서 쥐를 이용하여 중독에 대한 실험을 한 사례가 있다. 먼저, 쥐 한 마리를 철창 안에 넣고 물병 두 개를 준다. 하나는 그냥 물이 들어 있고, 다른 하나에는 마약 성분의 약물을 넣은 물이 들어 있다. 여러 번의 실험 결과, 대부분의 쥐는 약물이 들어간 물에 집착하고 죽어가면서도 약물 병에 매달렸다. 다음에는 여러 장난감과 돌아다닐 수 있는 터널이 가득한 쥐 놀이공원을 만든 후 함께 놀 수 있는 여러 마리 쥐들을 넣어 자유롭게 다니게 했다. 그리고 똑같은 물병 두 개를 주었는데, 이곳에서는 쥐들이 거의 약물을 넣은 물을 먹지 않았다. 강박적으로 약물을 섭취하거나 약물에 매달리는 쥐가 거의 없었다. 결국 약물보다는 환경이 중독에 더 큰 영향을 미친 것이다.

❷ 중독 현상은 약물보다 환경의 영향을 더 크게 받는다.

薬物よりも環境の方が依存症に与える影響が大きいと書いてあるので、答えは②です。

① 二つの実験場所にそれぞれ異なる水を入れて実験した。
→ 同じ水を2本ずつ飲ませました。
③ 多くの人が交わる自由な環境ではより簡単に中毒になる。
→ 薬入りの水を入れた水筒はほとんど飲みませんでした。
④ マウスが一匹であれ何匹であれ中毒性の実験に差はない。
→ 数匹のグループで中毒になったものはほとんどありません。

① 性能の低い外車は国産自動車より安い。
② 技術が発展して、国産自動車の性能が上がった。
③ 排気量を基準とする自動車税は合理的な租税政策だ。
❹ 車両価格を基準として自動車税を払うと、外車所有者の税金が上がる。

34 アメリカでマウスを使って中毒に関する実験をした事例がある。まず、マウス1匹を鉄格子の中に入れて水筒2本を与える。一つはただの水が入っていて、もう一つには麻薬成分の薬物を混ぜた水が入っている。数回の実験の結果、ほとんどのマウスは薬物を混ぜた水に執着し、死にそうになりながらも薬物を混ぜた水筒にしがみついた。次に、色々なおもちゃと歩き回ることができるトンネルがいっぱいのマウスの遊園地を作り、一緒に遊べる数匹のマウスを入れて自由に歩き回らせた。そして、同じ水筒2本を与えたが、ここではマウスたちがほとんど薬物を混ぜた水を飲まなかった。強迫的に薬物を摂取したり、薬物にしがみつくマウスはほとんどいなかった。結局、薬物よりは環境の方が中毒により大きな影響を及ぼしたのである。

① 二つの実験場所にそれぞれ異なる水を入れて実験した。
❷ 中毒現象は薬物より環境による影響が大きい。
③ 多くの人が交わる自由な環境ではより簡単に中毒になる。
④ マウスが一匹であれ何匹であれ中毒性の実験に差はない。

[35~38] 다음을 읽고 글의 주제로 가장 알맞은 것을 고르십시오. ▶ P. 137~139

▶ P. 137~139

35 젊은 세대는 "혼자가 편하다."라고 입버릇처럼 말한다. 그래서 결혼을 늦게 하거나 아이 낳기를 꺼리는 젊은이들이 많아졌다. 젊은이들이 경제적인 이유로 연애와 결혼, 출산까지 포기하면서 '3포 세대' 또는 두 가지를 더 포기하여 '5포 세대'라고도 불린다. 하지만 '편하다'든지 '포기'라는 말속에는 새로운 관계를 만들고 그에 대해 책임지는 것이 부담스럽고 귀찮다는 속내가 들어 있는 듯하다. 혼자 살면 자신의 문제만 해결하면 되지만, 두 사람 이상의 관계가 되면 상대방을 이해하고 소통하고 배려해야 하기 때문에 그런 상황을 만들고 싶지 않은 것일지 모른다. 1인 가구에 대한 최근의 설문 조사에 의하면 1인 가구의 68.5%가 외로움과 고독감을 느낀다고 한다. "혼자라서 좋다."라고 말하는 똑똑한 젊은 세대들도 결국 외롭고 고독하다는 의미다. 이제는 혼자서 누리는 기쁨과 만족이 좋더라도, 여럿이 있을 때 자연스럽게 어울릴 수 있어야 자신의 '싱글 라이프'를 더 풍성하게 만들 수 있지 않을까?

正解 ❶ 혼자 살아도 여럿이 어울리는 삶이 필요하다.

解説 最後の文章に出てくる「さて、一人で幸せと満足を享受しても、もともと多くの人と一緒にいることが向いている人なら、独身生活をより豊かにすることができるだろうか?」という言葉が、本文のテーマを示しています。

36 말을 조리 있게 잘하는 것도 중요하지만 듣는 태도도 중요하다. 상대방의 이야기를 성심껏 들어 주는 태도는 열 마디를 하는 것보다 훌륭하다. 남의 말을 경청하는 것은 좋은 의견을 공유하는 것이며 말하는 사람이 온 힘을 쏟아 일하게 만들어 준다. 그 사람의 가치를 인정해 주는 것이기 때문이다. 뿐만 아니라 그 사람의 이야기를 들어주는 것 자체가 그 사람을 존중하고 격려하는 것이다. 또한 나 자신을 높이는 태도이기도 하다.

正解 ❷ 경청하는 것은 상대방과 나 자신을 같이 높이는 것이다.

解説 最後には、「他人の話を聞くことは、その人を尊敬し、励ますことになる。さらに、自分自身をも高めてくれる態度である」とあるので、答えは②です。

---

35 若い世代は「一人が楽だ」と口癖のように言う。そのため、結婚を遅くしたり、子どもを産むことを嫌がる若者が多くなった。若者たちが経済的な理由で恋愛と結婚、出産まであきらめることから「3放世代」、または2種類をさらにあきらめて「5放世代」とも呼ばれる。しかし、「楽だ」とか「放棄」という言葉の中には、新しい関係を作り、それに対して責任を負うことが負担だという内心が含まれているようだ。一人暮らしをすれば自分の問題だけ解決すればいいが、2人以上の関係になれば、相手のことを理解し、コミュニケーションをとり、配慮しなければならないため、そのような状況を作りたくないのかもしれない。単身世帯に対する最近のアンケート調査によると、単身世帯の68.5%が寂しさと孤独感を感じているそうだ。「一人だからいい」と言う賢くて若い世代も、結局寂しくて孤独だという意味だ。今は一人で享受する喜びと満足が良くても、大勢でいるときに自然に交わることができてこそ、自分の「シングルライフ」をより豊かにすることができるのではないだろうか?

❶ 一人暮らしをしても、他の人々と関わる人生が必要だ。
② 経済的な条件のために一人暮らしをするのは間違っている。
③ 若い世代が一人暮らしを楽しむことは当然だ。
④ 寂しさと孤独を楽しむことが一人暮らしの長所だ。

36 話を筋道立てて話すことも大切だが、聞く姿勢も重要だ。相手の話を丁寧に聞く姿勢は、十の言葉を発するよりも立派だ。他人の言葉に真剣に耳を傾けることは、良い意見を共有することになり、話している人も全力を尽くして働かせてくれる。その人の価値が認められるからだ。それだけでなく、その人の話を聞くということは、その人を尊重し、励ますことだ。さらに、自分自身を高める姿勢でもあるのだ。

① 自分自身を高めるために多くの話をしなければならない。
❷ 傾聴することは相手と自分自身を一緒に高めることだ。
③ 傾聴の目的は相手が熱心に働かせることにある。
④ 相手を説得するためには、言葉を筋道立てて話さなければならない。

37 거짓말은 주변 사람을 자신의 생각대로 제어하려는 의미
도 있지만 거짓 이야기로 자신이라는 존재의 미미함을 보
완하려는 의미도 있다. 특히 어릴 때는 어른을 난처하게
하거나 시선을 끌 뿐 아니라 자신이 원하는 존재, 또는 상
대의 마음에 드는 존재가 될 수 있다고 생각해서 거짓말
을 한다. 하지만 우리는 심각한 거짓말이 사회 문제로까
지 이어지는 걸 가끔 뉴스로 접한다. 어른들은 자녀가 어
렸을 적에, 거짓말을 하고 있다는 걸 분명히 알 때가 있다.
혼나는 것을 피하고 싶거나, 무엇을 요구하고 싶을 때 하
는 행동이어서 알고도 모른 척 넘어가기도 한다. 그러나
어릴 적 교육이 올바른 성인으로의 성장에 바탕이 된다는
것을 기억해야 한다.

[正解] ❷ 어릴 적 거짓말을 바르게 고쳐 주어야 한다.

[解説] 最後に「幼少期の教育は、まっすぐな大人を育てること
が基本であることを忘れてはならない」とあるので、答え
は②です。

38 나는 아내와 함께 교회 성가대 활동을 30년째 하고 있는
데, 자신의 목소리를 줄이고, 전체와의 조화를 생각해야
하는 합창의 힘을 깨닫는다. 자신 있고 좋아하는 부분이
라고 하더라도 독창처럼 내 목소리를 크게 내면 안 된다.
내 목소리가 빛날지는 몰라도 합창은 깨어진다. 오래전
회사에 입사할 때도 '합창 단원처럼 일하겠다.'라는 생각
을 했다. 내가 맡은 일, 특히 여럿이 함께 하는 일 중에 나
에게 맡겨진 일을 열심히 해서 아름다운 합창을 이루는
역할을 충실히 감당해야 한다고 생각했다. 내게는 회사도
합창단과 마찬가지로 서로 조화를 이뤄내는 것이 가장 중
요하게 느껴졌다. 함께 일하면서 조화를 이루는 것은 무
슨 일을 하든지 관계없이 중요한 덕목이라고 생각하기 때
문이다. 요즘 젊은이들을 보면 어학 실력이 뛰어나고, 전
공 분야 성적도 훌륭한 사람이 많아서 신입 사원을 뽑을
때 우열을 가리기 쉽지 않다. 그래서 나는 협력할 수 있는
사람에게 점수를 많이 주려고 한다. 독창을 할 수 있는 사
람도 중요하지만, 합창을 할 수 있는 사람이 더 많아야 회
사가 발전할 수 있다고 생각하기 때문이다.

[正解] ❶ 모든 분야에서 협력과 조화가 가장 중요하다.

[解説] 筆者は「独唱ができる人も大事だが、合唱ができる人が
多いほど会社は発展する」と考えているので、この意味を
持つ答えは①です。

37 嘘は周りの人を自分の考え通りにコントロー
ルしようとする意味もあるが、嘘の物語によ
って自分という存在の微々たるものを補完
しようとする意味もある。特に幼い頃は大人
を困らせたり視線を引くだけでなく、自分が
なりたい存在、または相手に好かれる存在に
なれると思って嘘をつく。しかし、私たちは
深刻な嘘が社会問題にまでつながることに
時々ニュースで接する。大人は子どもが幼い
頃、嘘をついていることがきりわかる
ことがある。叱られることを避けたいときや、
何かを要求したいときにする行動なので、知
っていながら知らないふりをしたりもする。
しかし、幼い頃の教育が正しい成人に成長す
る土台になるということを覚えておかなけれ
ばならない。

① 深刻な嘘のせいで社会問題が生じる。
❷ 幼い頃、嘘を正しく直してあげなけれ
ばならない。
③ 子どもたちの嘘が大人を困らせる。
④ 嘘は相手の気に入る人に変えてくれ
る。

38 私は妻と一緒に教会の聖歌隊活動を30年
間しているが、自分の声を小さくして、全体
との調和を考えなければならない合唱の力
を実感している。自信があって好きなパート
だとしても、独唱のように自分の声を大きく
出してはいけない。私の声は輝くかもしれな
いが、合唱はダメになってしまう。ずっと前に
会社に入社するときも「合唱団員のように働
く」という考え方をした。私が引き受けた仕
事、特に多くの人と一緒にする仕事の中で、
私に任せられた仕事を熱心にして美しい合
唱を成す役割を忠実に果たさなければなら
ないと思った。私には会社も合唱団と同じよ
うにお互いに調和を成すことが最も重要だ
と感じた。一緒に働きながら調和を成すこと
は、何をしても関係なく重要な徳目だと思う
からだ。最近の若者を見ると、語学力が優れ
ていて、専攻分野の成績も立派な人が多く、
新入社員を選ぶときに優劣をつけるのは簡
単ではない。だから私は、協調性のある人に
ポイントをたくさん与えようと思う。独唱が
できる人も重要だが、合唱ができる人がもっ
と多ければこそ会社が発展できると思うか
らだ。

❶ 全ての分野で協力と調和が最も重要
だ。
② 私の声を輝かせるためには独唱しなけ
ればならない。
③ 合唱の団員を集めて会社を発展させる
計画だ。
④ 最近の若者たちは語学と専攻の実力差
が明確だ。

[39~41] 주어진 문장이 들어갈 곳으로 가장 알맞은 것을 고르십시오.

▶ P. 140~141

39 세계 어느 곳에서나 통하는 인사인 악수를 제대로 하는 방법은 뭘까? 악수를 할 때는 허리를 곧게 펴고 바른 자세를 유지하며 상대방과 시선을 마주치는 것이 바람직하다. (㉠) 하지만 상대방이 상사나 연장자일 경우는 허리를 10~15도 정도 굽혀서 예를 표하는 것도 좋다. (㉡) 그리고 한 손으로만 악수하는 것이 좋은데, 오른손으로 해야 한다. (㉢) 악수에는 '무장 해제'라는 의미가 담겨 있는데 손을 맞잡는 것은 '내 손에 무기가 없다'는 것을 보여주는 행동이었기 때문이다. (㉣) 손을 잡을 때도 적당히 힘을 주어 잡고 두세 번 흔드는 것이 가장 좋다.

> **보기**
>
> 예전에는 무기를 주로 오른손으로 잡았으니까 왼손잡이라도 오른손으로 악수하는 것이 좋다.

正解 ❸ ㉢

解説 右手で握手することが「武器」と結びついた理由は㉢の後に説明されているので、例文はその前に来るはずです。よって、答えは③です。

40 나이 들면서 기억력이 예전만 같지 못하다고 느끼게 되는 것은 어쩔 수 없는 노화 현상 때문이다. 그렇기에 기억력을 잘 유지하고 향상시키는 노력을 게을리해선 안 된다. (㉠) 혼란을 주는 정보를 잘 지우고 기억하고 싶은 것을 잘 선별해서 그것만 기억하는 것이다. (㉡) 사람들을 만났을 때 모든 이름을 기억하려고 애쓰기보다는 앞으로 연락하고 지낼 만한 사람을 선택해 그들의 이름을 암기하는 식이다. (㉢) 매일 일상적으로 반복되는 틀에 박힌 생활 방식에서 벗어나는 것도 기억력을 개선하는 방법이다. (㉣) 뇌가 새로운 상황에 놓이게 되면 새로운 정보를 붙잡아 둬야 한다는 판단 때문에 이를 저장하려고 노력하게 된다. 새로움은 일종의 기억 훈련인 셈이다.

> **보기**
>
> 잘 기억하려면 역설적으로 잘 잊어버릴 줄 알아야 한다.

正解 ❶ ㉠

解説 ㉠の後は「紛らわしい情報を消す」とあり、すぐに忘れてしまうという意味です。したがって、「覚えるためには忘れなければならない」と読めるこの例文は、㉠の後に行くべきものです。

[39~41] 与えられた文が入る場所として、最も適切な場所を選んでください。

39 世界中どこでも通じる挨拶である握手をきちんとする方法は何だろうか？ 握手をするときは、腰をまっすぐ伸ばして正しい姿勢を維持しながら、相手と視線を合わせるのが望ましい。(㉠) しかし、相手が上司や年長者の場合は、腰を10～15度ほど曲げて礼儀を示すのがよい。(㉡) そして、片手だけで握手するのがよいが、右手でしなければならない。(㉢) 握手には「武装解除」という意味が込められているが、手を取り合うのは「私の手に武器がない」ということを示す行動だったからだ。(㉣) 手を握るときも適度に力を入れて握り、2、3回振るのが最も良い。

> **例**
>
> 昔は武器を主に右手に持っていたので、左利きでも右手で握手するのがよい。

40 年を取るにつれて記憶力が以前のようではないと感じるのは、どうすることもできない老化現象のためだ。そのため、記憶力を維持し、向上させる努力を怠ってはならない。(㉠) 混乱を与える情報をきちんと消して、記憶したいことをよく選んでそれだけを記憶することだ。(㉡) 人に会ったとき、全員の名前を覚えようと努力するよりは、これから連絡して一緒に過ごせる人を選んで、その人たちの名前を暗記するやり方だ。(㉢) 毎日、日常的に繰り返される型にはまった生活方式から抜け出すことも記憶力を改善する方法だ。(㉣) 脳が新しい状況に置かれると、新しい情報を保持しておかなければならないという判断のために、これを貯めようと努力することになる。新しさは一種の記憶トレーニングであるわけだ。

> **例**
>
> よく覚えるためには、逆説的によく忘れる方法を知っていなければならない。

41 (㉠) 외로울 때 함께 하고 슬플 때 나를 위로해 주는 존재를 친구라고 할 수 있는데, TV가 이런 역할을 하기도 한다. 마음이 아플 때 희극을 보면서 웃고, 외로울 때 방송을 보면 혼자라는 사실을 금세 잊게 되니까 말이다. (㉡) 특히 마음을 나누는 친구가 사라져 가는 요즘의 청소년들에게 좋은 프로그램은 따뜻한 친구가 되어 줄 수 있다. 다양한 프로그램에서 소개되는 여러 직업인들을 보면서 자신도 그렇게 되겠다는 꿈을 키우기도 하며, 감동적인 드라마를 통해 정서적으로 성장하기도 한다. (㉢) 뉴스나 다큐멘터리 프로그램은 세상을 향한 더 넓은 지식과 정보를 얻게 한다. 게다가 TV 내용이 공통 화제가 되어 실제 친구들과 이야기를 나누는 계기를 만들어 준다. (㉣)

보기

대화할 사람이 필요한 현대인에게 텔레비전은 좋은 친구가 될 수 있다.

正解 ❶ ㉠

解説 ㉠の後は、友達とはどういう存在なのかを説明し、テレビもその役割を果たすことができるという補足説明なので、㉠のスペースに挿入文の内容を入れなければなりません。

---

41 (㉠) 寂しいときに一緒にいて悲しいときに私を慰めてくれる存在を友人と言えるが、テレビがこのような役割をしたりもする。心が痛いときに喜劇を見ながら笑い、寂しいときに放送を見れば一人だという事実をすぐ忘れることになるからだ。(㉡) 特に心を分かち合う友人になってあげることができる。多様な番組で紹介される色々な職業人を見ながら自分もそうなるという夢を育てたり、感動的なドラマを通じて情緒的に成長したりもする。(㉢) ニュースやドキュメンタリー番組は世の中に向けたより広い知識と情報を得ることができる。その上、テレビの内容が共通話題になり、実際の友達と話をするきっかけを作ってくれる。(㉣)

[挿入文]

話す人が必要な現代人にとって、テレビは良き友人となり得る。

[42~43] 다음을 읽고 물음에 답하십시오.　▶ P. 142~143

어느 부인이 가정생활이 너무 고통스러워서 상담을 하러 왔다.

"저는 너무 힘들고 불행해서 빨리 죽음으로써 이런 삶을 끝내고 싶어요."

상담사는 이야기를 다 들은 후,

"음…… . 그것도 좋은 생각입니다. 그런데 당신이 죽으면 장례식을 하게 될 텐데 집에 찾아올 사람을 위해 집안 청소만 해 놓고 다시 오시겠어요?"

그 말을 듣고 그 부인은 집안 청소를 하고 꽃과 나무까지 정리한 후 상담사를 찾아갔다. 상담사는 아직도 그 생각에 변함이 없냐고 물었고 부인은 여전히 그렇다고 대답했다. 상담사는 "당신이 떠나면 아이들이 마음에 걸릴 텐데, 엄마가 자신들을 정말로 사랑했다는 것을 느낄 수 있도록 아이들에게 며칠만 사랑을 표현해 보면 어떻겠어요?"라고 말했다. 부인은 마지막이라는 생각에 며칠 동안 열심히 자녀들을 안아 주고 특별한 음식도 해 주었다. 마지막 인사를 하려고 찾아온 부인에게 상담사는

[42~43] 次を読んで、質問に答えてください。

ある夫人が、家庭生活があまりにつらいので、相談しに来ました。

「こんなに辛くて、不幸だと思うから、早く死んで、この人生を終わらせたい」

彼女の話を聞いて、カウンセラーはこう言いました。

「うむ……。それもいい考えです。でも、あなたが死んだらお葬式をすることになるでしょうから、家に訪ねてくる人のために家の掃除だけしておいて、また戻っていらっしゃいますか?」

それを聞いた奥さんは、家の中を掃除し、花や木を生けてから、また相談者のところに戻ってきた。相談者はまだ考え方に変化はないか尋ねると、夫人はまだ気持ちは変わらないと答えた。相談者は、「あなたが去れば子どもたちが気にかかるでしょうが、お母さんが自分たちを本当に愛していたことを感じられるように、子どもたちに数日だけ愛を表現してみてはどうですか?」と言った。夫人はこれが最後だと思い、数日間、一生懸命に子どもたち抱きしめてあげて、特別な料理まで用意してあげた。最後の挨拶をしようと来た夫人に、相談者は

「あなたの夫は考えただけでも心の中で火事が

"당신의 남편은 생각만 해도 속에서 불이 나지요? 그런 남편이지만 당신 없이 혼자 되었을 때, 남편이 '그래도 참 좋은 아내였다.'라고 추억할 수 있도록 사흘만 남편에게 최선을 다해 보시는 건 어떨까요?" 라고 말했다.

<u>부인은 내키지 않았지만</u> 어차피 마지막이라는 생각으로 상담사의 말대로 실천했다. 사흘이 지난 아침, 밖에서 벨을 누르는 소리가 들렸다. 문을 열어 보니 자신의 상담사가 서 있었다.

"제가 들어가서 집 구경을 해도 되요?"

"네, 괜찮습니다. 들어오세요."

집안은 깨끗이 정돈되어 있고, 아이들 얼굴에는 웃음이 가득했다. 남편은 한쪽 구석에서 미안한 표정으로 아내를 보고 있었다. 상담사는 부인에게 다시 물었다.

"아직도 불행해서 빨리 삶을 끝내고 싶습니까?"

부인은 대답했다.

"아니요."

42 正解 ❸ 별로 하고 싶은 마음이 없다.

　　解説 「내키지 않는다」는 「気が進まない」라는 의미이므로, 답은 ③입니다.

43 正解 ❹ 이 부인은 아이들에게 엄마가 사랑했다는 기억을 남겨 주고 싶었다.

　　解説 夫人が、子どもたちに本当に愛していることを感じてもらうために、数日かけて愛情を表現したので、答えは④です。
　　① 夫人は夫のことを思うと、愛の感情が感じられる。
　　→「속에서불이난다(腹の中で火事が起こる)」は「怒る」という意味です。
　　② 夫人は最初から最後まで自分の決心を維持した。
　　→ 夫人は、相談者の「早く人生を終わらせたいか」という質問に、「いいえ」と答えました。
　　③ 夫人はきれいになった家を見て、死ぬという決心を変えた。
　　→ 家事や子ども、夫に対する考え方が変わり、気持ちが変わりました。

起こりますよね？　そんな夫ですが、あなたなしで一人になった時、夫が『それでも本当に良い妻だった』と思い出せるように、3日だけ夫に最善を尽くしてみてはいかがでしょうか?』と言った。夫人はそんなことをする気にはなれなかったが、どうせこれが最後だからと思い、相談者の言うとおりにした。3日経った朝、外でベルを鳴らす音が聞こえた。ドアを開けてみると、自分の相談者が立っていた。

「入って家の中を見てもいいですか?」

「はい、大丈夫です。どうぞお入りください」

家の中はきれいに整頓されていて、子どもたちの顔には笑いがいっぱいだった。夫は片隅ですまない表情で妻を見ていた。相談者は妻に再び尋ねた。

「あなたはまだ不幸で、すぐにでも人生を終わらせたいのですか?」

夫人は答えた。

「いいえ」

42 下線を引いた部分で表れている「夫人」の心境として合っているものを選んでください。

① 早くやってしまいたい。

② 悔しくて心が痛む。

❸ 別にやる気がない。

④ 怖くなくて自信に満ちている。

43 上記の文章の内容として分かるものを選んでください。

① 夫人は夫のことを思うと、愛の感情が感じられる。

② 夫人は最初から最後まで自分の決心を維持した。

③ 夫人はきれいになった家を見て、死ぬという決心を変えた。

❹ 夫人は子どもたちにお母さんが愛していたという記憶を残したかった。

오늘이 무슨 요일인지 헷갈린다면 아마도 그날은 수요일일 가능성이 제일 높을 것이다. 한 연구소가 1,200명의 사람들을 대상으로 각 요일이 사람의 심리에 미치는 영향을 분석했는데, 직장인들은 '두렵고 지겨운' 월요일로 한 주를 시작하고, 금요일부터 기분이 상승하면서 한 주를 마감한다. 그리고 '오늘이 무슨 요일인지'를 묻는 질문에 사람들이 대답하는 시간에 요일별로 차이가 나타났는데 이 중 수요일이 가장 길었다. 한마디로 사람들이 '오늘이 무슨 요일일까?' 생각하느라 시간이 걸린 것인데 월요일, 금요일과 비교하면 수요일이 무려 2배 정도 길었다. 이어 화요일과 목요일이 나란히 뒤를 이어 주중 요일인 '화, 수, 목'이 사람들에게는 ( )이 된 셈이다. 또한 월요일과 금요일에 대해 느끼는 사람들의 감정도 달라서 월요일에는 지루함, 정신없이 바쁨, 피곤함 등의 단어를 떠올렸고 반대로 금요일에는 쉼과 자유를 연상했다.

44 [正解] ❷ 가장 관심이 없는 날

[解説] 「今日が何曜日か考えるのに時間がかかった」というのは、人々が気にしていなかったという意味です。

45 [正解] ❹ 각 요일이 사람들의 심리에 미치는 영향이 다르다.

[解説] 曜日ごとの人々の心理への影響を分析した内容なので、これを最もよく表している主題は④です。

今日が何曜日なのか分からなくなったら、おそらくその日は水曜日の可能性が一番高いだろう。ある研究所が1,200人の人々を対象に各曜日が人の心理に及ぼす影響を分析したが、会社員は「怖くてうんざりする」月曜日で1週間を始め、金曜日から気分が上昇し1週間を終える。そして「今日が何曜日なのか」を尋ねる質問に人々が答える時間に曜日別に差が現れたが、この中で水曜日が一番長かった。一言で言えば、人々が「今日は何曜日だろうか?」と考えるのに時間がかかったのだが、月曜日、金曜日と比べると水曜日がなんと2倍程度長かった。続いて火曜日と木曜日が並んで、平日の「火、水、木」が人々にとっては（　）になったわけだ。また、月曜日と金曜日について感じる人々の感情も違って、月曜日には退屈、忙しさ、疲れなどの単語を思い浮かべ、逆に金曜日には休みと自由を連想した。

44 （　）に入る言葉として最も適したものを選んでください。

① 最も怖い日
❷ 最も興味のない日
③ 最も忙しい日
④ 最も自由を満喫する日

45 上記の文章のテーマとして最も適したものを選んでください。

① 人は金曜日が一番好きだ。
② 会社員は月曜日が嫌いで怖がる。
③ 水曜日は人に最も興味のない日だ。
❹ 各曜日が人々の心理に与える影響は違う。

요즘 세계 여러 나라에서 폭염과 홍수가 빈번하게 일어나고 있다. 우리나라에서도 최근에 두 달 이상 장마와 폭우가 계속되고 있기 때문에 이러한 기후 위기를 더 이상 "강 건너 불구경"하듯이 할 수는 없다. 지금의 풍요로운 물자와 먹거리를 얻기 위해 환경을 파괴한 결과 몇 십 년 사이에 지구 환경은 심하게 변화했다. 과학 발전의 뒷면에는 자연 파괴라는 문제가 있고, 경제 성장의 밑바닥에는 생물의 멸종이라는 문제가 깔려 있다. 이로 인해 초래된 전 세계적인 환경 문제는 더 이상 '미래 세대'의 문제가 아니라 이미 우리에게 닥친 문제다. 그런데도 우리는 "설마?" 혹은 "어떻게 잘 되겠지."라며 애써 외면하고 있다. 이제 우리는 현실을 받아들이고 모두 함께 대처 방안을 모색하여 해결해 나가야 한다.

最近、世界各国で猛暑と洪水が頻繁に起きている。韓国でも最近2か月以上梅雨と暴雨が続いているため、このような気候危機をこれ以上「対岸の火事」のようにすることはできない。今の豊かな物資と食べ物を得るために環境を破壊した結果、数十年の間に地球環境は大きく変化した。科学発展の裏面には自然破壊という問題があり、経済成長の底には生物の絶滅という問題が敷かれている。これによってもたらされた全世界的な環境問題はもはや「未来世代」の問題ではなく、すでに私たちに迫っている問題だ。それでも私たちは「まさか?」、あるいは「どうにかうまくいくだろう」とあえて無視している。もはや私たちは現実を受け入れ、皆が共に対処策を模索して解決していかなければならない。

46 [正解] ❷ 환경 문제 해결을 위해 같이 노력하자고 호소하고 있다.

[解説] 과학의 발전이나 경제 성장에 의해 일으켜지는 문제는, もはや将来の世代の問題ではなく、今はみんなで対策を模索しなければならないと書いてあるので、答えは④になります。

47 [正解] ❹ 물자가 풍요해진 대신 환경이 많이 파괴되어 기후 위기가 왔다.

[解説] 豊かな物資と引き換えに環境が大きく破壊され、気候の危機が到来したので、その解決に努力しなければならない、と書かれているので、答えは④です。

① 環境問題は未来に起こる問題だ。
→ 私たち自身がすでに直面するようになった問題です。
② 他国の気候変動は対岸の火事を見るようなことだ。
→ 「対岸の火事を見る」ようではいけないと言っています。
③ 自然の異常な変化は一部の地域で見られる現象だ。
→ 自然の異常な変化は世界中の人が感じています。

46 上記の文章に表れている筆者の態度として最も適したものを選んでください。

① 外国の気候変動について傍観している。
❷ 環境問題を解決するために一緒に努力しようと訴えている。
③ 物質的に豊かな現在の生活を誇りに思っている。
④ 科学発展と経済成長は環境問題とは関係ないと主張している。

47 上記の文章の内容と同じものを選んでください。

① 環境問題は未来に起こる問題だ。
② 他国の気候変動は対岸の火事を見るようなことだ。
③ 自然の異常な変化は一部の地域で見られる現象だ。
❹ 豊かになった代わりに環境が大きく破壊され、気候危機が現れた。

[48~50] 다음을 읽고 물음에 답하십시오.　　▶ P. 146~147

긴 글을 읽기 귀찮고 시간을 절약할 수 있다는 이유로 요즘은 책이나 영화의 내용을 축약해서 보는 사람들이 늘고 있습니다. 즉, 내용의 줄거리나 핵심적인 사항만 훑어서 빠르게 파악하는 것입니다. 인터넷의 발달로 다양한 경로로 정보가 유통되면서 나타난 현상인데, 언론사도 이런 추세에 맞춰 발 빠르게 요약형 뉴스를 제공합니다. 또 글이 길어지면 마지막 부분에는 (　　　) 한 번 더 써 주는 친절함도 일상화되었습니다. 이처럼 손쉽게 정보를 얻고 다른 사람의 지식을 핵심만 추려서 내 것으로 만드는 간편한 세상이 됐지만, 우려되는 바가 없지 않습니다. 인스턴트 음식에 길들여지면 오랜 시간 숙성해서 요리한 음식의 깊은 맛을 모르듯이, 요약된 정보와 지식만 습득하게 되면 글에 담긴 논리와 맛있는 표현, 행간에 숨겨진 의미를 찾는 즐거움 등을 모르게 됩니다. 그에 따라 사물을 오래 관찰하고 분석하거나 스스로 생각하는 능력도 퇴보할 가능성이 높아집니다. 또 정보를 축약하는 사람의 능력이나 취향에 따라 내용이 왜곡되거나 잘못 전달될 우려도 있습니다. 게다가 그렇지 않아도 컴퓨터를 통해 넓고 얕은 지식을 축적한 인공지능의 지식수준이 인간의 능력을 넘어설까 걱정하는데, 인간 고유의 생각하는 능력을 키우는 노력마저 줄어든다면 우리의 미래가 어두워질 것입니다.

[48~50] 次を読んで、質問に答えてください。

長い文章を読むのが面倒で、時間の節約になるという理由で、最近は本や映画の内容を要約して見る人たちが増えています。つまり、内容を短くしたり、核心的な部分だけをピックアップして、素早く内容を把握するのです。インターネットの発達により、さまざまな経路で情報が流通するようになったために起こった現象で、マスコミもこの流れを受けて、素早く要約してニュースを提供します。また文が長くなると最後の部分には（　　　）一度書いてくれる親切さも日常化しました。このように、世の中は情報が得やすく、他人の知識の核心だけを選んで自分のものにする簡便な世の中になりました。だからといって何も心配することはないわけではありません。インスタント食品に慣れてしまうと、長い時間をかけて熟成させた料理の深い味わいを知らないのと同じように、要約された情報と知識だけを習得していると、文章の論理性やおいしい表現、行間に隠された意味を見つける楽しみを知ることができません。その結果、物事を長い時間をかけて観察・分析する力や、自分で考える力が後退しやすくなるのです。また、情報をまとめる人の能力や好みによって、内容がゆがめられたり、誤解されたりすることも懸念されます。また、そうでなくとも、コンピュータによって広く浅く知識を蓄積した人工知能の知

識レベルが人間の能力を超えることが懸念され、人間が本来持っている思考力を養う努力が減ると、我々の未来は暗くなっていくでしょう。

48 上記の文章を書いた目的として最も適したものを選んでください。

① 情報を歪曲する人たちを批判するために
② 要約されたニュースの利便性を説明するために
❸ 要約された文章だけを読む習慣の問題を指摘するために
④ 文章を書く人にもっと親切な態度を求めるために

49 (　　)に入る言葉として最も適したものを選んでください。

① 書いた人の個人情報を
② 文章の内容をまとめた図表を
❸ 数行に要約した短い文章を
④ 文章の内容と反対の意見を

50 に上記の文章の内容と同じものを選んでください。

① コンピュータを通じて、物事を観察して分析する能力が発展する。
❷ 人間固有の思考能力を育てようと努力すると未来が明るい。
③ 報道機関が要約型のニュースを提供するのは、今の世の中と合わない。
④ インスタント食品が長く熟成させて料理した食べ物より味に深みがある。

---

48 [正解] ❸ 요약된 글만 읽는 습관의 문제점을 지적하기 위해

　[解説] 情報が簡単に手に入り、知識も要点だけでまとめられる単純な世の中になったことへの危惧を指摘しているのです。

49 [正解] ❸ 몇 줄로 요약한 짤막한 글을

　[解説] 文章が長くなると、親切に最後にもう一回書いてくれることは、「内容を短くして要約する」ことです。

50 [正解] ❷ 인간 고유의 생각하는 능력을 키우려고 노력해야 미래가 밝다.

　[解説] 人間が本来持っている考える力を養う努力が減ると未来は暗くなる、だから未来を明るくするためにその力を養う努力をしなければならない、と書かれています。答えは、②です。
　① コンピュータを通じて、物事を観察して分析する能力が発展する。
　→ 自分で考える力は後退する可能性が高いです。
　③ 報道機関が要約型のニュースを提供するのは、今の世の中と合わない。
　→ マスコミは流行にのっとってニュースをまとめています。
　④ インスタント食品が長く熟成させて料理した食べ物より味に深みがある。
　→ インスタント食品に慣れてしまうと、長時間熟成させた食品の深い味わいがわからなくなります。

PART 3 模擬試験 2

듣기 ▶ P. 150~161 (各2点)

1. ② 2. ① 3. ④ 4. ③ 5. ② 6. ④ 7. ③ 8. ④ 9. ④ 10. ④

11. ② 12. ③ 13. ① 14. ④ 15. ③ 16. ① 17. ④ 18. ③ 19. ③ 20. ④

21. ③ 22. ① 23. ③ 24. ② 25. ④ 26. ② 27. ④ 28. ① 29. ② 30. ①

31. ② 32. ① 33. ③ 34. ④ 35. ③ 36. ① 37. ④ 38. ④ 39. ③ 40. ④

41. ④ 42. ④ 43. ④ 44. ④ 45. ② 46. ④ 47. ② 48. ③ 49. ④ 50. ③

쓰기 ▶ P. 162~163 (各10点)

51. ㉠ 감사하는 마음으로 / 감사드리고 싶어서 / 감사드리려고

　　㉡ 꼭 오셔서 / 참석하셔서 / 부디 오셔서

52. ㉠ 자신에게 좋은 책 / 자신에게 좋은 것 / 자기에게 좋은 책 / 자기에게 좋은 것 /
　　나에게 좋은 책 / 나에게 좋은 것

　　㉡ 모두에게 / 다른 사람에게 / 타인에게

읽기 ▶ P. 164~190 (各2点)

1. ③ 2. ④ 3. ④ 4. ③ 5. ④ 6. ② 7. ① 8. ② 9. ③ 10. ②

11. ① 12. ③ 13. ③ 14. ④ 15. ② 16. ④ 17. ② 18. ① 19. ① 20. ②

21. ① 22. ④ 23. ① 24. ④ 25. ② 26. ① 27. ④ 28. ② 29. ③ 30. ③

31. ④ 32. ③ 33. ① 34. ④ 35. ① 36. ① 37. ④ 38. ③ 39. ④ 40. ①

41. ② 42. ① 43. ① 44. ④ 45. ③ 46. ④ 47. ④ 48. ④ 49. ② 50. ②

▶ P. 163

53. (30点)

20대에서 50대까지 천 명을 대상으로 스마트폰 의존도를 조사한 결과, 대부분 의존도가 높은 것으로 나타났다. 스마트폰이 없으면 일상생활에 지장을 느끼는 비율이 20대는 74.3%, 30대는 69.8%, 40대는 65.1%, 50대는 56.2%로 나이가 젊을수록 높아졌다.

　스마트폰 사용에 대한 의견은 67.7%가 시간을 아낄 수 있다고 답했고, 궁금한 것을 검색한다는 비율도 64.1%로 긍정적인 평가가 많았다.

　반면에 스마트폰 때문에 여가 시간이 줄었다는 응답이 38%, 일과 개인생활의 구분이 어렵다는 응답이 26.6%로 부정적인 의견도 적지 않았다.

和訳

53.　20代から50代まで千人を対象にスマートフォン依存度を調査した結果、大部分で依存度が高いことが分かった。スマートフォンがなければ日常生活に支障を感じる割合が、20代は74.3%、30代は69.8%、40代は65.1%、50代は56.2%で、年齢が若いほど高くなった。

　　スマートフォンの使用に対する意見は、67.7%が時間を節約できると答え、気になることを検索するという比率も64.1%で、肯定的な評価が多かった。

　　反面、スマートフォンのために余暇の時間が減ったという回答が38%、仕事とプライベートの区分が難しいという回答が26.6%で、否定的な意見も少なくなかった。

54.　消費に対して正反対の態度を見せるヨロ族とノーマネー族が関心を引くのは、現在の不安な経済状況と関連がある。　コインの両面のように異なるこの二つの消費性向は、それぞれ長所と短所を持っている。

　　不透明な未来のためなら、現在のために惜しみなく使おうというヨロ族は、消費中心的な態度を助長し、他人に剥奪感を感じさせる。しかも、商業主義から抜け出せないという短所がある。

　　反面、不透明な未来に備えるために最善を尽くして節約するノーマネー族は、過度な消費を節制するため、絶対に必要な消費までもしない。これは消費から生産につながる経済発展に役立たないという短所がある。

　　しかし、ヨロ族は浪費をするのではなく、自分だけの価値を見つけて実現しながら、今日の幸せを逃さない健康な人生の態度を見せていると言える。ノーマネー族も消費至上主義文化の中で、今日消費する喜びを大切にし、未来の心強い資産を通じて喜びを得るという生き方を示す個性の表現なのかもしれない。

　　結局、この二つの消費性向はいずれも真の自分を探そうとする主体性の表現であり、同時に既成世代と異なる消費方式の一つと言える。ただ、どちらかに偏るよりは、自分の人生をより幸せにできる合理的な価値観が何かを慎重に選択することが重要だと思う。

▶ P. 163

54.
(50点)

　소비에 대해 정반대의 태도를 보이는 욜로족과 노머니족이 관심을 끄는 것은 현재의 불안한 경제 상황과 관련이 있다. 동전의 양면같이 다른 이 두 가지의 소비 성향은 각각 장단점을 갖고 있다.

　불투명한 미래를 위하느니 현재를 위해 아낌없이 쓰자는 욜로족은 소비 중심적인 태도를 조장해서 다른 사람들에게 박탈감을 느끼게 한다. 게다가 상업주의에서 벗어날 수 없다는 단점이 있다.

　반면에 불투명한 미래를 대비하기 위해 최선을 다해 아껴 쓰는 노머니족은 지나친 소비를 절제하기 때문에 꼭 필요한 소비까지 하지 않는다. 이는 소비에서 생산으로 이어지는 경제 발전에 도움이 되지 않는다는 단점이 있다.

　하지만 욜로족은 낭비를 하는 것이 아니라, 자신만의 가치를 찾고 실현하면서 오늘의 행복을 놓치지 않는 건강한 삶의 태도를 보인다고 할 수 있다. 노머니족 역시 소비 지상주의 문화 속에서 오늘 소비하는 기쁨을 아껴서 미래의 든든한 자산을 통해 기쁨을 얻겠다는 삶의 방식을 나타내는 개성의 표현일 수 있다.

　결국 이 두 가지 소비 성향은 모두 진정한 자신을 찾고자 하는 주체성의 표현이며, 동시에 기성세대와 다른 소비 방식의 하나라고 할 수 있다. 다만 어느 한쪽에 치우치기보다는 자신의 삶을 더욱 행복하게 만들 수 있는 합리적인 가치관이 무엇인지 신중하게 선택하는 것이 중요하다고 생각한다.

リスニング台本

問 1 〜 30 はリスニング問題です。それぞれの問題を注意深く聞いて、質問に対する最も適切な答えを選んでください。

[1~3] 다음을 듣고 가장 알맞은 그림 또는 그래프를 고르십시오. ▶ P. 150~151

1 여자 내일 결혼식 축의금은 어떻게 하지요? 각자 내나요?

남자 아니요, 우리 부서 사람들이 모아서 같이 하기로 했어요.

여자 잘됐네요. 그럼 얼마씩 준비하면 될까요?

[正解] ❷

[解説] 明日の結婚式のご祝儀を部署の人たちで集めて一緒に払うことにしたので、答えは②です。

2 여자 아파트 관리소에 가서 관리비 정산 다 했어요?

남자 네, 오늘까지 사용한 전기와 수도 요금을 포함해 관리비 다 냈어요.

여자 그럼, 이삿짐 차 출발하기 전에 빠트린 물건 없는지 집에 한 번만 더 들어가 보세요.

[正解] ❶

[解説] 女性は「引っ越しトラックが出発する前に」と言っているので、答えは①です。

3 남자 '겨울 용품을 여름에 구입한 역시즌 상품 구매'에 대해 여성 1,000명에게 물었는데, 32.7%가 구매했다고 답했다. 구매 비용은 여성 53.9%가 10만~30만 원이라고 답했고, 10만 원 미만이 31.2%, 30만~50만 원이 10.4%, 50만 원 이상이 4.5% 순으로 나타났다. 주로 구매한 역시즌 상품은 패션 의류가 48.6%로 가장 많았고, 패션 잡화가 27.3%, 가전제품이 15.8%, 침구류가 8.3% 순으로 그 뒤를 이었다.

[正解] ❹

[解説] 逆シーズンに商品を買った人と買わなかった人の割合、いくら使ったか、どんなものを買ったかというアンケート結果を正確に聞き取り、数字を覚えて順番に並べなければなりません。そのあと、絵を見比べながら該当する答えを探します。

[1~3] 次を聞いて、最も適切な絵またはグラフを選んでください。

1 女性 明日の結婚式でご祝儀はどのように渡しますか？ 各自で払いますか？

男性 いいえ、私たちの部署の人たちはお金を集めて一緒に払うことにしました。

女性 よかったです。それでは、一人いくら準備すればいいでしょうか？

2 女性 マンションの管理所に行って管理費を精算したのですか？

男性 はい、今日まで使った電気と水道料金を含めて管理費をすべて払いました。

女性 じゃあ、引っ越しトラックが出発する前に、忘れ物がないか家にもう一度入ってチェックしてください。

3 男性「冬用品を夏に買う逆シーズン商品の購入」について1,000人の女性に聞いたところ、32.7%が「買った」と回答した。購入費用は女性の53.9%が「10万～30万ウォン」と答え、「10万ウォン未満」が31.2%、「30万～50万ウォン」が10.4%、「50万ウォン以上」が4.5%の順となった。主に購入した逆シーズンの商品は、「ファッション衣類」が48.6%と最も多く、次いで「ファッション雑貨」が27.3%、「家電製品」が15.8%、寝具類が8.3%の順と続いた。

① 主に購入する逆シーズンの商品は何ですか？

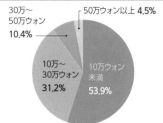

ファッション雑貨 8.3%

家電製品 15.8%

ファッション衣類 48.6%

寝具類 27.3%

② 逆シーズンの商品購入に使った金額はいくらですか？

30万～50万ウォン 10.4%

50万ウォン以上 4.5%

10万～30万ウォン 31.2%

10万ウォン未満 53.9%

③ 夏に逆シーズンの商品を購入しましたか？

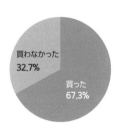

買わなかった 32.7%

買った 67.3%

❹ 逆シーズンの商品購入に使った金額はいくらですか？

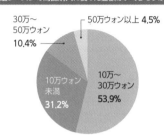

30万～50万ウォン 10.4%

50万ウォン以上 4.5%

10万ウォン未満 31.2%

10万～30万ウォン 53.9%

[4~8] 다음을 듣고 이어질 수 있는 말로 가장 알맞은 것을 고르십시오. ▶ P. 151~152

4 남자 이 바지가 마음에 들기는 하는데, 길이가 너무 길어서 못 입을 것 같아요.

　여자 길이는 줄이시면 돼요. 세탁소에 맡기거나 요 옆의 수선집에 부탁해도 돼요.

　남자 _____

　正解 ❸ 수선 집에 맡기면 언제 찾을 수 있나요?

　解説 女性は、ズボンの丈を短くしてもらうために洋服直し屋に行けばいいと言っているので、次に来るフレーズは修繕と関連させるべきでしょう。

5 남자 이건 내일 오후까지 도착해야 하는 서류인데, 빠른 우편으로 보내면 가능할까요?

　여자 서울 시내라면 내일 오후까지 들어갑니다. 지방은 하루 더 걸릴 거예요.

　남자 _____

　正解 ❷ 그럼, 빠른우편으로 해 주세요.

　解説 女性は速達で送れば、市内は明日の午後までには着くと言っているので、その選択肢を選ぶフレーズが次に来るはずです。

[4~8] 次を聞いて、会話を完成させるのに最も適した言葉を選んでください。

4 男性 このズボンは気に入ったのですが、長すぎるから履けそうにありません。

　女性 長さを短くすることができます。クリーニング屋さんに預けるか、隣のお直し屋さんに頼むといいですよ。

　① お気に入りの服を探してみます。

　② ズボンではなくスカートを買います。

　❸ 洋服直し屋に預けると、いつ受け取れますか？

　④ 昨日クリーニング店に預けたズボンを今取りに行かなければなりません。

5 男性 これは明日の午後までに届けなければならない書類なのですが、速達で送れば可能でしょうか？

　女性 ソウル市内であれば、明日の午後までに届きます。地方はもう1日かかります。

　① 地方は速達がないですね。

　❷ では、速達にしてください。

　③ 郵便局ですることが本当に多いですね。

　④ 普通郵便の方が速達より便利ですね。

6 여자 여기서 의정부까지 가는 지하철이 있나요? 몇 호선을 타야 해요?

남자 의정부에 한 번에 가는 지하철은 없고 두 번 갈아 타셔야 해요. 지하철보다는 버스가 나을 것 같은데요.

여자 _____

正解 ❹ 여기서 의정부까지 한 번에 가는 버스가 있어요?

解説 男性は、地下鉄よりもバスに乗ったほうがよさそうだと言っているので、バスの情報を尋ねるフレーズが続くはずです。

7 여자 추석 연휴 동안 템플 스테이를 신청하셨다면서요.

남자 네, 3박 4일 동안 조용한 절에서 스님처럼 생활해 보는 거예요. 답답한 도시를 떠나 조용한 산사에서 지낼 생각에 벌써 마음이 설레요.

여자 _____

正解 ❸ 충분히 쉬고 새로운 힘을 얻어서 돌아오세요.

解説 男性はテンプルステイの説明をして、それに対する期待を話しているので、女性がこれからテンプルステイをする人に何と言うかを選んでください。

8 남자 다음 주 촬영에 꼭 필요하다던 카메라 렌즈는 구했어?

여자 응, 마침 내가 원하는 물건을 중고 거래 사이트에서 발견해서 판매자를 오늘 저녁에 만나기로 했어.

남자 _____

正解 ❹ 인터넷으로 구매하는 물건이 믿을 만할까?

解説 中古品取引サイトで品物を買おうとする友人に、男性が何と言うかを選びましょう。

6 女性 ここからウィジョンブ (議政府) まで行く地下鉄はありますか？ どの線に乗ればいいですか？

男性 議政府に直行する地下鉄はありませんし、2回乗り換えなければなりません。地下鉄よりはバスに乗ったほうがよさそうですね

① 地下鉄の運賃はいくらかかりますか？
② 私が地下鉄の路線図を探してみましょうか？
③ 私と一緒にウィジョンブ (議政府) まで行ってくれますか？
❹ ここからウィジョンブ (議政府) まで乗り換えなしで行くバスがありますか？

7 女性 チュソク (秋夕) の連休にテンプルステイを申し込んだそうですね。

男性 はい、3泊4日で静かなお寺で僧侶のように生活してみます。息苦しい都会を離れて、静かな山寺で過ごすと思うと、すでに心がときめきます。

① 私も山寺に親しいお坊さんがいます。
② いつテンプルステイを申し込みますか？
❸ 十分休んで元気になって帰ってきてください。
④ 静かな山寺より、息苦しい都市が好きになるでしょう。

8 男性 来週の撮影に必ず必要だと言っていたカメラのレンズは買えたの？

女性 うん、ちょうど私が欲しいものを中古サイトで見つけたから、売り主に今日の夜会いに行くつもり。

① そんなカメラを買ったなんてすごい。
② その販売者は本当にいい人だろう。
③ 来週の撮影の時も手に入りにくいだろうね
❹ インターネットで購入する品物が信頼できるかな？

[9~12] 다음을 듣고 여자가 이어서 할 행동으로 가장 알맞은 것을 고르십시오.　　　　　▶ P. 152

9 　여자 아빠는 아침에 보통 몇 시에 일어나요?

　　남자 아침에 일어나면 7시야. 왜, 내일 일찍 일어나야 하니?

　　여자 네, 내일 아침 8시 30분 비행기를 타는 외국 손님을 모시러 호텔에 일찍 가야 하는데, 못 일어날까 봐서 걱정이에요.

　　남자 그렇게 걱정되면 휴대 전화로 알람 시간을 맞춰 놓고 자.

　　正解 ❹ 휴대 전화로 알람 시간을 맞춘다.

　　解説 男性が「携帯電話のアラームを設定しておいて寝れば」と言うので、女性はその行動を取ります。

10 여자 인터넷에서 1주일 동안 30% 할인된 가격으로 물건을 살 수 있다고 했는데 정상 가격을 다 받나요?

　　남자 네, 멤버십 카드가 있는 분에 한해서 30% 할인해 드리는 것입니다. 카드가 없으신가요?

　　여자 없는데요.

　　남자 괜찮습니다. 지금 바로 만들어 드리니까 카드를 만든 후에 할인 혜택을 받으시면 돼요.

　　正解 ❹ 멤버십 카드를 만든다.

　　解説 男性がメンバーシップカードを作ればすぐに割引が受けられると言うので、女性はカードを作ります。

11 여자 티켓을 보여 주시겠어요?

　　남자 여기 있습니다. 제 자리는 어디예요?

　　여자 앞에서 네 번째 줄 오른쪽 창가입니다.

　　남자 오늘 아침 신문 좀 받을 수 있을까요? 우리나라 소식이 궁금해서요.

　　正解 ❷ 아침 신문을 준다.

　　解説 男性が今日の新聞をもらえないかと聞くので、女性は新聞を渡そうとします。

12 남자 약이 나왔습니다. 식사하고 30분 후에 한 봉씩 드세요.

　　여자 네, 다른 주의 사항은 없나요?

　　남자 약을 드신 후에 졸릴 수 있으니까, 복용 후 2시간 정도는 운전을 피하는 게 좋습니다.

　　여자 네, 아침 먹고 바로 병원에 왔으니까 지금 약을 먹어도 괜찮을 것 같아요.

　　正解 ❸ 약을 먹는다.

[9~12] 次を聞いて、女性が取る次の行動として最も適切なものを選んでください。

9 　女性 お父さんは朝いつも何時に起きますか？

　　男性 朝起きたら7時だよ。 何で、明日早く起きなければならないの？

　　女性 そう、明日の朝8時30分の飛行機に乗る外国人のお客さんを迎えに、早めにホテルに行かなければならないのだけど、起きられないかもと心配です。

　　男性 そんなに心配なら、携帯電話のアラームをセットしておいて寝なよ。

　　① 空港に行く。
　　② 早く寝る。
　　③ 8時半に飛行機に乗る
　　❹ 携帯電話でアラームを設定する。

10 女性 インターネットで、1週間30％引きで買えると書いてあったのに、定価で買わされるのですか？

　　男性 はい、メンバーシップカードをお持ちの方のみ30％割引になります。カードをお持ちではありませんか？

　　女性 持っていませんけど。

　　男性 大丈夫です。今すぐ作りますので、カードを作ってから割引特典を受けてください。

　　① お金を計算する。
　　② 品物を選ぶ。
　　③ 値切る。
　　❹ メンバーシップカードを作る。

11 女性 チケットを見せてもらえますか？

　　男性 はい、これです。私の席はどこですか？

　　女性 前から4列目、右側の窓際です。

　　男性 今朝の新聞をいただくことは可能でしょうか？　韓国のニュースが気になりまして。

　　① チケットを検査する。
　　❷ 朝の新聞を渡す。
　　③ カバンを持ってくれる。
　　④ わが国のニュースを言ってくれる。

12 男性 薬が出ました。食事してから30分後に1包ずつ飲んでください。

　　女性 はい、他の注意事項はありませんか？

　　男性 薬を飲んだ後、眠くなることがあるので、飲んでから2時間くらいは車の運転を控えた方がいいです。

　　女性 はい、朝ごはんを食べてすぐ病院に来たので、今から薬を飲んでも大丈夫そうです。

解説 女性は朝食を食べてすぐ病院に来て、今薬を飲んでも大丈夫だろうと言っているので、薬を飲もうとしています。

① 食事をする。
② 運転をする。
❸ 薬を飲む。
④ 注意事項を言う。

[13~16] 다음을 듣고 들은 내용과 같은 것을 고르십시오.

▶ P. 153

13 남자 내일 서울대입구에서 김포공항까지 가야 하는데, 지하철로 한 번에 갈 수 있어?

여자 아니. 바로 가는 건 없고 2호선을 타고 가다가 영등포구청에서 5호선으로 갈아타거나 당산에서 9호선으로 갈아타야 돼.

남자 어느 쪽이 더 빠를까?

여자 둘 다 열한 정거장이라서 비슷하니까 아무거나 선택해.

正解 ❶ 어느 쪽으로 가도 열한 정거장이다.

解説 女性は、どちらの方法も11駅だと言ったので、答えは①です。
② 先に9号線に乗ってから、2号線に乗り換えなければならない。
→ 先に2号線に乗り、そこから乗り換えなければなりません。
③ 男性は「ソウル大入口」から「ヨンドゥンポ（永登浦）区庁」まで行こうとしている。
→ 「ソウル大入口」から「金浦空港」まで行こうとしています。
④ 5号線に乗り換えた方が、9号線に乗り換えるより早い。
→ どちらも似たようなものです。

14 여자 제가 외국인인데 이 대학에 입학하려면 어떻게 해야 해요?

남자 학교 홈페이지에서 대학 입학처의 외국인 전형 사이트로 들어가시면 정보가 있어요.

여자 한국어로만 쓰여 있나요? 제가 아직 한국어 실력이 부족해서 이해하기 어렵거든요.

남자 염려 마세요. 영어로 자세하게 안내되어 있습니다.

正解 ❹ 여자는 외국인 전형 사이트에서 정보를 찾아야 한다.

解説 男性は、大学の外国人向けの選考サイトに入ると情報があると言っているので、答えは④です。

[13~16] 次を聞いて、聞いた内容と一致するものを選んでください。

13 男性 明日、ソウル大入口から金浦空港まで行かなければならないのだけど、地下鉄で直接行ける？

女性 ううん。直通はなくて、2号線に乗ってヨンドゥンポ（永登浦）区庁で5号線に乗り換えるか、堂山で9号線に乗り換えないといけないよ。

男性 どっちが早い？

女性 どちらも11駅あって似たようなものだから、どちらでも選んで。

❶ どちらの方向に行っても11個の駅だ。
② 先に9号線に乗ってから、2号線に乗り換えなければならない。
③ 男性は「ソウル大入口」から「ヨンドゥンポ（永登浦）区庁」まで行こうとしている。
④ 5号線に乗り換えた方が、9号線に乗り換えるより早い。

14 女性 私は外国人ですが、この大学に入学したい場合はどうしたらいいですか？

男性 学校のホームページにある大学入学先の外国人選考サイトに行けば、情報がありますよ。

女性 韓国語でしか書かれていないのですか？ 私はまだ韓国語の実力が足りないので、理解するのが難しいのですが。

男性 心配しないでください。英語で詳しく案内されています。

① 女性は韓国人だ。
② 女性は韓国語を完璧に話すことができる。
③ この学校は入学情報を韓国語でのみ案内している。
❹ 女性は外国人向けの選考サイトで情報を探さなければならない。

15 男性 速度を落としてください。ここは最高速度80kmの区間です。

女性 あ、そうなんですか？ 高速道路の最高速度は100kmだと思っていたのに……。

男性 はい、その通りです。でも、ここから先は傾斜がきついので、あまりにも速く走ると事故の危険があるんですよ。

① 女性は韓国人だ。→ 外国人です。
② 女性は韓国語を完璧に話すことができる。
→ まだ実力が足りなくて理解することが難しいです。
③ この学校は入学情報を韓国語でのみ案内している。
→ 外国人向けのサイトがあります。

15 남자 속도를 낮추세요. 여기는 최고 속도 80km 구간이에요.

여자 아 그래요? 고속도로 최고 속도는 100km인 줄 알았는데…….

남자 네, 맞아요. 하지만 여기서부터는 경사가 심해서 너무 빨리 달리면 사고의 위험이 있거든요.

여자 그래서 앞의 차가 조금 전에 갑자기 속도를 줄였군요.

[正解] ❸ 지금 지나가는 곳은 경사가 심한 길이다.

[解説] ここから先は傾斜がきつく、制限速度が80kmに減ったので、答えは③です。
① 男性が運転している。→ 女性が運転しています。
② 前の車は速度を落とさなかった。
→ 前の車が速度を落としました。
④ 高速道路での最高速度はもともと80kmだ。
→ 通常100kmですが、ここだけ80kmです。

16 남자 앗, 이게 뭐예요? 차 유리에 뭐가 붙어 있네요.

여자 주차 위반 스티커네요. 왜 지하 주차장에 주차 안 하고 여기에 하셨어요?

남자 지하에 주차장이 있는 줄 몰랐어요. 잠깐 세우고 볼일 보고 나오면 괜찮을 줄 알았는데…….

여자 할 수 없죠. 불법 주차했으니까 벌금 40,000원을 내야겠네요.

[正解] ❶ 불법 주차 벌금은 40,000원이다.

[解説] 女性が言うには、男性は違法駐車をしたため、罰金40,000ウォンを払わなければならないそうなので、答えは①です。
② 男性は地下の駐車場に車を停めた。
→ 地下に駐車場があることを知りませんでした。
③ 車のガラスに広告用ステッカーが貼ってある。
→ 駐車違反のステッカーが貼ってあります。
④ この人たちは駐車禁止違反の罰金を払わないだろう。
→ 払うしかないと女性が言っています。

女性 だから、前の車が少し前に急に速度を落としたんですね。

① 男性が運転している。
② 前の車は速度を落とさなかった。
❸ 今通っているところは傾斜の激しい道だ。
④ 高速道路での最高速度はもともと80kmだ。

16 男性 あ、これ何ですか？　車のガラスに何か貼ってありますね。

女性 駐車違反のステッカーですね。なぜ地下駐車場ではなく、ここに停めたのですか？

男性 地下に駐車場があることを知らなかったんです。ちょっと停めて用事を済ませて出てくれば大丈夫だと思ったのに……。

女性 仕方ないですね。不法駐車をしたのですから、40,000ウォンを払わなければなりませんね。

❶ 無断駐車の罰金は40,000ウォンだ。
② 男性は地下の駐車場に車を停めた。
③ 車のガラスに広告用ステッカーが貼ってある。
④ この人たちは駐車禁止違反の罰金を払わないだろう。

[17~20] 다음을 듣고 남자의 중심 생각으로 가장 알맞은 것을 고르십시오. ▶ P. 153~154

[17~20] 次を聞いて、男性の主旨として最も適切なものを選んでください。

17 여자 요즘 TV에 외국 프로그램이 많이 나오는데 어떤 프로그램을 주로 보세요?

남자 저는 미국 영화를 자주 보는데 자막 읽기가 불편해요.

여자 그럼, 성우들 목소리로 더빙한 것을 보시면 되잖아요.

남자 더빙은 영화 원래의 맛을 느낄 수 없는 단점이 있어요. 제일 좋은 방법은 제가 영어를 잘해서 직접 듣는 것인데, 영어 공부를 다시 시작하기도 그렇고…….

[正解] ❹ 남자는 자막이나 더빙 없이 미국 영화를 보고 싶어 한다.

[解説] 男性は英語を上達させて、アメリカの映画を直接見るのが一番よい方法だと考えています。

18 여자 어, 이상하다. 왜 라면 봉지들은 포장이 대부분 빨간색일까?

남자 라면 봉지가 대부분 빨간색인 이유는 입맛을 자극하기 위해서이기도 하지만 더 중요한 이유는 산화를 방지하기 위해서야.

여자 빨간색과 산화 방지는 무슨 관계가 있는 거지?

남자 빨간색 계열은 파장이 길어 청색 계열에 비해 빛을 덜 흡수해. 라면은 기름에 튀겨서 지방 함유량이 높기 때문에 외부 빛에 의해 잘 산패되거든. 그러니까 빛이 덜 흡수되게 빨간색을 사용하는 거야.

여자 아, 그런 과학적인 이유가 있구나.

[正解] ❸ 빨간색 라면 포장은 산화를 방지하는 과학적 이유가 있다.

[解説] ラーメンのパッケージがなぜ赤いのかという女性の質問に、男性は酸化防止に関連する科学的な理由を説明しています。

19 여자 너는 술을 싫어해? 다른 사람들은 다 술집으로 갔는데 혼자만 집으로 돌아가네.

남자 나는 올해 스무 살이지만 만 나이로 스무 살이 안 돼서 술집에 못 들어가.

여자 그래? 만 나이가 뭐야?

남자 우리나라에서는 태어날 때부터 한 살로 계산하고 양력 새해가 되면 또 한 살을 더해서 말하지만, 법을 적용할 때는 정확한 나이를 기준으로 하기 때문에 만 나이를 알아야 돼.

[17~20] 次を聞いて、男性の主旨として最も適切なものを選んでください。

17 女性 最近、テレビで外国の番組がたくさん放送されていますが、どのような番組を主にご覧になりますか？

男性 私はアメリカ映画をよく見ますが、字幕を読むのは落ち着きません。

女性 それなら、声優たちの声で吹き替えしたものを見ればいいじゃないですか。

男性 吹き替えは、映画本来の味わいが感じられないという短所があります。一番よい方法は、私は英語が得意なので直接聞くことなのですが、英語の勉強をやり直すのもあるし……。

① アメリカの映画を男性の声で直接吹き替えする。

② 最近テレビで米国の番組があまり見当たらない。

③ 字幕で映画を見ると、映画が持つ本来の味を味わえない。

❹ 男性は字幕や吹き替えなしでアメリカの映画を見たいと思っている。

18 女性 お、不思議だ。なぜラーメンの袋は包装がほとんど赤いの？

男性 ラーメンの袋のほとんどが赤い理由は、食欲を刺激するためでもあるけど、それより重要な理由は酸化を防ぐためだよ。

女性 赤い色と酸化防止にどんな関係があるの？

男性 赤色系は波長が長くて青色系に比べて光の吸収が少ない。ラーメンは油で揚げていて脂肪の含有量が多いために、外部の光によって酸敗しやすいんだよ。だから、光が吸収されないように赤色を使うんだよ。

女性 ああ、そういう科学的な理由もあるんだね。

① 赤色は波長が長くて光を多く吸収しない。

② ラーメンは油で揚げるため、脂質含有量が多い。

❸ 赤色のラーメン袋は酸化を防止する科学的な理由がある。

④ 食欲を刺激するため、ラーメン袋を赤色にした。

19 女性 お酒は嫌い？ 他の人たちはみんな居酒屋に行ったのに、一人だけ家に帰っちゃうのね。

男性 僕は今年20歳だけど、満年齢ではまだ20歳じゃないから、居酒屋には入れないんだ。

女性 そうなの？ 満年齢って何？

여자 어떻게 계산하는 거야?

남자 현재 연도에서 출생 년도를 빼면 만 나이가 돼. 다만 생일이 지나지 않은 경우에는 한국 나이에서 한 살을 더 빼면 되고. 나는 생일이 2002년 9월 15일인데 오늘 2022년 5월 26일을 기준으로 계산하면 만 나이가 19살이거든.

正解 ❸ 법을 적용할 때는 정확한 만 나이를 기준으로 한다.

解説 남성은 居酒屋에 들어갈 수 없는 이유를 말하면서, 韓國式의 만 나이의 계산방법을 설명하고 있습니다.

20 여자 지적 장애인들은 학습 능력도 떨어지고 의사소통도 안 되는데, 그런 사람들의 디자인이 무슨 효과가 있겠어요?

남자 그렇지 않습니다. 피카소는 어린아이처럼 그리기 위해서 평생 동안 노력했습니다. 지적 장애인들은 '순수한 감성'을 평생 유지할 수 있으니까 디자이너로서 훌륭한 자질을 갖췄다고 생각합니다. 태어날 때부터 특별한 디자이너인 셈이죠.

여자 그래도 일반인들의 생각과 다른 그림이 많아서 패션이나 다른 상품에 적용하기 어려울 것 같은데요.

남자 저는 오히려 그런 차이가 사람들에게 신선하고 독특하게 느껴져서 대중들이 좋아할 것이라고 확신합니다. 장애인이라는 편견 없이 사회의 일원으로 일하는 기회도 줄 수 있고요.

正解 ❹ 지적 장애인들의 순수한 작품을 디자인으로 응용해야 한다.

解説 男性은, 知的障がい者의 디자인은 신선하고 유니크하기 때문에, 一般의 사람들도 분명 마음에 들 것이라고 확신하고 있고, 商品化를 통해 障がい者가 사회의 일원으로서 일할 기회를 줄 수 있다고 말하고 있습니다.

男性 韓国では生まれたときから1歳と計算して、太陽暦の新年が始まるとまた1歳年を取るんだけど、法律を適用するときは正確な年齢を基準にするから、満年齢を知らないといけないんだ。

女性 どうやって計算するものなの?

男性 現在の年度から生まれた年度を引くと、満年齢になるよ。ただし、誕生日が過ぎていない場合は、韓国年齢から1歳を引けばいい。僕は誕生日が2002年9月15日で、今日2022年5月26日を基準に計算すると、満年齢が19歳なんだ。

① 新年が始まると、もう一歳歳を取る。

② 韓国の歳で20歳になると何でもできる。

❸ 法律を適用する時は、正確な満年齢を基準とする。

④ 誕生日が過ぎた人は、今年の年齢から生まれた年度を除けば満年齢になる。

20 女性 知的障がい者は学習能力も低下して意思疎通もうまくできないのに、そのような人たちのデザインにどんな効果があるのでしょう?

男性 そのようなことはありません。ピカソは子どものように絵を描くために一生かけて努力しました。知的障がい者たちは、「純粋な感性」を生涯にわたって維持できるので、デザイナーとして立派な資質を備えていると思います。生まれたときから特別なデザイナーというわけですね。

女性 とはいえ、一般の人たちの思考とは異なる絵が多いので、ファッションや他の商品に適用するのは難しそうですね。

男性 私は逆に、その違いが人々に新鮮で独特に感じられ、大衆に気に入ってもらえるものだと確信しています。障がい者であるという偏見を持たずに、社会の一員として働く機会を与えることもできます。

① ピカソも知的障がい者だった。

② 障がい者を偏見なく見なければならない。

③ 一般の人と異なるデザインはファッションに適用しにくい。

❹ 知的障がい者の純粋な作品をデザインとして応用しなければならない。

▶ P. 154

[21~22] 다음을 듣고 물음에 답하십시오.

여자 여보, 어제 고등학교 친구를 만났는데, 이름을 바꿔서 앞으로 다른 이름으로 불러 달래요.

남자 부모님이 지어 주신 이름을 그렇게 자기 마음대로 바꿔도 되나요? 돈을 많이 벌기 위해서나 성공하고 싶어서 이름을 바꾸는 사람들이 있던데 그러면 부모님께 죄송하지 않을까요?

여자 그런 이유가 아니에요. 그 친구는 성과 이름을 같이 부르면 이상한 발음이 돼서 어릴 때부터 놀림을 많이 당했거든요. 성이 '박' 씨고 이름이 '아지'인데 같이 연결해서 부르면 '바가지'가 돼요. 그래서 어릴 때부터 아이들이 '바가지를 긁는다', '바가지요금', '바가지 머리' 등등으로 불렀대요.

남자 그런 경우에는 이름을 바꿀 필요가 있겠네요. 나도 어렸을 때 악명 높은 범죄자와 성은 다르고 이름만 같았는데도 친구들이 놀려서 힘들었던 적이 있어요. 당신 이야기를 듣고 보니 그 친구 마음을 이해할 수 있게 되었어요.

21 [正解] ❸ 이름 때문에 놀림을 당하면 이름을 바꿔도 된다.

[解説] 男性は、成功のために名前を変えるのは親に申し訳ないけれど、からかわれた場合には変えることができると理解しています。

22 [正解] ❶ 여자의 친구 이름은 박아지다.

[解説] 女性の友人の姓は「박」、名は「아지」なので、答えは①です。
② 男性は悪名高い犯罪者と友人だった。
→ 姓は違うが名は同じでした。
③ 女性の友人は親がつけてくれた名前が好きだ。
→ からかわれるので、自分の名前が好きではありません。
④ 男性は幼い頃、名前の発音のせいで友人にからかわれた。
→ 悪名高い犯罪者と名が同じだったため、からかわれました。

[21~22] 次を聞いて、質問に答えてください。

女性 あなた、昨日高校時代の友人に会ったんだけど、名前を変えたから、これからは違う名前で呼んでほしいそうです。

男性 親からつけてもらった名前をそんな自分の気持ち次第で変えてもいいのでしょうか? お金をたくさん稼ぐためとか、成功したいから名前を変える人もいるけど、親に対して申し訳ないと思わないのでしょうか?

女性 そういう理由じゃないんです。その友人は、苗字と名前を一緒に呼ぶと変な発音になるので、小さい頃からよくからかわれたそうです。姓が「パク」、名が「アジ」だから、つなげて呼ぶと「パガジ」(「どんぶり勘定」「ぼったくり」のような響き)になるんです。それで小さい頃から、子どもたちに「文句たらたら」、「ぼったくり料金」、「ぼったくり頭」などと呼ばれていたそうです。

男性 その場合は名前を変える必要がありますね。私も幼い頃、悪名高い犯罪者と苗字は違えど、名前だけ同じなので、友人たちにからかわれて苦労したことがあります。あなたの話を聞いてみると、その友人の気持ちが理解できるようになりました。

21 男性の主な考え方として最も適したものを選んでください。
① 犯罪者と名前が同じだと大変だ。
② 成功したくて名前を変えるのは大丈夫だ。
❸ 名前のせいでからかわれたら、名前を変えてもいい。
④ 親がつけてくれた名前を勝手に変えると申し訳ない。

22 聞いた内容と同じものを選んでください。
❶ 女性の友人の名前はパク・アジだ。
② 男性は悪名高い犯罪者と友人だった。
③ 女性の友人は親がつけてくれた名前が好きだ。
④ 男性は幼い頃、名前の発音のせいで友人にからかわれた。

[23~24] 다음을 듣고 물음에 답하십시오.　　　▶ P. 155

여자　요즘 온라인이나 모바일 쇼핑몰에서 주로 쓰는 모바일 결제 서비스인 '페이 (pay)' 외에 은행 자동화 기기 (ATM)에서도 쓸 수 있는 새로운 페이가 나왔던데요.

남자　네, 하루하루 새로운 모바일 결제 서비스가 쏟아져 나오면서 앞으로 현금을 안 가지고 다니는 지갑 없는 세상이 올 겁니다. 지갑 속에 있던 신용 카드 대신 휴대 전화로 결제하게 되는 것입니다.

여자　핸드폰이 지갑이나 신용 카드를 대신하면 혹시 핸드폰을 잃어버리는 경우에 위험하지 않을까요?

남자　네, 그런 문제를 해결하기 위해 지문을 통해서 인증하게 만들었습니다. 사람의 지문이 일치할 가능성은 거의 없으니까요. 뿐만 아니라 잃어버릴 경우에 위치 찾기 기능으로 핸드폰을 찾거나 남이 쓰지 못하게 잠그는 기능도 있어서 보안에 대한 염려를 덜어 줍니다.

23 [正解] ❸ 핸드폰 결제가 점차 확대되는 상황을 설명하고 있다.

[解説] 男性は新しい携帯電話の決済サービスが毎日のように出てくるので、将来は財布のない時代になるだろうと言っています。

24 [正解] ❷ 새로운 페이는 지문 인증을 해야 사용할 수 있다.

[解説] 新しいペイは携帯電話を紛失した場合の危険な問題を解決するために、指紋認証をするように作られているので、答えは②です。
① 今は誰も財布を使わない。
→ 10～20年後に、財布のない世界がやって来るでしょう。
③ 新しいペイは銀行のATMでのみ使える。
→ オンラインやインターネットショッピングモールでも使えます。
④ 携帯電話を失くすと、他の人が代わりに使うことができる。
→ 指紋認証やロック装置により、他の人が使うことはできません。

女性　最近オンラインやモバイルのショッピングモールで主に利用されるモバイル決済サービス「ペイ (pay)」に加えて、銀行のATMでも利用できる新しい「ペイ」が登場しましたね。

男性　はい、日々新しいモバイル決済サービスがあふれ出て、これから現金を持ち歩かない財布のない世の中がやって来るでしょう。財布の中にあるクレジットカードの代わりに、携帯電話で決済すればいいのです。

女性　スマートフォンが財布やクレジットカードの代わりになるとすると、万が一、スマートフォンを紛失した場合に危険ではないでしょうか?

男性　はい、そのような問題を解決するために、指紋を通じて認証するようにしました。人の指紋が一致する可能性はほとんどないからです。それだけでなく、紛失した場合に、位置検索機能でスマートフォンを探したり、他の人が使えないようにロックする機能もあるので、セキュリティに対する心配を減らしてくれます。

23 男性が何をしているか最も適したものを選んでください。
① 携帯電話の様々な機能を紹介している。
② 携帯電話の決済方法の危険性を心配している。
❸ 携帯電話の決済が次第に拡大する状況を説明している。
④ 新しい決済システムを導入すべきだと主張している。

24 聞いた内容と同じものを選んでください
① 今は誰も財布を使わない。
❷ 新しいペイは指紋認証をしないと使えない。
③ 新しいペイは銀行のATMでのみ使える。
④ 携帯電話を失くすと、他の人が代わりに使うことができる。

[25~26] 다음을 듣고 물음에 답하십시오.　　▶ P. 155

여자　우리나라의 저출산 문제는 일하는 여성들이 아이를 안
　　　낳기 때문인 것 같은데요.

남자　정부가 아이를 낳으라고 말만 하지 말고 아이를 낳아도
　　　지금처럼 일할 수 있다는 믿음을 줘야 합니다. 그런 믿
　　　음은 직장마다 어린이집을 의무적으로 짓고 부모가 육
　　　아 책임을 똑같이 질 때 생깁니다.

여자　이런 제도만 만들면 일하는 여성들의 저출산 문제가 해
　　　결될까요?

남자　한 가지 더 중요한 것은 아이는 엄마가 키워야 한다는
　　　낡은 사고방식을 국민 모두가 버려야 한다는 것입니다.
　　　남편이 육아를 '도와준다'는 표현부터 육아는 당연히 엄
　　　마가 맡아야 한다는 의식에서 출발한 것이잖아요. 육아
　　　에 대한 책임은 남녀가 동등합니다. 일하는 엄마가 아이
　　　와 같이 있지 않아도 미안해하지 않고 일할 수 있는 사
　　　회 분위기를 만들어야 합니다.

25 [正解] ❹ 일하는 여성의 육아를 위한 제도와 의식 변화가
　　　필요하다.

[解説] 女性は、母親が子育てをしなければならないという
旧態依然とした考え方を国民全員が捨て、働く母親
が子どもと一緒にいなくても罪悪感を抱かずに働け
るような社会の雰囲気をつくらなければならない、
と主張しています。

26 [正解] ❷ 남편들은 아내와 똑같이 육아 책임이 있다.

[解説] 女性が育児に対する責任は男性も女性も同等だと言
っているので、答えは②です。
① 男性たちに子どもを産めと言っている。
→ 政府が子どもを産めと言っています。
③ 韓国の出生率は徐々に高くなっている。
→ 徐々に低くなっています。
④ 女性は子どもを母親が育てるべきだという考え
　　方に賛成する。
→ 古臭い考え方だと批判しています。

[25~26] 次を聞いて、質問に答えてください。

女性　わが国の少子化問題は、働く女性たちが
　　　子どもを産まないからだと思いますが。
男性　政府が子どもを産めと言うだけでなく、子
　　　どもを産んでも今と同じように働けるとい
　　　う信頼を与えなければなりません。そのよう
　　　な信頼は、職場ごとに保育所を義務的に
　　　建てて、親が育児の責任を同じように持つ
　　　ようになれば生まれます。
女性　こういう制度だけ作れば、働く女性たちの
　　　少子化問題が解決するのでしょうか?
男性　もう一つ大事なことは、子どもは母親が育
　　　てなければならないという古い考え方を、
　　　国民全員が捨てなければならないという
　　　ことです。夫が育児を「手伝う」という表
　　　現は、育児は当然母親が引き受けなけれ
　　　ばならないという意識から出てきたのでは
　　　ないでしょうか。働く母親が子どもと一緒
　　　にいなくても罪悪感を抱かずに働けるよう
　　　な社会の雰囲気を作っていかなければな
　　　りません。

25 男性の主な考え方として合っているものを
　　選んでください。
① 全ての職場は保育園を作らなければなら
　　ない。
② 働く女性たちのせいで出生率が低くなっ
　　た。
③ 働くお母さんが子どもと一緒にいなくて
　　すまないと思っている。
❹ 働く女性の育児のために制度や意識変化
　　が必要だ。

26 聞いた内容と同じものを選んでください。
① 男性たちに子どもを産めと言っている。
❷ 夫は妻と同じく育児の責任がある。
③ 韓国の出生率は徐々に高くなっている。
④ 女性は子どもを母親が育てるべきだとい
　　う考え方に賛成する。

여자 목이 마른데, 시원한 아이스커피나 탄산음료를 마시면
　　 좋겠다.

남자 시원한 아이스커피나 탄산음료는 갈증을 날려 주는 데
　　 제격인 것 같지만 실제로는 체내 수분 보충에 도움이 되
　　 지 않아. 차라리 그냥 물을 마셔.

여자 어 그래? 왜 그러지? 나는 물보다 그런 것이 더 몸을 시
　　 원하게 해 주는 느낌인데.

남자 카페인의 이뇨 작용으로 인해 몸속 수분이 채워지는 게
　　 아니라 오히려 수분을 배출시키기 때문에 우리 몸은 더
　　 많은 물을 필요로 하게 돼. 또 카페인을 너무 많이 섭취
　　 하면 피부에도 수분 손실이 일어나 피부가 거칠어지고
　　 주름도 쉽게 생겨.

여자 　그러면 이제부터 갈증이 날 때는 물만 마셔야겠네.

27 **正解 ❹** 아이스커피나 탄산음료가 갈증 해소에 도움이 안
　　　 되는 것을 설명하기 위해

　　 解説 喉が渇いたからとアイスコーヒーや炭酸飲料を飲も
　　　 うとする女性に、男性は水を飲んだ方がいいと言い
　　　 ながら理由を説明しています。

28 **正解 ❶** 갈증이 날 때는 물을 마시는 것이 좋다.

　　 解説 男性はアイスコーヒーや炭酸飲料は体内の水分補給
　　　 にはならないので、むしろ水を飲んだ方がいいと言
　　　 っているので、答えは①です。
　　　 ② カフェインの利尿作用により水分が満たされる。
　　　 → 逆に水分を排出してしまうので、体はより多くの水
　　　 　 分を必要とします。
　　　 ③ アイスコーヒーや飲料水が喉の渇きの解消に最も
　　　 　 いい。
　　　 → むしろ水を飲んだ方がいいと勧めています。
　　　 ④ カフェインを含んだ飲み物は肌をより柔らかくす
　　　 　 る。
　　　 → 水分を失わせるので、肌が乾燥してシワができや
　　　 　 すくなります。

女性 のどが渇いているけど、冷たいアイスコー
　　 ヒーや炭酸飲料が飲みたいな。

男性 冷たいアイスコーヒーや炭酸飲料は、のど
　　 の渇きを吹き飛ばしてくれるのに適してい
　　 るように思えるけど、実際には水分補給に
　　 は役立たないよ。むしろ水を飲んで。

女性 え、そうなの？　なんでだろう？　私は水
　　 よりそういう飲み物の方が体を冷やしてく
　　 れるような気がするんだけど。

男性 カフェインの利尿作用によって、体内の水分
　　 が満たされるのではなく、逆に水分を排出さ
　　 せるので、僕たちの体はより多くの水分を必
　　 要とするようになるんだ。さらに、カフェ
　　 インを摂りすぎると、肌の水分も失われて、肌
　　 荒れやシワができやすくなるんです。

女性 じゃあ、これから喉が渇いたときは水だけ
　　 飲まないとね。

27 男性が話す意図を選んでください。
　　 ① 肌を保護する方法を勧めるために
　　 ② 水をたくさん飲むときの良い点を教える
　　 　 ために
　　 ③ 私たちの体に喉の渇きを引き起こす原因
　　 　 を分析するために
　　 ❹ アイスコーヒーや炭酸飲料が喉の渇きの
　　 　 解消に役立たないことを説明するために

28 聞いた内容と同じものを選んでください。
　　 ❶ 喉が渇いたときは水を飲んだ方がいい。
　　 ② カフェインの利尿作用により水分が満た
　　 　 される。
　　 ③ アイスコーヒーや飲料水が喉の渇きの解
　　 　 消に最もいい。
　　 ④ カフェインを含んだ飲み物は肌をより柔
　　 　 らかくする。

남자 이번엔 굉장히 즐거운 직업을 소개해 드릴게요. 많은 사람들이 원하는 직업이죠? 먼저 워터 파크에서 놀이기구인 워터 슬라이드를 직접 타 보고, 얼마나 재미있는지, 얼마나 스릴 있는지 점수를 매기는 직업이 있다고 합니다. 놀면서 돈을 버는 일이죠.

여자 놀면서 돈도 번다면 진짜 너무 신나겠어요. 또, 자면서 돈을 받는 직업도 있다면서요?

남자 네, 바로 '수면 전문가'입니다. 이분들은 호텔 같은 숙박 업소에서 자면서 숙박 환경을 체크해 주는 직업입니다. 다양한 숙박 업소에 가서 자는 게 이분들의 업무입니다. 게다가 돈도 꽤 벌 수 있다네요.

여자 이 직업은 정말 제 적성에 딱 맞을 것 같아요. 제가 잠꾸러기거든요.

남자 그러시군요. 재미있는 직업이 또 있어요. 다른 나라에는 '신혼여행 테스터'라는 직업이 있다고 합니다. 6개월 동안 전 세계의 신혼여행지에서 여행을 즐기고 난 후에, 그에 대해 평가하는 것이 이분들의 업무입니다. 여행에 대해 잘 알아야 하고, 호텔, 관광지, 환경, 치안과 같은 다양한 요소를 꼼꼼하게 분석할 수 있는 능력을 갖춰야 한다고 합니다.

여자 지금까지 잘 들어 보지 못한 희귀하고 재밌는 직업을 소개해 주셨는데요. 세상에는 우리가 모르는 다양한 직업들이 참 많군요.

남자 네, 그중에서 자신에게 맞는 직업, 일하는 즐거움을 느낄 수 있는 직업을 고르는 것이 제일 중요한 것 같습니다.

29 [正解] ❷ 다양한 직업을 소개하는 사람

[解説] 男性が今回は楽しい職業を紹介すると言いながら、人々があまり聞かないような様々な職業を紹介しています。よって、男性は「多様な職業を紹介する人」です。

30 [正解] ❶ 여자는 잠자는 것을 좋아한다.

[解説] 女性が言う「잠꾸러기」は、寝るのが好きでよく寝る人なので、答えは①です。
② 睡眠専門家は睡眠について研究する仕事だ。
→ 宿泊施設に寝泊まりして、施設の環境をチェックする仕事です。
③ ウォーターパークで事故を防ぐ仕事を紹介している。
→ ウォータースライダーに実際に乗ってみて、その楽しさやスリルを点数化する仕事を紹介しています。
④ 新婚旅行のテスターは新婚旅行に行く人しかできない。
→ 一般人が6か月かけて新婚旅行先を回りながら評価する仕事です。

男性 今回は、本当に楽しい仕事を紹介します。多くの人たちが望んでいる仕事でしょうね？ まず、ウォーターパークでアトラクションのウォータースライダーに実際に乗ってみて、どれだけ面白いか、どれだけスリルがあるか点数をつける仕事があるそうです。遊びながらお金を稼げる仕事ですね。

女性 遊びながらお金も稼げたら、本当に楽しいでしょうね。あと、寝ながらお金を稼ぐ仕事もあるそうですね？

男性 はい、それは「睡眠専門家」です。この方たちはホテルなどの宿泊施設で寝ながら、その宿泊環境をチェックしてくれる仕事です。いろいろな宿泊施設に行って寝るのがこの方たちの業務です。しかも、お金もかなり稼げるらしいですね。

女性 この仕事は本当に私の適正にぴったりな気がします。私、寝坊助なんです。

男性 そうなんですね。面白い仕事がもう一つあります。海外では「新婚旅行テスター」という仕事があるそうです。6か月間、世界中の新婚旅行先を旅して楽しんだ後、それを評価するのがこの方々の業務です。旅行に関してよく知らなければならず、ホテル、観光地、環境、治安のような様々な要素を几帳面に分析する能力を備えていなければならないそうです。

女性 今まであまり聞いたことのない珍しい面白い仕事を紹介してくださいました。世の中には、私たちが知らない様々な仕事がたくさんありますね。

男性 はい、その中から自分に合った仕事、楽しみながら働ける仕事を選ぶことが一番大切だと思います。

29 男性が誰なのか選んでください。
① まもなく新婚旅行に行く人
❷ 多様な職業を紹介する人
③ ウォーターパークで遊びながらお金を稼ぐ人
④ 宿泊施設で宿泊環境をチェックする人

30 聞いた内容と同じものを選んでください。
❶ 女性は寝るのが好きだ。
② 睡眠専門家は睡眠について研究する職業だ。
③ ウォーターパークで事故を防ぐ仕事を紹介している。
④ 新婚旅行のテスターは新婚旅行に行く人しかできない。

[31~32] 다음을 듣고 물음에 답하십시오. ▶ P. 157

여자 김치를 기본 반찬으로 하는 우리의 음식 문화에서 식당이 김치에 따로 돈을 받는 건 너무 야박하지 않나요?

남자 좋은 재료로 만든 국산 김치를 계속 무료로 공급하기는 어렵습니다. 현재 국내 식당 김치의 90%를 싼 가격의 중국산 김치가 장악한 것도 그런 이유입니다.

여자 그럼, 김치값을 따로 받아야만 김치의 맛과 질을 올릴 수 있다는 말인가요?

남자 네, 김치에 들어가는 젓갈이나 고춧가루, 마늘, 생강 같은 좋은 재료를 제대로 쓰면 돈을 받아야죠. 제대로 만들어서 공짜로 주면 식당은 망합니다. 우리의 전통 김치를 우리 재료로 잘 만들어 나가기 위해서도 김치의 유료화는 꼭 필요하다고 생각합니다.

여자 일리 있는 말씀이지만, 소비자들이 식당에서 김치값을 따로 내고 사 먹을지 결국은 소비자의 선택에 달려 있군요.

31 [正解] ❷ 좋은 김치를 공급하기 위해 김치값을 유료화해야 한다.

32 [正解] ❶ 김치의 유료화를 주장하고 있다.

[解説] 男性は、私たちの伝統的なキムチを私たちの材料でうまく作るためにも、キムチの有料化が絶対に必要だと主張しています。

[31~32] 次を聞いて、質問に答えてください。

女性 キムチを基本のおかずとする私たちの食文化で、飲食店がキムチに別途お金をもらうのはあまりにも世知辛くありませんか?

男性 良い材料で作った国産キムチを無料で提供し続けることは難しいです。現在、国内の飲食店のキムチの90％は、安価な中国産キムチが占めているのもそういう理由です。

女性 では、キムチ代を別にもらわないとキムチの味と質を上げられないということですか?

男性 はい、キムチに入る塩辛や唐辛子粉、ニンニク、ショウガのような良い材料をきちんと使っていれば、お金を取るべきでしょう。きちんと作って無料で提供しているお店は倒産してしまいます。私たちの伝統的なキムチを、私たちの食材でしっかり作っていくためにも、キムチの有料化は絶対に必要だと思います。

女性 一理あるお話ですが、お店でキムチ代を別途払って食べるかどうかは、結局のところ消費者の選択次第でしょうね。

31 男性の主な考え方として最も適したものを選んでください。

① 中国産キムチの品質を高めなければならない。

❷ 良いキムチを供給するために、キムチ価格を有料化しなければならない。

③ お金をもらってキムチを供給することに関して、消費者に聞いてみなければならない。

④ 国産キムチの代わりに安い輸入品のキムチを供給するのは妥当だ。

32 男性の態度として最も適したものを選んでください。

❶ キムチの有料化を主張している。

② つぶれる食堂の原因を分析している。

③ 中国産キムチと国産キムチを比較している。

④ 国産キムチをうまく作る方法を提示している。

解答・解説 303

[33~34] 다음을 듣고 물음에 답하십시오.　　▶ P. 157

남자　색맹이란 색상을 보지 못하는 것은 아니지만, 정확히 구
별하지 못하는 것입니다. 예를 들어 빨강, 노랑, 파랑,
녹색, 주황색, 보라색, 갈색, 검정색이 들어 있는 8개의
크레파스가 있다면, 색맹인 사람들은 각각의 색을 구별
하는 데 다소 어려움을 느낍니다. 색상이 어두워지면 더
구별하기 힘들게 됩니다. 이번에 우리 회사는 색맹인 사
람들도 색을 쉽게 구별할 수 있도록 특수한 안경을 개발
했습니다. 이 안경은 색맹을 치료하는 게 아니라, 빛의
파장을 조절해 색을 구별해 주는 필터를 사용해서 색의
구별이 좀 더 쉬워지게 하는 것입니다. 렌즈 보호뿐 아
니라 눈이 나쁜 사람을 위해 도수까지 맞춰 주는 기능도
있습니다.

33 [正解] ❸ 새로 나온 색맹용 안경 소개

　　[解説] この人は色覚異常を治療しているのではなく、光の
波長を調整するフィルターで色を識別しやすくする
メガネについて説明しています。

34 [正解] ❹ 색맹용 안경은 빛의 파장을 조절해서 색깔 구별
을 쉽게 해 준다.

　　[解説] 色覚異常用メガネは色覚異常を治すものではありま
せんが、光の波長を調整するフィルターで色を識別
しやすくするものなので、答えは④です。
① 色覚異常とは色を見ることができないことだ。
→ 色を正確に識別することができないことです。
② 視力矯正のために色覚異常用メガネをかけなけ
ればならない。
→ 色を識別しやすくするために、色覚異常用メガ
ネを着用します。
③ 色覚異常は色が暗くなると色を区別しやすくな
る。
→ 色が暗くなるとさらに識別が難しくなります。

[33~34] 次を聞いて、質問に答えてください。

男性　色覚異常とは、色が見えないということで
はなく、正確に見分けることができないと
いうことです。例えば、赤、黄、青、緑、オレ
ンジ、紫、茶、黒が入っている8色のクレヨ
ンがあったとして、色覚異常の人はそれぞ
れの色を見分けるのに多少難しさを感じ
ます。また、色が暗くなるほど、より見分け
がつきにくくなります。今回、当社は色覚
異常の人でも色を識別しやすくするための
特殊なメガネを開発しました。このメガネ
は、色覚異常を治すものではなく、光の波
長を調整して色を区別するフィルターを使
って、色をより識別しやすくするものです。
レンズの保護だけでなく、目の悪い人のた
めに度数まで調整する機能もあります。

33 男性の主な考え方として最も適したものを
選んでください。
① 色覚異常の治療方法を案内
② 色覚異常の原因分析
❸ 新発売の色覚異常用メガネを紹介
④ 視力が悪いのと色覚異常の違いを説明

34 聞いた内容と同じものを選んでください。
① 色覚異常とは色を見ることができないこ
とだ。
② 視力矯正のために色覚異常用メガネをか
けなければならない。
③ 色覚異常は色が暗くなると色を区別しや
すくなる。
❹ 色覚異常用メガネは光の波長を調節して
色の区別をしやすくする。

[35~36] 다음을 듣고 물음에 답하십시오.　　▶ P. 158

여자 부모님과 여행을 가려고 하는데, 휴양지나 온천처럼 식상한 곳은 싫어하세요. 그렇다고 젊은 사람들 다니는 배낭여행을 가자니 힘들어하실 것 같습니다. 도대체 부모님을 만족시켜 드릴 만한 국내 여행지는 어디일까요?

남자 저는 '남해 독일 마을'과 '대구 근대 (近代) 골목'을 추천합니다. 이곳에 가면 뒤따라오시기만 하던 어른들이 앞서 걸으며 당시 생활상을 설명하는 모습을 볼 수 있을 것입니다. 경남 남해 독일 마을은 1960년대 가족과 나라를 위해 광부와 간호사로 일한 독일 교포들이 돌아와 다시 일군 마을입니다. 남해를 배경으로 독일식 주택이 들어서서 이국적인 분위기와 독일의 문화, 음식 등을 만날 수 있습니다. 대구 근대 골목은 한국 전쟁 때 큰 피해를 입지 않아서 '약전 골목' 등 1,000여 개의 골목이 예전 모습대로 고스란히 남아 있습니다. 이곳을 보는 동안 부모님들은 옛 추억을 떠올리며 대화가 많아집니다. 어른들이 식상한 휴양지를 싫어하는 이유는 여행을 가서도 대화를 나눌 이야깃거리가 별로 없어서 그런 것 아닐까요?

35 正解 ❸ 부모님과 대화도 하며 여행할 만한 장소를 알려 주고 있다.

解説 両親を満足させられるほどの国内旅行先はどこかという女性の質問に、男性は「南海のドイツ村」と「大邱（テグ）近代路地」を勧めています。

36 正解 ❶ 두 곳 다 어른들이 앞장서서 걸으며 적극적으로 설명하는 장소다.

解説 男性が、2か所とも、後ろをついて来るだけだった大人が、前を歩きながら当時の生活ぶりを説明をしている姿が見られると言っているので、答えは①です。
② 南海のドイツ村は、韓国が好きなドイツ人たちが作った村だ。
→ 1960 年代に家族や国のために鉱夫や看護婦として働いた、ドイツ在住の韓国人たちが帰ってきて築いた村です。
③ 2か所を旅行する時は、若者が両親に詳しく説明しなければならない。
→ 2か所とも、大人が前を歩きながら、当時の生活ぶりを説明している姿が見られます。
④ 大邱（テグ）近代路地は、現代の路地が昔の路地文化に取って代わっていて新しい。
→ 1,000 余りの路地が昔と同じ姿で残っています。

[35~36] 次を聞いて、質問に答えてください。

女性 両親と旅行に行こうと思うのですが、リゾート地や温泉のような決まりきった場所は嫌いです。だからといって若者が行くようなバックパッカー旅行なんて大変そうです。いったい両親を満足させられるような国内旅行地はどこでしょうか？

男性 私は「南海のドイツ村」と「大邱近代路地」をお勧めします。ここに行けば、後ろからついて来るだけだった大人が前を歩きながら、当時の生活ぶりを説明する姿を見ることができるでしょう。慶南・南海のドイツ村は、1960年代に家族や国のために鉱夫や看護婦として働いた韓国系ドイツ人たちが戻ってきて築いた村です。南海を背景にドイツ式住宅が建てられ、異国的な雰囲気とともに、ドイツの文化や料理などに出合うことができます。大邱近代路地は、韓国戦争（朝鮮戦争）のときに大きな被害を受けず、「薬膳路地」など1,000余りの路地が昔の姿のまま残っています。こうした場所を見ながら、両親たちは昔の思い出を浮かべて、会話が多くなります。大人たちが飽き飽きするような休養地を嫌がる理由は、旅行に行っても会話になるような話題があまりないからではないでしょうか？

35 男性が何をしているか選んでください。
① 歴史的な背景のある旅行先の重要性を強調している。
② 若者と親世代の旅行先の違いを力説している。
❸ 両親と話し合いながら旅行できる場所を教えている。
④ 両親がリゾートや温泉が嫌いな理由を説明している。

36 聞いた内容と同じものを選んでください。
❶ どちらも大人たちが先頭に立って歩きながら積極的に説明する場所だ。
② 南海のドイツ村は、韓国が好きなドイツ人たちが作った村だ。
③ 2か所を旅行する時は、若者が両親に詳しく説明しなければならない。
④ 大邱（テグ）近代路地は、現代の路地が昔の路地文化に取って代わっていて新しい。

여자 음력 8월 15일이 추석인데 해마다 늦여름에 추석이 돼서 추석 날짜를 계절에 맞게 바꿔야 한다고 생각합니다.

남자 그래도 추석은 전통 명절인데 생활의 편리를 위해 바꿀 수는 없습니다. 그대로 지켜야지요.

여자 추석 명절 때문에 햇과일을 찾는데, 날씨가 아직 더워서 익은 과일이 없고 과일값만 치솟아요.

남자 명절 때 물가가 오르는 건 당연한 것 아닌가요?

여자 물가만 문제가 아니라, 추석 이후에 수확이 많이 되는 과일이 추석이 지난 후에는 안 팔려서 과일이 썩고, 오히려 추석 때 맞춰서 과일을 판매하기 위해 과일에 성장 촉진제를 사용한다는 것이 문제입니다.

남자 그럼, 이런 문제들이 추석 날짜를 한 달 정도 미루면 다 해결된다는 뜻이군요.

여자 그렇죠. 1년 농사의 추수를 감사하는 원래 의미에도 맞고 명절 물가도 안정시키고 자연스럽게 익은 과일과 곡식을 먹게 되는 일석 삼조의 효과가 있습니다.

37 [正解] ❹ 추석 날짜를 계절에 어울리게 바꿔야 한다.

[解説] 女性は、夏の終わりに秋夕 (チュソク) が来るので、秋夕の日付を季節に合わせて変えるべきだと思っています。

38 [正解] ❹ 과일을 빨리 익히려고 성장 촉진제를 쓰기도 한다.

[解説] 秋夕 (チュソク) の時期に合わせて果物を売るために成長促進剤を使うと言っていたので、答えは④です。
① 秋夕には物価が安定する現象がある。
→ 天気がまだ暑いので、熟した果物がなく価格が高騰します。
② 秋夕の日付を変える時の長所は一つだけだ。
→ 農業の収穫に感謝する、名節の物価が安定する、自然に熟した果物や穀物を食べることができる、などの効果があります。
③ 秋夕の名節を1か月ほど早めた方がいい。
→ 秋夕の日付を1か月ほど早めた方がいいです。

女性 旧暦の8月15日が秋夕 (チュソク) ですが、毎年夏の終わりに秋夕になるので、秋夕の日付を季節によって変えなければならないと思います。

男性 それでも秋夕は伝統的な祝日ですから、生活の便利さのために変えることはできません。そのまま守らなければなりませんよ。

女性 秋夕の名節のために初物の果物を探すのですが、天気がまだ暑いので熟した果物がなく、果物の価格だけが急騰します。

男性 名節のときに物価が上がるのは当然のことじゃないですか？

女性 物価だけが問題ではなく、秋夕以降に収穫の多い果物が秋夕が過ぎた後は売れなくて果物が腐り、むしろ秋夕に合わせて果物を売るために、果物に成長促進剤を使うことが問題です。

男性 では、こうした問題が秋夕の日付を1か月くらい延期すれば、すべて解決されるという意味ですね。

女性 そうですよ。1年の農業の収穫を感謝する本来の意味にも合うし、物価も安定させ、自然に熟した果物や穀物を食べることにもなる一石三鳥の効果があります。

37 女性の主な考え方として最も適したものを選んでください。

① 秋夕 (陰暦8月15日) に物価を安定させなければならない。
② 伝統的な祝日だから、そのまま守らなければならない。
③ 秋夕に全ての果物を販売しなければならない。
❹ 秋夕の日付を季節に合わせて変えなければならない。

38 聞いた内容と同じものを選んでください。

① 秋夕には物価が安定する現象がある。
② 秋夕の日付を変える時の長所は一つだけだ。
③ 秋夕の名節を1か月ほど早めた方がいい。
❹ 果物を早く熟成させるために成長促進剤を使ったりもする。

여자 "노 배드 패런츠 존 (No bad parents zone)"이라는 팻
말을 출입문 유리에 붙이셨는데 무슨 의미인가요?

남자 그동안 아이들의 출입을 금지하는 식당이나 카페에 대
한 찬반 양론이 팽팽하게 대립했잖아요. 그래서 이 문제
를 해결하는 대안으로 시작한 운동입니다. 아이들을 제
대로 관리하지 못하는 부모는 출입을 금지한다는 말이
에요. 하지만 팻말을 붙인다고 해서 실제로 못 들어온다
는 것은 아니에요. 다만 아이와 같이 방문한 부모님께
자녀 관리를 잘해 달라고 당부하는 것이죠. 서로가 조금
만 신경을 쓰면 부모는 아이와 함께 영업장에 갈 수 있
게 되고, 점주는 피해를 주는 고객에게 서비스를 거부할
권리를 갖게 되죠.

여자 _____

39 [正解] ❸ 이렇게 하면 부모와 영업장의 불만이 다 해결되
겠네요.

[解説] 男性が、お互いに少しでも気を遣えば、親は子どもを
連れて行けるようになるし、店は被害を与える客には
サービスを拒否する権利を持つようになると言ってい
るので、親と営業所の両方が満足すると予想する言
葉が続くでしょう。

40 [正解] ❹ 이전에 영업장의 아이 출입 금지에 대한 찬성과
반대 의견이 대립했었다.

[解説] これまで子どもの入店を禁止するレストランやカフェ
に対する賛否両論が激しく拮抗してきたので、答えは
④です。
① 営業所は顧客にサービスを拒否してはならない。
→ 被害を与える客へのサービスを拒否する権利があ
ります。
② 営業所では、子どもたちが自らちゃんと行動しな
ければならない。
→ 親が子どもをしっかりと管理しなければなりませ
ん。
③ この立て札があると、子どもたちは営業所に入れ
ない。
→ 実際に入れないわけではありません。

女性 「No bad parents zone」という立て札
を出入り口のドアのガラスに貼られました
が、どういう意味でしょうか?

男性 レストランやカフェが子どもの入店を禁止
している件では、これまでずっと賛否両論
が拮抗していましたよね。だから、この問
題を解決するための代替案として始めたムー
ブメントなんです。子どもをきちんと管
理できない親は入店禁止にするということ
です。でも、看板を出したからと言って、実
際に入れないわけではありません。子ども
を連れて訪れる親御さんに、子どもの管理
をしっかりするようにお願いしているだけ
なのです。お互いにちょっと気を遣うだけ
で、親は子連れで営業所に行けるし、店主
も危害を加える客にはサービスを拒否する
権利を持つようになる。

女性 _____

39 この会話の後に続く内容として最も適した
ものを選んでください。
① こうすると、悪い子が問題ですね。
② こうすると、子どもと一緒に来る親はい
ないでしょうね。
❸ こうすると、親と営業所の不満を全部解
決できますね。
④ こうすると、子ども一人で営業所に入れな
いですね。

40 聞いた内容と同じものを選んでください。
① 営業所は顧客にサービスを拒否してはな
らない。
② 営業所では、子どもたちが自らちゃんと
行動しなければならない。
③ この立て札があると、子どもたちは営業
所に入れない。
❹ 以前、営業所への子どもの出入り禁止に
関する賛否両論が対立していた。

여자 가난은 쉽게 해결할 수 없는 문제입니다. 단순히 돈을 주고 물건을 보낸다고 세상이 변하지는 않습니다. 그래서 우리는 한 번에 어린이 한 명씩을 살리기로 생각을 바꿨습니다. 한 명의 어린이를 양육하는 데에는 많은 시간과 돈이 필요합니다. 하지만 가난에서 벗어날 수 있을 때까지 배움의 기회를 주고 건강을 챙기고 정서적 안정감을 키워 준다면 가난을 이겨 낼 수 있는 힘을 기를 수 있을 것입니다. 이러한 방식을 고수하는 이유는 한 사람을 통해 시작되는 변화를 믿기 때문입니다. 가난한 어린이가 미래에 대한 희망을 갖는 순간, 현실의 어려움은 더 이상 걸림돌이 되지 않습니다. 우리는 한 번에 한 명의 어린이를 돕지만 그 어린이를 통해 세상이 조금씩 달라질 것이라고 믿습니다. 사랑을 받은 어린이로부터 그 사랑이 또 다른 사람에게 전해질 것이니까요.

41 **正解** ❹ 가난한 어린이를 잘 양육하여 세상을 변화시키려 한다.

解説 この人は、貧しい環境にいる子どもたち一人ひとりに貧困を克服する力を育ててあげれば、世の中を変えることができると主張しています。

42 **正解** ❹ 양육은 한 어린이가 가난에서 벗어날 때까지 배움의 기회와 안정감을 주는 것이다.

解説 この人は、一人の子どもを育てるためには、貧困から脱却できるまで学習の機会を与え、健康に気を配って、社会情緒的な安定感を育てなければならないと言っているので、答えは④です。
① 今の環境を改善すると、貧困から抜け出すことができる。
→ 貧困を克服する力を育ててあげることが大切です。
② お金をあげて品物を送ることで、貧困を解決することができる。
→ こうしたからといって世の中は変わりません。
③ 一人の子どもが世の中を変える可能性はあまり高くない。
→ この人は「一人の子どもを通して、世の中が少しずつ変わっていくと信じている」と話していました。

女性 貧困は簡単に解決できない問題です。単純にお金を出して、物資を送ったからと言って世の中が変わることはありません。そこで私たちは、一度に子ども一人ずつを救うように考え方を変えました。一人の子どもを育てるには多くの時間とお金が必要です。しかし、貧困から抜け出すことができるまで、学習の機会を与え、健康に気を配り、情緒的な安定感を育ててあげることで、貧困を乗り越える力を養うことができるのです。このような方式を貫く理由は、一人を通じて始まる変化を信じているからです。貧しい子どもが未来に対する希望を持った瞬間、現実の困難はもはや障がいではなくなります。私たちは一度に一人の子どもを支援しますが、その子どもを通じて、世の中が少しずつ変わっていくと信じています。愛を受けた子どもから、その愛がまた別の人に伝わるでしょうから。

41 この講演の主な内容として最も適したものを選んでください。
① 貧困を解決するのは本当に難しい問題だ。
② 希望を持っていても、現実的に難しくて諦めることになる。
③ 子どもを育てる方法はお金と品物を送ることだ。
❹ 貧しい子どもをちゃんと育てて世の中を変えようとする。

42 聞いた内容と同じものを選んでください。
① 今の環境を改善すると、貧困から抜け出すことができる。
② お金をあげて品物を送ることで、貧困を解決することができる。
③ 一人の子どもが世の中を変える可能性はあまり高くない
❹ 養育とは一人の子どもが貧困から抜け出すまで教育の機会と安定感を与えることだ。

[43~44] 다음을 듣고 물음에 답하십시오.　　　　▶ P. 160

여자 웃으면 주름이 생길까 봐 웃을 때 눈꼬리를 잡고 웃는
　　　사람이 있어요. 그럼 덜 웃으면 주름살도 덜 생기나요?

남자 이론적으로는 일리가 있는 얘기입니다. 웃음을 비롯한
　　　얼굴 표정은 피부 콜라겐을 파괴시키는 작용을 일으키
　　　기 때문입니다. 하지만 그보다 더욱 중요한 것은 자외선
　　　을 피하고 자외선 차단제 및 수분을 공급하는 일이에요.
　　　스트레스도 노화의 원인이고요. 활짝 웃는 습관을 통해
　　　행복감을 높여 스트레스를 완화하고, 수분 보충과 자외
　　　선 차단에 더욱 신경을 쓰면 웃음으로 인한 주름에 큰
　　　신경을 쓸 필요가 없습니다.

여자 유전적인 요인도 있다고 하는데, 예를 들어 엄마 얼굴에
　　　주름이 없다면 나도 안 생길 거라고 기대할 수 있나요?

남자 주름살은 유전적 요인과 환경적 요인이 함께 영향을 미
　　　치기 때문에 어느 정도 사실입니다. 하지만 좀 더 큰 영
　　　향을 미치는 것은 환경적 요인입니다. 주름살이 잘 안
　　　생기는 유전자를 물려받았다 해도 흡연을 즐긴다거나
　　　햇볕을 많이 받는 야외 활동을 자주 한다면 주름이 쉽게
　　　생길 수밖에 없습니다.

43　正解 ❹ 주름살은 환경적 요인과 생활 습관의 영향이 크
　　　다.

　　　解説 이 사람은, 紫外線を避けて水分を与える習慣と環境
　　　的要因がシワを減らすことにつながると主張してい
　　　ます。

44　正解 ❹ 자외선 차단과 수분 공급이 주름 예방에 중요하
　　　다.

　　　解説 男性は、紫外線を避けること、日焼け止めと水分を
　　　与えることがさらに重要なことだと言っているの
　　　で、答えは④です。
　　　① 喫煙はシワと全く関係ない。
　　　→ タバコを吸うとシワができやすくなります。
　　　② 母親のシワは娘に同じく遺伝する。
　　　→ 事実ですが、環境的要因の方が影響が大きいで
　　　　す。
　　　③ にっこり笑うとシワがもっとできて気になる。
　　　→ 幸福感を高めてストレスを緩和するので、気にする
　　　　必要はありません。

[43~44] 次を聞いて、質問に答えてください。

女性 笑うとシワができるのではないかと、笑う
　　　ときに目尻をつかむ人がいます。では、あ
　　　まり笑わなければ、シワも少なくなるので
　　　しょうか?

男性 理論的には一理ある話です。笑いをはじめ
　　　とする顔の表情には、肌のコラーゲンを破
　　　壊する作用を起こすからです。しかし、そ
　　　れよりも重要なのは紫外線を避け、日焼け
　　　止めを使い、水分を供給することです。ス
　　　トレスも老化の原因です。にっこり笑う習
　　　慣を通じて幸福感を高めてストレスを緩和
　　　し、水分補給や紫外線の遮断にさらに気を
　　　配れば、笑いによるシワに大きく気を使
　　　う必要はありません。

女性 遺伝的な要因もあるそうですが、例えば母
　　　の顔にシワがなければ、自分にもシワがで
　　　きないと期待できますか?

男性 シワは遺伝的要因と環境的要因が一緒に
　　　影響を及ぼすので、ある程度は事実です。
　　　しかし、より大きな影響を与えるのは環境
　　　的要因です。シワができにくい遺伝子を受
　　　け継いだとしても、喫煙を楽しんだり、日
　　　差しをたくさん浴びる野外活動を頻繁にす
　　　ると、シワができやすくなります。

43 何に関する内容なのか適したものを選んで
　　ください。
　　① ストレスがシワの原因だ。
　　② 顔の表情は肌のコラーゲンを破壊する。
　　③ シワは遺伝的な要因が環境的な要因より
　　　大きい。
　　❹ シワは環境的な要因と生活習慣の影響
　　　が大きい。

44 シワに関する説明として合っているものを
　　選んでください。
　　① 喫煙はシワと全く関係ない。
　　② 母親のシワは娘に同じく遺伝する。
　　③ にっこり笑うとシワがもっとできて気に
　　　なる。
　　❹ 紫外線の遮断と水分供給がシワ予防に
　　　重要だ。

여자 과거에는 눈물을 흘리는 것은 남자답지 못하다는 인식
이 많았습니다. 울음을 나약한 것이라고 보았기 때문에
아무리 슬퍼도 자신의 감정을 쉽게 드러내지 못했던 것
입니다. 하지만 울음은 인간에게 꼭 필요한 감정 표현
수단입니다. 눈물 속에 있는 염분, 무기질, 단백질의 영
양분과 함께 스트레스 호르몬이 배출되기 때문에 울고
나면 마음이 시원해지는 치료 효과가 있습니다. 그리고
눈물은 자신의 감정과 상황을 다른 사람에게 알리는 중
요한 의사소통 수단이기도 합니다. 눈물이 의사소통의
윤활유 역할을 함으로써 상대방으로부터 물리적, 정서
적 도움을 받을 수 있으며, 반대로 다른 사람을 위로하
는 수단이 될 수도 있습니다. 이처럼 울음은 여러 가지
좋은 점을 가지고 있기 때문에 이를 억압하는 것은 부당
합니다. 그러므로 누구나 울고 싶을 때 마음껏 울 수 있
는 사회가 건강한 사회라고 할 수 있습니다.

45 [正解] ❷ 울음은 여러 가지 좋은 점을 가지고 있다.

[解説] 泣くことは人間にとって絶対に必要な感情表現の手
段で、重要なコミュニケーション手段であると同時
に、他人を慰める手段でもあると言っています。この
ように、泣くことには様々な良い点があるので、答え
は②です。

46 [正解] ❹ 누구나 울고 싶을 때 울 수 있는 사회가 되어야 한
다고 주장하고 있다.

[解説] 女性は、泣くことを弱さと見て抑圧するのは不当だか
ら、誰もが泣きたいときに思う存分泣ける社会が健全
な社会だと主張しています。よって、答えは④です。

女性 過去には涙を流すのは男らしくないという
認識が多くありました。泣くことは弱さだ
と思われていたので、どんなに悲しくても
自分の感情を簡単に表すことができなか
ったのです。しかし、泣くことは人間にとっ
て絶対に必要な感情表現の手段です。涙
の中にある塩分、無機質、タンパク質など
の栄養分とともにストレスホルモンが排出
されるため、泣くことで心がすっきりする
治療効果があります。また、涙は自分の感
情や状況を他人に知らせる重要なコミュ
ニケーション手段でもあります。涙がコミュ
ニケーションの潤滑油の役割をすること
で、相手から物理的、情緒的な助けを受け
ることができますし、反対に他人を慰める
手段にもなり得ます。このように、泣くこと
には様々な良い点があるので、これを抑圧
するのは不当です。ですから、誰もが泣き
たいときに思う存分泣ける社会が、健全な
社会だと言えるでしょう。

45 聞いた内容と同じものを選んでください。
① 泣くことは弱そうに見えるので気をつけ
なければならない。
❷ 泣くことは様々な良い点を持っている。
③ 涙とストレス解消は何の関係もない。
④ 涙はコミュニケーションにおいて潤滑油
のような役割を持たない。

46 女性の話し方として適したものを選んでく
ださい。
① 人が涙を流す理由を分析している。
② 涙に関する社会的な認識の違いを比較し
ている。
③ 涙がコミュニケーションに及ぼす否定的
な影響を説明している。
❹ 誰もが泣きたい時は泣ける社会にしなけ
ればならないと主張している。

[47~48] 다음을 듣고 물음에 답하십시오. ▶ P. 161

남자 요즘은 옷이나 신발의 품질이 좋아져 과거처럼 쉽게 해져서 못 쓰게 되는 경우가 별로 없지만 철 지난 물건들은 그냥 집에 처박혀 있거나 버려지곤 합니다. 아이들의 장난감이나 교복, 생활용품도 중고로 구입하면 저렴하게 살 수 있는 물건이 많지만 직접 중고 제품을 구매해 쓰는 사람은 많지 않습니다. 이왕이면 새것을 써야 한다는 '신상품 강박증' 때문입니다. 그런데 국내에서도 막상 중고를 구입해 본 경험이 있는 사람들은 대체로 만족도가 높은 편입니다. 중고 물건을 약간 손질해서 파는 매장에 가 보면 새것이나 다름없어 보이는 것을 새 제품의 20% 가격으로 살 수 있기 때문입니다. 이와 달리, 고가의 해외 명품은 중고 거래도 활성화돼 있습니다. 수백만 원짜리 유명 가방은 찾는 사람이 많아서 중고도 신상품 가격 못지않게 팔리는 경우가 비일비재합니다. 품질과 디자인 수준 덕분이기도 하지만 그보다는 제품에 붙어 있는 이름값이 고객에게 심리적 만족감을 주기 때문입니다.

47 [正解] ❷ 해외 유명 중고품은 이름값 때문에 활발히 거래된다.

[解説] 高価な海外ブランド品の中古取引も活発になっていると話していたので、答えは②です。
① 最近の服や靴はすぐ使えなくなって捨てられる。
→ 服や靴の品質が良くなっているので、簡単に着られなくなりません。
③ 子どもたちのおもちゃは衛生のために新商品の使用を勧める。
→ 中古で購入すれば安く買える品物が多いと話しています。
④ 国内で中古品を使った人は概して失望が大きい。
→ 中古品を購入してみた経験のある人は概して満足度が高いです。

48 [正解] ❸ 중고 제품을 꺼리는 사회 분위기를 안타까워한다.

[解説] この人は、中古品を買うことに長所があるにもかかわらず、どうせなら新しいものを買わなければならないという「新商品強迫症」によって、中古品の取引ができないことを嘆いています。

[47~48] 次を聞いて、質問に答えてください。

男性 最近は服や靴の品質がよくなり、過去のように簡単に擦り切れて使えなくなることはあまりありませんが、季節外れのものはそのまま家にしまわれたり、捨てられたりします。子どもたちのおもちゃや制服、生活用品などは、中古で購入すれば安く買えるものが多いですが、自分で中古品を買って使う人は多くありません。どうせなら新しいものを使わなければならないという「新商品強迫症」のためです。ところが、国内でも実際に中古品を購入した経験がある人たちは概して満足度が高い方です。中古品を少し手入れして販売している売場に行けば、新品同様のものを新品の20%程度の価格で買えるからです。一方、高価な海外ブランド品は中古取引も活性化しています。数百万ウォンの有名なカバンは探す人が多いので、中古品でも新品の価格に劣らず売れることがたくさんあります。品質とデザイン水準のおかげでもありますが、それよりは、商品に付随するブランド価値が顧客に心理的な満足感を与えるからです。

47 聞いた内容と同じものを選んでください。
① 最近の服や靴はすぐ使えなくなって捨てられる。
❷ 海外の有名な中古品は、その名に値する価値があるため活発に取引される。
③ 子どもたちのおもちゃは衛生のために新商品の使用を勧める。
④ 国内で中古品を使った人は概して失望が大きい。

48 男性の態度として合っているものを選んでください。
① 高級ブランドの中古品の利用者を批判している。
② 中古品の使用による短所を指摘している。
❸ 中古品を嫌う社会の雰囲気を残念がっている。
④ 企業が中古品の販売を活性化するよう促している。

解答・解説｜模擬試験2

解答・解説 **311**

남자 9월 9일은 장기 기증의 날입니다. 장기 기증은 사람의 생명을 살리는 고귀한 일이지만 시신에 손을 대는 것에 대한 거부감이 있기 때문에 아직도 많은 사람들이 장기 기증을 꺼립니다. 2016년 기준으로 사후 장기 기증을 약속한 등록자 수가 100만 명을 넘었지만, 아직 기증자 수가 절대적으로 부족하여 장기 기증만 받으면 생명을 건질 수 있는 환자들이 매년 600명 넘게 속절없이 죽어 가고 있습니다. 외국은 수천 명의 뇌사자가 장기를 기증하여 꺼져 가는 생명을 구하고 있는데 우리는 그에 비해 기증자 수가 턱없이 부족합니다. 장기 기증의 활성화를 위해서는 장기 배정 절차와 우선순위, 그리고 제반 규정의 문제점을 보완하고, 장기 기증의 홍보 예산을 늘려서 장기 기증 홍보를 범국민 차원에서 확대해 나가야 합니다. 생명 나눔을 통한 사랑의 정신을 학생들의 교육에 적극 반영하고 인간에 대한 사랑과 생명의 고귀함을 알릴 필요도 있습니다. 정부와 교육청이 장기 기증 단체들과 협조하여 생명 나눔 운동을 전개하는 것, 장기 기증자를 위한 생명 나눔 공원과 장기 기증 홍보관을 설립해 홍보를 강화하는 것도 필요합니다.

49 **正解 ❹** 장기 기증을 못 받아서 죽어가는 환자가 매년 600명 이상이다..

　解説 臓器提供さえ受けられれば命を救うことができる患者さんが毎年600人以上亡くなっていると言っているので、答えは④です。
　① 臓器提供のための広報はすでに十分だ。
　→ 臓器提供の広報を、全国レベルで拡大していかなければなりません。
　② 私たちは臓器提供者が多くて心配がない。
　→ 臓器提供者の数が途方もなく不足しています。
　③ 脳死者が他の人と生命を分け合うことは不可能だ。
　→ 脳死者が臓器を提供することで、消えゆく命を救うことができます。

50 **正解 ❸** 장기 기증의 활성화 방안을 제시하고 있다.

　解説 この人は「臓器提供の日」を迎え、臓器提供を活性化するために、制度の改善と政府や教育庁レベルの生命分かち合い運動を展開することを話しています。

男性 9月9日は、臓器提供の日です。臓器提供は人の命を救う尊い行為ですが、遺体に手を出すことに対する拒否感があることから、いまだに多くの人たちが臓器提供を敬遠しています。2016年基準で事後臓器提供を約束した登録者数が100万人を超えましたが、まだドナー数が絶対的に不足しており、臓器提供さえ受ければ命を救うことができる患者たちが毎年600人以上続々と亡くなっています。外国では、数千人の脳死者が臓器を提供することで消えゆく命を救っていますが、私たちはそれに比べてドナー数が極端に不足しています。臓器提供の活性化のためには、臓器配分の手続きと優先順位、そして諸規定の問題点を補完し、臓器提供の広報予算を増やして全国民レベルで拡大していかなければなりません。生命の分かち合いを通じた愛の精神を学生教育に積極的に反映させ、人間に対する愛と生命の尊さを知らせる必要もあります。政府と教育庁が臓器提供団体と協力して生命の分かち合い運動を展開すること、臓器提供者のための生命の分かち合い公園と臓器提供広報館を設立して広報を強化することも必要です。

49 聞いた内容と同じものを選んでください。
　① 臓器提供のための広報はすでに十分だ。
　② 私たちは臓器提供者が多くて心配がない。
　③ 脳死者が他の人と生命を分け合うことは不可能だ。
　❹ 臓器が提供されず死んでいく患者が毎年600人以上だ。

50 男性の態度として合っているものを選んでください。
　① 臓器提供の長所を紹介している。
　② 外国の臓器提供に関する政策を批判している。
　❸ 臓器提供を活性化する方法を提示している
　④ 臓器提供を嫌う心理を分析している。

ライティング台本の翻訳

▶ P. 162

[51~52] 다음 글의 ㉠과 ㉡에 알맞은 말을 각각 쓰시오.

[51~52] 次の文章の空欄に適切な語句をそれぞれ書き入れてください。

51

돌잔치 초대

우리 ○○이가 어느덧 건강하게 자라 첫 생일을 맞이하였습니다.

항상 관심과 사랑으로 지켜봐 주신 분들께 (㉠) 정성 어린 자리를 마련했습니다.

(㉡) ○○이의 앞날을 축복해 주시기 바랍니다.

51

1歳のお誕生日会へのご招待

我が家の○○がいつの間にか元気に成長し、初めての誕生日を迎えました。

いつも愛情を持って見守ってくださっている方々に、(㉠) 心を込めた場を用意しました。

(㉡) ○○のこれからの日々を、どうか祝福してください。

正解 ㉠ 감사하는 마음으로 / 감사드리고 싶어서 / 감사드리려고 (感謝の気持ちで / 感謝申し上げたくて / 感謝申し上げようと思って)

㉡ 꼭 오셔서 / 참석하셔서 / 부디 오셔서 (ぜひいらっしゃって / 出席していただいて / どうぞお越しになって)

解説 ㉠では、この集まりを心から用意したのは、いつも愛情を持ってその子を見守ってくれている人たちに「感謝したいから」です。また、㉡では、場所を用意しているので、お祝いをしようとする人はそこに来るべきです。したがって、「꼭 오셔서 / 참석하셔서 / 부디 오셔서」等と答えられます。

52

책에는 좋은 책도 나쁜 책도 없다. 그저 자기가 읽고 싶어서 읽고, 선택하고, 그것에서 아주 작은 것이라도 자기 삶에 적용될 수 있는 메시지 하나를 건져 올릴 수 있다면 그걸로 충분하다. 모두에게 좋은 책이 꼭 (㉠)은 아니다. 반대로 자신에게 좋았던 책이 (㉡) 꼭 좋은 책이 되는 것도 아니다. 누군가 필요 없어 버린 책이 다른 사람에게는 인생을 바꾼 책이 되는 것처럼 말이다.

52

本には良い本も悪い本もない。ただ自分が読みたいから読んで、選んで、それから非常に小さなことでも自分の人生に適用できるメッセージを一つでも推し量ることができれば、それで十分だ。万人受けする本が必ずしも (㉠) ではない。逆に、自分にとって良かった本が (㉡) 必ずしも良い本になるとは限らない。誰かが必要ないからと捨てた本が、他の人にとっては人生を変えた本になるようなことだ。

正解 ㉠ 자신에게 좋은 책 / 자신에게 좋은 것 / 자기에게 좋은 책 / 자기에게 좋은 것 / 나에게 좋은 책 / 나에게 좋은 것 (自分にとって良い本 / 自分にとって良いもの / 自分にとって良い本 / 自分にとって良いもの / 私にとって良い本 / 私にとって良いもの)

㉡ 모두에게 / 다른 사람에게 / 타인에게 (皆にとって / 他の人にとって / 他人にとって)

解説 ㉠と㉡の文は、「반대로 (逆に)」でつながっているので、互いに対比する文です。したがって、「誰にとっても良い本」と「私にとって良かった本」を比較するには、「私にとって良かった本」は㉠に、逆に「誰にとっても良い本」は㉡に入るべきでしょう。

[53] 다음은 전국 만 20~59세의 스마트폰 이용자 천 명을 대상으로 스마트폰이 없으면 일상생활에 지장이 있는지에 대한 설문 조사 자료이다. 이 내용을 200~300자의 글로 쓰시오. 단, 글의 제목은 쓰지 마시오. ▶ P. 163

스마트폰이 없으면 일상생활에 지장이 있을까?

	그렇다	아니다
20대	74.3%	25.7%
30대	69.8%	30.2%
40대	65.1%	34.9%
50대	56.2%	43.8%

스마트폰 사용에 대한 의견

시간을 아낄 수 있다.	67.7%
궁금한 것을 검색할 수 있다.	64.1%
여가 시간이 오히려 줄고 있다.	38%
일과 개인 생활의 구분이 어렵다.	26.6%

正解 ▶ P. 288

解説 まず、調査の目的、調査対象が誰なのかを知り、結果に示された数字やグラフを説明するように整理することが必要です。特に、数字やグラフから見えてくる特徴を見つけ、最後に自分なりの意見を述べるとよいでしょう。ここでは、年齢が若くなるほど、スマートフォンがないと日常生活に不便を感じる率が高くなることがわかるので、これを書き、スマートフォンを使うことのプラス面とマイナス面を比較しながらまとめると、よい作文が書けるでしょう。

[53] 以下は、全国の満20~59歳のスマートフォン利用者1,000人を対象に、スマートフォンがなければ日常生活に支障があるかに対するアンケート調査資料だ。この内容を200~300字の文章で書きなさい。ただし、文章のタイトルは書かないでください。

スマートフォンがなければ日常生活に支障があるか?

	はい	いいえ
20代	74.3%	25.7%
30代	69.8%	30.2%
40代	65.1%	34.9%
50代	56.2%	43.8%

スマートフォンの使用に対する意見

時間を節約できる。	67.7%
気になることを検索することができる。	64.1%
余暇の時間がむしろ減っている。	38%
仕事とプライベートの区分が難しい。	26.6%

[54] 다음을 참고하여 600~700자로 글을 쓰시오. 단, 문제를 그대로 옮겨 쓰지 마시오. ▶ P. 163

> 최근 소비문화의 패턴은 소득의 양극화만큼이나 양극적 소비 형태를 보이는 것이 특징이다. 한쪽에서는 인생을 마음껏 쓰며 살라는 욜로(Yolo, you only live once)족들이 유행이고 다른 한쪽에서는 극단적 저축을 말하는 노머니(No Money)족이 주목받고 있다. 이러한 소비 태도에 대해 아래의 내용을 중심으로 자신의 생각을 쓰십시오.
> • 욜로는 낭비인가? 아니면 오늘의 행복을 미루지 않는 소비인가?
> • 노머니족은 미래를 위해 현재를 희생하는가? 미래에 대한 준비인가?
> • 자신과 사회를 위한 바람직한 소비는 무엇인가?

正解 ▶ P. 288~289

解説 設問では、2つの極端な消費形態それぞれについて否定的な意見と肯定的な意見の両方が提示されているので、両者のメリット、そしてデメリットを比較する書き方があります。あるいは、一方の消費形態のメリットとデメリットをつなげた上で、もう一方の消費形態のメリットとデメリットを記述して、比較する方法もあります。その上で、それに関連する自分の考えを記述して、結論を出すとよいでしょう。

[54] 以下を参考に、600~700字で文章を書きなさい。ただし、問題文をそのまま書き写さないでください。

> 最近の消費文化のパターンは、所得の両極化と同じくらい極端な消費形態を見せるのが特徴だ。一方では、人生を思う存分使って生きろというヨロ（YOLO, You Only Live Once）族たちが流行し、他方では極端な貯蓄を語るノーマネー（No Money）族が注目されている。このような消費態度に対して、以下の内容を中心に自分の考えを書いてください。
> - ヨロは浪費なのか？ それとも今日の幸せを後回しにしない消費なのか？
> - ノーマネー族は、未来のために今を犠牲にしているのか？ 未来に備えているのか？
> - 自分と社会にとって望ましい消費とは何か？

リーディング台本の翻訳

[1~2] (   )에 들어갈 말로 가장 알맞은 것을 고르십시오.

▶ P. 164

1 젊었을 때 아무 준비도 안 하고 노년을 맞이하면 (   )

正解 ❸ 후회하기 마련이다.

解説 若いときに何の準備もせずに老後を迎えた場合に起こる結果を言わなければなりません。答えは「-기 마련이다」で、「当然のことだ」という意味です。

2 화재 사고로 인해 사람도 다 구조하지 (   ), 애완견을 어떻게 찾아 드려요?

正解 ❹ 못하는 마당에.

解説 人も全員救出できないこの状況で、ペットを探すにはもうどうしようもないと言わなければなりません。これから起こる何らかの出来事や状況を説明する接続語尾は「-(으)ㄴ/는 마당에 (〜というところに)」です。

[3~4] 밑줄 친 부분과 의미가 가장 비슷한 것을 고르십시오.

▶ P. 164

3 자신의 잘못을 <u>사과하지도 않고</u> 오히려 화를 냈다.

正解 ❹ 사과하기는커녕

解説 「ある事実を否定することはもちろん、それより少なかったりできないことまで否定する」フレーズは「-은/는커녕 (〜どころか)」です。

4 한 시간 일찍 출발해서 <u>다행히 비행기를 탔는데,</u> 잘못하면 비행기를 놓쳤을 거예요.

正解 ❸ 출발했기에 망정이지

解説 「大丈夫」「うまくいく」という意味を示すフレーズは「망정 (〜だからよかったものの)」です。早く出発したからうまくいったというフレーズとつなげる必要があります。

[1~2] 空欄に入る最も適切なものを選んでください。

1 若いときに何の準備もしないで老後を迎えると (   )
  ① 後悔してみる。
  ② 後悔させる。
  ❸ 後悔するのは当然のことだ。
  ④ 後悔するはずだ。

2 火災事故で人も全員救助 (   )、ペットをどうやって探せばよいですか?
  ① できないと
  ② できないまま
  ③ できないだけでなく
  ❹ できないところに

[3~4] 下線部と意味が最も近いものを選んでください。

3 自分の過ちを<u>謝りもせず</u>、かえって怒った。
  ① 謝って
  ② 謝っても
  ③ 謝ることで
  ❹ 謝るどころか

4 1時間早く出発して幸い飛行機に乗れました<u>が</u>、そうでなければ飛行機に乗り遅れていたでしょう。
  ① 出発した以上は
  ② 出発するやいなや
  ❸ 出発したからよかったものの
  ④ 出発したとしても

▶ P. 165

[5~8] 다음은 무엇에 대한 글인지 고르십시오.

5 먹고 살기 힘든 시기에 누구나 집에서 요리할 수 있는
   생활 밀착 예능!
   요리 불능 네 남자의 끼니 해결 프로젝트
   매주 화요일 저녁 9시 40분에 방송

   正解 ❹ TV 프로그램

   解説 「毎週火曜日夜9時40分に放送」 というフレーズは、
   テレビやラジオと関係があります。

6 자동차에 타서 가장 먼저 할 일은 안전을 준비하는 것입
   니다.
   당신의 생명을 지켜 주는 소중한 습관입니다.

   正解 ❷ 안전벨트 매기.

   解説 自動車の安全と関連するのは、シートベルトを締める
   ことです。

7 내 집에서는 개미 소리, 아랫집에는 천둥소리
   남에 대한 배려가 이웃 간의 갈등을 줄일 수 있습니다.

   正解 ❶ 층간 소음

   解説 「階下の家で雷の音がする」 は、階下で音が大きく聞
   こえることを意味します。

8 당신도 행운의 주인공이 될 수 있습니다.
   1주일 동안 꾸는 행복한 꿈

   正解 ❷ 복권

   解説 幸運と1週間夢を見ることと関係があるのは 「宝くじ」
   です。

[5~8] 次は何についての文か選んでください。

5 食べて生きるのが大変な時期に、誰でも家
   で料理ができる生活密着バラエティー！
   料理ができない4人の男性の食事解決プロ
   ジェクト
   毎週火曜日夜9時40分に放送
   ① 食堂
   ② 映画
   ③ 演劇
   ❹ テレビ番組

6 車に乗ってまず最初にすべきことは、安全を
   準備することです。
   あなたの命を守る大切な習慣です。
   ① 自動車の販売
   ❷ シートベルトの着用
   ③ チャイルドシート
   ④ 自動車の速度制限

7 我が家ではアリの鳴き声、階下の家では雷
   の音
   他人に対する配慮が、隣人同士の衝突を減
   らすことができます。
   ❶ 階間騒音
   ② 隣人愛
   ③ 音楽公演
   ④ 天気予報

8 あなたも幸運の主人公になれます。
   1週間見る幸せな夢
   ① 結婚
   ❷ 宝くじ
   ③ ダイエット
   ④ 試験合格

[9~12] 다음 글 또는 그래프의 내용과 같은 것을 고르십시오.

▶ P. 166~167

9

2022 Hi, Seoul 자전거 대행진!

참가 접수를 시작합니다.

– 일시: 2022년 6월 18일 오전 8시
– 출발 장소: 서울 광화문 광장
– 도착 장소: 상암동 월드컵 공원 평화 광장
– 참가 부문: 21km 퍼레이드
– 모집 인원: 5,000명 선착순
– 접수 기간: 4월 7일 10시부터 선착순 마감(입금자 기준)
– 참가비: 10,000원
* 2인 이상 단체 신청도 가능합니다.

正解 ❸ 총 5,000명이 21km를 자전거로 달린다.

解説 21kmのパレードには総勢5,000人が参加するので、答えは③です。
① 無料で参加してもいい。
→ 参加費は10,000ウォンです。
② 参加者は個別申請のみ可能だ。
→ 2人以上の団体登録が可能です。
④ 参加者は当日到着する順に参加できる。
→ 4月7日午前10時からの登録順に5,000名が参加できます。

10

급증하는 귀농·귀촌

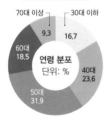

연령 분포
단위: %

70대 이상 9.3
30대 이하 16.7
60대 18.5
40대 23.6
50대 31.9

귀농·귀촌 이유

(전국 귀농·귀촌인 1,000명 조사, 복수 응답)

31.8% 조용한 전원생활
24.6% 도시 생활이 싫어서
23.9% 은퇴 후 여가 생활
21.8% 농촌 관련 사업
18.7% 자신과 가족 건강

正解 ❷ 60대의 귀농 인구가 30대 이하를 앞질렀다.

解説 60代が18.5%、30代以下が16.7%で、30代以下より60代の方が多いので、答えは②です。
① 70歳以上の人は帰農しない。
→ 70代以上は9.3%です。
③ 40代の方が50代より帰農‐帰村する人が多い。
→ 40代が23.6%、50代が31.9%です。

[9~12] 次の文章またはグラフの内容と一致するものを選んでください。

2022 Hi, Seoul 自転車大行進！

参加受付を開始します。

- 日時：2022年6月18日午前8時
- 出発場所：ソウル光化門広場
- 到着場所：上岩洞ワールドカップ公園平和広場
- 参加部門：21kmパレード
- 募集人員：5,000名、先着順
- 受付期間：4月7日午前10時から先着順の締切（入金者基準）
- 参加費：10,000ウォン
* 2人以上の団体登録も可能です。

9 ① 無料で参加してもいい。
② 参加者は個別申請のみ可能だ。
❸ 計5,000人が21kmを自転車で走る。
④ 参加者は当日到着する順に参加できる。

10

急増する帰農・帰村

年齢分布
単位：%

70代以上 9.3
30代以下 16.7
60代 18.5
40代 23.6
50代 31.9

帰農・帰村の理由

(全国1,000人調査、複数回答)

31.8% 静かな田舎暮らし
24.6% 都会暮らしが嫌いだから
23.9% 定年後の悠々自適な生活
21.8% 農業に関連する事業
18.7% 個人・家族の健康

① 70歳以上の人は帰農しない。
❷ 60代の帰農人口が30代以下を上回った。
③ 40代の方が50代より帰農・帰村する人が多い。
④ 帰農・帰村する最大の理由は健康のためだ。

④ 帰農・帰村する最大の理由は健康のためだ。
→ 帰農や帰村の最大の理由は、静かな田舎暮らしのためです。

11 글을 잘 쓰려면 우선 많이 읽어야 한다. 책을 많이 읽어도 글을 못 쓸 수는 있다. 그러나 많이 읽지 않고도 잘 쓰는 것은 불가능하다. 그리고 많이 쓸수록 더 잘 쓰게 된다. 축구나 수영이 그런 것처럼 글도 근육이 있어야 쓴다. 글쓰기 근육을 만드는 유일한 방법은 쓰는 것이다. 여기에 예외는 없어서 이것은 철칙이라고 할 수 있다.

[正解] ❶ 글을 잘 쓰려면 많이 읽고 써야 한다.

[解説] 文章を上手に書くためには、何よりもたくさん読むこと、そして書けば書くほど上手になることから、答えは①です。
② サッカーや水泳は努力しなくても上手になる。
→ 運動して筋肉を鍛えなければ上手になりません。
③ 文章をたくさん読む人は、皆上手に書くようになる。
→ たくさん読んでも、うまく書けないかもしれません。
④ 文章を上手に書くためには、運動して筋肉をつけなければならない。
→ 運動して筋肉をつけるのではなく、上手に書くための能力を養わなければなりません。

12 우리 마음을 열어 보면 무엇이 있을까? 사랑과 감사, 기쁨도 있지만, 분노와 미움, 실망도 있다. 그런데 우리는 좋은 것만 말할 뿐, 어둡고 힘든 것은 꺼내 놓지 않는다. '이런 말을 하면 나를 속 좁고 못난 사람으로 생각할 거야.'라는 두려움 때문일 것이다. 한 심리학자는 "말하는 행위만으로도 자신이 만든 감옥에서 벗어날 수 있다."라고 했다. 또 한 작가는 "우리가 존재하는 이유는 분명히 표현하며 살기 위해서다."라고 했다. 마음의 고통에 대해 입이 말하지 않으면 몸이 말한다. 표현하라. 그래야 건강하고 자유로워진다.

[正解] ❸ 마음의 고통을 입으로 말하지 않으면 몸이 아프게 된다.

[解説] 心の痛みは口で言わなければ体が言うとあるので、答えは③です。
① 私たちは暗くて辛い気持ちを簡単に話す。
→ 私たちは暗くて辛い話を持ち出しません。
② 心の痛みを言わないことが健康的な方法だ。
→ 表現してこそ、健康で自由になります。
④ 私たちが存在する理由は、一人で痛みを乗り越えるためだ。
→ 私たちが存在する理由は、表現して生きるためです。

11 上手に書くためには、まずたくさん読まなければならない。本をたくさん読んでも、文を書けないことはある。しかし、あまり読まなくても上手に書くことは不可能だ。そして、たくさん書けば書くほど、より上手に書けるようになる。サッカーや水泳がそうであるように、文も筋肉があってこそ書ける。書くための筋肉をつける唯一の方法は、書くことだ。ここに例外はないので、これは鉄則だと言うことができる。

❶ 文章を上手に書くためには、たくさん読んで書かなければならない。
② サッカーや水泳は努力しなくても上手になる。
③ 文章をたくさん読む人は、皆上手に書くようになる。
④ 文章を上手に書くためには、運動して筋肉をつけなければならない。

12 私たちの心を開いてみれば何があるだろうか？ 愛と感謝、喜びもあれば、怒りと憎しみ、失望もある。ところが、私たちは良いことだけを口にして、暗くて大変なことは持ち出さない。「こんな話をすれば、私を心狭くて醜い人間だと考えるだろう」という恐怖からだろう。ある心理学者は「話す行為だけでも、自分が作った監獄から抜け出すことができる」と言っている。また、ある作家は「私たちが存在する理由は、明確に自分を表現して生きるためだ」と言っている。心の痛みについて口が語らなければ、身体が語る。表現しなさい。そうしてこそ健康で自由になるのだ。

① 私たちは暗くて辛い気持ちを簡単に話す。
② 心の痛みを言わないことが健康的な方法だ。
❸ 心の痛みを口で言わないと体が痛くなる。
④ 私たちが存在する理由は、一人で痛みを乗り越えるためだ。

[13~15] 다음을 순서에 맞게 배열한 것을 고르십시오.
▶ P. 168~169

13 (가) 안타깝게도 아이는 잘못을 깨닫기보다는 누군가가 잘못하면 '때려라'를 먼저 배운다.

(나) 잘못을 한 아이에게 부모가 매를 들어 가르치려 한다.

(다) 때리는 것을 의사소통의 한 방법으로 받아들이게 되는 것이다.

(라) 매보다는 충분한 설명을 통해 아이가 다시는 잘못하지 않는 방법을 배우기를 바란다.

正解 ❸ (나)-(가)-(다)-(라)

解説 最も一般的な命題を言っている文は(나)です。(나)では、子どもたちのことが書かれているので、その子どもたちの気持ちを(가)で説明し、(다)で再び(가)の内容を説明しています。最後に、最後の文章で話を締めくくるのが(라)です。

14 (가) 삼림욕을 하면 마음이 상쾌해지는 효능이 있는데 수목에서 뿜어져 나오는 피톤치드 때문이다.

(나) 피톤치드는 수목이 주변에 있는 해충이나 세균을 죽이기 위해 스스로 내뿜는 방향성 물질이다.

(다) 삼림욕은 숲속을 걸으면서 신선하고 상쾌한 공기를 들이마시는 일을 말한다.

(라) 해충에는 유독하지만 인체에 들어오면 나쁜 균을 죽이고 노폐물을 몸 밖으로 배출하는 역할을 한다.

正解 ❹ (다)-(가)-(나)-(라)

解説 最も一般的な命題を言っている文は(다)です。(다)には「森林浴」と書いてあり、(가)にはその効果がフィトンチッドによるものだと書いてあります。(나)はそのフィトンチッドが何であるかを説明し、最後に(라)はフィトンチッドの役割を説明しています。

15 (가) 낙타의 등 위에 놓인 책은 고작 몇 십 권이지만 아이들은 이 작은 도서관에서 상상력을 키우고 세상을 배운다.

(나) 많은 사람들이 굶주림으로 고생하는 케냐에선 책을 읽는 건 엄두도 내지 못하는 사람들이 많다.

(다) 이처럼 책을 보기 힘든 곳에 사는 사람들을 위해 세계 곳곳에서 작은 도서관이 운영되고 있다.

(라) 이 지역 사람들을 위해 낙타 도서관이 탄생했다.

正解 ❷ (나)-(라)-(가)-(다)

解説 本が手に入りにくいケニアの厳しい現実を語った後、この地域のためのラクダ図書館を紹介する文が登場します。ラクダ図書館とは何か、世界の多くの国でこのように小さな図書館が運営されていることを説明しているので、(나)-(라)-(가)-(다)の順番になっています。

[13~15] 次を順番に正しく並べたものを選んでください。

13 (가) 残念なことに、子どもは過ちを悟るより、誰かが間違えれば「叩け」と先に学ぶ。

(나) 過ちを犯した子どもに親が鞭をあげて教えようとする。

(다) 叩くことをコミュニケーションの一つの方法として受け入れるようになるのだ。

(라) 鞭よりは十分な説明を通じて、子どもが二度と悪いことをしない方法を学ぶことが望ましい。

14 (가) 森林浴をすれば心が爽快になる効能があるが、樹木から噴き出すフィトンチッドのためだ。

(나) フィトンチッドは、樹木が周辺にいる害虫や細菌を殺すために自ら吐き出す芳香性物質だ。

(다) 森林浴は森の中を歩きながら新鮮で爽やかな空気を吸うことをいう。

(라) 害虫には有毒だが、人間の体に入ってくると悪い菌を殺し、老廃物を体外に排出する役割をする。

15 (가) ラクダの背中に置かれた本はわずか数十冊だが、子どもたちはこの小さな図書館で想像力を育み、世の中を学ぶ。

(나) 多くの人が飢餓に苦しむケニアでは、本を読むことは考えることもできない人が多い。

(다) このように、本を見つけるのが難しい場所に住む人々のために、世界各地で小さな図書館が運営されている。

(라) この地域の人々のためにラクダ図書館が誕生した。

16 사람들은 60대에 운동을 시작하는 것이 너무 늦었다고 생각하지만 그렇지 않다. 60대부터라도 운동을 하면 그렇지 않은 사람에 비해 건강을 유지할 수 있다. 다만 강도 조절을 할 필요는 있다. 매일 낮은 강도의 운동을 짧게 하는 것이 ( )보다 건강에 유익하다.

正解 ❹ 높은 강도의 운동을 오래 하는 것

解説 前の文で強度を調整する必要があると言った後に、比較をする文が登場します。「낮은 강도의 운동을 짧게 하다 (低い強度の運動を短くする)」と比較されるフレーズは、その逆の「높은 강도의 운동을 오래 하다 (高い強度の運動を長くする)」でなければなりません。

17 클래식 공연에서는 악장과 악장 사이에 박수를 치는 것은 맞지 않는다. 이러한 관습은 리하르트 바그너로부터 시작됐는데, 그는 곡의 흐름이 깨지고 연주자에게 방해가 된다는 이유로 악장과 악장 사이에 박수를 금지시켰다. 그래서 박수는 모든 악장이 끝난 후에 치는 것이 좋다. 마지막 악장이 끝난 후에도 지휘자가 지휘봉을 내려놓지 않으면 박수를 치지 않는다. 마지막 음은 끝났지만 ( )는 뜻이다. 아무리 감동적이어도 박수는 지휘자가 돌아서서 인사할 때까지 기다렸다가 쳐야 한다.

正解 ❷ 여음을 충분히 즐기라

解説 括弧の前に「마지막 음은 끝났다 (最後の音は終わった)」とあるので、その後に来るのは「残響を楽しむ」だけです。

18 신생아 살리기 모자 뜨기 캠페인이 있다. 아프리카나 아시아 등지에서 체온 조절과 보온이 필요한 생후 28일 미만의 신생아들에게 모자를 떠서 전달해 주는 운동이다. 이 캠페인을 통해 만들어진 모자는 신생아들의 체온을 따뜻하게 유지해서 저체온, 감기, 폐렴의 위협으로부터 ( ) 역할을 한다.

正解 ❶ 생명을 지켜 주는

解説 「新生児を救う帽子を編むキャンペーン」なので、「低体温、風邪、肺炎の脅威」に関する帽子の役割は「生命を守る」ことです。

16 人々は60代から運動を始めるのは遅すぎると思っているが、そうではない。60代からでも運動をすれば、そうでない人と比べて健康を維持することができる。ただし、強度を調整する必要がある。毎日低い強度の運動を短くすることが ( ) より健康に有益だ。

① 好きなように運動すること
② 若い時に運動を始めること
③ 週一回運動すること
❹ 高い強度の運動を長くすること

17 クラシック公演では、楽章と楽章の間に拍手をすることは適切ではない。このような慣習はリヒャルト・ワーグナーから始まったが、彼は曲の流れが崩れて演奏者の邪魔になるという理由で、楽章の間に拍手をすることを禁止させた。そのため、拍手はすべての楽章が終わった後にするのがよい。最後の楽章が終わっても指揮者が指揮棒を下ろさなければ、拍手をしない。最後の音は終わったが ( ) という意味だ。どんなに感動的でも、指揮者が振り向いて挨拶するときまで、待ってからしなければならない。

① 演奏がもっと残っていると
❷ 余韻を十分に楽しんで
③ 曲の流れが壊れると
④ 指揮を邪魔しないでと

18 新生児を救うための帽子を編むキャンペーンがある。アフリカやアジアなどで、体温調節と保温が必要な生後28日未満の新生児に、帽子を作って渡す運動だ。このキャンペーンを通じて作られた帽子は、新生児の体温を温かく維持し、低体温、風邪、肺炎の脅威から ( ) 役割をする。

❶ 生命を守ってくれる
② 免疫力が落ちる
③ 子どもの体温を維持する
④ 子どもを元気に生まれるようにする

[19~20] 다음을 읽고 물음에 답하십시오. ▶ P. 171

일을 잘 못하거나 실수를 많이 할 때 영어로 '온통 엄지손가락'이라는 표현을 쓰는데, 아마도 일을 할 때 엄지손가락의 역할이 크지 않아서 생긴 표현인 것 같다. 하지만 휴대폰 사용이 일상화되면서 이 표현이 바뀌어야 할 것 같다. 현대인들이 손에서 잠시도 (　　　) 24시간 동안 휴대폰을 사용하면서 엄지손가락 사용이 늘었기 때문이다. 휴대폰으로 전화번호나 문자를 입력할 때 엄지손가락을 사용하는 것이 다른 어떤 손가락보다 쉽고 빠르다. 휴대폰의 등장으로 인해 그간 별로 주목 받지 못했던 엄지손가락의 역할이 부각된 것이다.

19 正解 ❶ 떼지 않고

解説 空欄に続く「24시간 동안 휴대폰을 사용한다 (24時間携帯電話を使う)」は、常に携帯電話と一緒にいて離れないという意味なので、最もふさわしい表現は「잠시도 손에서 떼지 않는다 (一寸の間も手を離さない)」となります。

20 正解 ❷ 휴대폰의 사용으로 엄지손가락의 역할이 중요해졌다.

解説 これまであまり注目されていなかった親指の役割が、携帯電話の使用によって目立つようになったと書かれています。

[21~22] 다음을 읽고 물음에 답하십시오. ▶ P. 172

나는 시계의 분침과 시침 대신 구슬의 위치를 눈으로 보거나 만져서 시간을 확인하는 시계를 만들었다. 대학원에서 공부할 때 시간이 궁금한데도 '말하는 시계'를 사용하면 수업에 방해가 될까 봐 불편을 겪던 시각 장애인 친구를 보고 아이디어를 얻었다. 내가 정말 원한 것은 비장애인과 장애인을 구분하지 않는 시계로, 시각 장애인은 디자인에 관심이 없을 거라는 편견을 깨고 기능과 디자인 면에서 사랑받는 시계를 만들고 싶었다. (　　　) 덕분에 우리 시계 구매자의 98%가 디자인과 패션에 관심이 많은 비장애인들이다.

21 正解 ❶ 두 마리 토끼를 잡은

解説 「기능과 디자인 면에서 사랑받는 시계를 만들고 싶었다」という言葉は、その両方を実現させたいという意味で、その意味を持つことわざが「두 마리 토끼를 잡다 (二兎を獲る)」です。

[19~20] 次を読んで、質問に答えてください。

仕事がうまくできなかったり、失敗が多かったりするときに、英語で「完全に親指」という表現を使うが、恐らく仕事をするときに、親指の役割が大きくないことから生まれた表現だと思われる。しかし、携帯電話の使用が日常化し、この表現が変わらなければならないようだ。現代人たちが手でしばらく (　　　) 24時間携帯電話を使いながら、親指の使用が増えたためだ。携帯電話で電話番号や文章を入力するとき、親指を使う方が他のどの指よりも簡単で速い。携帯電話の登場によって、それまであまり注目されなかった親指の役割が浮き彫りになったのだ。

19 (　　　)に入る言葉として最も適したものを選んでください。

❶ 離さずに
② 触らずに
③ 触れずに
④ 近寄らずに

20 上記の文章のテーマとして最も適したものを選んでください。

① 親指は仕事ができない指だ。
❷ 携帯電話の使用で親指の役割が重要になった。
③ 親指は長い間、最も重要な指として認識されてきた。
④ 親指は「最高」という意味で持ち上げる時に重要な意味がある。

[21~22] 次を読んで、質問に答えてください。

私は、時計の分針と時針の代わりに、玉の位置を目で見たり触ったりして時間を確認する時計を作った。大学院で勉強するとき、時間が気になっても「話す時計」を使うと授業の邪魔になるのではないかと不便を経験した視覚障がい者の友人を見て、アイデアを得た。私が本当に望んだのは、非障がい者と障がい者を区別しない時計で、視覚障がい者はデザインに関心がないという偏見をなくし、機能とデザイン面で愛される時計を作りたかった。(　　　) おかげで、私たちの時計の購入者の98%が、デザインとファッションに関心が高い非障がい者たちだ。

21 (　　　)に入る言葉として最も適したものを選んでください。

❶ 二兎を獲った
② 憎い奴に餅をもうひとつあげた
③ 期待が大きいと失望も大きい
④ ネズミの穴にも日差しの入る日がある

22 [正解] ❹ 이 시계는 시각 장애인보다 비장애인들에게 더 인기가 있다.

　[解説] この時計の購入者の98%が、デザインやファッションに関心の高い非障がい者たちと言ったので、答えは④です。
① この時計はデザインを気にしなかった。
→ デザイン面で愛されることを望んでいました。
② この人は時間を教えてくれる時計を作った。
→ すでにそのような時計はありますが、視覚障がい者の友人は授業の妨げになるかと思い、使っていません。
③ この人は視覚障がい者の近くで過ごしたことがない。
→ 視覚障がい者の友人がいます。

22 上記の文章の内容と同じものを選んでください。
① この時計はデザインを気にしなかった。
② この人は時間を教えてくれる時計を作った。
③ この人は視覚障がい者の近くで過ごしたことがない。
❹ この時計は視覚障がい者より障がいのない人に人気がある。

[23~24] 다음을 읽고 물음에 답하십시오. ▶ P. 173

오늘 아빠 친구분이 집에 오셨다. 아저씨는 우리 할머니를 보시더니 대뜸, "어머님, 오랜만이에요. 저 정석이에요. 알아보시겠어요?" 하시면서 할머니의 손을 덥석 잡으며 어쩔 줄 몰라 하셨다. 할머니는 정석이라는 아저씨를 찬찬히 뜯어보시더니, "아니, 정석이 아니야? 그동안 어디서 어떻게 살았냐? 어쩌면 그리 소식을 뚝 끊고 무심하게 살 수 있나, 이 사람아!" 하시며 눈물을 글썽거리셨다. 할머니가 그러시자 누가 먼저라고 할 것 없이 세 분은 서로의 손을 잡고 눈물을 흘리셨다.

그 장면을 보고 있으니 아무 사정을 모르는 나마저도 눈물이 핑 돌았다. 그런 한편으로는 이상하다는 생각이 들었다. 나는 친구들의 엄마를 부를 때 '아줌마'라고 한다. 나와 제일 친한 미연이의 엄마를 부를 때도 '미연이 아줌마'라고 부르는데, 왜 아빠 친구분은 남의 엄마를 '어머니'라고 부를까?

23 [正解] ❶ 야속하다

　[解説] 祖母が男性に「どうして連絡を絶ち、ぞんざいな生き方ができるのか」と問いかけ、涙を浮かべたことから、これまで連絡を取らなかったことに対する無情な気持ちが表れています。

24 [正解] ❹ 나는 친구의 엄마를 어머니라고 부르는 것이 이상하다.

　[解説] 私は友人の母親を「おばさん」と呼びますが、父の友人が私の祖母を「お母さん」と呼ぶのが変だと言っているので、答えは④です。
① お父さんの友人は家によく来る方だ。
→ お父さんの友人は久しぶりだと言っていました。
② 祖母にはお父さん以外にももう一人の息子がいる。
→ お父さんの友人は祖母を「お母さん」と呼びますが、実の息子ではありません。
③ 書いた人は友人の母親をお母さんと呼ぶ。
→ 「ミョンのおばさん」と呼んでいます。

[23~24] 次を読んで、質問に答えてください。

今日、お父さんの友人が我が家にいらっしゃった。おじさんはうちの祖母を見ると、いきなり「お母さん、お久しぶりです。私はジョンソクです。お分かりになりますか？」と言いながら、祖母の手をぎゅっと握り、途方に暮れた。祖母はジョンソクというおじさんをじっくりと見つめ、「あら、ジョンソクじゃないの？ 今までどこでどうやって生きていたの？ どうして連絡を絶って、ぞんざいな生き方ができるの、この人は！」と涙を浮かべた。祖母がそう言うと、誰からともなく、3人はお互いの手を握って涙を流した。

その場面を見ていると、何の事情も知らない私さえも涙がにじんだ。その一方では不思議だなと思った。私は友人のお母さんを呼ぶとき「おばさん」と言う。私と一番親しいミョンのお母さんを呼ぶときも「ミョンのおばさん」と呼ぶのに、なぜお父さんの友人は他人の母を「お母さん」と呼ぶのだろう？

23 下線を引いた部分に表れている「おばあさん」の心境として最も適したものを選んでください。
❶ 無情だ
② 恥ずかしい
③ すっきりする
④ 負担になる

24 上記の文章の内容と同じものを選んでください。
① お父さんの友人は家によく来る方だ。
② 祖母にはお父さん以外にももう一人の息子がいる。
③ 書いた人は友人の母親をお母さんと呼ぶ。
❹ 私は友人の母親をお母さんと呼ぶのがおかしいと思う。

25 부모 불안 심리 자극, 사교육 시장 '활활'

　正解　❹ 자녀 교육에 대한 부모의 불안한 심리를 자극해서 사교육 시장이 더 달아올랐다.

　解説　「활활」は火が熱く燃えていることを意味します。「사교육 시장이 활활」は、「私教育市場が熱くなる」ことを意味しています。

25 親の不安心理刺激、私教育市場「炎炎」

① 私教育に子どもを預けると、不安感が吹き飛ばされる。

② 保護者の不安な心理のせいで、今後学校の教育はさらに強化されるだろう。

③ 私教育市場のせいで、子どもの教育に対する親の不安な心理が高まっている。

❹ 子どもの教育に対する親の不安な心理を刺激して、私教育市場がさらに熱くなった。

26 '중소기업 인력난 해소' 머리 맞댄다

　正解　❶ 중소기업에서 일할 사람을 구하기 위해 같이 노력한다.

　解説　「인력난 (人材難)」は、仕事をする人を見つけるのが難しいという意味です。「머리를 맞댄다」は何かを話し合ったり決めたりするために多くの人が向かい合うという意味なので、答えは①になります。

26 「中小企業の人材難解消」頭を寄せ合う

❶ 中小企業で働く人を探すために一緒に努力する。

② 中小企業と大企業が従業員を解雇するために会議をしている。

③ 大企業から中小企業に移る人が多くなって悩んでいる。

④ 中小企業への就職が難しく、就活する人たちが悩んでいる。

27 "연애도 못하는 판에…" 내 집 마련 등진 청년들

　正解　❹ 청년들이 돈이 없어 연애도 못 하니까 내 집 마련은 생각도 안 한다.

　解説　「-는 판에 (〜する状況で)」はそのような状況を説明するフレーズです。「등지다」は「関係を終わらせて距離を置く、離れる」という意味なので、お金がなくて付き合えないという状態から、持ち家に興味がなく、避けるという意味を見出さなければなりません。

27 「恋愛もできないのに…」持ち家準備に背を向ける若者たち

① 若者たちが恋愛する時間がなくて結婚を考えない。

② 家を買うために借金を抱えている青年が多い。

③ 若者たちは自分の家を用意してから結婚できると思っている。

❹ 青年たちはお金がなくて恋愛もできないので、家を買うことは考えもしない

28 딸아이는 매일 20분 정도의 거리를 걸어서 초등학교에 다닌다. 어느 날 학교에 갈 때는 흐리기만 하던 날씨가 점점 어두워지더니 비가 내리기 시작했다. 집에 돌아올 시간이 되자 비는 더 세지고 천둥과 번개까지 쳤다. 궂은 날씨에 아이가 겁을 먹을까 봐 차를 몰고 아이의 학교로 향했다. 그러다 길을 따라 걸어오는 딸을 발견했다. 그런데 딸아이는 번개가 칠 때마다 발걸음을 멈추고 번갯불을 향해 (　　) 나는 딸을 불러서 차에 태우고 아이에게 물었다.

"왜 빨리 걷지 않고 번개가 칠 때마다 자꾸 멈춰 섰니?"

그러자 딸아이는 이렇게 대답했다.

"엄마, 하늘에서 제 사진을 계속 찍으니까 예쁘게 찍히려고요."

　正解　❷ 미소를 지었다.

　解説　きれいに撮ろうとする行動が現れるはずなので、「미소를 지었다 (微笑んだ)」が答えとなります。

28 娘は毎日20分ほどの距離を歩いて小学校に通う。ある日、学校に行くときは曇っていた天気がだんだん暗くなり、雨が降り始めた。家に帰る時間になると雨はさらに強くなり、雷と稲妻まで走った。悪天候に子どもが怖がるのではないかと、車で子どもの学校に向かった。そうするうちに道に沿って歩いてくる娘を発見した。ところが、娘は雷が鳴るたびに歩みを止め、稲妻に向かって (　　) 私は娘を呼んで、車に乗せて子どもに聞いた。

「どうして速く歩かずに、雷が鳴るたびに立ち止まったの?」

すると、娘はこう答えた。

「ママ、空から私の写真をずっと撮っていたから、かわいく撮ってもらおうと思って」

① 握手をした。

❷ 微笑んだ。

③ 大声を上げた。

④ 泣き出した。

29 한 학교에서 재미있는 실험을 했다. 교장 선생님이 세 명의 교사를 불러서 이렇게 말했다.
"여러분은 우리 학교에서 가장 훌륭하고 전문적인 교사로 선발되었습니다. 그래서 우리 학교 아이들 중에 지능이 가장 뛰어난 학생 90명을 뽑아서 특별반을 만들어 여러분께 맡기려고 합니다. 우수한 선생님들이 우수한 학생들을 잘 지도해 주시기 바랍니다." 그런데 세 선생님은 우수한 선생님이 아니라 그냥 무작위로 선택한 사람들이었고, 학생들도 평범한 아이들이었다. 교장 선생님이 거짓말을 한 것이다. 놀라운 것은 그 결과였다. 평범한 선생님이 평범한 학생들을 지도했는데, 다른 학생들보다 학업 성취도가 20~30% 높게 나왔다. 다른 사람이 자신을 존중하고 기대하고 있을 때 (   ) 변하려고 노력하게 되고, 그러다 보니 실제로 그렇게 된 것이다.

[正解] ❷ 그 기대에 부응하는 쪽으로

[解説] 他人に尊敬され期待されていると、結果的に自分も実際にそうなろうと努力するので、「期待に応える方へ(期待に応える方へ)」という答えになります。

30 '혼밥'이라는 말을 들어 본 적 있는가? 혼자 밥을 먹는 걸 가리키는 말이다. 이제는 '혼밥'에서 나아가 혼자 술을 마시는 사람들, 즉 '혼술족'까지 등장했다. (   ) 자신만의 편안함을 즐기려는 사람들이 그만큼 늘고 있다는 뜻이다. 이렇다 보니 젊은 층들 사이에서는 '취향을 존중해 달라'는 말도 나오는데, 세대 변화라고 하지만 함께 할 사람을 찾기 어려운 우리 사회의 쓸쓸한 단면이라는 분석도 있다.

[正解] ❸ 남들 눈치를 보지 않고

[解説] 括弧の後の文は「自分だけの安らぎを楽しみたい人」とあるので、他人に気を遣わないという意味の答えは「남들 눈치를 보지 않고 (人の顔色をうかがわずに)」となります。

31 이동하면서 간편하게 읽을 수 있는 전자책 (e-book)이 학생들과 젊은 직장인 사이에서 인기를 끌고 있다. 하지만 잘못된 자세로 전자책을 읽으면 목에 무리를 줄 수 있어 주의가 필요하다. 거북목 증후군은 가만히 있어도 (   ) 자세를 일컫는다. 하루 종일 컴퓨터 모니터를 봐야 하는 사무직 종사자나 컴퓨터 게임을 즐기는 젊은 층에게 흔히 발생하며, 지하철이나 버스에서 스마트폰으로 전자책을 보는 이들도 예외가 아니다. 목이 뻣뻣해지고 어깨와 등으로 통증이 전해지며, 눈도 쉽게 피로해지고 손이 저린 증상이 지속되면 거북목 증후군을 의심해야 한다.

[正解] ❹ 거북이처럼 머리가 구부정하게 앞으로 나와 있는

[解説] カメ首症候群の話なので、亀の首の特徴を表す表現は (   ) の中に入らなければなりません。よって、答えは④です。

29 ある学校で面白い実験を行った。校長先生が3人の教師を呼んでこう言った。
「皆さんは、我が校で最も専門的な教師に選ばれました。そこで、本校の子どもたちの中で知能が最も優れた学生90人を選んで特別クラスを作り、皆さんに任せようと思います。優秀な先生たちが優秀な学生をしっかり指導してください」。ところが、3人の先生は優秀な先生ではなく、ただ無作為に選んだ人たちであり、学生たちも平凡な子どもたちだった。校長先生が嘘をついたのだ。驚くべきことはその結果だった。平凡な先生が平凡な学生たちを指導したのに、他の学生たちより学業成就度が20～30%高く出たのである。他人が自分を尊重して期待しているとき、(   ) 変わろうと努力するようになり、そのため実際にそうなったのだ。

① 嘘より真実の方へ
❷ その期待に応える方へ
③ 優秀な学生が平凡な方へ
④ 先生と生徒がお互い違う方へ

30 「ホンパプ」という言葉を聞いたことがありますか？　一人でご飯を食べることを指す言葉だ。今は「ホンパプ」から進んで、一人でお酒を飲む人々、すなわち「ホンスル」まで登場した。(   ) 自分だけの安らぎを楽しもうとする人々がそれだけ増えているという意味だ。このため、若い世代の間では「好みを尊重してほしい」という話も出てくるが、世相変化とはいえ、一緒に何かをする人を見つけるのが難しいという、我々の社会の寂しい断面という分析もある。

① 他人と似たように
② 他人に見せるために
❸ 人の顔色をうかがわずに
④ 他人の機嫌を取りながら

31 移動しながら手軽に読める電子書籍 (e-book)が、学生や若い社会人の間で人気を集めている。しかし、間違った姿勢で電子書籍を読むと首に無理がかかるため注意が必要だ。カメ首症候群を言う。(   ) 姿勢を言う。一日中コンピュータのモニターを見なければならない事務職従事者や、コンピュータゲームを楽しむ若い世代によく発生し、地下鉄やバスの中でスマートフォンを使って電子書籍を読む人も例外ではない。首がこわばって肩と背中に痛みが走り、目も疲れやすくなり、手がしびれる症状が続くと、カメ首症候群を疑ってみなければならない。

① 亀のように首が揺れる
② 亀のように目を小さく開ける
③ 亀のようにゆっくり歩いていく
❹ 亀のように頭が曲がって前に出ている

[32~34] 다음을 읽고 글의 내용과 같은 것을 고르십시오.

▶ P. 178~179

32 사람들은 특별한 이익이 주어지지 않는 한, 현재 상황을 바꾸지 않으려는 경향이 있다. 얻는 이득이 훨씬 크다는 생각이 들지 않는 한 현재를 유지하려는 심리적 편향이 바로 현상 유지 편향이다. 경제적 선택에서도 이런 현상이 나타나는데, 현금으로 재산을 상속을 받았을 때와 주식이나 채권으로 재산을 상속받았을 때 상속인의 행동이 달라진다. 현금을 받으면 투자를 하거나 저금을 하는 등 투자 계획을 짜지만 주식이나 채권을 받으면 그냥 보유하는 경우가 많다. 유럽에서는 운전면허를 신청할 때 장기 기증 의사를 묻는데, 이때 기본 선택 사항에 '장기 기증 의사가 있다'라고 표기되어 있으면 기증률이 높고, 표기돼 있지 않으면 낮다고 한다.

正解 ❸ 사람들은 특별한 이익이 주어지지 않는 한, 현 상황을 바꾸기 싫어한다.

解説 特にメリットがない場合は、現状を変えようとしない傾向があるので、答えは③となります。
① 人は現状を変えようとする意志が強い。
→ 変えようとしないという強い傾向があります。
② 相続人は現金で財産を相続すると、そのまま置いておく。
→ 積極的に運用する計画を立てます。
④ 基本的な選択項目に「臓器寄贈の意思がある」と表記されていると提供しない。
→ 臓器提供率が上がります。

33 서울의 한 골목길. 불빛이 새어 나오지만 아무도 없는 수상한 가게 하나가 눈에 띈다. 문을 열고 들어가 보지만 '어서 오세요.'라는 인사는커녕 인기척 하나 느낄 수 없다. 이곳은 무인 서점이다. 마음에 드는 책을 골라 책값을 돈 통에 넣는 방식으로 살 수 있다. 옆에 놓인 바구니에서 거스름돈도 직접 챙겨가면 된다. '거스름돈이 부족해요. 15,000원 지불했고 나중에 2,000원 챙겨갈게요.' 서점 주인과 손님은 각자 장부에 남긴 기록으로 소통한다. 알아서 계산하고 지불하는 방식이지만 지금껏 도난 사고 한 번 없을 정도로 잘 운영되고 있다. 아직은 생소할 수 있는 '사람 없는 가게'가 곳곳에서 모습을 드러내고 있다. 사람을 대면하면서 느끼는 피로감을 덜고 인건비도 줄일 수 있기 때문이다.

正解 ❶ 손님은 스스로 계산해서 돈을 내고 간다.

解説 無人書店では、お客様が自分で計算して支払う方式をとっているので、答えは①です。

[32~34] 次を読んで、本文の内容と一致するものを選んでください。

32 人々は、特別な利益が得られない限り、現状を変えようとしない傾向がある。得る利益がはるかに大きいと思わない限り、現状を維持しようとする心理的偏向がまさに現状維持偏向だ。経済的選択でもこのような現象が現れるが、現金で財産を相続したときと、株式や債券で財産を相続したときとでは、相続人の行動が異なる。現金を受け取れば、投資をしたり貯金をするなど投資計画を立てるが、株式や債券を受け取れば、そのまま保有する場合が多い。ヨーロッパでは、運転免許を申請する際に、臓器提供の意思を尋ねるが、このとき基本選択事項に「臓器提供の意思がある」と表記されていると提供率が高く、表記されていないと低いそうだ。

① 人は現状を変えようとする意志が強い。
② 相続人は現金で財産を相続すると、そのまま置いておく。
❸ 人は特別な利益が与えられない限り、現状を変えることを嫌がる。
④ 基本的な選択項目に「臓器提供の意思がある」と表記されていると提供しない。

33 ソウルのある路地。明かりが漏れるが、誰もいない怪しい店の一軒が目につく。ドアを開けて入ってみるが、「いらっしゃいませ」という挨拶どころか、人気のふりーつも感じられない。ここは無人書店だ。気に入った本を選んで本代を金箱に入れる方式で買うことができる。隣に置かれたかごからお釣りも直接持って行けばいい。「お釣りが足りません。15,000ウォン払って、後で2,000ウォン持って行きます」。書店の主人と客は各自帳簿に残した記録で疎通する。勝手に計算して支払う方式だが、今まで盗難事故が一度もないほどうまく運営されている。まだ見慣れない「人のいない店」があちこちで姿を現している。人と対面しながら感じる疲労感を減らし、人件費も減らすことができるためだ。

❶ お客さんは自分で計算してお金を払って行く。
② この店では「いらっしゃいませ」という挨拶がいつも聞こえる。
③ お釣りをもらうためには、後で店主がいる時に来なければならない。
④ 人のいない店は昔からあったので、人々は慣れている。

② この店では「いらっしゃいませ」という挨拶が
　いつも聞こえる。
→ この店では、挨拶どころか、人がいる気配さえ
　感じられません。
③ お釣りをもらうためには、後で店主がいる時に
　来なければならない。
→ 後から来たお客さんが受け取ればいいです。
④ 人のいない店は昔からあったので、人々は慣れ
　ている。
→ まだ馴染みがありません。

34 "남은 삶이 얼마 될지 모르지만 어떤 모험이든 맞이할 준
비가 돼 있다. 대통령 때보다 지금이 더 행복하다. 멋진
인생이었다. 수천 명의 친구를 사귀었고, 흥분되고 모험
에 가득 찬, 감사한 삶이었다. 이제 모든 것은 신의 손에
달려 있음을 느낀다."
암세포가 뇌로 전이된 사실을 공개하는 미국 전 대통령
의 얼굴은 미소로 가득 차 있었다. 기자 회견장을 가득
메운 기자들을 향해 종종 농담을 던지기까지 했다. 자신
에게 과연 어느 정도의 시간이 남아 있는지 알지 못하는
상황에서도 미국 전 대통령의 태도는 더없이 침착하고
편안해 보였다. 가장 성공한 대통령은 아니지만 미국 역
사상, 아니 어쩌면 전 세계 정치 역사상 가장 성공한 퇴
임 대통령으로 평가받고 있는 그는 죽음 앞에서도 거인
의 풍모와 남다른 품위를 과시했다.

[正解] ❹ 이 사람은 얼마 남지 않은 죽음에 대해 담담한 태
도를 보였다.

[解説] 이 사람은 자신에게 어느 정도의 시간이 남아 있는지 知
らないが、それでもこれ以上ないほど落ち着いてい
るように見えたので、この態度を含む答えは④で
す。
① この人は自分の死を知らせることを恐れる。
→ 癌細胞が脳に転移していることを発表したと
　き、彼の顔には笑顔が溢れていました。
② この人の健康は医学的に解決できる状態だ。
→ すべては神様の手に委ねられていると感じてい
　ます。
③ この人に対する評価は、今より大統領の時がも
　っと良い。
→ 大統領としては成功しなかったが、元大統領と
　しては最も成功したと評価されています。

34 「残りの人生がどのくらいになるか分からな
いが、どんな冒険でも迎える準備ができて
いる。大統領のときより今の方が幸せだ。
素晴らしい人生だった。何千人もの友人を作
り、興奮して冒険に満ちた、ありがたい人生
だった。今やすべては神の手にかかっている
ことを感じる」。
がん細胞が脳に転移した事実を公開する米
元大統領の顔は笑みでいっぱいだった。記
者会見場を埋め尽くした記者たちに対して、
しばしば冗談まで言った。自分に果たしてど
の程度の時間が残っているのか分からない
状況でも、米元大統領の態度はこの上なく
落ち着いて穏やかに見えた。最も成功した
大統領ではないが、米国史上、いや、もしか
したら全世界の政治史上最も成功した退任
大統領と評価されている彼は、死の前でも
巨人の風貌と格別な品位を誇示した。
① この人は自分の死を知らせることを恐れ
　る。
② この人の健康は医学的に解決できる状態
　だ。
③ この人に対する評価は、今より大統領の
　時がもっと良い。
❹ この人は遠くない死に対して淡々とした
　態度を見せた。

35 무더운 더위를 피하려고 오랜만에 바닷가를 찾았는데 여
기저기서 '찰칵, 찰칵' 사진 찍는 소리가 들린다. 식당에서
도 음식이 나오면 '와' 하는 소리와 함께 휴대 전화 사진기
가 먼저 음식 위로 올라간다. 자신의 일상을 사진으로 찍
어서 SNS에 올리고 지인들에게 내보이면서 자신을 인정
받으려는 요즘 시대의 흔한 풍경이다. 그러다 보니 사실
과 보이는 것 중에 무엇이 중요한지가 뒤바뀐 것 같다. 과
학 기술의 도움을 받아 자신의 '셀카' 사진을 더 날씬하고
더 멋있게 수정해서 남에게 보이기 때문에 정작 그 사람
을 실제로 만난다면 혹시 다른 사람이 아닌가 하는 오해
를 하기도 한다. 언제 어디서나 남에게 보이는 나의 모습
만 신경 쓴다면 정말 자신의 참모습을 위한 노력은 줄어
들 수밖에 없다. SNS에 남겨지는 '좋아요'라는 타인의 인
정보다 자신이 보람을 느끼고 자랑스러운 사람이 되도록
노력하는 것이 더 중요하지 않을까?

正解 ❶ 보이는 나보다 나의 참모습이 더 중요하다.

解説 ②~④도 본문의 내용과 일치하고 있지만, 書き手가
伝えたい内容は、他人の認定よりも自分がやりがい
を感じて誇らしい人になるように努力することの方
がより重要だということです。

36 청소년들은 인터넷뿐만 아니라 일상생활에서까지 축약어
를 사용한다. 청소년들이 축약어를 사용하는 가장 큰 이
유는 '재미있고 사용하기가 편리하기' 때문이다. 그러나
언어의 정체성을 알 수 없는 축약어를 무분별하게 남발하
는 것은 옳지 않다. 게다가 사고와 표현의 관계를 고려할
때 비슷한 형태의 축약어를 습관적으로 반복해서 사용하
는 것은 학생들의 사고력 신장에도 부정적인 영향을 끼친
다. 그뿐만 아니라 자기소개서, 보고서 등 다양한 글쓰기
과제에서도 축약어를 습관적으로 사용하게 되는 경우가
많다. 또래들과의 편리한 소통을 위한 언어 습관이 오히
려 타인이나 사회와의 소통마저 단절시키는 것은 아닌지
반성이 필요하다.

正解 ❶ 청소년의 축약어 사용은 여러 면에서 문제가 된
다.

解説 なぜ略語を使うのかを説明した上で、略語を使うこ
とで生じる様々な問題点を指摘しています。

35 蒸し暑さを避けようと久しぶりに海辺を訪
れたが、あちこちで「パシャパシャ」写真を
撮る音が聞こえる。食堂でも食べ物が出て
くると「わあ」という声と共に携帯電話のカ
メラが先に食べ物の上に上がる。自分の日
常を写真に撮ってSNSに載せ、知人たちに
見せながら自分を認めてもらおうとする今
の時代のありふれた風景だ。そのため、事実
と見えるものの中で何が重要なのかが変わ
ったようだ。科学技術の助けを受けて自身
の「自撮り」写真をよりスリムでよりかっこ
よく修正して人に見せるため、いざその人に
実際に会うとしたら、もしかしたら他の人で
はないかと誤解したりもする。いつでもどこ
でも他人に見える自分の姿だけを気にすれ
ば、本当に自分の真の姿のための努力は減
るしかない。SNSに残される「いいね」とい
う他人の認定より、自分がやりがいを感じ
て誇らしい人になるよう努力することがも
っと重要ではないか?

❶ 見える私より、本当の私の姿がもっと重
要だ。
② 自撮りで撮った写真を修正すると、混同
を引き起こす。
③ 他人と仲良くなる道具としてSNSが重要
な役割をする。
④ 「いいね」を通じて他人に認められること
が重要だ。

36 青少年はインターネットだけでなく日常生活
でも縮約語を使う。青少年が縮約語を使う
最も大きな理由は「面白くて使いやすい」た
めだ。しかし、言語のアイデンティティが分
からない縮約語を無分別に乱発するのは正
しくない。その上、思考と表現の関係を考慮
すると、似たような形の縮約語を習慣的に
繰り返して使うことは、学生たちの思考力伸
長にも否定的な影響を及ぼす。それだけで
なく自己紹介書、報告書など多様な作文課
題でも縮約語を習慣的に使うことになる場
合が多い。同年代との便利なコミュニケー
ションのための言語習慣が、かえって他人や
社会とのコミュニケーションまで断絶させる
のではないか、反省が必要だ。

❶ 青少年の縮約語の使用は様々な面で問
題になる。
② 青少年たちは作文する時も縮約語をたく
さん使う。
③ 社会とコミュニケーションするためには、
縮約語を使うことが必要だ。
④ 青少年は縮約語を使って自分たちのアイ
デンティティを表す。

37 우리는 가전제품의 발달로 여성들이 가사 노동으로부터 해방됐다고 생각한다. 그러나 정작 여성의 가사 노동은 줄기는커녕 오히려 늘어났다. 요즘은 좋은 세탁기 덕분에 부피가 크고 무거운 빨래도 어머니 혼자서 거뜬히 해낼 수 있다. 그러나 세탁기가 없었을 때 이런 빨래는 집안의 남자들, 즉 할아버지, 아버지, 아들의 몫이었다. 가전제품이 생긴 이후 이런 노동은 고스란히 어머니의 몫이 되어 버렸고, 가사 노동으로부터 해방된 것은 집안의 남자들이 된 것이다.

正解 ❹ 가전제품의 발달로 오히려 여성의 가사 노동은 늘어났다.

解説 洗濯機のおかげで女性が一人で大量の洗濯ができるようになった反面、女性の家事量が増えたと書かれています。

38 현대인에게 고질적인 병은 미디어 중독과 관계 중독증이다. 우리는 출근하면 제일 먼저 컴퓨터를 켠 뒤 이메일을 확인하고 메신저를 켠다. 약속 없는 주말에는 자신을 패자라고 생각하며 자신을 가혹하게 자책하는 사람도 있다. 우리는 혼자 남겨지는 외로움을 참지 못한다. 관계 중독증에 빠져 살던 한 방송 작가는 처음에는 외로워서 글을 쓰기 시작했다. 매일 퇴근 후 집에 돌아와 편지를 쓰기 시작했다. 일주일에 많게는 8~9통, 적게는 3통씩 두 달 넘게 꾸준히 쓰다 보니 마음이 회복되기 시작했다. 뿐만 아니라 주변 사람들이 자신이 쓴 편지를 여러 사람한테 전달하고 그것이 방송국에 있는 사람한테까지 전해져서 라디오 작가 제의를 받게 되었다. 덕분에 그는 퇴근 후에는 대본 작업을 하면서 관계에 얽매이지 않고 외로움을 즐길 수 있는 시간을 찾게 되었다. 글을 써 보자. 간단한 메모나 일기라도 말이다. 당신의 외로움이 명작으로 탄생할지 아무도 모른다.

正解 ❸ 외로움을 벗어나기 위해 글을 쓰는 것이 좋다.

解説 孤独から書き続けて作家になった人が、孤独を楽しめるようになったことを紹介しつつ、「書くことをやってみよう」と言っています。

37 私たちは家電製品の発達により女性が家事労働から解放されたと考えている。しかし、実際に女性の家事労働は減るどころかむしろ増えた。最近は良い洗濯機のおかげで、かさばる重い洗濯も母親一人で簡単にできる。しかし、洗濯機がなかったとき、このような洗濯は家の男たち、すなわち祖父、父、息子の役割だった。家電製品ができて以後、このような労働はそのまま母親の役割になってしまい、家事労働から解放されたのは家の男たちになったのだ。

① 洗濯機が大きい洗濯物の問題を解決した
② 家の労働は男性の分を増やさなければならない。
③ 家電製品のおかげで女性の家事労働が減った。
❹ 家電製品の発達で、むしろ女性の家事労働が増えた。

38 現代人にとって慢性的な病気はメディア中毒と関係中毒症だ。私たちは出勤したら一番先にコンピュータをつけた後、メールを確認してメッセンジャーをつける。約束のない週末には自分を敗者だと思って、自分を厳しく自責する人もいる。私たちは一人残された寂しさに耐えられない。関係中毒症に陥っていたある放送作家は、最初は寂しくて文を書き始めた。毎日退勤後に家に帰って手紙を書き始めた。一週間に多くは8~9通、少なくとも3通ずつ2か月以上書き続けた結果、心が回復し始めた。それだけでなく、周辺の人々が自分が書いた手紙を多くの人に伝え、それが放送局にいる人にまで伝えられ、ラジオ作家の提案を受けることになった。おかげで彼は退勤後には台本作業をしながら関係に縛られず寂しさを楽しめる時間を探すことになった。文を書いてみよう。簡単なメモや日記でも良い。あなたの寂しさが名作になるかもしれない。

① 手紙をたくさん書くと就職できるようになる。
② テレビを見ると心が回復できる。
❸ 寂しさから抜け出すために、文章を書いた方が良い。
④ 関係依存症から抜け出すために、メッセンジャーや電子メールを活用しなければならない。

39 아프리카의 한 부족은 다른 부족에 비해 유난히 범죄율이 낮다. 특히 범죄를 저지른 사람이 다시 범하는 재범률이 매우 낮다. (㉠) 이유는 그 부족만의 특별한 재판 때문이다. 이 부족은 누군가가 죄를 범하면, 그를 마을 한가운데 세우고 마을 사람들이 며칠간 한마디씩 던진다. (㉡) 비난의 말이나 돌을 던지는 것이 아니다. "지난번에 저에게 먹을 것을 줘서 감사했어요.", "저를 보고 웃어 줘서 고마웠어요.", "우리 아들이 다쳤을 때 도와줘서 감사했어요." (㉢) 이런 식으로 범죄를 저지른 사람이 과거에 행했던 미담, 선행, 장점 등을 한마디씩 해 주는 것이다. 이를 통해 착했던 과거를 깨닫게 한 후, 새사람이 된 것을 축하하는 축제로 재판을 마무리하게 된다. (㉣)

──── 보기 ────

자신이 누구인지를 다시 돌아보게 함으로써, 새로운 삶을 살도록 만드는 것이다.

──────────

正解 ❹ ㉣

解説 「는 것이다」는、通常、以前に一度言ったことを言い直すときに使うフレーズです。挿入文の「자신이 누구인지를 다시 돌아보게 함으로써, 새로운 삶을 살도록 만드는 것이다」と同じ内容のフレーズは「착했던 과거를 깨닫게 한 후, 새사람이 된 것을 축하하는 제로 재판을 마무리한다」なので、答えは㉣に入っていなければなりません。

40 더울 때는 왜 찬물보다 미지근한 물로 샤워하는 것이 좋을까? (㉠) 더우면 땀을 흘려 체온을 낮추고 추우면 밖으로 열을 안 빼앗기려고 피부 근처에서 순환하는 혈액의 양을 줄여 체온을 유지하게 되는 것이다. (㉡) 따라서 체온보다 약간 따뜻한 물로 샤워를 하면 땀이 나고, 땀을 흘림으로써 열이 몸 밖으로 빠져나간다. (㉢) 당장 덥다고 찬물로 샤워를 하면, 체내에서는 찬물 샤워로 낮아진 체온을 높이려고 몸이 더 열을 발산하기 때문에 오히려 더 더워지는 역효과가 날 수 있다. (㉣)

──── 보기 ────

우리 몸은 36~37℃의 체온을 일정하게 유지하려고 한다.

──────────

39 アフリカのある部族は他の部族に比べて特に犯罪率が低い。特に犯罪を犯した人が再び犯す再犯率が非常に低い。(㉠) 理由は、その部族だけの特別な裁判のためだ。この部族は誰かが罪を犯すと、彼を村の真ん中に立たせ、村人たちが数日間一言ずつ投げる。(㉡) 非難の言葉や石を投げるのではない。「この前は私に食べ物をくれてありがとうございました」、「私を見て笑ってくれてありがとうございました」、「息子が怪我をしたとき、助けてくれてありがとうございました」。(㉢) このような形で罪を犯した人が過去に行った美談、善行、長所などを一言ずつ言ってくれるのだ。これを通じて善良だった過去を悟らせた後、新しい人になったことを祝う祭りで裁判を終えることになる。(㉣)

[挿入文]

自分が誰なのかを振り返らせることで、新しい人生を送るようにするのだ。

40 暑いときは、なぜ冷たい水よりもぬるま湯でシャワーを浴びた方がいいのだろうか？ (㉠) 暑ければ汗を流して体温を下げ、寒ければ外に熱を奪われないように肌の近くで循環する血液の量を減らして体温を維持することになるのだ。(㉡) したがって体温よりやや暖かいシャワーを浴びると汗が出て、汗を流すことで熱が体外に抜ける。(㉢) 今すぐ暑いからといって冷水でシャワーを浴びれば、体内では冷水シャワーで低くなった体温を高めようと体がさらに熱を発散するため、むしろ暑くなる逆効果が出ることがある。(㉣)

[挿入文]

私たちの体は36～37℃を一定に保とうとする。

正解 ❶ ㉠

解説 挿入文には、「体は温度を一定に保とうとする」と書い
てあるので、体がどのように温度を保つのかを具体的
に説明する文が前に来なければなりません。よって、
答えは①となります。

41 중년 남성의 전유물로만 여겨졌던 탈모가 최근에는 나
이와 성별을 가리지 않고 확산되는 추세다. (㉠) 특히
20~30대 젊은 층에서 탈모 환자가 급격히 늘어나고 있
다. (㉡) 탈모 환자 300명을 대상으로 조사한 결과 탈모
로 인해 대인 관계에 부담을 느끼는 사람이 가장 많았다.
(㉢) 이성 관계에 어려움을 겪거나 취업ㆍ면접 등에서
불이익을 겪은 탈모 환자가 그 뒤를 이었다. (㉣) 이런
현상은 산업과 기술이 발전할수록 사람들의 스트레스는
더 심해지고 환경이 오염되면서 그 영향을 받았기 때문인
것으로 보인다.

보기

안타까운 점은 젊은 탈모 환자들이 대인 관계는 물론
취업과 연애, 결혼 등에 어려움을 겪고 있다는 점이다.

正解 ❷ ㉡

解説 挿入文では若年性脱毛症患者の困難さについて書か
れており、その後に実用的な調査結果についての内
容が登場しなければならないので、答えは②となりま
す。

41 中年男性だけの問題だと思われていた脱毛
が、最近は年齢と性別を問わず広がってい
る。(㉠) 特に、20～30代の若年層で
脱毛患者が急増している。(㉡) 脱毛患
者300人を対象に調査した結果、脱毛によ
って対人関係に負担を感じる人が最も多か
った。(㉢) 異性関係に困難を経験した
り就職・面接などで不利益を被った脱毛患
者がその後に続いた。(㉣) このような
現象は、産業と技術が発展するほど、人々の
ストレスはさらにひどくなり、環境が汚染さ
れ、その影響を受けたためと見られる。

[挿入文]

残念な点は、若い脱毛患者が対人関係
はもちろん、就職と恋愛、結婚などに困
難を経験しているという点だ。

[42~43] 다음을 읽고 물음에 답하십시오.　　▶ P. 185~186

오늘 아들이 대학에 입학하기 위해 전국의 수험생과 함께 수능 시험을 치렀다. 시험 때만 되면 갑자기 날씨가 추워지는 입시 한파가 올해도 예외 없어서 어제보다 기온이 7도나 떨어진 쌀쌀한 날씨였다. 그동안 더운 여름에도 책과 씨름하며 공부한 아들이 어떤 성적을 거둘지, 부모로서 초조하고 안타까웠다. 아내는 소화가 잘되는 음식으로 시험 중간에 먹을 도시락을 싸면서 직장 때문에 시험장까지 같이 가지 못하는 것을 내내 아쉬워했다. 평소에는 말이 없고 무뚝뚝한 아들이지만, 시험을 앞두고 긴장하는 마음을 풀어 주고 싶어서 시험장에 도착할 때까지 이야기도 나누고 음악도 들려주었다.

시험장 앞은 수험생과 가족들, 그리고 선배를 응원하려고 몰려온 후배들로 붐볐고, 응원하는 노래와 격려하는 구호로 소란스러웠다. 수험표와 펜 등 필요한 것은 잘 챙겼는지 확인하고 아들에게 시험 잘 보라고 격려하며 헤어졌다. 아들이 그동안에 쌓은 실력만큼 시험 문제를 풀고 실수만 하지 않았으면 좋겠다고 마음으로 빌며 회사 쪽으로 가는데 갑자기 아들에게서 전화가 왔다.

"아버지, 아까 그 시험장으로 다시 와 주세요."

<u>순간 가슴이 철렁 내려앉았다.</u>

'수험표를 잃어버렸나? 어디가 아픈 건 아닐까?' 머릿속으로 온갖 안 좋은 상상을 하면서 급히 시험장으로 갔다. 걱정하던 나와 달리 환하게 웃으며 나를 기다리던 아들이 갑자기 넙죽 엎드려 절하면서, "아버지, 그동안 잘 키워 주셔서 고맙습니다."하고 큰 소리로 외쳤다. 그리고는 쏜살같이 문 안으로 뛰어 들어갔다.

42 [正解] ❶ 놀랐다.

[解説] 「가슴이 내려앉다 (肝を冷やす)」は、何か悪いことが起きて驚いている、何かが起きるのではないかと心配している、という意味です。

43 [正解] ❶ 아내도 아들의 시험장에 같이 가고 싶어 했다.

[解説] 妻が息子と一緒に試験場に行けなくて残念だったという文は、妻が本当は行きたかったという意味です。
② 息子は普段からお父さんとよく話す子だった。
→ 口数の少ないぶっきらぼうな息子だった。
③ お父さんは息子がまぐれに良い試験結果が出ることを祈った。
→ 息子には、自分の能力でできる限り試験問題を解き、ミスをしないようにとしか考えていなかった。
④ お父さんは息子が電話した理由を最初から知っていた。
→ 全く分からず、心配しながら息子に会いに行った。

[42~43] 次を読んで、質問に答えてください。

今日、息子が大学に入学するために全国の受験生と一緒に修学能力試験を受けた。試験のときになると急に寒くなる入試寒波が今年も例外なく、昨日より気温が7度も下がった肌寒い天気だった。これまで暑い夏にも本と格闘しながら勉強した息子がどんな成績を収めるか、親として焦り残念だった。妻は消化の良い食べ物で試験の途中で食べる弁当を作りながら、職場のため試験場まで一緒に行けないことをずっと残念がっていた。普段は無口で無愛想な息子だが、試験を控えて緊張する心をほぐしたくて試験場に到着するまで話も交わして音楽も聞かせてくれた。

試験場の前は受験生と家族、そして先輩を応援しようと駆けつけた後輩たちでにぎわい、応援する歌と激励する掛け声で騒がしかった。受験票やペンなど、必要なものはきちんと持っているか確認し、息子に試験をよく受けるよう励まして別れた。息子がこれまで培った実力だけ試験問題を解いてミスさえしないでほしいと心から願いながら会社の方へ行くと、突然息子から電話がかかってきた。

「お父さん、さっきの試験会場に戻ってきてください」
<u>一瞬、胸がどきどきした。</u>

「受験票をなくしたのか？　どこかが痛いのではないか?」頭の中であらゆる悪い想像をしながら、急いで試験会場に向かった。心配していた私とは違って明るく笑って私を待っていた息子が突然うつ伏せになってお辞儀をしながら、「お父さん、これまでよく育ててくれてありがとうございます」と大声で叫んだ。そして矢のようにドアの中に飛び込んだ。

42 下線を引いた部分に表れている「お父さん」の心境として適したものを選んでください。

❶ 驚いた。
② 腹が立った。
③ 気まずかった。
④ 心が浮かれていた

43 上記の文章の内容として分かるものを選んでください。

❶ 妻も息子の試験場に一緒に行きたがっていた。
② 息子は普段からお父さんとよく話す子だった。
③ お父さんは息子がまぐれに良い試験結果が出ることを祈った。
④ お父さんは息子が電話した理由を最初から知っていた。

[44~45] 다음을 읽고 물음에 답하십시오.　　　▶ P. 187~188

어느 부부가 말싸움을 하다가 마을의 어른을 찾아가서 문제를 해결해 달라고 요청했다. 말싸움의 원인은 막 태어난 첫아들의 이름을 짓는 것이었다. 부인이 먼저 말했다. "남편은 시아버님의 이름을 따서 아이의 이름을 짓겠다고 하는데, 저는 제 아버지의 이름을 따서 지어 주고 싶어요." 마을의 어른은 각자 아버지의 이름이 뭐냐고 물었다. 부부는 동시에 "'명수'입니다. 총명하고 뛰어나다는 뜻이지요." 마을의 어른은 "두 분의 이름이 같으니까 잘됐네요, 그대로 이름을 지으면 되는데, 왜 말싸움을 하는 거요?" 그 말에 부인이 다시 말했다. "시아버님은 사기꾼으로 일생을 살았고 제 아버지는 정직한 삶을 살았는데, 그대로 이름을 지으면 누구의 이름을 딴 것인지 불분명하잖아요." 마을의 어른은 한참 고민하다가 이렇게 말했다." 그 아이의 이름을 그대로 명수라고 지으세요. 그리고 사기꾼이 되는지 정직한 사람이 되는지 지켜보세요. 그러면 (　　　) 분명해질 겁니다." 사람들은 아이의 이름을 지을 때, 온갖 좋은 말을 찾아서 가장 좋은 이름을 짓는다. 그러나 이름보다 더 중요한 것이 있다. 이름이 인격을 결정하지는 않는다. 어떻게 사는지가 그 이름값을 결정한다. 이름에 맞는 인격, 인격에 맞는 이름을 갖추어야 한다. 그것은 본인의 선택이다.

44 **正解** ❹ 어느 할아버지의 이름을 딴 것인지

　　解説 内容は、子どもに「ミョンス」と名付けた後、その子がどんな人間になるかを待っていれば、どの祖父から名付けられたかがわかるというもので、答えは④です。

45 **正解** ❸ 이름보다 자신의 인생을 어떻게 사느냐가 중요하다.

　　解説 名前をつける話を紹介することで、誰もが良い名前をつけようとするが、名前そのものよりも、その人がどう生きていくかが重要であることを述べています。したがって、答えは③です。

[44~45] 次を読んで、質問に答えてください。

ある夫婦が言い争いをして、村の長老を訪ねて問題を解決してほしいと依頼した。口論の原因は、生まれたばかりの長男の名前をつけることだった。妻が先に言った。「夫は義父にちなんで子どもの名前をつけると言っていますが、私は父にちなんで名づけたいのです」。村の長老は、それぞれ父親の名前は何かと尋ねた。夫婦は同時に「『ミョンス』です。聡明で優れているという意味ですね」。村の長老は「お二人の名前が同じだからよかったじゃないか、そのまま名前をつけばいいのに、なぜ言い争うのですか?」その言葉に妻が再び口を開いた。「義父は詐欺師として一生を過ごし、私の父は正直な人生を生きたのに、そのまま名前をつけたら誰の名前を取ったのかわからないじゃないですか」。村の長老はしばらく悩んだ末、このように話した。「その子の名前をそのまま『ミョンス』とつけてください。そして、詐欺師になるのか正直者になるのか見守ってください。そうすれば、（　　　）明らかになるでしょう」。人々は子どもの名前をつけるとき、あらゆる良い言葉を探して、一番良い名前をつける。しかし、名前よりももっと大切なものがある。名前が人格を決めるわけではない。どう生きるかがその名前の価値を決めるのだ。名前に合う人格、人格に合った名前を備えなければならない。それは本人の選択次第なのだ。

44 （　　　）に入る言葉として最も適したものを選んでください。
① 名前がなぜ重要なのか
② 名前の意味が何なのか
③ どうして二人のおじいさんの名前が同じなのか
❹ どのおじいさんの名前から取ったのか

45 上記の文章のテーマとして最も適したものを選んでください。
① 子どもの名前によってその人生が変わる。
② 一番良い言葉を選んで名前をつけなければならない。
❸ 名前より自分の人生をどう生きるかが大事だ。
④ 目上の人の名前を因んで子どもの名前をつける必要はない。

[46~47] 다음을 읽고 물음에 답하십시오. ▶ P. 188~189

한 세정제 회사는 무료로 음식을 제공하는 팝업 레스토랑을 열어 많은 사람들에게 큰 인기를 끌고 있다. 그 회사가 팝업 레스토랑을 열어 사람들에게 음식을 무료로 제공하는 방식이 매우 이색적이다. 음식을 먹고 난 손님들에게 음식값을 지불하게 하는 대신 설거지를 하도록 유도하고 있다. 영수증을 자세히 살펴보면 손님이 무료로 음식을 먹고 난 후 설거지를 해야 할 다섯 가지 목록을 확인할 수 있다. 다섯 목록은 바로 냄비, 접시, 컵, 숟가락과 젓가락이다. 손님들에게 음식을 무료로 제공하면 할수록 계속 적자가 날 텐데 이 회사는 왜 이런 특별한 레스토랑을 연 것일까? 자기 회사의 세정제를 홍보하기 위한 마케팅 전략이 이곳에 숨어 있다. 식당을 찾는 손님들에게 세정제를 사용해 설거지를 경험하도록 유도한 것이다. 자사의 좋은 제품을 고객이 직접 사용하고 품질을 직접 경험해 보도록 유도하고 있다. 이 회사의 마케팅 전략은 벌써 대성공한 것 같다. 수많은 사람들이 이 제품을 직접 사용하고 입소문을 내고 있기 때문이다.

46 [正解] ❹ 제품을 고객이 직접 사용하고 입소문을 내는 전략을 칭찬하고 있다.

[解説] 「会社のマーケティング戦略はすでに大きく成功しているようだ」とあるので、④の褒めるが正解です。
① お客さんに皿洗いをさせることについて抗議しそいる。
→ 多くの人に支持されているのだから、文句を言っているわけではありません。
② 赤字のレストランの運営について疑問を投げかけそいる。
→ その内容を説明するために質問を投げかけており、その回答はすでにその後に続く部分にあるので、疑問を投げかけていることにはなりません。
③ 無料で食べ物を提供するのが異色の方法だと非難している。
→ 普通とは違うことを知りたがっているときに「普通じゃない」という言葉を使うのであって、批判の意味はありません。

47 [正解] ❹ 세정제를 사용해 본 손님들 덕분에 제품이 많이 알려지고 있다.

[解説] 個人的にこの洗剤を使っている人は数え切れないほどいて、口コミを生んでいるので、答えは④です。
① 同社は社会奉仕活動として無料食堂を運営している。
→ 自社製品である洗剤の宣伝のためにレストラン

[46~47] 次を読んで、質問に答えてください。

ある洗剤会社が、無料で食べ物を提供するポップアップレストランをオープンし、多くの人に大好評を得ている。その会社がポップアップレストランをオープンし、無料で食べ物を提供するのは非常に珍しいことである。料理を食べた客に、代金を払う代わりに皿洗いをするように促しているのだ。レシートをよく見ると、無料で料理を食べた後に洗うべき5つのアイテムがリストアップされています。記載されているのは、鍋、皿、コップ、スプーン、箸の5つです。無料で提供される料理が多ければ多いほど赤字が続くわけだが、なぜこの会社はこのような特別なレストランを開いたのだろう。そこには、自社の洗剤を普及させるためのマーケティング戦略が隠されている。それは、このレストランを見つけたお客さんに、自社の洗剤を使って食器を洗うという体験を促すことでした。自社製品の良さを直接お客様に使っていただき、その良さを個人的に体験していただくことを促しているのである。この会社のマーケティング戦略は、すでに大きな成功を収めているようだ。なぜなら、数え切れないほどの人々が、この製品を自ら使い、口コミをしているからだ。

46 上記の文章に表れている筆者の態度として最も適したものを選んでください。。
① お客さんに皿洗いをさせることについて抗議している。
② 赤字のレストランの運営について疑問を投げかけている。
③ 無料で食べ物を提供するのが異色の方法だと非難している。
❹ 商品を顧客が直接使用して口コミを広げる戦略を褒めている。

47 上記の文章の内容と同じものを選んでください。
① 同社は社会奉仕活動として無料食堂を運営している。
② 自社の洗剤を購入するお客さんのみ、無料で食事することができる。
③ お客さんが無料で食事するためには、必ず洗剤の広告をしなければならない。
❹ 洗剤を使ってみたお客さんのおかげで商品が多く知られている。

を経営しています。

② 自社の洗剤を購入するお客さんのみ、無料で食事することができる。

→ 食後に皿洗いをした人は無料で食べられます。

③ お客さんが無料で食事するためには、必ず洗剤の広告をしなければならない。

→ 食器洗いをしなければなりません。

[48~50] 다음을 읽고 물음에 답하십시오.　▶ P. 189~190

"로봇이 왜 남자애들 거야?" 장난감 성차별에 항의하는 소녀에게 대형 마트가 사과했다. 70년대 레고 (LEGO)에 들어 있던 설명서에는 "부모님들께, 레고를 이용해 무엇이든 만들 수 있습니다. 남자아이들이 인형의 집을 좋아할 수도, 여자아이들이 우주선을 좋아할 수도 있습니다. 중요한 건 아이들이 무엇이든 만들게 놔두는 것입니다."라는 글이 있다. 시대가 지나면서 오히려 장난감에 남녀 구분이 생겼다. 여자아이 장난감은 대부분이 분홍색이고 요리, 살림과 관련된 아기자기한 것이 많다. 그러나 여자아이용 음료수 판매대 레고를 선물 받은 한 소녀는 이를 멋진 로봇으로 조립했다. 그런데도 여전히 여자아이는 바비 인형에 분홍색을 좋아하고 (　　　) 편견이 여전하다. <u>인간은 정말 태어나면서부터 여자는 분홍, 남자는 파랑에 끌리는 걸까?</u> 그렇지 않다. 색깔에 대한 인식이 변한 건 2차 세계 대전 이후다. 전후 본격화된 공장 생산에서 남자 아이 장난감은 파랑, 여자아이 장난감은 분홍으로 찍어 내면서 생긴 편견이다. 그러니 성별 색깔 구분이 생긴 건 채 100년이 안 된 일이다. 남자아이가 분홍색을, 여자 아이가 파란색을 좋아하더라도 전혀 이상할 게 없는 일이다. 최근 이러한 편견을 깨는 작업의 일환으로 미국 대형 유통업체는 매장 제품을 '소년용', '소녀용'으로 구별하지 않기로 했다. 그 대신 '아동용'이라는 용어를 사용하고 색깔 구분도 없앴다. 이러한 정책에 다수의 고객들은 '아동기에 성에 대한 편견이 굳어지는 것을 막아 주게 될 것'이라면서 환영했다.

48　정답 ❹ 성별에 따른 색깔 구분에 대한 편견이 깨지고 있음을 소개하기 위해

　　해설 最近、男の子用と女の子用のおもちゃの区別をなくし、色の区別をなくしたことが話題になっています。

49　정답 ❷ 남자아이는 로봇과 파랑색을 좋아한다는

　　해설 前段の女の子のバービー人形とピンクの色との対比で男の子が好む特徴を選ばなければならないので、答えは②となります。

50　정답 ❷ 남녀가 선천적으로 좋아하는 색깔이 있다는 생각은 편견이다.

[48~50] 次を読んで、質問に答えてください。

「ロボットはなんで男の子たちのものなの?」おもちゃの性差別に抗議する少女に大型マートが謝罪した。70年代のレゴ (LEGO) に入っていた説明書には「ご両親たち、レゴを利用して何でも作ることができます。男の子たちは人形の家を好むかもしれないし、女の子たちは宇宙船を好むかもしれません。重要なことは子どもたちに何でも作らせておくことです」という文がある。時代が経つにつれ、むしろおもちゃに男女の区分ができた。女の子のおもちゃはほとんどピンクで、料理や家事に関わる可愛らしいものが多い。しかし、女の子向け飲料水販売台のレゴをプレゼントされたある少女は、これを素敵なロボットとして組み立てた。それでも相変わらず女の子はバービー人形にピンクが好きで (　　　) 偏見が依然として残っている。<u>人間は本当に生まれてから女性はピンク、男性は青に惹かれるのか?　そうではない。</u>色に対する認識が変わったのは第二次世界大戦後だ。戦後本格化した工場生産で男の子のおもちゃは青、女の子のおもちゃはピンクで印刷してできた偏見だ。そのため、性別の色分けができたのは100年も経っていないことだ。男の子がピンク色を、女の子が青が好きでも全く不思議ではないことだ。最近、このような偏見を破る作業の一環として、米国の大型流通業者は売り場製品を「少年用」、「少女用」に区別しないことにした。その代わり「児童用」という用語を使い、色分けもなくした。このような政策に多数の顧客は「児童期に性に対する偏見が固まることを防ぐことになるだろう」とし歓迎した。

48　上記の文章を書いた目的として最も適したものを選んでください。
　① 戦後に作られたおもちゃの問題を指摘するために
　② おもちゃの色で男女の性別を区分する必要性を強調するために
　③ 児童期に性別に対する偏見を固めなければならない理由を説明するために
　❹ 性別によって色を区分する偏見が崩れていることを紹介するために

解説 男の子と女の子には生まれつき好きな色があるという考え方はステレオタイプであり、このような偏見をなくすための努力を肯定的に捉えていると書かれているので、答えは②です。

① 70年代、レゴは説明書で男女の区分を強調した。
→ レゴは何でも作れると書いてありました。

③ 男の子がピンクを、女の子が青を好むことは変なことだ。
→ 全く違和感がありません。

④ 戦後、工場でおもちゃを作りながら男女の子どもに対する色の偏見がなくなった。
→ 戦後の正規の工場生産では、男の子のおもちゃは青、女の子のおもちゃはピンクという固定観念が形成されました。

49 （   ）に入る言葉として最も適したものを選んでください。
① 宇宙船が好きかもしれないと
❷ 男の子はロボットと青色が好きだと
③ 男の子は飲み物の販売台をうまく作ると
④ おもちゃを少年用と少女用に区分すると"

50 上記の文章の内容と同じものを選んでください。
① 70年代、レゴは説明書で男女の区分を強調した。
❷ 男女が先天的に好きな色があるという考え方は偏見だ。
③ 男の子がピンクを、女の子が青を好むことは変なことだ。
④ 戦後、工場でおもちゃを作りながら男女の子どもに対する色の偏見がなくなった。

以下は、間違いのある作文の解答例です。その間違いを探し、韓国語の作文として正しい語彙や文法を確認してみましょう。

間違いのある解答例

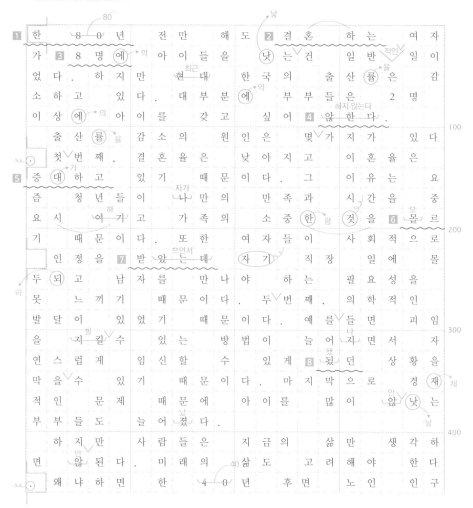

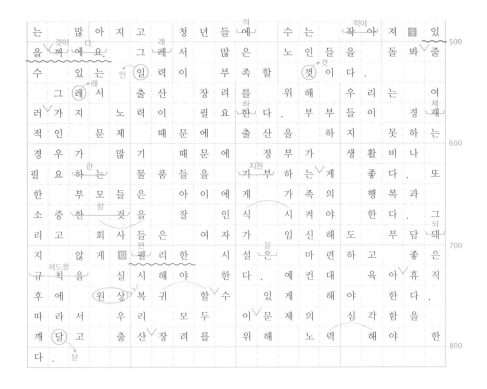

는 많아지고 청년들에 수는 작아져 9 있
을까에요. 그래서 많은 노인들을 돌봐 줄
수 있는 일력이 부족할 껏이다.
　그레서 출산 장려를 위해 우리는 여
러가지 노력이 필요한다. 부부들이 경제
적인 문제 때문에 출산을 하지 못하는
경우가 많기 때문에 정부가 생활비나
필요하는 물품들을 기부하는 게 좋다. 또
한 부모들은 아이에게 가족의 행복과
소중한 것을 잘 인식시켜야 한다. 그
리고 회사들은 여자가 임신해도 부담돼
지 않게 10 편리한 시설은 마련하고 좋은
규칙을 실시해야 한다. 예컨대 육아 휴직
후에 원상 복귀 할 수 있게 해야 한다.
따라서 우리 모두 이 문제의 심각함을
깨달고 출산 장려를 위해 노력해야 한
다.

1 原稿用紙の書き方と分かち書き

2 名詞を修飾する形の時制区分

3 助詞の正しい用法

4 否定形の正しい用法

5 似た意味を持つ語彙や混同しやすい語彙の正しい使い分け

6 不規則な活用法

7 接続語尾の正しい用法

8 「되」と「돼」の区別の仕方

9 終結語尾の正しい用法

10 必ず知っておくべき正書法

① 原稿用紙の書き方と分かち書き

ライティング問題の解答を書く際には、内容に気を使わなければならない一方で、原稿用紙の書き方にも注意しなければなりません。特に、単語の分かち書きを間違えると減点されるので、原稿用紙に合わせて書く形式を正確に知っておく必要があります。

(1) 原稿用紙の1マスには文字を1字ずつ書く。

| 원 | 고 | 지 | 의 | | 한 | | 칸 | 에 | 는 | | 한 | | 자 | 씩 | | 쓴 | 다 | . |

(2) 句読点なども1マスに1字ずつ書く。

| 선 | 생 | 님 | , | 이 | 게 | | 뭐 | 예 | 요 | ? | | | | | | | | |

(3) 省略記号（……）は2マスを使用します。

| 아 | 직 | | 끝 | 나 | 지 | | 않 | 았 | 는 | 데 | … | … | . | | | | | |

(4) ローマ数字や漢数字、アラビア数字は1マスに1字ずつ書きます。ただし、2文字以上のアラビア数字は、前から1マスに2字ずつ書きます。

20	15	년		10	월		23	일	은		형	의		생	일	이	다	.
우	리		형	은		몸	무	게	가		11	7	킬	로	그	램	이	나
된	다	.																

(5) アルファベットの小文字も1マスに2字ずつ書きます。しかし、大文字は1マスに1字ずつ書きます。

| K | – | P | op | 이 | | 아 | 시 | 아 | | 여 | 러 | | 나 | 라 | 에 | 서 | | 인 |

(6) 分かち書きをするときは、1マス空けて書き続けます。

| 어 | 려 | 운 | | 일 | 은 | | 서 | 로 | | 도 | 와 | 야 | | 한 | 다 | . | | |

(7) 分かち書きの空きマスが行の一番最初（原稿用紙の左端）になるときは、空けず
　　にそのまま書き、真上の行の右端に∨を書きます。

이렇게 오랜 시간동안 기다리게 해서
죄송합니다.

(8) すべての単語と単語の間は分かち書きをします。

가방과 구두가 같은 색이라서 정말
잘 어울린다고 생각했다.

(9) 感嘆符（！）や疑問符（？）は文字と同様、１マスに１字ずつ書き、続く文は１
　　マス空けて書き始めます。

언제요? 내일 오신다고요? 와! 드
디어 엄마가 여행을 끝내고 집에 오신

(10) ピリオドやカンマなどの句読点も１マスに１字ずつ書きますが、感嘆符や疑問符
　　 とは異なり、後に続く単語との間を空けずに続けて書きます。

이튿날, 학교에 갔다. 친구들이 반갑게

(11) 助詞がある場合は必ず分かち書きをしなければなりません。

친구가 제주도에서 생선과 귤을 나에
게 보냈는데 귤은 먹고 생선은 냉장고

(12) 名詞や形式名詞を修飾する連体語尾「-(으)ㄴ」「-는」「-(으)ㄹ」などの次は必ず
　　 分かち書きをしなければなりません。

좋은 날씨에도 집에만 있는 친구를
불러낼 방법이 없을까? 우리가 친구가
된 지 20년이 지났는데도 놀 줄 모르
고 책만 읽어서 만나고 싶으면 내가
친구 집에 갈 수밖에 없다. 친구가 사
는 데가 우리 집과 가까워서 다행이지

(13) 会話文は最初のマスを空けて書きます。

(14) 会話文が続く場合でも、会話の各文章を始めるときは最初のマスを空けて書きます。

(15) 会話文のあとに地の文が続く場合は、最初のマスを空けずに書きます。

"곧 고향으로 돌아갈 거야."
"네가 가면 엄마가 기뻐하시겠다."
하고 내가 대답했다.
"엄마와 한 달 정도 같이 지낼 예
정이야. 하지만 일자리를 구하면 다시
헤어져 살지도 몰라."

(16) 一つの段落が終わり新しい段落が始まるときは、最初のマスを空けて書かなければなりません。

어느 가을 날, 급하게 이메일을 보낼
일이 있어서 카페에 들어가 노트북을
컸다. 커피 향에서 가을 냄새가 퍼지고
은은한 음악이 흐르고 있었다.
갑자기 한 학생이 문을 밀치고 소리

(17) 「하다」がつく動詞や形容詞は、「하다」を前の言葉といつもつけて書きます。

날씨가 따뜻하니까 밖에서 운동한 후
에 쇼핑하러 가자.

(18) その他混同される分かち書き

이 책의 글자가 크다.

「이 책 (この本)」「저 옷 (あの服)」「그 사람 (その人)」などは、「이 (この)」「그 (その)」「저 (あの)」などが限定詞になるので、すべて分かち書きをしなければなりません。

ライティングガイド

| 첫 | 번째 | 참가자는 | 고등학생입니다 | . |

順番や回数を表す「번째 (番目)」は、「첫 (最初)」や「두 (二)」とつないで表すとき、分かち書きをしなければなりません。

| 비도 | 안 | 오고 | 바람도 | 불지 | 않아요 | . |

「안 + 否定表現」は分かち書きをしなければなりません。

| 미성년자는 | 못 | 보는 | 영화예요 | . |

「못 + 否定表現」は分かち書きをしなければなりません。

| 그런 | 옷을 | 입어 | 보고 | 싶으면 | 친구 한 |

「이런、그런、저런 + 名詞」は分かち書きをしなければなりません。

| 아플 | 때와 | 비가 | 올 | 때 | 집 | 생각이 |

「때」は単語なので、前の単語と一緒に書くとき、分かち書きをしなければなりません。

| 약속했으니까 | 꼭 | 올 | 거예요 | . |

「-(으)ㄹ 거」の「거」は形式名詞「것」の口語体で、形式名詞は前の単語と分けて書かなければなりません。

2 名詞を修飾する形の時制区分

単独で書かれていない名詞の前に修飾語を使う場合、単語のつなぎ方がわからなくてミスをする場合が多くあります。名詞を修飾する際のルールは以下のとおりです。

(1) 一般的な規則定理

	N + 인 + N	직업이 의사인 친구 職業が医師である友人	N + 이/가 아닌 + N	직업이 의사가 아닌 친구 職業が医師ではない友人
	A + -(으)ㄴ + N	좋은 날씨 良い天気 따뜻한 날씨 暖かい天気	안 + AV + -(으)ㄴ + N	안 좋은 날씨 良くない天気 안 따뜻한 날씨 暖かくない天気
			A + -지 않은 + N	좋지 않은 날씨 良くない天気 따뜻하지 않은 날씨 暖かくない天気
動詞	現在 V + -는 + N	사진을 찍는 사람 写真を撮る人	안 + V + -는 + N	사진을 안 찍는 사람 写真を撮らない人
			V + -지 않는 + N	사진을 찍지 않는 사람 写真を撮らない人
	過去 V + -(으)ㄴ + N	어제 먹은 음식 昨日食べた食べ物 동생이 요리한 음식 弟(妹)が料理した食べ物	안 + V + -(으)ㄴ + N	어제 안 먹은 음식 昨日食べなかった食べ物 동생이 요리 안 한 음식 弟(妹)が料理しなかった食べ物
			V + -지 않은 + N	어제 먹지 않은 음식 昨日食べなかった食べ物 동생이 요리하지 않은 음식 弟(妹)が料理しなかった食べ物
	未来 V + -(으)ㄹ + N	내일 입을 옷 明日着る服 내일 줄 선물 明日贈るプレゼント	안 + V + -(으)ㄹ + N	내일 안 입을 옷 明日着ない服 내일 안 줄 선물 明日贈らないプレゼント
			V + -지 않을 + N	내일 입지 않을 옷 明日着ない服 내일 주지 않을 선물 明日贈らないプレゼント

(2) 一般名詞のほか、形式名詞も同じ修飾のルールに従います。

① 것

🄴🅇 진짜인 것과 가짜인 것 本物と偽物

중요한 것 大切なもの

지금 배우는 것은 옛날에 배운 것과 달라요.
今学んでいることは、昔に学んだこととは違います。

② 데

🄴🅇 분위기가 최고인 데 雰囲気が最高の場所

아픈 데가 없어요. 痛いところはありません。

내일 만날 데가 어디예요? 明日会う場所はどこですか？

(3) 一般的な内容を表す文章では、時制に関係なく現在形で表します。しかし、ある
動作がすでに完了し、過去に起こったことを表す場合は、時制を区別して書かな
ければなりません。

🄴🅇 100년 전에도 담배를 피우는 사람이 있었고, 지금 피우는 사람이 있고, 앞으로도 피우는 사
람이 있을 것이다.
100年前にもタバコを吸う人がいたし、今吸う人がいて、これからも吸う人がいるだろう。

조금 전에 담배를 피운 사람이 누구예요? 냄새가 아직도 나요.
少し前にタバコを吸っていた人は誰ですか？　においがまだします。

담배를 피울 사람은 나가서 피우세요.
タバコを吸う人は外に出て吸ってください。

(4) ただし、「때」を名詞として修飾する場合は、時制と関係なく「-(으)ㄹ 때」と表しま
す。

🄴🅇 심각한 질병일 때만 수술해요. 深刻な病気のときだけ手術します。

10년 전에 한국에 올 때는 한국어를 전혀 몰랐어요.
10年前に韓国に来たときは、韓国語を全く知りませんでした。

요즘 한국어를 공부할 때 사전이 필요해요. 最近、韓国語を勉強するときに辞書が必要です。

내년에 친구가 결혼할 때 제가 노래를 부르기로 했어요.
来年に友人が結婚するとき、私が歌を歌うことにしました。

(5) しかし、動作が完了したという視点から話す場合は、「-았/었/였을 때」という形で書きます。

> 🔵 차 사고가 났을 때 경찰이 왔다. 自動車事故が起きたときに警察が来た。
>
> 술을 마셨을 때 운전하면 안 된다. vs 술을 마실 때 안주가 필요하다.
> お酒を飲んだら運転してはいけない。vs お酒を飲むときにおつまみが必要だ。

名詞修飾の間違った書き方の例

지난번에 **만났은** 사람 (×)　　→　　지난번에 **만난/만났던** 사람 (○) この前会った人

다음 주에 **보내겠는** 서류 (×)　　→　　다음 주에 **보낼** 서류 (○) 来週送る書類

옛날에 **갔은** 곳 (×)　　→　　옛날에 **갔던** 곳 (○) 昔行った場所

친절하지 **않는** 사람 (×)　　→　　친절하지 **않은** 사람 (○) 親切でない人

지난주에 **썼지 않는** 휴대 전화 요금이 나왔다. (×)

　　　　　　　　→　　지난주에 **쓰지 않은** 휴대 전화 요금이 나왔다. (○)
　　　　　　　　　　先週使わなかった携帯電話の料金が請求された。

3 助詞の正しい用法

助詞は文章内で名詞、代名詞、数詞などとその後に続く別の単語をつなぐことによって文法的な関係を示すとともに、特別な意味づけをする機能を持つ言葉です。

(1) 名詞と助詞はつけて書き、助詞の後にはスペースを空けなければなりません。

(2) 「이/가, 을/를, 은/는, 와/과」の場合、前の単語の最後の音節にパッチムがあるかないかによって使用する助詞が変わります。

> 🔵 받침이 있는 경우 パッチムがある場合　술집이 / 술집을 / 술집은 / 술집과
>
> 받침이 없는 경우 パッチムがない場合　회사가 / 회사를 / 회사는 / 회사와

(3) 通常、2つの助詞は意味に応じて続けて書くことができますが、「이/가, 을/를, 은/는」
は続けて書くことができません。

   例 친구 + **가** + **도** + 올 거예요.   →   친구**(가)**도 올 거예요. 友達も来るでしょう。

        가수 + **를** + **도** + 만나요.   →   가수**(를)**도 만나요. 歌手にも会います。

        영어 + **를** + **만** + 안 배웠어요. →   영어**(를)**만 안 배웠어요. 英語だけ習いませんでした。

        노래는 잘 불러요. 춤 + **은** + **만** + 못 춰요. →   춤**(은)**만 못 춰요. ダンスだけ踊れません。

／ ヒント

助詞を2つ続けて使用できる場合

例 집**에서는** 술을 안 마셔요. (에서 + 는) 家ではお酒を飲みません。
부모님**과만** 의논했어요. (과 + 만) 両親とだけ相談しました。
학교**에도** 가 봤어요. (에 + 도) 学校にも行ってみました。
선생님**께도** 말씀드렸어요. (께 + 도) 先生にも申し上げました。
병원**으로도** 보내 드릴 수 있어요. (으로 + 도) 病院にもお送りできます。
여기**에서부터** 시작해 봅시다. (에서 + 부터) ここから始めてみましょう。

助詞の間違った書き方の例

내**가** 학생이다. (×)   →   나**는** 학생이다. (○)
                                      私は学生だ。*自己紹介をする場合

수업이 끝나면 집**을** 가요. (×)   →   수업이 끝나면 집**에** 가요. (○)
                                      授業が終わったら家に帰ります。

중국 베이징**부터** 왔어요. (×)   →   중국 베이징**에서** 왔어요. (○) 中国の北京から来ました。

친구**에** 전화했어요. (×)   →   친구**에게/한테** 전화했어요. (○) 友達に電話しました。

어머니가 바나나**가** 좋아해요. (×) →   어머니가 바나나**를** 좋아해요. (○)
                                      母はバナナが好きです。

날씨가 추우면 물이 얼음**에** 돼요. (×) →   날씨가 추우면 물이 얼음**이** 돼요. (○)
                                      天気が寒いと、水は氷になります。

회사**가** 부모님께 연락했어요. (×) →   회사**에서** 부모님께 연락했어요. (○)
                                      会社から両親に連絡しました。

백화점**에** 선물을 샀어요. (×)   →   백화점**에서** 선물을 샀어요. (○)
                                      百貨店でプレゼントを買いました。

책상 위**에서** 놓았어요. (×)   →   책상 위**에** 놓았어요. (○) 机の上に置きました。

4　否定形の正しい用法

韓国語で否定を表現する方法は単語の品詞や時制などによって異なります。否定形を使った正しい文の作り方を覚えてミスを減らしましょう。

(1) 品詞による使い分け

		現在	過去	未来（意思・推測）
名詞	肯定形	N + 이다	N + 이었다	N + 이겠다 / 일 것이다
	否定形	N + 이/가 아니다	N + 이/가 아니었다	N + 이/가 아니겠다 / 아닐 것이다
形容詞	肯定形	A 基本形	A + -았/었/였다	A + -겠다 / -(으)ㄹ 것이다
	否定形	안 + A 基本形, A + -지 않다	안 + A + -았/었/였다 A + -지 않았다	안 + A -겠다 / -(으)ㄹ 것이다 -지 않겠다 / -지 않을 것이다
動詞	肯定形	V -ㄴ/는다	V + -았/었/였다	V + -겠다 / -(으)ㄹ 것이다
	否定形	안 + V -ㄴ/는다 V + -지 않는다	안 + V + -았/었/였다 V + -지 않았다	안 + V -겠다 / -(으)ㄹ 것이다 -지 않겠다 / -지 않을 것이다
이/가 있다 ～がある、いる	肯定形	이/가 있다	이/가 있었다	이/가 있겠다 / 있을 것이다
	否定形	이/가 없다	이/가 없었다	이/가 없겠다 / 없을 것이다
-(으)ㄹ 수 있다 ～することができる	肯定形	-(으)ㄹ 수 있다	-(으)ㄹ 수 있었다	-(으)ㄹ 수 있겠다 / 있을 것이다
	否定形	-(으)ㄹ 수 없다	-(으)ㄹ 수 없었다	-(으)ㄹ 수 없겠다 / 없을 것이다
알다 ～を知る、わかる	肯定形	알다/안다 (ㅂ不規則活用)	알았다	알겠다 / 알 것이다
	否定形	모른다	몰랐다 (르 不規則活用)	모르겠다 / 모를 것이다

ライティングガイド

(2) 命令形と勧誘形の使い分け

	肯定形	否定形	例文
命令形	V + -(으)십시오	V + -지 마십시오	커피 주지 마십시오. 우유를 주십시오. コーヒーをくださいませんように。牛乳をください。 → 커피 주지 말고 우유를 주십시오. コーヒーをくださらずに牛乳をください。 (「마십시오 + 그리고」は「말고」に短縮される) → 커피 말고 우유를 주십시오. コーヒーではなく牛乳をください。 (「마십시오 + 그리고」は「말고」に短縮される)
勧誘形	V + -(으)ㅂ시다	V + -지 맙시다	택시를 타지 맙시다. 지하철을 탑시다. タクシーに乗るのはやめましょう。地下鉄に乗りましょう。 → 택시 말고 지하철을 탑시다. タクシーではなく地下鉄に乗りましょう。 (「맙시다 + 그리고」は「말고」に短縮される)

否定形の間違った書き方の例

저는 **안** 군인이에요. (×)　　→　저는 군인이 **아니에요.** (○) 私は軍人ではありません。

중요한 일이 **안이에요.** (×)　　→　중요한 일이 **아니에요.** (○) 重要なことではありません。

그건 제 **가방이 않이라** 언니 가방이에요. (×)
→　그건 제 **가방이 아니라** 언니 가방이에요. (○) それは私のカバンではなく、姉のカバンです。

오늘은 **생일이 말고** 결혼기념일이에요. (×)
→　오늘은 **생일이 아니고** 결혼기념일이에요. (○) 今日は誕生日ではなく、結婚記念日です。

그 사람을 **찾을 수 못해요.** (×)　　→　그 사람을 **찾을 수 없어요/못 찾아요/찾지 못해요.** (○)
　　　　　　　　　　　　　　　　　　その人を見つけることができません。

열심히 **공부하지 않으면** 시험에 떨어질지도 몰라요. (×)
→　열심히 **공부하지 않으면/공부 안 하면** 시험에 떨어질지도 몰라요. (○)
　　一生懸命勉強しなければ、試験に落ちるかもしれません。

물이 **깨끗하지 안 해서** 마시지 않았어요. (×)
→　물이 **깨끗하지 않아서/안 깨끗해서** 마시지 않았어요. (○)
　　水がきれいではないので、飲みませんでした。

않 바쁘시면 이 책 읽어 보세요. (×)
→　**안 바쁘시면/바쁘지 않으시면** 이 책 읽어 보세요. (○)
　　お忙しくなければ、この本を読んでみてください。

아이가 **자고 없어요**. (×)   →   아이가 **안 자고 있어요/자고 있지 않아요**. (○)
                                   赤ちゃんが眠っていません。

날씨가 **춥지 말고** 바람도 안 불어요. (×)
→   날씨가 **춥지 않고** 바람도 안 불어요. (○) 天気は寒くなく、風も吹いていません。

편지를 **썼지 않다**. (×)   →   편지를 **쓰지 않았다/안 썼다**. (○) 手紙を書かなかった。

어제는 **일요일이지 않았다**. (×)   →   어제는 **일요일이 아니었다**. (○) 昨日は日曜日ではなかった。

오늘 저녁에는 약속이 **있지 않다**. (×)   →   오늘 저녁에는 약속이 **없다**. (○) 今夜は約束がない。

택시를 **타지 않고** 지하철을 타세요. (×)
→   택시를 **타지 말고** 지하철을 타세요. (○) タクシーに乗らないで、地下鉄に乗ってください。

기다리지 않고 먼저 가세요. (×)
→   **기다리지 말고** 먼저 가세요. (○) 待たないで先に行ってください。

안경 아니고 렌즈를 끼세요. (×)
→   **안경 말고** 렌즈를 끼세요. (○) 眼鏡ではなくコンタクトレンズをつけてください。

입어 안 보고 옷을 샀어요. (×)
→   **안 입어 보고/입어 보지 않고** 옷을 샀어요. (○) 試着をせずに服を買いました。

값을 **깎아 안 주면** 살 수 없어요. (×)
→   값을 **안 깎아 주면/깎아 주지 않으면** 살 수 없어요. (○)
        値切ってくれないと、買うことができません。

5 似た意味を持つ語彙や混同しやすい語彙の正しい使い分け

意味が似ていたり、発音が似ていたりするために、間違って使ってしまう単語がたくさんあります。単語の意味を正確に把握して、文章を書くときのミスを減らさなければなりません。

❶ -(으)러	～しに：行く／来るの目的を表す連結語尾 駅 점심 먹으러 식당에 간다. 昼食を食べるためにレストランに行く。
-(으)려	～しようと：「-(으)려고」の縮約形を使って意図や状態を表す連結語尾 駅 친구에게 돈을 빌리려 한다. 友人からお金を借りようとする。
❷ -(으)로서	～として：資格の助詞 駅 인간으로서 그럴 수는 없다. 人間としてそうすることはできない。
-(으)로써	～することで：道具の助詞 駅 부모가 좋은 행동을 보임으로써 자녀를 교육한다. 両親がよい行動を見せることで子どもを教育する。
❸ -(으)므로	～ので：理由や原因を表す連結語尾 駅 확실한 증거가 없으므로 무죄라고 생각한다. 確かな証拠がないので無罪だと思う。
-(으)ㅁ으로	～することで：名詞形語尾「-(으)ㅁ」と助詞「으로」の結合 駅 열심히 일함으로(써) 삶의 보람을 느낀다. 一生懸命働くことで生きがいを感じる。
❹ 가르치다	教える：知識や機能、論理などをわからせたり習わせたりする 駅 선생님이 학생들을 가르쳐요. 先生が生徒たちを教えます。
가리키다	指す、指し示す：指などである方向や対象を取って見せたり、話したりする 駅 시계 바늘이 이미 오후 네 시를 가리키고 있었다. 時計の針はすでに午後4時を指していた。
❺ -거리	1. 内容になりそうな材料 駅 반찬거리 おかずの材料（食料品）／일거리 やらなければならないこと（仕事） 2. 提示された数や時間内にやりきれること 駅 한 시간 거리의 일 一時間分の仕事 빵이 한 입 거리밖에 안 된다. パンが一口分しかない。
-걸이	何かを掛けるために作られた突出した部分や物 駅 옷걸이 洋服掛け／모자걸이 帽子掛け
❻ 나가다	出て行く：ある一定の面積や範囲に対して、その内側から外側または前方に移動する 駅 앞에 나가서 노래하세요. 前に出て歌ってください。
나아가다	進む：事がだんだん進んでいく、望ましい方向に進んでいく 駅 동물뿐만 아니라 나아가서는 인간도 치료할 수 있는 신약을 만들고 싶다. 動物だけでなく、ひいては人間も治療できるような新薬を作りたい。

❼ 누적	累積：積み重ね、または積み重なる
	✍ 오랫동안 직원들의 불만이 누적되어 결국 파업을 한다. 長い間職員たちの不満が積み重なり、結局ストライキをする。
축적	蓄積：知識、経験、資金などが集まる、積み重なるの意
	✍ 물이 떨어질 때 발생하는 에너지를 축적해서 전기를 만든다. 水が落ちるときに生じるエネルギーを蓄積して電気を作る。
❽ −는데	～ので：後ろの節で何かを説明したり尋ねたり、提案したりするために、その対象と関連する状況をあらかじめ話すときに使う連結語尾
	✍ 비가 오는데 우산 좀 빌려주시겠어요? 雨が降っているので傘を貸していただけませんか？
	복사기가 고장 났는데, 누구한테 수리를 부탁할까요? コピー機が壊れたので、誰に修理を頼めばいいですか？
−는 데(에)	「仕事」や「こと」の意味を表す語句
	✍ 그 책을 다 읽는 데 삼 일이 걸렸다. その本を全部読むのに3日かかった。
	사람을 돕는 데에 애, 어른이 어디 있겠습니까? 人を助けるのに、子どもも大人も関係ないでしょう？
❾ 늘이다	伸ばす：本来より長くする
	✍ 짧은 바지를 5cm만 늘여 주세요. 短いズボンを5cmだけ伸ばしてください。
늘리다	増やす：数や分量、時間などを本来より大きくなるようにする
	✍ 부동산 투자로 재산을 많이 늘렸다. 不動産投資で財産を大きく増やした。
느리다	遅い：ある動作をするのにかかる時間が長い
	✍ 할머니 걸음이 느리니까 우리도 천천히 걸어요. おばあちゃんの歩みが遅いから、私たちもゆっくり歩きましょう。
❿ 달리다	1. 速く走る
	✍ 엄마를 본 아이가 엄마를 향해 달리기 시작했다. 母親を見た子どもが母親に向かって走り出した。
	2. 物が一定の場所にくっついている
	✍ 올 가을에는 나무에 사과가 많이 달렸다. この秋、木にリンゴがたくさんついた。
	3. 技術、力などが足りない
	✍ 명절 전에는 물건이 많이 팔려서 포장하는 일손이 달린다. 名節の前には品物が多く売れるので、梱包する人手が足りない。
딸리다	「달리다」の3番の意味を強く言う言葉ですが、書くときは「달리다」とするのが良いでしょう。
	✍ 노인들이 젊은 사람들과 같이 운동하기에는 체력이 달린다. 高齢者は若い人たちと一緒に運動するには体力が足りない。
⓫ 던지	どんなに～だった（か）：過去の事実を振り返って説明するときに、文章をつないだり、締めくくったりするときに使う語尾
	✍ 얼마나 춥던지 손발이 다 얼었다. どれほど寒かったのか、手足が凍りついた。

든지	1. ～するとか：羅列されている動作または状態のいずれかを選択できることを表す。 **例** 전화하시든지 직접 가시든지 하세요. 電話するか直接行くかしてください。 2. ～ようが：何が起こっても後に続く内容が影響を受けないことを表す。 **例** 무엇을 하든지 자신감을 잃지 마세요. 何をしても自信を失わないでください。
⑫ 두껍다/얇다	厚い／薄い：厚さの度合いを意味する。 **例** 여름에는 얇은 옷을 입고 겨울에는 두꺼운 옷을 입는다. 夏には薄い服を、冬には厚い服を着る。 얇은 책은 금방 읽지만 두꺼운 책은 시간이 걸린다. 薄い本はすぐに読めるが、厚い本は時間がかかる。
굵다/가늘다	太い／細い：物体の円周、幅、体積、手書きの筆跡などと一緒に使われる。 **例** 머리카락이 가늘어요. 髪の毛が細いです。 옛날엔 허리가 가늘었는데 살이 찌면서 허리가 굵어졌어요. 昔は腰が細かったですが、体重が増えると腰が太くなりました。
⑬ 드리다	差し上げる、申し上げる：目上の人に品物を渡す、または言葉を申し上げる。 **例** 어른께 인사드리다 目上の人にあいさつする
들이다	1. 富や権力を注ぐ **例** 돈을 들여 만들다 お金を使って作る 2. 中に入れる **例** 안방으로 불러들이다 奥の部屋に呼び寄せる
⑭ 들르다	通りすがりにちょっと通る **例** 가게에 들르다 店に立ち寄る
들리다	耳で音を感じる **例** 새 소리가 들리다. 鳥の鳴き声が聞こえた。
⑮ 맞추다	1. 互いにぴったり合うようにする、互いに向き合う **例** 호흡을 맞추다 呼吸を合わせる、입을 맞추다 口づけをする（キスする） 2. 程度に合わせる **例** 간을 맞추다 味を調える 3. あつらえる、仕立てる：何かをさせる約束、主に物を作ることを依頼する **例** 옷을 맞추다 服を作る ＊「마추다」とは書きません。
맞히다	問いに正しい答えをする **例** 정답을 맞히다 正解を当てる
⑯ 매기다	物事の価値や順序を決める **例** 값을 매기다 価格をつける、 점수를 매기다 点数をつける

먹이다	食べさせる：「먹다 (食べる)」の使役形 🈁 밥을 먹이다 ご飯を食べさせる
⑰ 매다	1. ほどけないように結ぶ 🈁 소를 매다 牛を縛る、넥타이를 매다 ネクタイを結ぶ 2. 田んぼや畑などの雑草を抜く 🈁 밭에서 잡초를 매다 畑の雑草を抜く
메다	1. 物を肩に乗せて運ぶ 🈁 가방을 어깨에 메다 カバンを肩に担ぐ 2. 息が詰まる 🈁 너무 슬퍼서 목이 메어 말을 할 수 없어요. 　とても悲しくて、息が詰まって話すことができません。
⑱ 머지않다	時間的に遠くない 🈁 머지않아 사실이 밝혀질 것이다. まもなく事実が明らかになるだろう。 　낙엽이 떨어지는 걸 보니 겨울이 머지않았다. 　葉が落ちるのを見るに、冬はそう遠くない。
멀지 않다	距離があまり離れていない、水準が基準点にそこまで不足していない 🈁 회사가 멀지 않아서 걸어서 다닐 수 있어요. 　会社が遠くないので歩いて通うことができます。
⑲ 목	首：頭と胴体をつなぐ身体の一部 🈁 목에 목걸이를 걸어 주세요. 首にネックレスを掛けてください。
몫	分け前、役割：複数に分けた各部分 🈁 피자 두 쪽은 동생 몫이에요. ピザの2枚は弟 (妹) の分です。
⑳ 무치다	ナムルにいろいろな薬味を加えて和える 🈁 콩나물을 무치다 もやしを和える
묻히다	埋もれる、埋まる：「묻다 (埋める)」の受身形 🈁 오랫동안 땅 속에 묻혀 있던 유적을 발굴했다. 　長い間地中に埋まっていた遺跡を発掘した。
㉑ 묵다	1. 古くなる 🈁 묵은 쌀 古米 2. 泊まる、夜を過ごす 🈁 친구 집에서 3일 묵을 예정이다. 友人の家に3日間泊まる予定だ。
묶다	動けないように縛りつける 🈁 긴 머리를 묶은 여자 長い髪を束ねる女性

㉒ 바치다	1. 目上の人に差し上げる
	🔤 옷을 갖다 바치다 着物を供える
	2. すべてを捧げる
	🔤 나라를 위해 목숨을 바치다 国のために命を捧げる
	3. 税金などを納める
	🔤 국민들이 나라에 바친 세금을 잘 사용해야 한다. 国民たちが国に納めた税金はうまく使わなければならない。
받치다	1. 傘などを広げて持つ
	🔤 비가 와서 우산을 받치고 나갔다. 雨が降っていたので、傘を開いて出かけた。
	2. 下から他の物を支える
	🔤 커피 잔 받침에 티스푼을 놓으세요. コーヒーカップの受け皿（ソーサー）にティースプーンを置いてください。
받히다	ぶつけられる：「받다 (ぶつける)」の受身形
	🔤 우리 차가 다른 차에 받혀서 많이 망가졌다. 私たちの車が他の車にぶつけられて、ずいぶん傷ついた。
㉓ 반드시	必ず、間違いなく
	🔤 이번에는 반드시 시험에 합격하겠다. 今度こそ、絶対に試験に合格する。
반듯이	曲がったり傾いたりせずにまっすぐ
	🔤 책이 반듯이 놓여 있다. 本がまっすぐに置かれている。
㉔ 배다	お腹の中に赤ちゃんや卵がいる
	🔤 우리 고양이가 새끼를 뱄다. うちの猫が妊娠した。
베다	1. 枕で頭を支える
	🔤 베개를 베고 잠들었다. 枕に頭を乗せて眠りについた。
	2. 切断したり切ったりする
	🔤 낫으로 풀을 베어라. 鎌で草を刈りなさい。
㉕ 벌리다	1. 二つのものの間を広げる
	🔤 팔을 벌려서 뛰어오는 아이를 안았어요. 腕を広げて走ってくる子どもを抱きしめました。
	2. 広げる
	🔤 새가 날개를 벌리고 날기 시작했어요. 鳥が翼を広げ、飛び始めました。
	3. 開く
	🔤 가방을 벌려서 돈을 가득 담았어요. カバンを開けて、お金をいっぱい入れました。
	4. 金儲けになる
	🔤 돈이 잘 벌리는 사업이 뭐예요? お金がよく儲かる事業は何ですか？

벌이다	1. 仕事をする、イベントを催す	
	🗣 일을 크게 벌이다, 싸움을 벌이다 事を大きく始める、喧嘩をする	
	2. 物を散らかす	
	🗣 책들을 잔뜩 벌여 놓고 논문을 쓴다. 本をたくさん開いて論文を書く。	
	3. 店を構える	
	🗣 신발 가게를 벌이다 靴屋を開く	
㉖ **부닥치다**	ぶつかって密着する	
	🗣 난관에 부닥쳤다. 難関に突き当たった。	
부딪다	物と物が力強く触れ合う、向き合う	
	🗣 그릇을 부딪지 마시오. 器をぶつけないでください。	
부딪치다	「부딪다 (ぶつける)」の強調語、出くわす、直面する	
	🗣 만나고 싶지 않은 사람과 길에서 부딪쳤다. 会いたくもない人と道で出くわした。	
부딪히다	ぶつけられる：「부딪다 (ぶつける)」の受身形	
	🗣 달리는 자전거에 부딪혔다. 飛ばしていた自転車にぶつかられた。	
㉗ **부치다**	1. 力が足りない	
	🗣 노인에게 농사일은 힘이 부치는 일이다. 高齢者には農作業は力仕事だ。	
	2. 他の人に命じて物などを送る	
	🗣 편지를 부치다 手紙を託す	
	3. 回付する、回す	
	🗣 재판에 부치다 裁判にかける、회의에 부치다 会議に付す	
	4. 食べ物を火を通して作る	
	🗣 빈대떡을 부치다 ピンデトッ (緑豆チヂミ) を焼く	
	5. 物を振って風を起こす	
	🗣 부채를 부치다 扇をあおぐ	
붙이다	貼る、くっつける：「붙다 (つく)」の使役形	
	🗣 종이를 붙이다 紙を貼りつける、졸려서 눈을 붙이다 疲れて目をくっつける、 담배에 불을 붙이다 タバコに火をつける	
㉘ **빌다**	1. 願って祈る	
	🗣 하나님께 빌다 神様に祈る	
	2. 許しを請う	
	🗣 잘못했다고 빌다 悪いことをしたことを謝る	
빌리다	貸す、借りてくる	
	🗣 친구한테 돈을 빌렸어요. 友人にお金を借りました。	

㉙ 빗	くし
	📖 긴 머리를 빗으로 예쁘게 빗었다. 長い髪をくしで美しくとかした。
빚	人に返さなければならないお金
	📖 돈이 없어서 여기저기에서 빚을 얻어 사업을 시작했다.
	お金がなかったので、あちこちで借金をして事業を始めた。
빛	光
	📖 아침 일찍 태양이 빛을 비추면 하루가 시작된다.
	朝早くから太陽が光を照らすと一日が始まる。
㉚ 상황	状況：事の過程や状況
	📖 취직도 못하고 돈도 없어서 결혼할 상황이 아니다.
	就職もできずお金もないので、結婚する状況ではない。
상태	状態：物事や現象が置かれている様子や状況
	📖 수술 후에 몸 상태를 보고 항암 치료를 할지 결정한다.
	手術の後に身体の状態を見て、抗がん治療を行うかどうか決める。
㉛ 새다	1. 夜が明ける、夜を明かす
	📖 날이 새면 이곳을 떠날 거예요. 夜が明けたらこの場所を離れます。
	2. 穴や割れ目から少しずつ流れ出る
	📖 물이 새다 水が漏れる、비밀이 새다 秘密が漏れる
세다	力が強い、硬くてこわばっている
	📖 기운이 세다 気が強い、바람이 세다 風が強い、성격이 세다 性格が頑強だ
㉜ 쉬다	1. すえる：食べ物が古くなったり傷んで酸っぱくなったりする
	📖 김치가 쉬다 キムチが腐る
	2. かすれる：声帯が傷ついて声が濁る
	📖 감기로 목이 쉬다 風邪で声がかれる
시다	1. 酸っぱい
	📖 귤이 시다 ミカンが酸っぱい
	2. 関節を挫いてずきずきする
	📖 운동하다가 다쳐서 발목이 시다. 運動中にケガをして足首が痛い。
	3. することが気に障る
	📖 눈꼴이 시어 못 보겠다. 目障りで見ていられない。
㉝ 싸이다	包まれる、囲まれる：品物を布や紙に包む、巻くという意味の「싸다」の受身形
	📖 기자들에게 둘러싸인 유명한 가수 記者たちに囲まれた有名な歌手
쌓이다	積もる、たまる：いくつかのものを積み重ねるという意味の「쌓다」の受身形
	📖 피로가 쌓이다 疲労がたまる、눈이 쌓이다 雪が積もる

❸❹ 얽히다	あれこれ結びつけられる、いろいろなことが互いに食い違う 🕮 일에 얽히다 仕事に縛られる 　　결혼에 얽힌 재미있는 이야기 結婚にまつわる面白い話
엉기다	液体などが一つにまとまって固まる 🕮 우유가 엉겨서 치즈가 된다. 牛乳が固まってチーズになる。
엉키다	仕事や物が互いに絡み合って解けなくなる 🕮 실이 엉키다 糸が絡まる
❸❺ −에 달려 있다	～次第だ：何かが後の内容によって決まる 🕮 일의 성패는 네 손에 달려 있다. 事の成否は君の手にかかっている。
−기 나름이다	～すること次第だ：その人となりややり方次第だ 🕮 사람에 대한 평가는 생각하기 나름이다. 人に対する評価は考え方次第だ。
−에 따라	1. あることが他のことと一緒に起こる 🕮 경제 개발에 따른 공해 문제 経済開発に伴う公害問題 2. ある場合、事実、基準などに基づく 🕮 거리에 따라 택시 요금이 달라진다. 距離によってタクシー料金が変わる。
❸❻ 오죽	よほど、どれだけ 🕮 오죽 배가 고팠으면 쓰레기통을 뒤지겠어요? 　　どれだけお腹が空いたら、ゴミ箱をあさりますか？
오직	ただ、ひたすら 🕮 내가 사랑하는 것은 오직 너 하나뿐이다. 私が愛しているのはただ君一人だ。
❸❼ 왠지	なぜか、はっきりした理由もなく 🕮 그 얘기를 들으니 왠지 불길한 예감이 든다. その話を聞くとなんだか不吉な予感がする。
웬	どういうわけか、何らかの 🕮 웬 사람들이 이렇게 많이 모였어요? 　　どうして人がこんなにたくさん集まったのですか？ 　　웬만한 음식은 다 먹어 봤어요. だいたいの食べ物は全部食べてみました。
❸❽ 이따가	少し経ってから 🕮 이따가 보자. 後ほど会おう。
있다가	～してから、～していたら：「있다」に連結語尾「다가」がついた活用形 🕮 조금만 더 있다가 가자. 여기에 오래 있다가 방금 갔는데. 　　もう少しだけしてから行こう。ここに長くいて、たった今行ったんだけど。
❸❾ 잃어버리다	なくす：持ち物が知らないうちになくなってしまう 🕮 시계를 잃어버리다 時計をなくす
잊어버리다	忘れる：知ったことを覚えていられなくなる 🕮 약속을 잊어버리다 約束を忘れる

❹ **작다**	小さい、低い：大きさが大きくない 🄔 키가 작다 背が低い、사과가 작다 リンゴが小さい
적다	少ない：量が多くない 🄔 월급이 적다 月給が少ない、학생 수가 적다 学生の数が少ない
❹ **장사**	1. 気概と体質がとてもしっかりしている人、力の強い人 🄔 몸이 커서 힘도 장사다. 身体が大きくて力持ちだ。 　씨름을 잘하는 천하장사 相撲のうまい天下壮士(日本の横綱にあたる) 2. 物を売る仕事 🄔 장사가 잘된다 商売がうまくいっている 　직장 그만두고 장사를 할까 생각 중이다. 職場を辞めて商売をしようかと考え中だ。
장수	1. 商業をする人 🄔 옛날에는 물을 파는 물장수도 있었어요. 昔は水を売る水商人もいました。 2. 軍隊を率いる長 🄔 군인들 50,000명을 이끄는 장수 軍人5万人を率いる大将
❹ **저리다**	しびれる：肉や骨が長い間圧迫され、血が通わず鈍くなる 🄔 좁은 차 안에서 잤더니 다리가 저리다. 狭い車の中で寝たら足がしびれる。
절이다	漬ける：塩分を含ませる 🄔 김치를 담글 때 먼저 배추를 절인다. キムチを作るとき、まず白菜を漬ける。
❹ **젖히다**	1. 内側を表面に出す 🄔 모자를 뒤로 젖히고 물을 마셨다. 帽子を後ろにめくって水を飲んだ。 2. 中にあるものが表に出るように開く 🄔 웃통을 벗어 젖히다 上着を脱ぎ捨てる、문을 열어 젖히다 戸を開け放つ
제치다	邪魔にならないようにどける 🄔 상대 팀 선수를 제치다. 相手チームの選手を追い抜く。
제키다	皮膚が少し傷ついてむける 🄔 넘어질 때 손등이 제켜서 아프다. 転んだときに手の甲をすりむいて痛い。
❹ **조그만**	小さな、ちょっとした：「조그마하다 (小さい)」の連体形「조그마한 (小さな)」の略 🄔 조그만 의자 小さな椅子
조금만	少しだけ、少々：少ない分量を意味する名詞「조금」に助詞「만」がついた形 🄔 조금만 먹어라. 少しだけ食べなさい。
❹ **조금**	少しの程度や分量、短い間 🄔 조금 후에 전화 드리겠습니다. 少し後でお電話いたします。
쪼금	「조금」を強く言う言葉 🄔 은행에 저금했더니 이자가 쪼금 붙었다. 　銀行に貯金したら、利子が少しついた。 *文章では「조금」と書くのがよい。

❹❻ 조리다	味付けをして出汁がなくなるまで煮る	
	❿ 생선을 조리다 魚を煮る	
졸이다	心の中で焦る	
	❿ 마음을 졸이다 気をもむ	
❹❼ 좇다	後を追う、大勢に従う、服従する	
	❿ 여론을 좇다 世論に従う	
	사람들이 인간관계보다 돈을 좇아간다 人は人間関係よりお金に従う	
쫓다	1. いる場所から追い出す	
	❿ 음식에 자꾸 오는 파리를 쫓다 食べ物にしきりに近づくハエを追い払う	
	2. 急ぎ足で後を追う	
	❿ 형을 쫓아가다 兄を追いかける	
❹❽ 집다	物をつかんだり拾ったりする	
	❿ 집게로 쓰레기를 집다 トングでゴミを拾う	
짚다	1. 身体や杖で支える	
	❿ 지팡이를 짚다 杖をつく	
	2. 脈の上に指を当てる	
	❿ 맥을 짚다 脈を取る	
	3. 요량해서 짐작하다 見当をつけて推察する	
	❿ 이야기도 안 들어보고 넘겨 짚다 話も聞かずに当て推量をする	
❹❾ 짓다	1. 材料を使って作る	
	❿ 밥을 짓다 ごはんを炊く	
	2. 形が現れるように作る	
	❿ 미소를 짓고 사진을 찍어요. 笑顔を作って写真を撮ります。	
	3. 確定した状態にする	
	❿ 결말을 짓다 結末をつける	
짖다	吠える	
	❿ 개가 시끄럽게 짖다. 犬が騒がしく吠える。	
짙다	色や化粧などが濃い	
	❿ 짙은 화장 濃い化粧	
❺❿ 한참	時間が随分流れる間	
	❿ 한참 동안 기다리다 長らく待つ	
한창	最も栄えるとき	
	❿ 한창 나이다 盛りの年齢だ、꽃이 한창 필 때다 花が盛んに咲くときだ、	
	더위가 한창이다 暑さの真っ只中だ	

6 不規則な活用法

語幹と語尾が結合して活用する場合、語幹や語尾の姿が変わる動詞や形容詞には、韓国語の一般的な音声規則を適用することができません。そのため、話したり書いたりする際に、大きく混同される場合が多々あります。こうした不規則な活用をする動詞や形容詞を整理して、書くときのミスを減らしていきましょう。

(1) ㄷ不規則用言

「듣다 (聞く)」「깨닫다 (悟る)」などの単語は、パッチム「-ㄷ」が母音で始まる語尾や媒介母音「-으」の前で「ㄹ」に活用します。「ㄷ」パッチムで終わる一部の動詞は、「-아/어」や「 -으」と結合すると「ㄷ」が「ㄹ」に変化します。ただし、動詞の語幹と子音が直接接続する場合は、「ㄷ」パッチムを使います。「ㄷ」がつく代表的な不規則用言は、「(노래를) 듣다 (歌を) 聞く」、「(길을) 걷다 (道を) 歩く」、「(이름을) 묻다 (名前を) 尋ねる」、「(짐을) 싣다 (荷物を) 積む」、「(잘못을) 깨닫다 (間違いに) 気付く」などがあります。

> **Ex** (노래를) 듣다 / 듣고 / 듣다가 / 듣지만 – 들어요 / 들어서 / 들으면 / 들으니까
>
> (길을) 걷다 / 걷지 마세요 / 걷기 싫어요 – 걸어 보세요 / 걸으려고 / 걸었어요

| 間違った書き方の例 |

길을 **걸으고** (×) **거르고** (×) 있어요. → 길을 **걷고** 있어요. (○) 道を歩いています。

노래를 **들으다가** (×) 생각났어요. → 노래를 **듣다가** 생각났어요. (○)
　　　　　　　　　　　　　　　　　　　　　　歌を聞いていて思いつきました。

비행기에 짐을 **실고** (×) 있어요. → 비행기에 짐을 **싣고** 있어요. (○)
　　　　　　　　　　　　　　　　　　　　　　飛行機に荷物を積んでいます。

차 트렁크에 짐을 **실으지만** (×) 몇 개는 안고 타야 해요.
→ 차 트렁크에 짐을 **싣지만** 몇 개는 안고 타야 해요. (○)
　　車のトランクに荷物を積みますが、いくつかは抱えて乗らなければなりません。

차 트렁크에 짐을 모두 **실었어요.** (×) → 차 트렁크에 짐을 모두 **실었어요.** (○)
　　　　　　　　　　　　　　　　　　　　　　車のトランクに荷物をすべて積みました。

(2) ㅂ不規則用言

「춥다 (寒い)」「무겁다 (重い)」のような語幹が「ㅂ」パッチムで終わる動詞や形容詞の一部が、母音で始まる語尾の前では「ㅂ」が「우」に活用します。「ㅂ」がつく代表的な不規則用言は、「맵다 (辛い)」、「덥다 (暑い)」、「반갑다 (うれしい)」、「뜨겁다 (熱い)」、「 (길에서 돈을) 줍다 (道でお金を) 拾う」、「(빵을) 굽다 (パンを) 焼く」などです。

> **Ex** 빵을 굽고 / 굽지만 / 굽는 사람 – 구워서 / 구우면 / 구우려고 / 구워 주세요

날씨가 **더웁고** 습하다. (×)　　　　→　날씨가 **덥고** 습하다. (〇) 天気が暑くてじめじめしている。

길에서 돈을 **주서서** 기분이 좋았다. (×)　→　길에서 돈을 **주워서** 기분이 좋았다. (〇)
　　　　　　　　　　　　　　　　　　　　道でお金を拾ったので気分が良かった。

한국 음식이 **매워지만** 맛있다. (×)　　　→　한국 음식이 **맵지만** 맛있다. (〇)
　　　　　　　　　　　　　　　　　　　　韓国料理は辛いけど美味しい。

한국어가 **어려워세요**? (×)　　　　　　→　한국어가 **어려우세요**? (〇) 韓国語が難しいですか？

빵을 집에서 **굽으니까** 더 맛있어요. (×)　→　빵을 집에서 **구우니까** 더 맛있어요. (〇)
　　　　　　　　　　　　　　　　　　　　パンを家で焼いたのでよりおいしいです。

차가우지 않은 물 주세요. (×)　　　　　→　**차갑지** 않은 물 주세요. (〇) 冷たくない水をください。

(3)　ㅅ不規則用言

「잇다 (結ぶ)」「낫다 (治る)」のような語幹が「ㅅ」パッチムで終わる動詞の一部が、母音で始まる語尾の前では「ㅅ」が脱落します。「ㅅ」がつく代表的な不規則用言は、「(집을) 짓다 (家を) 建てる」、「(병이) 낫다 (病気が) 治る」、「(전선을) 잇다 (電線を) つなぐ」、「(물을) 젓다 (水を) 注ぐ」、「(카레를) 젓다 (カレーを) 混ぜる」、「(줄을) 긋다 (線を) 引く」などです。

> **例**　부모님이 이름을 짓습니다 / 짓고 – 지어 주세요 / 지어서 / 지으니까 / 지으려고 / 지으면
> 　　　약을 먹어서 병이 낫지만 / 낫다가 / 낫습니다 – 나으면 / 나았어요 / 나아도 / 나으세요

약을 먹어서 병이 **났어요**. (×)　　→　약을 먹어서 병이 **나았어요**. (〇) 薬を飲んだら病気が治りました。

약을 먹어서 병이 **낫으면** 다시 병원에 안 가도 돼요. (×)
→　약을 먹어서 병이 **나으면** 병원에 안 가도 돼요. (〇)
　　薬を飲んで病気が治れば、病院に行かなくてもよいです。

물을 **부서서** 불을 꺼요. (×)　　→　물을 **부어서** 불을 꺼요. (〇) 水を注いで火を消します。

작년에 이곳에 집을 **졌어요**. (×)→　작년에 이곳에 집을 **지었어요**. (〇) 去年この場所に家を建てました。

(4)　으 不規則用言

「뜨다 (浮く)」「아프다 (痛い)」のような語幹が母音「-으」で終わる動詞や形容詞が、語尾が母音で始まる動詞や形容詞の前では「-으」が脱落します。特に語幹が2音節以上の場合、前の母音が「-아/오」であれば「-아」と結合し、違う母音であれば「-어」と結合します。「-으」を伴う代表的な不規則用言は、「쓰다 (書く)」、「끄다 (消す)」、「크다 (大きい)」、「뜨다 (浮く)」、「아프다 (痛い)」、

「고프다 (お腹が空く)」、「슬프다 (悲しい)」、「기쁘다 (うれしい)」、「나쁘다 (悪い)」、「예쁘다 (かわいい)」などです。

ᴱˣ 메일을 쓰고 / 쓰세요 / 쓰니까 / 쓰다가 – 써요 / 써서 / 썼어요

머리가 아프고 / 아프지만 / 아픕니다 – 아파요 / 아파서 / 아팠어요

영화가 슬프고 / 슬프지만 / 슬픕니다 – 슬퍼요 / 슬퍼서 / 슬펐어요

間違った書き方の例

메일을 **썼어요**. (×) → 메일을 **썼어요**. (○) メールを書きました。

메일을 **써면** 한번 보여 주세요. (×) → 메일을 **쓰면** 한번 보여 주세요. (○)
メールを書いたら、一度見せてください。

메일을 **써다가** 지웠어요. (×) → 메일을 **쓰다가** 지웠어요. (○)
メールを書いた後、消しました。

머리가 **아퍼요**. (×) → 머리가 **아파요**. (○) 頭が痛いです。

머리가 **아퍼서** 약을 먹었어요. (×) → 머리가 **아파서** 약을 먹었어요. (○)
頭が痛いので、薬を飲みました。

영화가 **슬퍼니까** 손수건을 준비하세요. (×) → 영화가 **슬프니까** 손수건을 준비하세요. (○)
映画が悲しいので、ハンカチを用意してください。

영화가 그렇게 **슬파요**? (×) → 영화가 그렇게 **슬퍼요**? (○)
映画はそんなに悲しいですか？

(5) 르 不規則用言

「흐르다 (流れる)」「부르다 (呼ぶ)」などの語幹が母音「르」で終わる動詞や形容詞が、母音で始まる語尾の前では「-으」母音が脱落します。「르」の前の母音が「-아/오」なら「-아」と結合し、違う母音なら「-어」と結合するので、「르」がつくと「-ㄹ라/ㄹ러」に変化します。「르」を使った代表的な不規則用言は、「모르다 (知らない)」、「고르다 (選ぶ)」、「오르다 (上がる)」、「다르다 (違う)」、「부르다 (呼ぶ)」、「누르다 (押さえる)」、「서두르다 (急ぐ)」などです。

ᴱˣ 그 사람 이름을 모르고 / 모르지만 / 모르는 – 몰라요 / 몰라서 / 몰라도 / 몰랐어요

빨리 서두르니까 / 서두르면 / 서두르다가 / 서두릅니다 – 서둘러요 / 서둘러도 / 서둘렀어요

間違った書き方の例

그 사람 이름을 **몰아요**. (×) → 그 사람 이름을 **몰라요**. (○) その人の名前を知りません。

잘 **몰으면** 물어보세요. (×) → 잘 **모르면** 물어보세요. (○) よくわからなければお尋ねください。

사실 잘 **몰르고** 그냥 대답했어요. (×)
→ 사실 잘 **모르고** 그냥 대답했어요. (○) 実はよく知らずにそのまま答えました。

이 부분은 저도 **몰라니까** 다시 확인할게요. (×)
→ 이 부분은 저도 **모르니까** 다시 확인할게요. (○) この部分は私もわからないので、もう一度確認します。

그는 노래를 **불르지** 않아요. (×)　　→ 그는 노래를 **부르지** 않아요. (○)
　　　　　　　　　　　　　　　　　　 その人は歌を歌いません。

노래방에서 노래를 **불러다가** 춤도 췄어요. (×) → 노래방에서 노래를 **부르다가** 춤도 췄어요. (○)
　　　　　　　　　　　　　　　　　　　　　　　カラオケで歌を歌って、ダンスも踊りました。

누가 이름을 **불어서** 쳐다봤어요. (×)　　→ 누가 이름을 **불러서** 쳐다봤어요. (○)
　　　　　　　　　　　　　　　　　　　　　 誰かが名前を呼んだので見渡しました。

아무리 **부러도** 절 쳐다보지 않더라고요. (×)　→ 아무리 **불러도** 절 쳐다보지 않더라고요. (○)
　　　　　　　　　　　　　　　　　　　　　　 いくら呼んでも私を見ないんです。

(6) ㅎ 不規則用言

「ㅎ」で終わる形容詞の一部の後ろに母音「-아/어-」で始まる表現が来る場合、「ㅎ」が脱落して「이」が加わって「-애/얘-」に変化します。母音「-으-」で始まる表現が後に来る場合は、「ㅎ」が省略されます。「ㅎ」がつく代表的な不規則用言は、「노랗다 (黄色い)」、「빨갛다 (赤い)」、「파랗다 (青い)」、「까맣다 (黒い)」「하얗다 (白い)」、「이렇다 (こうだ)」、「저렇다 (ああだ)」、「그렇다 (そうだ)」、「어떻다 (どうだ)」などです。

Ex 바나나가 노랗고 / 노랗습니다 – 노라면 / 노라니까 / 노란 – 노래요 / 노래서 / 노랬어요
음식도 그렇지만 / 그렇고 / 그렇다고 – 그러니까 / 그러세요 / 그러려고 –
그래요 / 그래서 / 그랬어요

間違った書き方の例

사과가 겉은 **빨가치만** 속은 연주황색이에요. (×)
→ 사과가 겉은 **빨갛지만** 속은 연주황색이에요. (○) リンゴは表面は赤いですが、中は薄い黄色です。

얼굴이 **빨게서** 더운 줄 알았어요. (×)　→　얼굴이 **빨개서** 더운 줄 알았어요. (○)
　　　　　　　　　　　　　　　　　　　　　顔が赤いから暑いのかと思いました。

상처 부위기 **빨개니까** 빨리 병원에 가보세요. (×)
→ 상처 부위기 **빨가니까** 빨리 병원에 가보세요. (○)
傷口が赤いから、早く病院へ行ってみてください。

날씨가 **어떄요?** (×)　　　　　　→　날씨가 **어때요?** (○) 天気はどうですか？

어뜬 사람을 좋아해요? (×)　　　→　**어떤** 사람을 좋아해요? (○) どんな人が好きですか？

(7) ㄹ 不規則用言

「살다 (生きる)」「길다 (長い)」などの単語は、語幹の「ㄹ」パッチムが「ㄴ, ㅂ, ㅅ, 오」で始まる動詞や形容詞の前だと脱落します。母音「-으」とは結合しません。代表的な用言には「알다 (知る)」、「살다 (生きる)」、「놀다 (遊ぶ)」、「멀다 (遠い)」、「길다 (長い)」、「둥글다 (丸い)」、「만들다 (作る)」、「열다 (開く)」、「들다 (持つ)」、「밀다 (押す)」、「불다 (吹く)」、「날다 (飛ぶ)」、「썰다 (切る、刻む)」、「질다 (水っぽい)」、「풀다 (解く)」などがあります。

> **Ex** 잘 알아요 / 알았어요 / 알면 / 알려고 – 아니까 / 압니다 / 아세요
>
> 넥타이를 풀었어요 / 풀어서 / 풀면 / 풀려고 – 푸세요 / 푸는 / 풉니다

間違った書き方の例

하늘을 **나르는 / 날으는** 비행기 (×)	→	하늘을 **나는** 비행기 (○) 空を飛ぶ飛行機
빵을 **만들으고** 싶어요. (×)	→	빵을 **만들고** 싶어요. (○) パンを作りたいです。
친구하고 **놀으니까** 기분이 좋아요. (×)	→	친구하고 **노니까** 기분이 좋아요. (○) 友人と遊んでいるので気分がいいです。
바람 **불으는** 날 (×)	→	바람 **부는** 날 (○) 風の吹く日
문을 바깥으로 **미르세요 / 밀으세요.** (×)	→	문을 바깥으로 **미세요.** (○) 戸を外に押してください。

---

7 接続語尾の正しい用法

2つ以上の文をつないで書くとき、前後の文のつながりが正しくないと、読み手に内容が伝わりにくく、誤解を招くことがあります。そのようなミスを減らすためには、接続語尾の用法を正確に知っておく必要があります。

(1) 理由を示す接続語尾

① 理由を示す接続語尾「-니까」は、その後に続く文に勧誘形や命令形が来るのが自然です。

> **Ex** 비가 **오니까** 집에서 쉬자. 雨が降っているから、家で休もう。
>
> 너무 **머니까** 걷지 말고 택시를 타세요. とても遠いので、歩かずにタクシーに乗ってください。

② 「-아/어/여서」は、前の文を必ず現在時制で書かなければなりません。

> **Ex** 어제 친구를 **만났어서** 기분이 좋았다. (×)
> → 어제 친구를 **만나서** 기분이 좋았다. (○) 昨日友人に会ったので、気分が良かった。

내일 시험이 **있겠어서** 공부해야 한다. (×)

→ 내일 시험이 **있어서** 공부해야 한다. (○) 明日は試験があるので、勉強しなければならない。

예전에 여기에 나무가 **없었어서** 우리가 나무를 심었다. (×)

→ 예전에 여기에 나무가 **없어서** 우리가 나무를 심었다. (○)
以前はここに木がなかったから、私たちが木を植えた。

③ 「-므로」は話の論理的帰結の理由を述べるときに使います。一般的な会話表現ではほとんど使われません。

> **Ex** 진범이 잡혔으므로 잘못 벌을 받은 사람은 석방해야 한다.
> 真犯人が捕まったのだから、誤って罰を受けた人は釈放しなければならない。
>
> 모든 결과가 일치했다. 그러므로 이것은 명백한 사실이다.
> すべての結果が一致した。したがって、これは明白な事実だ。
>
> 이 학생은 우수한 성적을 받았으므로 이 상장을 드립니다.
> この学生は優秀な成績をとったので、この賞状を差し上げます。
>
> 돈이 **없으므로** 은행에서 돈을 찾았다. (×)
> → 돈이 **없어서** 은행에서 돈을 찾았다. (○) お金がなかったので、銀行でお金を引き出した。

④ 「名詞＋이기 때문에」と「名詞＋때문에」は意味が違います。「名詞＋이기 때문에」はその名詞の事実が理由になり、「名詞＋때문에」はその名詞が後に続く動作の原因になるという意味です。

> **Ex** 오늘이 **일요일 때문에** 회사에 안 간다. (×)
> → 오늘이 **일요일이기 때문에** 회사에 안 간다. (○) 今日は日曜日なので、会社に行かない。
>
> **비이기 때문에** 오늘 경기를 취소했다. (×)
> → **비 때문에** 오늘 경기를 취소했다. (○) 雨のため今日の試合は中止した。

(2) 「위하다」の用法

① 「-기 위하다」または「名詞＋을/를 위하다」の形で使い、一般的な理由よりは、物や人を有益にしたり助けたり大切にするという意味で使います。または、何らかの目的を達成するという意味で使わなければなりません。

> **Ex** 아이들을 위해서 열심히 일하는 부모 子どもたちのために一生懸命働く親
>
> 아픈 개를 위해서 따뜻한 이불을 덮어 주었다. 病気の犬のために暖かい毛布をかけてあげた。
>
> 시험에 합격하기 위해서 공부하는 학생들이 많다.
> 試験に合格するために勉強している学生たちが多い。

② 「-기 위해서 ＋動詞」、「-기 위한 ＋名詞」の形で書かなければなりません。

> **Ex** 살을 빼기 **위한** 매일 5km를 뛰어요. (×) → 살을 빼기 **위해서** 매일 5km를 뛰어요. (○)
> 痩せるために毎日5km走ります。

아이들을 **위해서** 책이에요. (×)

   → 아이들을 **위한** 책이에요. (○) 子ども向けの本です。

(3) 動詞＋「-(으)러」

後に続く「가다/오다（行く/来る）」の目的を示す言葉なので、「名詞 ＋ (으)로」で表現される助詞「로」と混同しないようにしましょう。

  Ex 사진을 **찾으로** 왔어요. (×) → 사진을 **찾으러** 왔어요. (○) 写真を探しに来ました。

        퇴근 후에 **집으러** 가요. (×) → 퇴근 후에 **집으로** 가요. (○) 退勤後に家に帰ります。

        숟가락으러 먹어야 해요. (×) → **숟가락으로** 먹어야 해요. (○)
        スプーンで食べなければなりません。

(4) 用言を名詞化する「動詞 ＋ 기」と「動詞 ＋ -는 것」の使い方は異なる。

「動詞＋-기」がその行為に焦点を当てるなら、「動詞＋-는 것」はその動作をする事実や内容を強調するので、意味が異なります。

  Ex 게는 껍질이 있어서 먹기 어렵지만 자주 먹는 것이 좋다.
      カニは殻があるので食べにくいが、こまめに食べるのが良い。

      질문을 크게 쓰면 알기 쉽지만 공부를 안 해서 아는 것이 별로 없어요.
      質問を大きく書けばわかりやすいですが、勉強をしないので知っていることがあまりありません。

      입기 불편한 옷은 안 입는 것이 몸에 좋아요.
      着心地の悪い服は着ない方が体にいいです。

(5) 「-는데」

後続の文節で何かを説明する、尋ねる、依頼する、提案するために、あらかじめ対象物や関連する状況を説明するときに用いられる接続語尾です。いろいろな意味で使いますが、前の文が後の文の理由となる場合、後の文が命令文や提案する文になるのが自然です（「-니까」と同じような役割をします）。このような場合、後の文が説明文や疑問文だと、ぎこちない文章になってしまうので注意しなければなりません。

  Ex 비가 오는데 우산을 **샀어요**. (×) → 비가 오는데 우산을 **삽시다/사십시오**. (○)
                        雨が降っているから、傘を買いましょう／買ってください。

      오늘 일요일인데 집에서 **쉬어요**. (×)
      → 오늘 일요일인데 집에서 **쉽시다/쉴까요**? (○)
        今日は日曜日だから、家で休みましょう／休みますか？

(6) 「-니(까)」

一般的に「-니까」は理由を示す表現として多く使われますが、前の動作をした瞬間に新しい事実を知る、発見する、という意味もあります。これを「-면」と書かないように気をつけましょう。

⟨예⟩ 뒤를 **돌아보면** 사장님이 계셨어요. (×) → 뒤를 **돌아보니까** 사장님이 계셨어요. (○)

後ろを振り向いたら、社長がいらっしゃいました。

8 「되」と「돼」の区別の仕方

韓国語の文章では「되다」という単語をよく使いますが、語幹の「되」とつながる語尾によって「되」と「되어」の短縮形である「돼」の二通りを書きます。この二つの正書法を混同している間違いが多いので、正確な用法を知っておかなければなりません。

(1) 「되다」は基本形で、語幹の「되」に「-어」「-고」「-니까」「-는데」などの語尾をつけて、「되어」「되고」「되니까」「되는데」などのように述べます。しかし、「되」に「-어」をつけて使う「되어」「되었어요」「되어라」「되어도」などは、「되어」を「돼」に縮約して「돼」「됐어요」「돼라」「돼도」などと書くことができます。ただし、「되」に直接つながる「-고」「-니까」などは「돼고」「돼니까」のように使うことができないので、注意が必要です。

⟨예⟩ 집에 가도 **되**? (×) → 집에 가도 **돼**? (○) 家に帰ってもいい？

빵이 **돼다가** 말았어요. (×) → 빵이 **되다가** 말았어요. (○) パンがダメになりました。

12시가 **돼니까** 비가 오더군요. (×) → 12시가 **되니까** 비가 오더군요. (○)

12時になると雨が降りますよ。

(2) しかし、このように説明されても難しい場合は、明確に区別する方法を一つ覚えておくとよいでしょう。「되다」と「-하다」の活用は同じなので、「되어 → 돼」と「하다 ＋ 여 → 해」は同じ活用法を使います。また、「돼」を活用する状況と「되」を活用する状況は一致するので、「돼」を使うのか「되」を使うのか迷ったときは、その位置に「해」と「하」を代わりに置いてみましょう。「해」を置くのが自然であれば「돼」を、「하」を置くのが自然であれば「되」を使えばよいのです。

⟨예⟩ 빨리 어른이 (**되/돼**)고 싶어요? → 빨리 어른이 **되고** 싶어요? 早く大人になりたいですか？

하고 싶어요? (○) 해고 싶어요? (×)

부자가 (**되/됐**)지만 아직도 회사에 다녀요.

→ 부자가 **됐지만** 아직도 회사에 다녀요. お金持になりましたが、まだ会社に通っています。

했지만 (○) 핬지만 (×)

* 下の文章を見て、もう一度活用法を学んでみましょう。

다음 달에 생일인데, 생일 후에 20살이 돼요. 어릴 때는 빨리 어른이 되고 싶었는데, 막상 어른이
　　　　　　　　　　　　　　　　　(해요)　　　　　　　　　　　　　　　　　　(하고)
된다고 생각하니까 걱정이 많네요. 어른이 되면 자기의 문제는 자기가 알아서 해야 되잖아요. 그
(한다고)　　　　　　　　　　　　　　　　　(하면)　　　　　　　　　　　　　　　　　(하잖아요.)

런데 20살이 돼도 저는 계속 학생이라서 공부해야 돼서 독립적인 생활을 하는 사람이 될 수 없어
 (해도)　　　　　　　　　　　　　　　　　(해서)　　　　　　　　　　　　　　(할)
요. 앞으로 4년 후에나 정말 어른다운 어른이 될 테니까 그 때까지는 조금 어린 사람처럼 행동해
　　　　　　　　　　　　　　　　　(할 테니까)

도 되겠지요?
 (하겠지요?)

来月に誕生日があるので、それを過ぎると20歳になります。幼い頃は早く大人になりたいと思っていましたが、いざ大人になると考えると、不安なことが多いですね。大人になったら、自分の問題は自分で解決しなければならないじゃないですか。でも、20歳になっても私は学生だから、勉強もしなければならないし、自立した生き方をする人間にはなれません。これから4年後くらいには本当の大人らしい大人になるので、それまでは少し若者のように振る舞ってもいいですよね？

⑨ 終結語尾の正しい用法

TOPIKのライティング問題で出題される説明文や論説文の場合、特定のテーマおよび対象についての説明または自分の考えを主張する文章のため、読者が不特定多数となります。このような場合、対話で話すような形式や聞き手に対する敬語・タメ口を意識せず、事実そのものを伝えなければなりません。したがって、文末は中立的でドライな語尾で締めくくる必要があります。こうした終結語尾をまとめると、次のように整理されます。

		時制	肯定	例文	否定	例文
叙述文	名詞	現在	이다/다	중요한 사실이다. / 열심히 노력한 결과다. 重要な事実だ。/ 懸命に努力した結果だ。	이/가 아니다	중요한 사실이 아니다. / 열심히 노력한 결과가 아니다. 重要な事実ではない。/ 懸命に努力した結果ではない。
		過去	이었다/였다	큰 걱정이었다. / 즐거운 취미였다. 大きな心配事だった。/ 楽しい趣味だった。	이/가 아니었다	큰 걱정이 아니었다. / 즐거운 취미가 아니었다. 大した心配事ではなかった。/ 楽しい趣味ではなかった。
		未来/推測	이겠다(일 것이다) / 겠다 (일 것이다)	지금 미국은 밤이겠다. (밤일것이다.) / 좋은 뉴스겠다. (뉴스일 것이다.) 今、アメリカは夜だろう。/ よい知らせだろう。	이/가 아니겠다 (아닐 것이다)	지금 미국은 밤이 아니겠다. (아닐 것이다.) / 좋은 뉴스가 아니겠다. (아닐 것이다.) 今、アメリカは夜ではないだろう。 / よい知らせではないだろう。
	形容詞	現在	–다	새로운 기술이 필요하다. / 환경을 바꿔 보는 것도 좋다. 新しい技術が必要だ。/ 環境を変えてみるのも良い。	안 –다 –지 않다	새로운 기술이 안 필요하다. (필요하지 않다.) / 환경을 바꿔보는 것이 안 좋다. (좋지 않다.) 新しい技術は必要ない。/ 環境を変えてみるのは良くない。
		過去	–았/었/였다	종이가 얇았다. / 지진의 피해가 컸다. / 관계가 복잡했다. 紙が薄かった。/ 地震の被害が大きかった。/ 関係が複雑だった。	안 –았/었/였다 –지 않았다	종이가 안 얇았다. (얇지 않았다.) / 지진의 피해가 안 컸다. (크지 않았다.) / 관계가 안 복잡했다. (복잡하지 않았다.) 紙は薄くなかった。/ 地震の被害は大きくなかった。/ 関係が複雑ではなかった。
		未来/推測	–겠다 (–(으)ㄹ 것이다)	선물을 받으면 기쁘겠다. (기쁠 것이다.) プレゼントをもらったら、うれしいだろう。	안 –겠다 (안 –(으)ㄹ 것이다) –지 않겠다 (않을 것이다)	선물을 받으면 안 기쁘겠다. (안 기쁠 것이다.) (기쁘지 않겠다.) (기쁘지 않을 것이다.) プレゼントをもらったら、うれしくないだろう。

ライティングガイド

叙述文	動詞	現在	ㅡㄴ다 / 는다	식물도 숨을 쉰다. / 가끔은 곤충도 잡는다. 植物も息をする。/ たまには昆虫も捕る。	안 ㅡㄴ다 / 는다 ㅡ지 않는다	식물도 숨을 안 쉰다. (쉬지 않는다.) / 곤충을 안 잡는다. (잡지 않는다.) 植物も息をしない。/ 昆虫捕まえない。 * ただし、名詞に「-하다」がつく動詞は、「-하다」の前に「안」が入る。 신고 안 한다 (O) / 안 신고 한다 (X) / 신고하지 않는다 (O)
		過去	ㅡ았/었/였다	두 대통령이 만났다. / 두 사람은 같이 사진을 찍었다. 両大統領が会った。/ 2人は一緒に写真を撮った。	안 ㅡ았/었/였다 ㅡ지 않았다	두 대통령이 안 만났다. (만나지 않았다.) / 두 사람은 사진을 안 찍었다. (찍지 않았다.) 両大統領は会わなかった。/ 2人は写真を撮らなかった。
		未来/推測	ㅡ겠다 (ㅡ(을) 것이다)	그 사람이 포기하겠다. (포기할 것이다.) その人はあきらめるようだ。	안 ㅡ겠다(안 ㅡ(으)ㄹ 것이다) ㅡ지 않겠다 (않을 것이다)	그 사람이 포기 안 하겠다. (포기 안 할 것이다.) (포기하지 않겠다.) (포기하지 않을 것이다.) その人はあきらめないようだ。
疑問文			N + (이)ㄴ가? A + ㅡ(은)가? V + ㅡ나? N·A·V + ㅡ았/었/였나? (過去)	이것은 진실인가? これは真実か？ 결과보다 과정이 중요한가? 結果より過程が大切なのか？ 유행은 반복되나? 流行はくり返されるのか？ 그동안 우리는 최선을 다했나? その間私たちは最善を尽くしたのか？	N + 이/가 아닌가? A + ㅡ지 않은가? V + ㅡ지 않나? N·A·V + ㅡ지 않았나? (過去)	이것은 진실이 아닌가? これは真実ではないか？ 결과보다 과정이 중요하지 않은가? 結果より過程が大事ではないか？ 왜 사실을 밝히지 않나? なぜ事実を明かさないのか？ 부작용을 왜 말하지 않나? 副作用をなぜ言わなかったのか？
勧誘形			V + ㅡ자	오늘의 승리를 기억하자. 今日の勝利を記憶しよう。	V + ㅡ지 말자	오늘의 부끄러움을 잊지 말자. 今日の恥を忘れないようにしよう。
命令形			V + ㅡ(으)라	마지막까지 힘을 내라. 最後まで力を出し切れ。	V + ㅡ지 말라	중도에 포기하지 말라. 途中で諦めるな。

《例文》

지하철 문이 닫힐 때 재빨리 뛰어서 타는 사람들이 있다. 지하철로 출퇴근하는 사람이라면 모두 안다. 이 순간의 선택이 출근 시간을 최소한 '10분' 늦게 만든다는 것을 말이다. 환승 횟수가 늘어날수록 이 시간은 더 늘어난다. 오늘 아침에도 10분 더 자고 싶어서 아침밥도 안 먹었다. 그렇게 얻은 귀한 시간을 지하철을 기다리는 데 허비할 수는 없다. 그래서 뛰는 거다. 지하철에 이미 탄 사람들을 보면 조금 미안하고 창피하다. 하지만 지각보다는 창피한 것을 선택하는 게 더 낫지 않은가?

地下鉄のドアが閉まる間際に、急いで乗り込む人がいる。地下鉄で通勤している人なら誰でも知っている。この瞬間の選択が出勤時間を少なくとも「10分」遅くするということをだ。乗り換え回数が増えるほど、この時間はさらに増える。今朝もあと10分は寝ていたいと思って、朝食も食べなかった。そのように得た貴重な時間を地下鉄を待つことに浪費するわけにはいかない。だから、走るのだ。地下鉄にすでに乗り込んだ人たちを見ると、少し申し訳なくて恥ずかしい。でも、遅刻よりは恥ずかしいことを選ぶ方がもっとよくないだろうか？

10 必ず知っておくべき正書法

ライティングでは正書法が重要で、単純に暗記しなければならないものもありますが、一定のルールを知らずに同じミスをくり返す場合もあります。正確な文章を書くためには、正書法に関する一定のルールを知っておかなければなりません。

(1) 名詞や動詞のパッチムを見つける方法

「名詞＋이/가 助詞」とつなげて書くとき、「이」と連結する名詞は最後の文字にパッチムがあります。そのパッチムが「이」と連音されて音が出ます。したがって、その音が先行する名詞のパッチムとなります。

> 例 [지비] 멀다. → 집이 멀다. 家が遠い。(집 + 이)
>
> [갑씨] 싸다. → 값이 싸다. 値段が安い。(값 + 이)

① 動詞や形容詞は「語幹＋고」と言えば、パッチムがあるかないかがわかります。

> 例 해가 [지고] 있다. → 해가 지고 있다. 日が暮れている。(받침 ×)
>
> 개가 [짇꼬] 있다. → 개가 짖고 있다. 犬が吠えている。(받침 ○)

② その後に「語幹＋-아/어/여」でつなげて言うと、パッチムがある単語の正確なパッチムを見つけることができます。

> 例 밥을 [머거요]. → 밥을 먹어요. ごはんを食べます。(먹 + 어요)

의자에 [안자요]. → 의자에 앉아요. 椅子に座ります。(앉 + 아요)

개가 [지저요]. → 개가 짖어요. 犬が吠えます。(짖 + 어요)

③ 「語幹+고」と言うとき「코」と発音されれば、その単語はパッチムに「ㅎ」があります。

    🄔 날씨가 [조코] 기온도 높다. → 날씨가 좋고 기온도 높다. 天気がよくて、気温も高い。
        (좋 + 고)

    공부가 [실코] 힘들다. → 공부가 싫고 힘들다. 勉強が嫌いで大変だ。(실 + ㅎ + 고 → 싫고)

(2) 受動や使役を示す接尾辞「이」「히」を組み合わせた単語の正書法

    🄔 바람 때문에 문이 [다쳤어요]. → 닫 + 히 + 었어요 → 바람 때문에 문이 닫혔어요.
                                             風のせいでドアが閉まりました。

    쥐가 고양이한테 [자피면] 큰일나요. → 잡 + 히 + 면
    → 쥐가 고양이한데 잡히면 큰일나요. ネズミが猫に捕まると大変なことになります。

    이름표를 가방에 [부치세요]. → 붙 + 이 + 세요 → 이름표를 가방에 붙이세요.
                                        名札をカバンにつけてください。

    아이를 뒷자리에 [안치고] 오세요. → 앉 + 히 + 고
    → 아이를 뒷자리에 앉히고 오세요. 子どもを後部座席に乗せて来てください。

(3) 「ㄷ, ㅌ」パッチムが母音の「이」につくと[지, 치]のように聞こえますが、正書法は変わりません。

    🄔 아침 일찍 [해도지]를 보고 싶다. → 해돋 + 이
    → 아침 일찍 해돋이를 보고 싶다. 朝早く日の出を見たい。

    친구와 [가치] 살아요. → 같 + 이 → 친구와 같이 살아요. 友人と一緒に暮らしています。

(4) 連体形の「-(으)ㄹ+名詞」や形式名詞は、後ろの名詞が二重子音 (特にㄲ) に聞こえますが、単子音として書かなけれなりません。

    🄔 저는 모두 할 [쑤] 있어요. → 저는 모두 할 수 있어요. 私は何でもできます。

    여기에 앉을 [꺼]예요. → 여기에 앉을 거예요. ここに座ります。

ただし、疑問の意味を持つ場合は二重子音で書きます。

    🄔 내일 정말 비가 올까? 明日は本当に雨が降るのか？

    이 문제를 어떻게 할꼬? この問題をどうしようか？

(5) 「ㄴ」パッチムと「ㄹ」で始まる単語は [ㄹ + ㄹ] と発音しますが、「ㄴ + ㄹ」と表記します。

Ex 내일 [열락]해요. → 내일 연락해요. 明日連絡します。

졸업 후의 [질로] 문제 → 졸업 후의 진로 문제 卒業後の進路問題

그 회사를 [실리]해요. → 그 회사를 신뢰해요. その会社を信頼しています。

(6) 「에」と「애」の用法と

① 「애」は一般の単語で使い、「에」は助詞として使います。

Ex 애들이 놀아요. 子どもたちが遊びます。 애국심 愛国心、애정 영화 恋愛映画

집에 가요. 家に帰ります。 친구에게 받았어요. 友人からもらいました。

② 「에」は外来語の表記によく使われます。

Ex 에필로그 エピローグ、에너지 エネルギー

(7) 連体形格助詞「의」の発音は [에] ですが、「의」と書きます。

Ex 친구[에] 가방 → 친구의 가방 友人のカバン

일본[에] 역사 → 일본의 역사 日本の歴史

(8) 「데/대」の用法

① 「대」は一般の単語で使い、文法的な機能をすることは「데」をよく使う。

Ex 대학생 大学生、대기업 大企業、조선 시대 朝鮮時代、1900년대 1990年代、
30대 직장인 30代社員

・接続語尾「-는데」

비가 오는데, 어제 영화를 봤는데, 정말 맛있는데요.
雨が降っているが / 昨日映画を見たが / 本当においしいですね。

・場所を示す形式名詞

가까운 데로 갑시다. 갈 데가 없어요. 아픈 데가 어디에요?
近くに行きましょう。 / 行くところがありません。 / 痛いところはどこですか？

② 違う人が言ったことを引用するとき、縮約した表現は「대」となって文法的な機能として使用します。

Ex 엄마가 머리가 <u>아프다고 해요.</u> → 엄마가 머리가 아프대요.
お母さんが頭が痛いそうです。

ライティングガイド

할아버지가 이 책을 <u>썼다고 해요</u>. → 할아버지가 이 책을 썼<u>대요</u>.

おじいさんがこの本を書いたそうです。

(9) 「게/개」の用法

① 「개」は一般の単語で使い、文法的な機能をすることは「게」をよく使います。

🄴🅧 **개**학 始業、**개**업 開業、**개**막식 開幕式、무지**개** 虹、안**개** 霧、병마**개** 瓶の栓

② 「게」は用言を副詞にする語尾です。

🄴🅧 옷을 따뜻하**게** 입어요. 服を暖かく着ます。

맵**게** 해 주세요. 辛くしてください。

가족들이 알**게** 되면 안 돼요. 家族に知られてはいけません。

③ 形式名詞「것 + 이」は「게」に縮約されて使います。

🄴🅧 예쁜 **게** 많네요. きれいなものが多いですね。

어제 배운 **게** 뭐예요? 昨日習ったことは何ですか？

이**게** 그림이군요. これが絵なんですね。

(10) 漢数字と外国の単位の使用

外国に由来する単位名詞を使うときは、漢数字と併記しなければなりません。

🄴🅧 다섯 km (×) → 오 킬로미터, 5km

여덟 giga (×) → 팔 기가, 8 giga

374

연습용 **한국어능력시험**
TOPIK II

1 교시 (듣기)

| 성 명 (Name) | 한국어 (Korean) |
| | 영 어 (English) |

번호 답 란

번호	답	란
1	① ② ③ ④
2	① ② ③ ④
3	① ② ③ ④
4	① ② ③ ④
5	① ② ③ ④
6	① ② ③ ④
7	① ② ③ ④
8	① ② ③ ④
9	① ② ③ ④
10	① ② ③ ④
11	① ② ③ ④
12	① ② ③ ④
13	① ② ③ ④
14	① ② ③ ④
15	① ② ③ ④
16	① ② ③ ④
17	① ② ③ ④
18	① ② ③ ④
19	① ② ③ ④
20	① ② ③ ④

번호	답	란
21	① ② ③ ④
22	① ② ③ ④
23	① ② ③ ④
24	① ② ③ ④
25	① ② ③ ④
26	① ② ③ ④
27	① ② ③ ④
28	① ② ③ ④
29	① ② ③ ④
30	① ② ③ ④
31	① ② ③ ④
32	① ② ③ ④
33	① ② ③ ④
34	① ② ③ ④
35	① ② ③ ④
36	① ② ③ ④
37	① ② ③ ④
38	① ② ③ ④
39	① ② ③ ④
40	① ② ③ ④

번호	답	란
41	① ② ③ ④
42	① ② ③ ④
43	① ② ③ ④
44	① ② ③ ④
45	① ② ③ ④
46	① ② ③ ④
47	① ② ③ ④
48	① ② ③ ④
49	① ② ③ ④
50	① ② ③ ④

수 험 번 호

8

⓪ ① ② ③ ④ ⑤ ⑥ ⑦ ⑧ ⑨

문제지 유형 (Type)

홀수형 (Odd number type) ○
짝수형 (Even number type) ○

※ 결 시 결시자의 영어 성명 및
확인란 수험번호 기재 후 표기

※ 위 사항을 지키지 않아 발생하는 불이익은 응시자에게 있습니다.

감독관 본인 및 수험번호 표기가 (인)
확 인 정확한지 확인

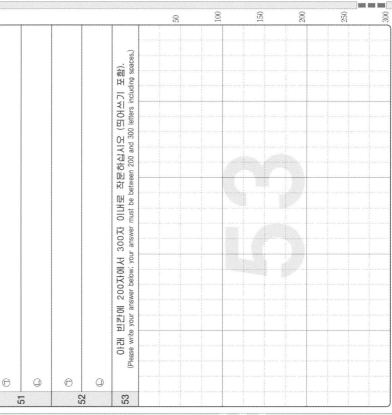

54	주 관 식 답 란 (Answer sheet for composition)
	아래 빈칸에 600자에서 700자 이내로 작문하십시오 (띄어쓰기 포함). (Please write your answer below; your answer must be between 600 and 700 letters including spaces.)

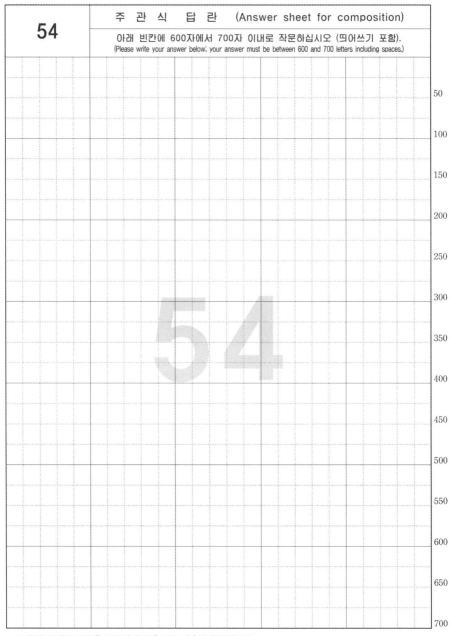

50

100

150

200

250

300

350

400

450

500

550

600

650

700

※ 주어진 답란의 방향을 바꿔서 답안을 쓰면 '0' 점 처리됩니다.
(Please do not turn the answer sheet horizontally. No points will be given.)

연습용 **한국어능력시험**
TOPIK II
2 교시 (읽기)

성 명
(Name)

| 한 국 어 (Korean) |
| 영 어 (English) |

번호	답			란
1	①	②	③	④
2	①	②	③	④
3	①	②	③	④
4	①	②	③	④
5	①	②	③	④
6	①	②	③	④
7	①	②	③	④
8	①	②	③	④
9	①	②	③	④
10	①	②	③	④
11	①	②	③	④
12	①	②	③	④
13	①	②	③	④
14	①	②	③	④
15	①	②	③	④
16	①	②	③	④
17	①	②	③	④
18	①	②	③	④
19	①	②	③	④
20	①	②	③	④

번호	답			란
21	①	②	③	④
22	①	②	③	④
23	①	②	③	④
24	①	②	③	④
25	①	②	③	④
26	①	②	③	④
27	①	②	③	④
28	①	②	③	④
29	①	②	③	④
30	①	②	③	④
31	①	②	③	④
32	①	②	③	④
33	①	②	③	④
34	①	②	③	④
35	①	②	③	④
36	①	②	③	④
37	①	②	③	④
38	①	②	③	④
39	①	②	③	④
40	①	②	③	④

번호	답			란
41	①	②	③	④
42	①	②	③	④
43	①	②	③	④
44	①	②	③	④
45	①	②	③	④
46	①	②	③	④
47	①	②	③	④
48	①	②	③	④
49	①	②	③	④
50	①	②	③	④

수 험 번 호

8								
⓪	①	②	③	④	⑤	⑥	⑦	⑧	⑨

문제지 유형 (Type)

홀수형 (Odd number type) ○
짝수형 (Even number type) ○

※ 결 시 결시자의 영어 성명 및
확인란 수험번호 기재 후 표기

※ 위 사항을 지키지 않아 발생하는 불이익은 응시자에게 있습니다.

감독관 본인 및 수험번호 표기가
확 인 정확한지 확인 (인)

연습용 한국어능력시험 TOPIK II

1 교시 (듣기)

성 명 (Name)	한 국 어 (Korean)	
	영 어 (English)	

수 험 번 호

문제지 유형 (Type)

홀수형 (Odd number type) ○
짝수형 (Even number type) ○

※ 결시 결시자의 영어 성명 및
확인란 수험번호 기재 후 표기 ○

위 사항을 지키지 않아 발생하는 불이익은 응시자에게 있습니다.

※ 감독관 본인 및 수험번호 표기가
확인 인 정확한지 확인 (인)

번호	답	란		
1	①	②	③	④
2	①	②	③	④
3	①	②	③	④
4	①	②	③	④
5	①	②	③	④
6	①	②	③	④
7	①	②	③	④
8	①	②	③	④
9	①	②	③	④
10	①	②	③	④
11	①	②	③	④
12	①	②	③	④
13	①	②	③	④
14	①	②	③	④
15	①	②	③	④
16	①	②	③	④
17	①	②	③	④
18	①	②	③	④
19	①	②	③	④
20	①	②	③	④

번호	답	란		
21	①	②	③	④
22	①	②	③	④
23	①	②	③	④
24	①	②	③	④
25	①	②	③	④
26	①	②	③	④
27	①	②	③	④
28	①	②	③	④
29	①	②	③	④
30	①	②	③	④
31	①	②	③	④
32	①	②	③	④
33	①	②	③	④
34	①	②	③	④
35	①	②	③	④
36	①	②	③	④
37	①	②	③	④
38	①	②	③	④
39	①	②	③	④
40	①	②	③	④

번호	답	란		
41	①	②	③	④
42	①	②	③	④
43	①	②	③	④
44	①	②	③	④
45	①	②	③	④
46	①	②	③	④
47	①	②	③	④
48	①	②	③	④
49	①	②	③	④
50	①	②	③	④

연습용 **한국어능력시험**
TOPIK II

1 교시 (쓰기)

성 명	한국어 (Korean)	
(Name)	영 어 (English)	

수 험 번 호

8

| 0 | 1 | 2 | 3 | 4 | 5 | 6 | 7 | 8 | 9 |

문제지 유형 (Type)

홀수형 (Odd number type) ◯
짝수형 (Even number type) ◯

결 시 결시자의 영어 성명 및
확인란 수험번호 기재 후 표기 ◯

※ 위 사항을 지키지 않아 발생하는 불이익은 응시자에게 있습니다.

감독관 본인 및 수험번호 표기가
확 인 정확한지 확인 (인)

※ 감독관 확인 정확한지 확인

주관식 답안은 정해진 답란을 벗어나거나 답란을 바꿔서 쓸 경우 점수를 받을 수 없습니다.
(Answers written outside the box or in the wrong box will not be graded.)

51	㉠	
	㉡	
52	㉠	
	㉡	

53 아래 빈칸에 200자에서 300자 이내로 작성하십시오 (띄어쓰기 포함).
(Please write your answer below; your answer must be between 200 and 300 letters including spaces.)

※ 54번은 뒷면에 작성하십시오. (Please write your answer for question number 54 at the back.)

주 관 식 답 란 (Answer sheet for composition)

아래 빈칸에 600자에서 700자 이내로 작문하십시오 (띄어쓰기 포함).
(Please write your answer below; your answer must be between 600 and 700 letters including spaces.)

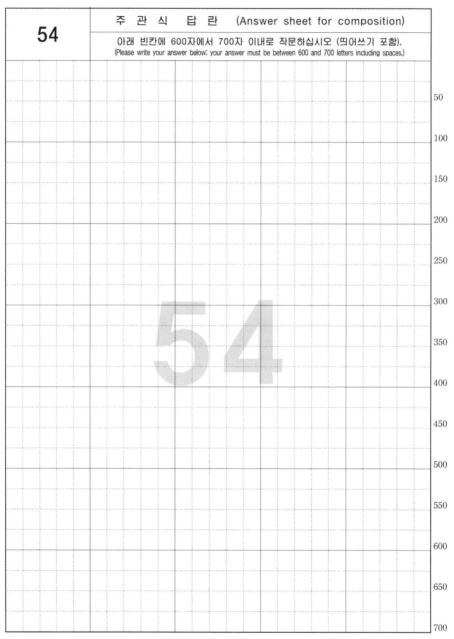

50

100

150

200

250

300

350

400

450

500

550

600

650

700

※ 주어진 답란의 방향을 바꿔서 답안을 쓰면 '0' 점 처리됩니다.
(Please do not turn the answer sheet horizontally. No points will be given.)

연습용 한국어능력시험 TOPIK II

2 교시 (읽기)

성 명	한 국 어 (Korean)	
(Name)	영 어 (English)	

수 험 번 호

8

문제지 유형 (Type)	
홀수형 (Odd number type)	◯
짝수형 (Even number type)	◯

※ 결 시 결시자의 영어 성명 및
   확인란 수험번호 기재 후 표기

※ 위 사항을 지키지 않아 발생하는 불이익은 응시자에게 있습니다.

※ 감독관 본인 및 수험번호 표기 (인)
   확 인 정확한지 확인

답안 (번호 / 답란)

번호	답란
1	① ② ③ ④
2	① ② ③ ④
3	① ② ③ ④
4	① ② ③ ④
5	① ② ③ ④
6	① ② ③ ④
7	① ② ③ ④
8	① ② ③ ④
9	① ② ③ ④
10	① ② ③ ④
11	① ② ③ ④
12	① ② ③ ④
13	① ② ③ ④
14	① ② ③ ④
15	① ② ③ ④
16	① ② ③ ④
17	① ② ③ ④
18	① ② ③ ④
19	① ② ③ ④
20	① ② ③ ④

번호	답란
21	① ② ③ ④
22	① ② ③ ④
23	① ② ③ ④
24	① ② ③ ④
25	① ② ③ ④
26	① ② ③ ④
27	① ② ③ ④
28	① ② ③ ④
29	① ② ③ ④
30	① ② ③ ④
31	① ② ③ ④
32	① ② ③ ④
33	① ② ③ ④
34	① ② ③ ④
35	① ② ③ ④
36	① ② ③ ④
37	① ② ③ ④
38	① ② ③ ④
39	① ② ③ ④
40	① ② ③ ④

번호	답란
41	① ② ③ ④
42	① ② ③ ④
43	① ② ③ ④
44	① ② ③ ④
45	① ② ③ ④
46	① ② ③ ④
47	① ② ③ ④
48	① ② ③ ④
49	① ② ③ ④
50	① ② ③ ④

연습용 한국어능력시험
TOPIK II
1 교시 (듣기)

성 명	한 국 어 (Korean)	
(Name)	영 어 (English)	

수	험	번	호

8

문제지 유형 (Type)

홀수형 (Odd number type) ○
짝수형 (Even number type) ○

※ 결 시 결시자의 영어 성명 및
확인란 수험번호 기재 후 표기

○

※ 위 사항을 지키지 않아 발생하는 불이익은 응시자에게 있습니다.

감독관	본인 및 수험번호 표기가	(인)
확 인	정확한지 확인	

번호	답		란	
1	①	②	③	④
2	①	②	③	④
3	①	②	③	④
4	①	②	③	④
5	①	②	③	④
6	①	②	③	④
7	①	②	③	④
8	①	②	③	④
9	①	②	③	④
10	①	②	③	④
11	①	②	③	④
12	①	②	③	④
13	①	②	③	④
14	①	②	③	④
15	①	②	③	④
16	①	②	③	④
17	①	②	③	④
18	①	②	③	④
19	①	②	③	④
20	①	②	③	④

번호	답		란	
21	①	②	③	④
22	①	②	③	④
23	①	②	③	④
24	①	②	③	④
25	①	②	③	④
26	①	②	③	④
27	①	②	③	④
28	①	②	③	④
29	①	②	③	④
30	①	②	③	④
31	①	②	③	④
32	①	②	③	④
33	①	②	③	④
34	①	②	③	④
35	①	②	③	④
36	①	②	③	④
37	①	②	③	④
38	①	②	③	④
39	①	②	③	④
40	①	②	③	④

번호	답		란	
41	①	②	③	④
42	①	②	③	④
43	①	②	③	④
44	①	②	③	④
45	①	②	③	④
46	①	②	③	④
47	①	②	③	④
48	①	②	③	④
49	①	②	③	④
50	①	②	③	④

주관식 답안은 정해진 답란을 벗어나거나 답란을 바꿔서 쓸 경우 점수를 받을 수 없습니다.
(Answers written outside the box or in the wrong box will not be graded.)

	㉠
51	㉡
52	㉠
	㉡

53 아래 빈칸에 200자에서 300자 이내로 작문하십시오 (띄어쓰기 포함).
(Please write your answer below; your answer must be between 200 and 300 letters including spaces.)

50
100
150
200
250
300

※ 54번은 뒷면에 작성하십시오. (Please write your answer for question number 54 at the back.)

주 관 식 답 란 (Answer sheet for composition)

아래 빈칸에 600자에서 700자 이내로 작문하십시오 (띄어쓰기 포함).
(Please write your answer below; your answer must be between 600 and 700 letters including spaces.)

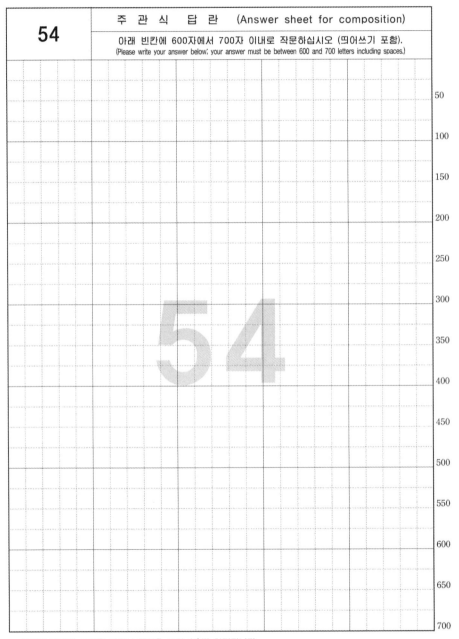

50
100
150
200
250
300
350
400
450
500
550
600
650
700

※ 주어진 답란의 방향을 바꿔서 답안을 쓰면 '0' 점 처리됩니다.
(Please do not turn the answer sheet horizontally. No points will be given.)

번호	답	란
1	① ② ③ ④
2	① ② ③ ④
3	① ② ③ ④
4	① ② ③ ④
5	① ② ③ ④
6	① ② ③ ④
7	① ② ③ ④
8	① ② ③ ④
9	① ② ③ ④
10	① ② ③ ④
11	① ② ③ ④
12	① ② ③ ④
13	① ② ③ ④
14	① ② ③ ④
15	① ② ③ ④
16	① ② ③ ④
17	① ② ③ ④
18	① ② ③ ④
19	① ② ③ ④
20	① ② ③ ④

번호	답	란
21	① ② ③ ④
22	① ② ③ ④
23	① ② ③ ④
24	① ② ③ ④
25	① ② ③ ④
26	① ② ③ ④
27	① ② ③ ④
28	① ② ③ ④
29	① ② ③ ④
30	① ② ③ ④
31	① ② ③ ④
32	① ② ③ ④
33	① ② ③ ④
34	① ② ③ ④
35	① ② ③ ④
36	① ② ③ ④
37	① ② ③ ④
38	① ② ③ ④
39	① ② ③ ④
40	① ② ③ ④

번호	답	란
41	① ② ③ ④
42	① ② ③ ④
43	① ② ③ ④
44	① ② ③ ④
45	① ② ③ ④
46	① ② ③ ④
47	① ② ③ ④
48	① ② ③ ④
49	① ② ③ ④
50	① ② ③ ④